트렌드 코리아 2020

서울대 소비트렌드분석센터의 2020 전망

트렌드 코리아 2020

김난도
전미영
최지혜
이향은
이준영
김서영
이수진
서유현
권정윤

미래의 창

MIGHTY MICE

위기를 극복하는 작은 히어로들이 온다

2020년은 비전vision의 연도다. 새로운 천 년을 맞고 나서 두 번의 10년이 지나는 해이기도 하고, 2와 0이 2번 반복되는 운율도 멋지다. 그래서인지 '비전 2020'이라고 적힌 현판을 로비에 걸어놓은 회사가 많다. 2020년에는 매출 얼마, 업계 몇 위 하는 식의 목표로 오랜 기간 열심히 준비해온 조직이 적지 않을 것이다.

그 2020년이 목전에 와 있다. 하지만 오랜 준비로 기다려온 기대와 달리 전망이 좋지 않다. 불안의 가장 큰 진원지는 트럼프 대통령이 이끄는 미국이다. 미중 간의 교역 분쟁이 해결되기는커녕 환율 전쟁으로 확전되는 양상이다. 전장戰場도 넓어졌다. 트럼프 대통령은 EU에도 항공기·농산물 등에 대해 징벌적 관세를 부과하기로 했다. 이러한 통상 갈등이 2020년 세계경제에 큰 부담이 될 것은 분명하다.

미국의 통상 전쟁은 우리나라에도 좋지 않다. 교역 감소 → 순이익 감소 → 투자 위축 → 경기 침체의 사이클이 불가피하기 때문이다. 그럼에도 불구하고 미국이 이러한 무리수를 자꾸 두는 이유로는 2020년 11월로 예정된 대통령 선거에서 재선을 도모하는 트럼프의 공세라는 견해, 셰일가스로 에너지 자립이 가능해진 미국이 '세계 경찰'의 역할을 포기하고 철저한 자국 이기주의로 돌아섰다는 견해, 혹은 중국의 지나친 부상을 견제하려는 조치라는 견해 등 여러 가지가 존재한다. 아마도 이런 이유들이 함께 작용하고 있으리라.

세계경제에 대한 낙관적 견해를 찾아보기가 쉽지 않다. OECD는 2019년 9월, 세계 각국의 동년 성장률 전망을 일제히 하향조정했다. 3.2% 성장을 보일 것이라던 세계경제는 2.9%, 미국은 2.8%에서 2.4%, 그리고 한국은 2.4%에서 2.1%로 낮춰 잡았다. 세계 금융위기 이후 최저수준이다. 심지어는 경제위기설도 존재한다. 2019년 8월 미국 국채의 장·단기금리가 12년 만에 역전되면서, 약 11개월 후인 2020년 7~8월 정도에는 경기 침체가 올 것이라는 경고가 나오고 있다. 낙관적인 견해가 없는 것은 아니지만, 크리스탈리나 게오르기에바 IMF 신임 총재, 로런스 서머스 전 미국 재무장관, 노벨 경제학상 수상자 로버트 실러 교수, 글로벌 투자은행 골드만 삭스와 JP 모건 등이 모두 2020년 미국 혹은 글로벌 경제가 위기를 맞을 수도 있다는 우려를 내비쳤다.

한국 경제도 이러한 비관적 전망에서 예외가 될 것 같지는 않다. 코스피 상장사들의 2019년 상반기 영업이익이 37%나 급감한 가운데, 하반기 혹은 2020년 실적도 낙관하기 어렵다는 견해가 팽배하다.

전술한 세계경제 환경의 변화 이외에도, 우리는 한일 갈등을 겪고 있으며 국회의원 선거도 치러야 한다. 나아가 고령화와 잠재성장률 둔화 등을 고려할 때 '잃어버린 20년'을 경험했던 일본의 전철을 밟는 것이 아니냐는 구조적 우려도 나온다.

늘 그랬다. 지난 12년간 〈트렌드 코리아〉의 서문을 쓰면서 다음 해 경제를 걱정했고, 대부분 실제로 경기는 좋지 않았다. 그럼에도 삶과 소비는 어떤 방식으로든 계속되었다. 소비자들은 '소확행'하며 일상에서 작은 행복을 찾고, '뉴트로'를 따라 과거를 재해석한 소비를 이어나갔다. 기업 역시 '컨셉팅'으로 자기만의 시장을 만들고, 다양한 '프리미엄' 전략으로 고객의 '가심비'를 높이고자 했다. 경제가 나쁘면 나쁜 대로 혹은 좋으면 좋은 대로, 이렇게 소비와 공급은 살 길을 찾으며 트렌드가 만들어지고 변화한다. 그래서 우리는 늘 궁금한 것이다. 과연 내년에는 어떤 트렌드가 펼쳐질 것인가?

꾀가 많고 영리한 '쥐의 해'

2020년은 경자년庚子年 쥐띠 해다. 쥐를 뜻하는 자子는 12간지 중 첫 번째다. 옛날 옛적에 하늘의 대왕이 동물들에게 정월 초하루에 천상의 문에 도착하는 차례대로 순서를 정해주겠다고 했는데, 소丑가 1등을 하려는 찰나, 소 등에 붙어 있던 쥐가 먼저 뛰어내려 1등을 했다는 이야기는 유명하다. 그만큼 쥐는 꾀가 많고 영리하다는 의미이리라. 쥐는 생존과 번식능력이 탁월하다. 잡식성이라서 먹지 못하는 음식이 없고, 갈색쥐 같은 경우는 바다에서 이틀 이상을 헤엄칠 수 있다고 한다. 번식력도 뛰어나서 한 마리의 암컷이 6개월이면 200마리까지도 새끼를 낳을 수 있다고 알려져 있다. 그래서인지 쥐는 세계 어디서나 살고 있다.

이처럼 친근한 동물이어서 그런지 쥐가 주인공으로 등장하는 영화가 무척 많다. 마이클 잭슨이 부른 주제가가 귀에 익숙한 〈벤〉, 인기 만화 시리즈 〈톰과 제리〉, 애니메이션의 새 역사를 쓴 〈미키마우스〉 등 추억의 옛 영화뿐만 아니라, 〈라따뚜이〉, 〈스튜어트 리틀〉 등 비교적 최근까지 쥐는 친근한 캐릭터로 우리 곁에 존재해왔다.

그해의 띠 동물이 포함되는 영문으로 트렌드 키워드를 만들어온 전통에 따라 『트렌드 코리아 2020』의 두문자어acronym는 'MIGHTY MICE'로 정했다. '마이티 마우스Mighty Mouse'는 1942년에 만화로 탄생하여 1945년부터 단편 애니메이션으로 제작됐고, 1960년대와 1980년대에 리메이크된 TV시리즈다. 국내에서는 1992년 MBC에서 방영돼 당시 어린이들의 시선을 사로잡은 바 있다. 최근 영화계의 복고·실사화 붐에 힘입어, 애니메이션과 실사가 합쳐진 하이브리드 영화화를 준비하고 있다고 한다. 마이티 마우스의 주된 줄거리는 "늑대들이 어린 양을 공격하면, 마이티 마우스가 나타나 늑대를 혼내주고 위기에 처한 양을 구한다"는 내용이다.

붉은 망토를 휘날리며 늑대를 물리치고 양들을 위기에서 구해주는 용감한 친구 마이티 마우스의 모습을 기억하는 분이 얼마나 계실지 모르겠다. 워낙 오래된 만화영화라서 모르는 분이 많을 것이라는 우려 때문에 처음에는 키워드로 선정할 것을 주저했다. 하지만 10대 키워드에 5060 세대를 분석한 '오팔세대'가 포함되기도 했고, '뉴트로'가 워낙 강력한 2019년의 트렌드여서 복고적 키워드를 채택하기로 했다.

다만 우리 책에서는 원제목 마이티 '마우스' 대신, 그 복수형인 '마이스MICE'를 사용한다. 10대 키워드에 해당하는 10글자로 운율을 맞춰야 할 필요 때문이었지만, 나름의 의미도 있다. 2020년의 위기 상황을 한 사람의 영웅이 아니라, 복수複數의 소비자·시민들이 함께 힘을 합쳐 극복해나가자는 결의를 표현한 것이다. Mighty는 '힘센'이라는 의미로 주로 영웅hero 앞에 붙이는 형용사다. 사실 작은 쥐와 힘센 영웅은 잘 어울리지 않는 조합이다. 하지만 힘을 합치면 다르다. 한국인은 항상 위기 때마다 힘을 합쳐 극복해왔다. 비록 진영 간·세대 간·남녀 간 갈등이 커지고 있다고는 해도, 결정적인 순간에는 힘을 합칠 수 있다는 기대에 작은 쥐들의 복수형인 mice를 쓴 것이다.

우리 책은 표지 색깔에도 의미를 담는다. 이번 『트렌드 코리아 2020』은 회색이 메인 컬러다. 그레이 톤에 실버를 입혔다. 쥐띠의 회색과 오팔세대의 실버를 표현하고자 했다. 회색은 중립적인 컬러다. 모든 색을 흡수해서 안도감을 주는 색이라서, 무리수를 두지 않으면서도 스마트한 모습을 유지하는 이미지를 가지고 있다. 동시에 전술한 바와 같은 2020년 경제의 '잿빛(회색) 전망'을 나타내기도 한다. 표지의 포인트 컬러로는 녹색을 사용했다. '필환경' 시대의 가장 중요한 색깔이면서, 암울한 세계경제 환경 속에서 한국 경제가 다시 싹을 틔우기를 바라는 소망을 담았다.

이렇게 동물이며 표지 색깔에 의미를 부여하는 이유는 이 책이

'전망서'이기 때문이다. "사람은 자신의 희망하는 것을 예측한다"는 격언처럼, 전망에는 알게 모르게 소망이 스며들기 마련이다. 온통 부정적인 예측 일색인 상황에서, 저자들이나 독자 여러분 모두 한 가닥 희망을 놓지 않았으면 좋겠다는 작은 희망으로 이해해주셨으면 좋겠다. 힘내자, 대한민국.

2020년 키워드의 흐름

MIGHTY MICE로 표현한 2020년 10대 키워드의 가장 중요한 세 축은 '세분화', '양면성', 그리고 '성장'이다.

전술했듯이 날이 갈수록 어려워지는 시장 상황에서 새로운 돌파구는 어디에서 어떻게 찾을 수 있을 것인가? 대박을 만들어낼 신상품이 제일 좋다. 하지만 아무리 기술이 발전하고 아이디어가 넘쳐나도, 전에 없던 혁신을 매번 만들어내기는 어려운 일이다. 이럴 때 가장 필요한 일이 '고객에게 집중'하는 일이다. 사실 "고객은 무엇을 원하는가?"는 오래된 질문이다. 이 진부한 질문을 새롭게 만드는 방법은 "고객을 어떻게 나눌 것인가?"를 묻는 것이다. 예전에도 세분화segmentation라고 해서 시장을 나누는 작업은 마케팅의 기본이었다. 하지만 최근의 세분화 경향은 고객 개개인, 아니 그 이상으로 극도로 잘게 나누는 것이다.

"아마존은 0.1명 규모로 세그먼트를 한다."

다섯 번째 키워드인 '초개인화 기술' 중에 등장하는 표현이다. 안드레아스 와이겐드가 『포스트 프라이버시 경제』라는 책에서 했던 말이라고 한다. "100명의 고객이 있다면, 100개의 시장이 있다"는 말을 종종하곤 했다. 그런데 이제는 100명의 고객이 있다면, 1,000개의 시장이 있다는 말과 같다. 현대의 소비자는 항상 일관된 구매자가 아니라 상황 따라 맥락 따라 취향과 선호를 바꾸는 다면적인 존재이기 때문에, 그 상황과 맥락에 맞춰줄 수 있다면 한 사람의 소비자에게서도 10개, 100개의 시장을 만들어낼 수 있다는 말이다.

그래서 '특화'가 생존의 조건이 됐다. 촘촘한 그물로 되도록 많은 소비자를 겨냥하는 것이 아니라, 매력적인 미끼를 매단 낚싯대로 소비자 한 사람의 한 순간을 잡는 것이 중요해졌다. 상품의 구매 기준도 바뀐다. 가격과 품질뿐만 아니라, 그것이 어떻게 배송돼 오느냐와 같은 마지막 접점에서의 만족을 의미하는 '라스트핏'이 중요해지면서, 구매 결정 기준도 세밀하게 분화되고 있다. 요즘 소비자들은 한 물건을 오래 소유하기보다는 다양한 경험을 순간순간 느껴보고 싶어 한다. 하지만 그러기에는 자원이 부족하기 때문에, 음악을 다운로드하지 않고 스트리밍으로 듣듯이 단기로 렌탈하거나 구독하는 등 라이프스타일마저 '스트리밍'하고자 한다. 이러한 변화는 필연적으로 소비자의 생활을 세분화시켜 그 '스트리밍'이 흘러들어갈 수 있는 순간을 찾도록 만든다. 이런 세분화가 가능해지는 것은 역시 그것을 뒷받침하는 기술이 등장했기 때문이다. 다양한 데이터와 인공지능 알고리즘이 만들어가는 맥락지향적 개인화 기술을 '초개인화 기술'이라고 부른다.

현대 소비자는 양면적이다. 위에서 설명한 것처럼 소비자의 삶이 세분화되면, 그 쪼개지는 자아가 "그때그때 달라지기" 때문이다. 오래 즐기면서 하고 싶은 일이 있고, 빨리 끝내고 싶은 일이 있다. 그렇다면 선택은 하나다. 귀찮은 일에 비용을 더 지불하더라도, 소중한 나의 경험을 위해 투자할 시간을 만들어야 하는 것이다. 편리성이 프리미엄으로 작용하는 '편리미엄' 트렌드는 어쩌면 현대인의 양면적 라이프스타일에 필연적으로 뒤따르는 것인지도 모른다. 자기가 좋아하는 스타나 기업을 추종하려는 팬덤이 강해지고 있지만, 적극적으로 자신이 기업을 만들어가려는 능동적인 소비자도 늘어난다. 이러한 수동-능동의 양면성을 보여주는 소비자를 '팬슈머'라고 이름 붙였다. 밀레니얼 세대와 Z세대가 갑자기 화려한 주목을 받고 있기는 하지만, 드러나지 않게 가장 큰 변화를 주도하는 것은 5060 세대다. 그들은 전통적인 사회에서 성장하면서 아날로그적인 취향을 교육받았지만 최근 등장하는 디지털 매체를 자유자재로 사용하면서 소비와 삶의 사고방식마저 매우 자유로워졌다. 이처럼 전통과 혁신의 양면성을 함께 보여주는 5060 소비자를 '오팔세대'라고 명명하고 세밀하게 분석했다.

세상이 빨리 변한다고 염려하지만 인간은 적응의 동물이다. 세상처럼 사람도 변한다. 최근 변화 중에서 가장 주목할 현상이 '성장'과 관련한 욕망이다. 길어진 인생을 스스로 매니지하며 성장시키고 싶어 하는 사람들이 대폭 늘었다. 특히 직장 생활을 시작한 밀레니얼 세대가 주축이 돼 만들어가는 '업글인간' 트렌드는 엄청난 시장을 만들어내고 있다. 개인만 성장하는 것이 아니다. 사회의 가치관도 변한다. 최근 '공정'에 대한 갈망이 높아지고 있다. 경쟁이 일상화된 젊은 세대는 단순한 평등이 아니라, "경기의 규칙이 공정한가?"에 대해 극도로 민감하다. '페어 플레이어'라고 이름 붙인 공정 세대의 비중이 높아질수록 우리 사회의 모습도 크게 변화해나갈 것이다.

올해의 여러 키워드 중에 가장 주목해야 하는 것은 '멀티 페르소나'다. 현대인들은 상황에 따라 가면을 바꿔 쓰듯 다양한 정체성을 가지게 됐다는 트렌드인데, 위의 세분화·양면성·성장을 고루 포함한다. '페르소나'라는 용어가 정신분석학과 철학에서 가져온 이론적이고 난해한 개념이어서, 책의 첫 키워드로 삼기에 부담감이 있었다. 하지만 현대 소비자의 본질적인 변화이면서, 『트렌드 코리아 2020』의 다른 아홉 가지 키워드들을 '벼리'처럼 잡아주는 중요한 개념이라고 판단해, 첫 번째 키워드로 앞세웠다. 독자 여러분의 특별한 관심을 기대한다.

감사의 글

아무리 지면이 부족해도 생략할 수 없는 내용이 있다. 고마운 분들에 대한 감사의 인사다. 금년에도 여러 분들의 도움이 없더라면 이 책은 나오기 어려웠을 것이다.

먼저 트렌드 키워드 선정을 위한 기초 자료인 트렌다이어리Trendiary를 성심껏 작성해주고 수차례의 세미나에 참석해 참신한 아이디어를 모아준 트렌드헌터그룹 '트렌더스 날 2020' 여러분들에게 감사한다. 해마다 지원자 분들은 늘고 있는데, 여러 사정과 효율을 감안해 전원 선발해드리지 못하고 있다. 이 자리를 빌어 감사와 사과의 말씀을 함께 드린다. 여러 해 동안 함께 작업해주시는 분들이 많다. 거친 초고를 아름답고 바른 문장으로 다듬어준 조미선 작가, 여러 가지 행정일과 교정 작업을 도맡아준 김영미 연구원, 아름다운 프레젠테이션 파일을 제작해준 황선기 디자이너, 원어민의 입장에서 영문 키워드의 적정성을 검토해주는 미셸 램블린Michel Lamblin 내외 분께 감사드린다.

서울대 소비트렌드분석센터와 소비자행태연구실 연구원들의 노고도 컸다. 10대상품 및 트렌드분석 기초자료 조사를 위해 헌신적 노력을 보여준 김경준 연구원, 중국 트렌드 관련 자료를 모으는 데 수고해준 주린·심흔서 연구원, 일본 시장의 변화를 업데이트해주는 김정수 연구원, 그리고 방대한 밑자료를 모으고 분석해준 고정·이혜원·장지연·마윤남 연구원에게 감사한다.

'대한민국 10대 트렌드 상품'을 선정하는 과정에서 까다로운 조사를 신속하고 정확하게 실시해준 마크로밀엠브레인과 탄탄한 빅데이터 분석을 통해 키워드의 타당성을 높여주신 신한카드 임영진 사장님과 신한카드 빅데이터연구소에도 깊은 감사의 말씀을 드린다. 마지막으로 지난 12년간 변함없이 출간을 허락해주신 미래의창 성의현 사장님과 직원 여러분께도 변함없는 신뢰의 마음을 전하고 싶다.

• • •

책의 원고를 처음 쓸 때 에어컨을 켰었는데, 두 달이 지난 지금은 모포를 두르고 글을 다듬고 있다. 기온이 참 빨리도 변한다. 어디 날씨뿐이랴? 13년 전 처음 〈트렌드 코리아〉 시리즈를 기획할 때, "매년 책을 낼 만큼 트렌드가 자주 바뀌겠느냐?"고 걱정을 했는데, 지금은 "이러다가 1년에 책을 두 번 내야 하는 것 아닌가?" 하는 생각을 할 만큼 트렌드 변화의 속도가 빨라지고 있다. 책을 집필하는 동안 개인적으로 가장 놀랐던 뉴스는 세계적인 여행사 '토머스 쿡'의 파산 소식이었다. 빅토리아 여왕 시절인 1841년 설립돼 178년의 역사를 자랑하며, 계열 호텔·콘도 200여 곳, 항공기 100여 대를 보유한 세계적인 여행사가 문을 닫을 위기에 처한 것이다. 여행산업이 사양길에 들어섰기 때문에 그런 것이 아니었다. 여행업은 세계적으로 가장 빠른 속도로 성장하고 있다. 문제는 여행 트렌드가 바뀌었다는 사실이다. 트렌드 변화에 적극적으로 대응하지 못하면 세계적인 회사도 가차없다. 참으로 무서운 세상을 우리는 살게 됐다.

"몸이 부지런하면 마음에 근심이 없다"고 했던가? 하지만 그냥 부지런해서는 안 된다. 트렌드 변화에 맞춰 스스로를 부지런히 바꿔나가야 한다. 쥐는 상황적응이 빠르고 부지런하기로 이름난 동물이다. 책의 표제어 '마이티 마이스'처럼, 이 글을 읽고 계신 독자 여러분 모두가 2020년의 위기를 극복하는 '히어로'들이 되기를 기원한다.

2019년 10월

대표저자 김난도

CONTENTS

1 2019년 소비트렌드 회고

2 2020년 소비트렌드 전망

2020년 10대 소비트렌드 키워드

Me and Myselves 멀티 페르소나

현대인은 다양하게 분리되는 여러 개의 정체성을 가진다. 다양한 상황과 SNS 매체에 따라 서로 다른 정체성을 그때그때 만들어나가는 것이다. 이렇게 다층적으로 형성되는 자아를 복수複數의 가면이라는 의미에서 '멀티 페르소나'라고 부를 수 있다. 멀티 페르소나 개념은 『트렌드 코리아 2020』의 다른 키워드들뿐만 아니라 양면적 소비 행태, 취향 정체성의 추구, 젠더프리 트렌드, 디지털 허언증의 확산 등 매우 다양한 소비트렌드의 동인을 파악할 수 있는 만능키다. 이제 고객에 대한 명확한 페르소나를 맥락에 맞춰 정밀하게 이해할 필요성이 커졌다.

Immediate Satisfaction: the 'Last Fit Economy' 라스트핏 이코노미

마지막 순간의 경험이 중요해졌다. 마지막 순간의 만족을 최적화하려는 근거리 경제를 '라스트핏 이코노미'라고 명명한다. 라스트핏은 ① 고객의 마지막 접점까지 편리한 배송으로 쇼핑의 번거로움을 해소해주는 '배송의 라스트핏', ② 가고자 하는 목표 지점까지 최대한 편하게 접근할 수 있도록 도와주는 '이동의 라스트핏', ③ 구매나 경험의 모든 여정의 대미를 만족스럽게 장식하는 '구매 여정의 라스트핏'으로 나눌 수 있다. 기존의 제품 중심의 동어반복적인 모방과 차별화 경쟁에서 한 걸음 나아가 고객과 접촉하는 내밀한 순간에 집중해야 한다. 그 마지막 순간을 잡는 자가 시장을 잡을 것이다.

Goodness and Fairness 페어 플레이어

공평하고 올바른 것에 대한 추구가 강해진다. 직장에서는 아무리 막내라도 자신의 기여는 합당하게 인정받아야 한다. 가사 노동은 구성원 모두에게 공평하게 분배돼야 하고, 학생들은 조별 과제보다 개인 과제, 주관식보다 객관식 시험을 선호한다. 구매를 할 때도 상품 자체뿐만 아니라 그 브랜드의 올바른 '선한 영향력'을 중시한다. 개인성이 화두인 사회에서 자란 젊은 세대는 다양한 매체와 소비를 통해 공평성·선함·효능감에 대한 열망을 표현한다. 대한민국 역사상 가장 공정을 추구하는 세대가 일어서고 있다. 조직 관리와 CSR 활동에 커다란 방향 전환이 시급해졌다.

Here and Now: the 'Streaming Life' 스트리밍 라이프

다운로드에서 스트리밍으로, 단지 음악을 듣는 방식이 아니라 삶의 방식이 바뀐다. 스트리밍이란 네트워크를 통해 음성이나 영상을 물 흐르듯 재생하는 기술로, 굳이 내려받아 소유하지 않아도 경험할 수 있다는 장점이 있다. 이제 현대인의 삶은 스트리밍하듯 가볍게 옮겨 다니며 경험·공간·상품·선택권을 초단기로 이용하는 방식을 선호한다. 욕망은 부풀었는데 충족할 자원은 부족한 젊은이들이 선택한 삶의 방식은 소유보다 경험에 집중하는 유목민적인 라이프스타일이다. 이러한 경험채집자 소비자의 요구에 맞추려면, 더 많은 고객이 아니라 더 세분화된 고객에게 집중하고, 고객의 '구매 여정' 전체를 관리해야 한다.

Technology of Hyper-personalization 초개인화 기술

인공지능·빅데이터·사물인식·5G 등등 눈부시게 발전하는 최첨단 기술이 지향하는 종착지는 어디일까? 결국 "나에게, 그것도 그때그때 상황에 맞게 맞춰달라"는 것이다. 실시간으로 소비자의 상황과 맥락을 파악하고 이해하여 고객의 니즈를 예측해 서비스와 상품을 제공하는 기술을 초개인화 기술이라고 한다. 초개인화 기술은 개개인의 개별 상황까지 세분화해 적절한 순간에 그가 가장 원하는 경험을 할 수 있게 한다. 소비자가 원하는 것을 패턴을 통해 미리 파악해 선제적으로 제공할 수 있는 단계에 이르고 있는 것이다. 이제 시장은 0.1명 단위로 세분화된다.

MIGHTY MICE

You're with Us, 'Fansumer' 팬슈머

주어진 대안 중에서 선택하는 것만으로는 성에 차지 않는다. 내가 직접 투자와 제조 과정에 참여해 상품을, 브랜드를, 스타를 키워내고 싶다. 상품의 생애주기 전반에 직접 참여하는 소비자들, "내가 키웠다"는 뿌듯함에 적극적으로 지지하고 구매도 하지만 동시에 간섭과 견제도 하는 신종소비자들을 일컬어 '팬슈머fansumer'라고 명명한다. 크라우드 펀딩, 서포터 활동, 연예인과 인플루언서에 대한 지지와 비판 등, 팬슈머가 영향을 미치는 영역은 갈수록 넓어지고 있다. 이제 '고객과 함께'로는 부족하다. '고객에 의해' 좌우되는 팬슈머의 시장에서 소비자의 열성적인 지지와 참여에 손을 먼저 내밀어야 한다.

Make or Break, Specialize or Die 특화생존

특화해야 살아남는다. 누구나에게 보편적으로 괜찮은 것보다, 선택된 소수의 확실한 만족이 더 중요해졌다. 온라인 유통의 발달로 롱테일 경제가 활성화하고 과당 경쟁으로 제품 간의 차별점을 찾기 어려워진 가운데, 소비자의 니즈가 극도로 개인화하면서 표준화된 대중mass시장적 접근으로는 소비자의 선택을 받을 수 없기 때문이다. 특화는 이제 차별화의 포인트 정도가 아니라 생존의 조건이 되고 있다. 핀셋처럼 고객 특성을 골라내고, 현미경처럼 고객 니즈를 찾아내며, 컴퍼스처럼 상권을 구분하고, 낚싯대처럼 자사의 역량에 집중하라. 이제 니치niche한 것이 리치rich한 것이 된다.

Iridescent OPAL: the New 5060 Generation 오팔세대

'오팔세대'라고 불리는 새로운 소비층이 부각되고 있다. 오팔OPAL은 '활기찬 인생을 살아가는 신노년층Old People with Active Lives'의 약자이며, 동시에 '58년생 개띠'의 '오팔'을 의미한다. 무엇보다 이들이 뽐내는 다채로운 색깔이 모든 보석의 색을 담고 있는 '오팔'의 색을 닮았다는 의미를 담았다. 베이비붐 세대를 중심으로 한 5060 신중년 소비자들은 다시 새로운 일자리에 도전하고, 활발한 여가 생활을 즐기며, 자신들만의 콘텐츠를 구매하면서 관련 업계의 판도를 바꾸고 있다. 인터넷과 신기술을 젊은이들만큼이나 자유자재로 사용하면서 사회의 주축으로 등장하는 오팔세대는 정체된 시장의 활력소가 될 것이다.

Convenience as a Premium 편리미엄

편리한 것이 프리미엄한 것이다. 구매의 기준이 가성비에서 프리미엄함으로 이행하고 있는 가운데, 하고 싶은 일은 많고 시간은 부족한 현대인의 노력과 시간을 아껴주는 것이 새로운 프리미엄의 기준이 되고 있다. 경험을 중시하지만 늘 시간 빈곤에 시달리는 현대인은 이제 사소한 일을 부탁할 공동체와의 유대마저 약해졌다. 한편, 일자리는 부족해지는 가운데 수시로 노동을 제공하고 싶어하는 '가교형 노동자'들은 늘고 있다. 이 수요와 공급을 연결하는 앱 경제가 발달하면서, 편리미엄은 갈수록 필연적인 트렌드가 되고 있다. 최악의 불경기라고 하지만 고객의 사소한 불편함에 기회는 존재한다.

Elevate Yourself 업글인간

네 자신을 업그레이드하라! 성공보다 성장을 추구하는 새로운 자기계발형 인간, '업글인간'이 나타났다. 이들은 타인과의 경쟁에서 이기려는 단순한 스펙이 아니라, 삶 전체의 커리어를 관리해나감으로써 '어제보다 나은 나'를 만드는 데 변화의 방점을 찍는다. 업글인간 트렌드는 주 52시간제 등 제도뿐만 아니라, 평생직장 개념이 무너지고 고령화가 급속히 진행되면서 인생과 경력 관리의 패러다임이 달라진 결과다. 삶의 질적 변화를 원하는 업글인간의 등장으로 경험경제가 변화경제로 전환되고 있다. 소비자들의 행복이 자신을 성장시키는 재미와 의미 사이의 균형점을 향해 움직이고 있다.

〈트렌드 코리아〉 선정 2019년 대한민국 10대 트렌드 상품

2019년에는 어떤 상품이 인기를 모았고, 또 그 배경이 된 트렌드는 무엇일까? 서울대학교 생활과학연구소 소비트렌드분석센터가 선정한 '2019년도 10대 트렌드 상품'을 통해 살펴보자.

선정 방법

후보군 선정

먼저 '트렌드 상품'의 후보는 단순히 물리적인 제품뿐만 아니라, 인물·이벤트·사건·서비스 등이 모두 포함되도록 정의했다. 또한 조사 시점이 9월 중순이라는 점을 고려해, 2019년 트렌드 제품으로 선정되기 위한 기준 기간을 '2018년 10월부터 2019년 9월'로 조정했다.

후보 제품군은 주관적 및 객관적 자료를 기반으로 엄격하게 선정했다. 먼저 주관적 자료는 서울대 트렌드분석센터의 트렌드헌터 모임인 '트렌더스 날' 멤버 187명이 각자 10개 제품을 추천하는 방식으로 총 184개의 후보군을 확보했다. 다음으로 객관적 자료는 국내 유통사와 언론사에서 발표하는 판매량 순위와 히트 순위 등을 다수 수집해 작성했다. 참고한 유통사는 TV홈쇼핑(GS홈쇼핑·CJ오쇼핑·롯데홈쇼핑·현대홈쇼핑·NS홈쇼핑)이며, 이외에도 대형서점(예스24·인터파크·교보문고), 포털사이트 인기 검색어(구글·네이버), 언론 기사(경향신문·매일경제·서울신문·스포츠동아·한경비즈니스), 그리고 영화진흥위원회의 통계를 참고했다.

이렇게 나열된 후보들을 한국표준산업분류의 대분류 및 산업중분류를 기준으로 하위 항목으로 분류하고, 각 분야마다 다양한 트렌드 상품 후보군이 등장하는지 확인했다. 최종적으로 식품, 패션·뷰티, 전자, 자동차, 유통·장소, 외식, 여가, TV, 영화, 음원, 게임, IT·SNS, 인물, 광고·마케팅, 금융, 공공, 기타 부문에 대해 38개의 후보 제품이 선정됐다.

설문조사

조사 전문 기관 마크로밀엠브레인에 의뢰해, 나이·성별·지역에 대한 인구 분포를 고려한 전국 단위의 대규모 온라인 설문조사를 실시했다. 응답 방식은 제시된 총 38개 후보 제품군 중 2019년을 대표하는 트렌드 제품 10개를 무순위로 선택하게 했고, 아울러 설문의 후보

상품의 '보기' 순서를 무작위로 순환하도록 해서 예시의 순서가 선정에 미치는 영향을 최소화하도록 문항을 설계했다. 2019년 9월 16일부터 9월 23일까지 시행된 조사에 총 2,000명이 응답했으며, 표본 오차는 신뢰수준 95%에서 ±1.97%였다.

10대 트렌드 상품 선정

최종 마무리된 설문조사의 순위를 주된 기준으로, 서울대학교 생활과학연구소 트렌드분석센터의 연구원들의 치열한 토론과 심사를 거쳐 '10대 트렌드 상품'을 최종 선정했다. 전년도와 마찬가지로, 트렌드 상품 선정의 가장 중요한 기준은 "해당 연도의 트렌드를 가장 잘 반영하는 상품인가" 혹은 "트렌드를 만들고 선도하는 의미가 높은 상품인가"다. 따라서 최근에 발생해서 소비자의 기억에 쉽게 회상되는 사례, 선거나 스포츠 행사처럼 반복되는 사건, 2019년이라는 특성을 반영하지 못하는 TV 프로그램이나 영화는 제외되었다. 다만 동일한 경우라 할지라도 '그해의 특수한 현상'을 잘 반영하고, 후년에 이것을 회상하는 것이 2019년 당시 우리 사회를 이해하는 데 도움이 된다고 판단된 경우에는 포함시켰다. 출시 시기와 관련해서도 최초 출시된 시기에 초점을 두는 것이 아니라 그것이 화제가 된 시기를 주요 기준으로 했다. 이러한 기준을 바탕으로 최종 선정된 '2019년 10대 트렌드 상품'은 나열 순서가 순위를 의미하지 않도록 가나다순으로 서술했다.

응답자의 인구통계적 특성

분류		응답자 수(%)
성별	남자	1,024(51.2%)
	여자	976(48.8%)
연령	만 15~19세	193(9.7%)
	만 20~29세	393(19.7%)
	만 30~39세	422(21.1%)
	만 40~49세	496(24.8%)
	만 50~59세	496(24.8%)
직업	직장인	1,167(58.4%)
	자영업	129(6.5%)
	파트타임	72(3.6%)
	학생	312(15.6%)
	주부	178(8.9%)
	무직	93(4.7%)
	기타	49(2.5%)
월평균 가계 총소득	200만 원 미만	173(8.7%)
	200만 원 이상~300만 원 미만	290(14.5%)
	300만 원 이상~400만 원 미만	357(17.9%)
	400만 원 이상~500만 원 미만	284(14.2%)
	500만 원 이상~600만 원 미만	353(17.7%)
	600만 원 이상	543(27.2%)

분류		응답자 수(%)
지역	서울	390(19.5%)
	부산	130(6.5%)
	대구	96(4.8%)
	인천	118(5.9%)
	광주	57(2.9%)
	대전	58(2.9%)
	세종	13(0.7%)
	울산	47(2.4%)
	경기	520(26.0%)
	강원	57(2.9%)
	충북	59(3.0%)
	충남	77(3.9%)
	전북	67(3.4%)
	전남	65(3.3%)
	경북	96(4.8%)
	경남	127(6.4%)
	제주	23(1.2%)
총 2,000명(100%)		

10대 트렌드 상품의 소비가치

최종 선정된 2019년도 10대 트렌드 상품 리스트를 종합해보면 우리 사회를 관통하는 몇 가지 흐름을 발견할 수 있다. 첫째, 소비자가 상품 및 서비스를 평가하는 기준이 변하고 있다. 맛으로 간식을 선택하기보다는 SNS에 인증할 만한 콘텐츠로서 '괴식 및 이색식품'이 인기를 끌었으며, 소비자가 제품 및 서비스를 선택하는 중요한 기준 중 하나로 기업의 친환경 실천 정도가 부상하면서 다양한 '친환경 아이템'이 시장에 등장했다.

둘째, 자신만의 라이스타일이나 가치관을 구매로 실천하는 소비자들의 행보가 관찰되었다. 가족과 함께 아웃도어 액티비티를 즐기는 40대 소비자들이 늘어나면서 '대형 SUV'의 판매량이 증가했고, 거창한 목표보다 현재의 행복과 휴식을 중요시하는 가치관이 확산되면서 여행지의 라이프스타일을 깊이 있게 경험해보는 '한 달 살기'가 인기를 얻었다.

셋째, 일상에서 작은 재미를 추구하는 현상이 두드러졌다. 과거의 추억을 소환하고 소비자들의 호기심을 자극하는 '재출시 상품'이 다양한 업종에서 나타난 한 해였다. 또한 일상의 모습을 공유하고 소통하면서 소비자와의 신뢰를 쌓은 '인플루언서'들이 새로운 유통 채널로 등장하기도 했다. 주말을 이용해 단기로 '호캉스'를 즐기는 소비자들이 증가하면서 호캉스 시장이 여가 활동의 한 축으로 자리 잡았다.

마지막으로 시간과 노력을 아낄 수 있도록 지원하는 기술과 서비

〈트렌드 코리아〉 선정 2019년 10대 트렌드 상품(가나다순)

괴식 및 이색식품	• 인스타그래머블한 비주얼 • 자극적인 경험을 인증하고 공유하는 문화
대형 SUV	• 가족중심적 여가를 즐기는 40대 소비자 부상 • 아웃도어 액티비티의 증가
배송 서비스	• 온라인을 통한 신선식품 주문 증가 • 배송 기반 효율화 • 수요 예측 기술 수준의 향상
에어프라이어와 삼신가전	• 가사 노동에 드는 시간과 노력을 최소화하고 싶은 니즈 • 나에게 집중하는 시간을 확보하려는 밀레니얼 가치관의 확산
인플루언서	• SNS 중심으로 재편되는 미디어 환경의 변화 • 친근함을 바탕으로 한 신뢰성 확보
재출시 상품	• 기성세대와 Z세대를 아우르는 매력 • 과거의 모델이나 콘텐츠를 이용함으로써 비용 절감
지역 기반 플랫폼	• 신뢰성을 기반으로 한 거래 • 오프라인 경험에 대한 니즈 • 지역경제 활성화를 위한 정책적 노력
친환경 아이템	• 필환경 트렌드 확산 • 자신의 신념을 소비로 드러내는 미닝아웃 세대의 등장
한 달 살기	• 행복을 중시하는 가치관의 확산 • 관련 인프라의 증가
호캉스	• 근무 제도의 유연화 • 휴식에 집중하는 단기여행 선호

10대 트렌드 상품의 의미

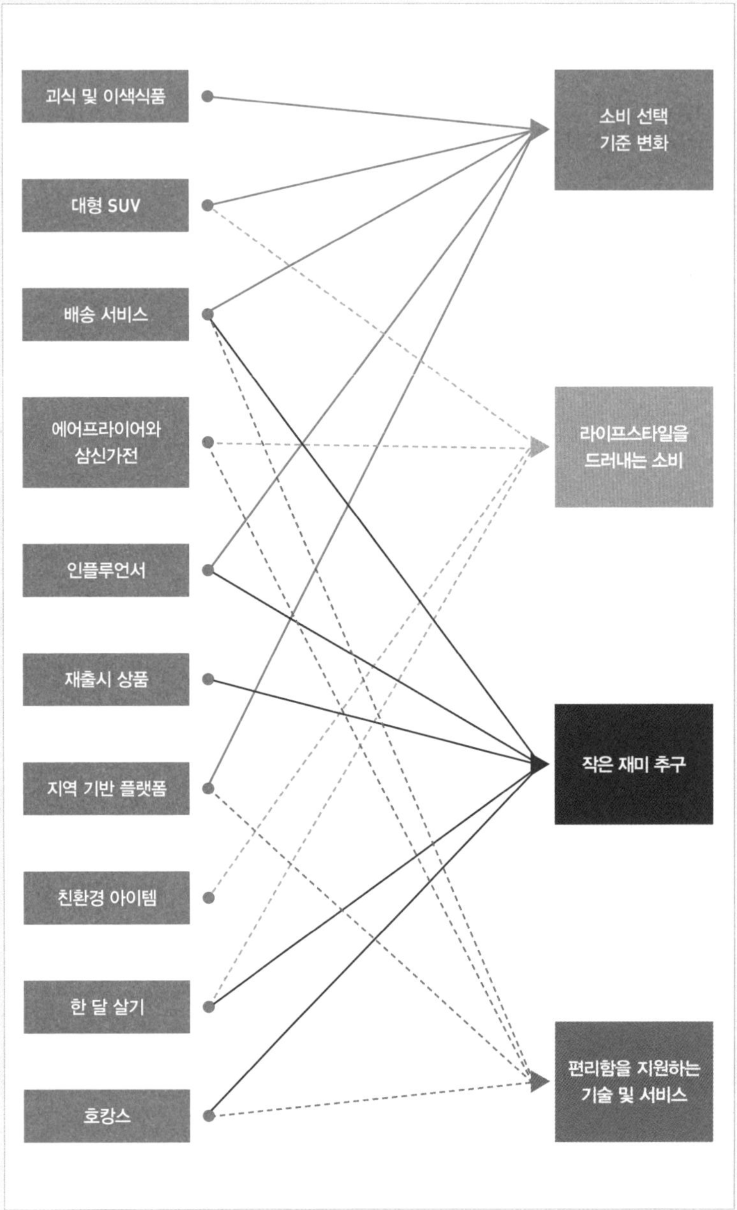

스가 증가했다. '에어프라이어와 삼신가전'은 반복되는 집안일에서 벗어나 나를 위한 시간을 확보하고 싶은 소비자들의 욕구를 만족시키면서 판매량이 크게 증가했다. 또한 배송 관련 기반이 지속적으로 확충되고 수요 예측 기술이 발달한 공급적 측면과 시간을 절약하고 싶은 소비자의 욕구가 맞물리면서 '배송 서비스' 시장이 크게 성장했다. 바쁜 현대인을 지원하는 기술과 서비스는 앞으로도 시장을 견인하는 중요한 포인트가 될 전망이다.

괴식 및 이색식품

2019년 한 해 도심의 거리를 지배했던 간식은 대만에서 건너온 '흑당밀크티'였다. 2019년 3월 홍대에 한국 1호점을 오픈한 대만의 흑당음료 브랜드 타이거슈가는 6개월도 채 되지 않아 16개 이상의 매장을 추가 오픈했다. 흑당의 인기는 가공식품으로 이어졌다. GS25는 '흑당라떼 샌드위치'를 출시했고, 삼양식품은 자사 브랜드 스낵 짱구에 흑당의 맛을 더한 '흑당 짱구'를 선보였다. 홈플러스는 흑당을 집에서 즐길 수 있도록 '흑당시럽'을 론칭했다. 흑당과 함께 뚱카롱도 간식계의 히트 상품이었다. 프랑스 대표 디저트인 마카롱에 필링(속재료)을 가득 넣어 두툼하게 만든 뚱카롱은 10~20대 소비자의 마음을 사로잡았다. 온라인에서는 뚱카롱 맛집들을 정리한 일명 '뚱카롱 성지 리스트'가 돌아다닐 정도였다. 닭껍질튀김이나 마라 같은 이색식품들도 눈길을 끌었다. 특히 마세권(마라 음식점이 많은 지역), 혈중 마라 농도, 마라민족 등의 신조어가 나올 정도로 마라 열풍이 거세다. 마라의 얼얼한 매운맛을 살린 마라라면, 마라치킨, 마라과자 등이 연이어 출시되고 있다.

배경 트렌드 및 향후 전망

소비자들이 괴식 및 이색식품에 열광하는 이유로는 먼저 강렬한 시각적 자극을 들 수 있다. 흰 우유와 까만 흑당이 섞여 있는 모습이나 필링이 터질 듯이 두꺼운 뚱카롱 등의 파괴적인 비주얼은 SNS에 업로드하기 좋은 콘텐츠다. 무엇이든 사진과 동영상으로 인증하길 좋아하는 10~20대에게 인스타그래머블한 비주얼은 맛보다 더 중요한 요소로 작용한다. 흑당과 관련된 인스타그램 해시태그는 18만 건을 훌쩍 넘어섰고, 뚱카롱이 태그된 인스타그램 게시물도 2019년 8월 기준 36만9천여 건에 달한다.[1] 두 번째 이유는 자극적인 맛이다. 대부분의 괴식 및 이색식품은 자극적이고 극단적인 맛이 난다. 머리가 띵할 정도로 달거나 속이 쓰릴 정도로 맵다. 특히 10~20대는 이러한 자극적인 맛에 도전하고 자신의 경험을 인증하면서 즐거움을 느낀다. 온라인에서 마라탕을 어느 단계까지 먹어봤는지가 중요한 이슈라는 것만 봐도 이를 알 수 있다. 모바일커머스 티몬이 연령대별 마라소스 매출액을 조사한 결과, 20대가 전체 매출의 37%를 차지할 만큼 비중이 제일 높았다.[2]

출처: 타이거슈가 페이스북

이처럼 새롭고 이색적인 아이템에 열광하는 Z세대를 잡기 위한 노력들이 앞으로도 이어질 전망이다. 커피와 콜라를 섞고, 꽃과 과일을 블렌딩하며, 커피에 홍차를 더하는 등 소비자의 호기심을 자극하기 위한 이색 조합이 식품 업계에서 계속 시도되고 있다.[3]

관련 키워드: **『트렌드 코리아 2015』**, 감각의 향연, **『트렌드 코리아 2018』**, 가성비에 가심비를 더하다: '플라시보 소비', 매력, 자본이 되다, **『트렌드 코리아 2019』**, 컨셉을 연출하라

대형 SUV

2019년의 국내 자동차 시장의 중심축이 세단에서 SUV로 이동한 한 해였다. 특히 국내 소비자들이 그동안 선호하지 않았던 대형 SUV 시장의 성장이 두드러졌다. 한국자동차산업협회에 따르면 2019년 상반기 국내에서 팔린 국산 대형 SUV는 3만8,903대로 2018년 같은 기간 대비 168% 증가한 것으로 나타났다.[4] 대형 SUV 대표 모델로 꼽히는 현대자동차의 '팰리세이드'는 2018년 12월 출시 이후 불과 3주 만에 사전예약 2만5천 건을 돌파했다. 주문이 몰려들면서 계약 후 최대 10개월 이상 대기해야 하는 상황이다. 팰리세이드의 성공에 힘입어 국내외 브랜드들이 경쟁적으로 대형 SUV 모델을 내놓고 있다. 2019년 9월 기아자동차에서 선보인 '모하비 더 마스터'는 출시 한 달 만에 누적 계약 물량 기준으로 판매된 수량이 1만 대를 넘어섰다. 쌍용자동차는 'G4 렉스턴'을, 한국 GM은 '쉐보레 트래버스'를 출시하면서 대형 SUV 바람에 합류하는 모양새다.

배경 트렌드 및 향후 전망

대형 SUV 시장을 견인하는 세대는 40대다. 팰리세이드를 구매한 전체 고객 중 85.2%가 남성이었으며, 남성 고객 중 40대의 비중이 37%로 가장 높았고 50대가 26.9%로 뒤를 이었다.[5] 40대는 가족중심적이고, 캠핑이나 낚시 같은 활동적인 액티비티를 선호한다는 특징이 있다. 특히 주 52시간 근무제가 시행되고 여가 시간이 증가하면서 주

출처: 현대자동차

말에 가족과 야외 활동을 떠나기 좋은 차를 찾는 사람들이 늘었다. 이러한 이유로 대형 SUV를 출시하는 업체들도 가족형 차량으로서의 기능을 강조한다. 같은 맥락에서 장비나 짐을 넣을 수 있는 공간이 충분하다는 것도 대형 SUV를 선호하는 이유 중 하나다. 또한 차에서 숙박을 해결하는 '차박 캠핑'이 유행하면서 넓은 공간에 대한 니즈가 더 커졌다고 해석할 수 있다. 캠핑 카라반, 카고 트레일러 등을 연결할 수 있다는 것도 대형 SUV의 또 다른 강점이다.

앞으로 대형 SUV 시장이 확대되면 더욱 다양한 업체들이 경쟁적으로 시장에 뛰어들 것으로 보인다. 기존의 모델과 차별화하기 위해 프리미엄 기능을 강조하는 고급화 전략과 저렴한 가격을 앞세운 가성비 전략 등으로 시장이 세분화될 전망이다.

관련 키워드: **『트렌드 코리아 2014』**, '어른아이' 40대, **『트렌드 코리아 2018』**, 나만의 케렌시아

배송 서비스

2019년은 배송 서비스의 춘추전국시대라고 해도 과언이 아니다. 온라인 커머스 시장이 폭발적으로 성장하면서 배송 경쟁이 치열해지고 있다. 국내 새벽 배송 시장의 규모는 2015년 100억 원에서 2018년 4천억 원으로 3년 새 40배나 성장했다. 2019년은 2018년 대비 2배 증가한 8천억 원에 육박할 것으로 예상된다.[6] 마켓컬리가 '샛별배송'으로 포문을 연 새벽 배송의 판은 더욱 커져가는 중이다. 헬로네이처·쿠팡 등 온라인 기반 커머스 업체뿐만 아니라 대형마트·백화점·홈쇼핑 등 전통적인 유통 업체들도 적극적으로 새벽 배송 경쟁에 뛰어들고 있다. 새벽 배송을 넘어 당일에 배송을 해주거나 시나 분 단위의 총알 배송까지 배송 서비스의 영역이 확장되는 모양새다. 이마트는 물류 스타트업 '나우픽'과 손잡고 30분 배송을 시작했다. 자체 간편식 브랜드인 피코크 상품을 나우픽의 도심물류센터에 보관했다가 고객의 주문이 떨어지면 문 앞까지 30분 내에 배송을 완료하는 것이다. 티몬은 1시간 배송을 내세웠고, 롯데마트는 오후 8시 전에 주문하면 당일 자정까지 배달해주는 야간 배송으로 차별화했다.[7]

배경 트렌드 및 향후 전망

배송 서비스 경쟁이 치열해진 이유는 온라인을 통해 신선식품을 주문하는 사람들이 증가했기 때문이다. 롯데슈퍼 롯데프레쉬의 주력 상품은 신선상품·유제품·생수다. SSG.COM도 신선상품의 비중이 전체 매출의 60%를 차지한다고 밝혔다.[8] 이러한 변화에 따라 누가 더 빠르고 신선하게 배달하느냐가 배송의 핵심이 되고 있다. 여기에 밀키트 시장이 성장하면서 빠른 배송은 더 중요해졌다. 조사 전문 기관 마크로밀엠브레인이 배송 서비스 이용 경험이 있는 성인 남녀 1천 명을 대상으로 조사한 결과 74.9%가 새벽 배송에 '만족한다'고 답했으며, 그 이유로 신속성(26.3%), 신선도(21.5%) 등을 꼽았다.[9] 신속성이 유통 채널을 평가하는 새로운 기준이 되고 있다는 뜻이다. 또 다른 배경으로 배송 인프라의 확충과 수요 예측 기술의 향상을 꼽을 수 있다. 빠른 배송을 위해서는 정확한 수요를 예측하고 효율적으로 재고를 관리해야 한다. 이에 따라 최근 유통 업계에는 빅데이터나 인공지능 기술로 고객 주문량을 미리 예상하고 상품을 발주하려는 움직임이 활발하다. 마켓컬리, 헬로네이처 등은 빅데이터 기반 주문량 예측 시스템으로 신선식품 폐기율을 1% 미만으로 관리하고 있다.[10]

출처: 마켓컬리

신속함을 내세운 배송 서비스는 현재 수도권을 중심으로 운영 중이다. 앞으로 서비스 범위가 확대된다면 배송 서비스 경쟁은 더욱 치열해질 전망이다. 트렌드모니터와 미래에셋대우 리서치센터의 조사에 따르면 새벽 배송 서비스를 전국으로 확대 운영할 필요성에 62.2%가 공감했다.[11] 유통업의 미래 먹거리로 각광받는 배송 서비스 경쟁에서 살아남기 위해서는 서비스의 차별화가 관건이 될 것이다.

관련 키워드: **『트렌드 코리아 2015』**, 꼬리, 몸통을 흔들다, **『트렌드 코리아 2019』**, 밀레니얼 가족

에어프라이어와 삼신가전

2019년 가전 시장에서는 에어프라이어와 삼신가전(식기세척기 · 로봇청소기 · 의류건조기)이 단연 인기였다. 전자랜드에 따르면 2019년 에어프라이어의 판매량은 2018년 동기 대비 무려 1,044% 증가했다고 한다.[12] 시장조사 업체 유로모니터의 조사에서도 에어프라이어의 성장세는 놀랍다. 국내 에어프라이어 판매량은 28만7천 대로 2018년 대비 286%나 증가한 것으로 나타났다.[13] 에어프라이어가 인기를 끌면서 관련 업계도 분주했다. 『에어프라이어 만능 레시피북』은 온라인서점 예스24가 꼽은 2019년 상반기 베스트셀러 12위에 올랐다(1~5월 판매량 기준).[14] 요리책이 베스트셀러 상위권에 오르는 일이 드물다는 것을 고려하면 에어프라이어의 인기를 실감할 수 있는 대목이다.

삼신가전의 강세도 두드러진 한 해였다. 새롭게新 등장한 필수가전이자 신神의 선물과 같은 가전이라는 의미의 삼신가전은 식기세척기 · 로봇청소기 · 의류건조기를 말한다. G마켓에 따르면 2019년 1~8월 판매량의 경우 2018년 동기 대비 식기세척기는 109%, 로봇청소기는 57%, 의류건조기는 11% 각각 증가했다. 특히 국내 식기세척기 판매량은 2018년 10만5천 대를 넘어선 데 이어 2019년에는 20만 대를 기록할 전망이다.[15]

출처: 필립스

배경 트렌드 및 향후 전망

에어프라이어와 삼신가전에는 공통점이 있다. 가사 노동에 드는 시간과 노력을 줄여준다는 것이다. 직접 설거지를 하지 않아도 식기세척기로 해결할 수 있고, 로봇청소기를 돌리면 걸레질이 필요 없다. 특히 맞벌이 가정이 많은 신혼부부를 중심으로 에어프라이어와 삼신가전이 각광받고 있다. 통계청 자료에 따르면 신혼부부 중 맞벌이 가정의 비율은 2017년 49.9%에서 2018년 61.6%로 크게 증가했다. 같은 기간 가전 전문 매장 전자랜드의 식기세척기 판매량은 159% 성장했다. 바쁜 부부가 늘어날수록 집안일을 줄여주는 가전이 많이 팔리고 있는 셈이다.[16] 밀레니얼 세대의 가치관이 확산된 점도 주목해야 한다. 밀레니얼 세대는 반복적이고 비가치적인 일은 기계에게 맡기고 남는 시간을 자신에게 투자한다. 에어프라이어와 삼신가전을 구입함으로써 시간과 삶의 질을 사는 것이다. 최근에는 1인 가구도 에어프라이어와 삼신가전을 적극 구매한다. 집안일에 들이는 수고를 줄이고 가치 있는 시간을 보내고 싶다는 욕구가 확대되고 있음을 알 수 있다. 다양해진 가구 구성에 맞춰 기업들도 4인용, 2인용, 1인용 등 여러 형태의 제품들을 선보이는 추세다. 앞으로 가사 노동을 해결해주는 솔루션 생활가전 시장의 일인자 자리를 놓고 가전 업계의 각축전이 벌어질 것으로 보인다.

관련 키워드: **『트렌드 코리아 2016』**, 대충 빠르게, 있어 보이게, **『트렌드 코리아 2019』**, 밀레니얼 가족

인플루언서

인플루언서influencer는 인스타그램이나 유튜브 등에서 수십만, 수백만에 이르는 팔로어를 보유한 일반인을 지칭하는 신조어다. SNS 사용자가 급증하면서 인플루언서의 영향력이 전방위적으로 확대되고 있다. 시장 분석 기관 DMC미디어의 보고서에 따르면 국내 SNS 이용자 10명 중 7명이 영향력 있는 인플루언서 계정을 구독하는 것으로 나타났다.[17] 인플루언서가 만들어내는 콘텐츠의 유형은 다양한데, 그중에서도 브이로그 형태가 인기가 높은 편이다. 일상의 모습을 공유하고 소통한다는 측면에서 구독자들은 친근함을 느낀다. 유명 연예인보다 일반인 인플루언서가 선호되는 이유다.

인플루언서의 영향력이 커지면서 이들이 추천하는 제품이나 직접 만든 브랜드의 상거래 시장의 규모도 커지고 있다. KB금융지주 경영연구소에 따르면 2015년 5억 달러(약 5,900억 원)였던 인플루언서 마케팅 글로벌 시장 규모는 2020년 100억 달러(약 11조8,500억 원)로 성장할 것으로 예상된다.[18]

배경 트렌드 및 향후 전망

인플루언서의 등장은 미디어 환경의 변화와 연관이 깊다. 유튜브·인스타그램 등 새로운 미디어가 TV를 대체하고 있다. 특히 유튜브의 사용 시간은 급격하게 증가하는 추세다. 와이즈앱이 스마트폰 사용자 40만 명을 대상으로 조사한 결과 2019년 8월 한 달 동안 한국인이 유튜브에서 보낸 시간은 460억 분이다. 카카오톡 220억 분, 네이버 170억 분에 비하면 유튜브의 시대라고 해도 지나치지 않을 수치다.[19] 인플루언서가 주는 신뢰성과 친근함도 시장을 견인

하는 중요한 배경이다. 자신의 라이프스타일을 가감 없이 보여주며 소통을 강조하기 때문에 사람들은 인플루언서를 보며 실제로 아는 사람인 것 같은 친근한 감정을 느낀다. 또한 대부분의 인플루언서들은 제품을 직접 써보고 장단점을 솔직하게 평가한다. 장점만 나열하는 기업 광고에 지친 소비자들은 인플루언서가 주는 정보에 더 솔깃할 수밖에 없다.

이들의 파급력이 커지면서 뷰티·유통 업계 등은 자체 인플루언서를 육성하기에 이르렀다. LG생활건강은 '더페이스샵 내추럴 뷰티 크리에이터 양성 프로그램'을 운영 중이고 기아자동차도 2019년 7월부터 '빅VIK튜버' 프로그램을 시작했다. 기업들의 진출이 활발해지며 인플루언서 시장의 규모는 더 커질 것으로 전망된다. 소비자들이 인플루언서를 선호하는 큰 이유 중 하나가 진정성인 만큼, 소비자와의 공감대 형성이 가장 중요할 것이다.

관련 키워드: **『트렌드 코리아 2012』**, 진정성을 전하라, **『트렌드 코리아 2014』**, 관음의 시대, '스몰브라더스'의 역습, **『트렌드 코리아 2016』**, 1인 미디어 전성시대, **『트렌드 코리아 2019』**, 세포마켓

재출시 상품

2019년은 뉴트로 열풍을 타고 재출시 상품이 강세를 보인 한 해였다. 20~30년 전의 패키지 디자인을 다시 활용하고, 단종되었던 제품을 새롭게 출시하는 등 식품 업계는 매우 분주했다. 하이트진로에서 병 모양과 색깔, 라벨 사이즈까지 과거 디자인을 복원해 내놓은 '진로소주'는 2019년 4월 출시된 지 두 달 만에 누적 판매량 1천만 병을 넘겼다.[20] 농심은 1990년대에 단종된 '해피라면'을 재출시했는데 그 당시의 맛을 아는 소비자들의 기억을 소환 중이다. 오리온도 3년 전 공장 화재로 생산이 중단된 '태양의 맛 썬'을 다시 내놨는데, 단종 이전 대비 40% 이상 높은 매출을 기록했다.[21] 의류 및 영화 업계도 재출시 전략으로 순항 중이다. 패션 업계에서 복고 열풍으로 재도약한 휠라는 1997년 출시했던 '디스럽터' 시리즈의 후속 버전을 새롭게 출시하면서 매출이 급상승했다. 최근에는 미국 진출을 선언한 상태다.[22] 디즈니는 과거 애니메이션들을 실사화하면서 흥행몰이를 이어갔다. 2019년 5월 개봉한 〈알라딘〉은 개봉 24일 만에 1천만 관객을 돌파했다. 디즈니 실사영화 가운데 국내에서 1천만 명이 관람한 작품은 처음이었다.[23] 영화 〈라이온킹〉도 개봉 첫날에만 30만명이 넘는 관객을 동원하면서 추억 속의 이야기를 소환하는 데 성공했다.

배경 트렌드 및 향후 전망

재출시 상품이 인기를 끄는 이유는 전 세대를 아우르기 때문이다. 오래된 패키지 디자인, 학창 시절에 유행했던 패션, 어렸을 때 봤던 애니메이션 등은 그때 그 시절을 떠오르게 한다. 재출시 상품들이 갖고 있는 1970~80년대의 감성이 기성세대에게 추억의 아이템이 되는 셈이다. 또한 늘 새로운 것에 목말라하는 10~20대에게 20~30년 전의 감성은 독특한 경험이다. 이들에게 재출시 상품들은 SNS 인증을 위한 콘텐츠이자 호기심을 자극하는 놀이다. 또한 기업 측면에서는 자사가 가지고 있는 과거의 모델이나 디자인을 복각함으로써 비용을 절감할 수 있다는 장점이 있다. 재출시 상품은 새로운 디자인이나 제품을 만드는 것에 비해 비용이 적게 들고, 소비자들에게 회자되는 속도가 빠르다는 점에서 효과적인 전략이다. 앞으로 복고는 전 세대를 아우르는 동시에 다양하게 변주됨으로써 그 열풍을 이어갈 것으로 보인다. 디즈니는 이미 〈뮬란〉·〈백설공주〉·〈인어공주〉 등의 애니메이션을 실사영화로 제작하겠다는 계획을 밝혔고, 하이트진로·곰표 등은 오프라인 컨셉스토어를 통해 복고 전략을 이어간다는 방침이다. 오래된 것은 촌스럽다는 고정관념이 무너지고 있다.

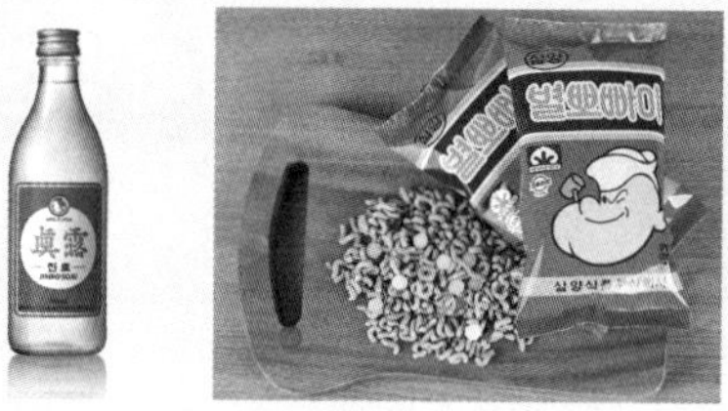

출처: 하이트진로, 삼양식품

관련 키워드: **『트렌드 코리아 2014』** 해석의 재해석, **『트렌드 코리아 2019』** 요즘옛날, 뉴트로

지역 기반 플랫폼

지역을 기반으로 한 서비스들이 주목받고 있다. 2015년 출시된 지역 기반 중고 거래 애플리케이션 '당근마켓'은 2019년 6월 기준 누적 다운로드 수 680만 건, 월간순이용자MAU 수 300만 명을 기록했다. 온라인 카페를 기반으로 성장한 '중고나라'는 2019년 1월 모바일 앱을 리뉴얼하면서 '우리동네 서비스'를 론칭했고 모바일 중고마켓 '번개장터'도 직거래에 특화된 기능을 제공하고 있다. 동네 서점들도 오프라인 기반의 플랫폼 역할을 한다. 신한카드 빅데이터연구소가 카드 이용 내역을 분석한 결과 소규모 독립서점의 방문객은 4년 동안 277% 증가한 것으로 나타났다. 같은 기간 일반·대형서점 이용자는 1.3% 감소했다.[24] 동네 서점들은 다양한 프로그램을 운영하며 기존의 대형 서점과 차별화함으로써 문화공간으로서의 역할을 담당한다. 특정 지역 안에서만 쓸 수 있는 지역화폐도 지역 기반 상거래를 활성화하는 기폭제다. 2016년 1,168억 원에 그쳤던 지역화폐 발행 규모는 2019년 9월 기준 2조3천억 원에 달했다.[25] 지역화폐를 발행한 광역·기초단체는 총 177곳에 이른다. 대표적으로 인천 지역화폐 '인천e음카드'는 발행 8개월 만에 누적 가입자 수 82만 명을 넘었다.

배경 트렌드 및 향후 전망

우선 지역을 기반으로 한 거래에는 신뢰가 있다. 불특정 다수가 모이는 플랫폼이 아니라 동네에서 언제든 마주칠 수 있는 이웃이 거래의 상대가 되기 때문에 무례하게 행동하기 어렵다. 또한 거짓으로 제품 정보를 올리는 등의 사기 행위가 발생할 가능성도 줄어든다. 많은 상거래 앱들이 지역 기반으로 서비스를 재정비하고 있는 이유 중의 하나다. 오프라인 체험에 대한 니즈가 커지고 있는 것도 한몫했다. 온라인으로 지구 반대편에 사는 사람과 친구가 될 수 있는 세상이지만, 온라인상에서 가능한 일들이 많아질수록 오히려 오프라인 경험에 대한 욕구가 커지고 있다. 특히 동네 서점들은 동네의 개념이 사라져가는 시대에 지역의 사랑방이자 복합문화공간으로써 20~30대의 아날로그 감성을 채워준다.

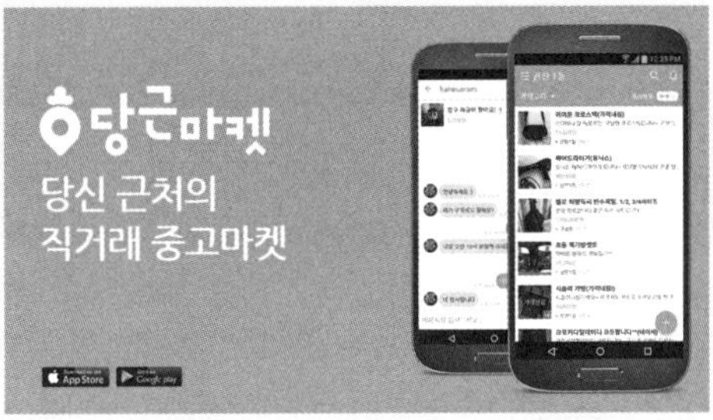

출처: 구글 플레이스토어

더불어 지역 기반으로 경제를 활성화하려는 정부의 방침도 지역 기반 플랫폼의 성장 배경으로 꼽을 수 있다. 2018년 12월, 정부는 '자영업 성장과 혁신 종합대책'을 발표하면서 2022년까지 18조 원 규모의 지역상품권(8조 원)과 온누리상품권(10조 원)을 발행하겠다고 밝혔다.[26] 지역화폐의 효과에 대한 논쟁은 있지만 지역 상권을 살리기 위한 지자체의 지역화폐 발행 열풍은 한동안 이어질 전망이다.

관련 키워드: **『트렌드 코리아 2010』**, 떴다, 우리동네, **『트렌드 코리아 2015』**, 숨은 골목 찾기, **『트렌드 코리아 2019』**, 공간의 재탄생, 카멜레존

친환경 아이템

플라스틱 사용을 줄이고, 비닐 포장재를 친환경 소재로 바꾸는 일상이 당연시되는 한 해였다. 2018년 9월 스타벅스가 종이 빨대 사용을 시작하면서 다른 커피 전문점들도 빨대 사용을 자제하거나 기존의 플라스틱 빨대를 종이 빨대로 교체하는 추세다. 플라스틱 프리 운동은 패스트푸드 업체로도 확대되고 있다. 맥도날드는 2025년까지 전 세계 모든 매장에서 플라스틱 빨대를 퇴출시킬 계획이다.[27] 일상생활에서도 플라스틱 빨대 사용을 줄이고 싶어 하는 소비자를 위한 대체품들이 많이 출시되었다. 옥수수나 쌀가루로 만든 빨대뿐만 아니라 유리 혹은 스테인리스 재질의 다회용 빨대를 사용하는 소비자가 증가했다. 유통 업계에서도 친환경 포장을 도입하고 있다. 헬로네이처는 2019년 4월부터 친환경 배송 서비스 '더그린배송'을 시행 중이다. 재사용이 가능한 포장박스와 100% 자연 성분으로 만든 아이스팩을 사용하는데, 더그린배송의 월별 이용 비중은 꾸준히 늘어 2019년 9월 기준 56%까지 증가했다.[28] 마켓컬리도 배송 포장재를 재활용 가능한 종이로 전면 교체하는 '올페이퍼 챌린지' 프로젝트를 시작했다.

배경 트렌드 및 향후 전망

친환경 아이템이 성장하는 배경으로 무엇보다 필必환경 트렌드를 꼽는 소비자들이 많아졌다는 점은 눈여겨볼 만하다. 해마다 전 세계에서 생산되는 플라스틱의 양은 3억3천만 톤에 달한다. 플라스틱을 비롯해 갈수록 많아지는 쓰레기는 환경에도 영향을 미쳐 지구 곳곳에 기상이변과 자연재해를 몰고 오고 있다. 한국도 2018년 역대 최강의 폭염을 기록했고, 매년 심각한 수준의 미세먼지로 고통받는 중이다. 이러한 상황이다 보니 사람들 사이에 생존을 위해서는 친환경을 꼭 실천해야만 한다는 공감대가 형성된 것이다.

친환경 트렌드의 부상은 자신의 신념을 소비로 드러내는 밀레니얼 세대의 특징과도 연관이 있다. 밀레니얼 세대는 친환경을 실천하는 모습에 플라스틱프리, 노빨대, 제로웨이스트 등의 해시태그를 달아 SNS에 올린다. 이들에게는 제품도 중요하지만 제품을 담은 포장이나 기업의 친환경 실천 노력도 중요한 평가 요소다. 종이 빨대를 사용하고 재사용 포장팩을 반납하는 일이 불편하다기보다 힙하다고 여기는 세대가 등장하면서 기업들도 더욱 적극적으로 쓰레기를 줄이고 친환경을 실천하는 노력을 이어갈 것으로 전망된다.

관련 키워드: **『트렌드 코리아 2012』**, 진정성을 전하라, **『트렌드 코리아 2015』**, 꼬리, 몸통을 흔들다, **『트렌드 코리아 2018』**, 미닝아웃, **『트렌드 코리아 2019』**, 필환경시대

한 달 살기

2019년은 조금 더 특별한 여행을 꿈꾸는 사람들이 많았다. "여행은 살아보는 거야"라는 에어비앤비의 캠페인 슬로건처럼 한 장소에 장기간 살아보는 리빙 트립living trip의 인기가 꾸준히 이어졌다. 티몬이 항공권 발권 빅데이터를 분석한 결과, 2019년 1~2월에 혼자 한 달 살기에 나선 여행객은 2018년 동기 대비 143%, 가족 단위 여행객은 112% 증가한 것으로 나타났다. 여행 기간은 26~31일(48%), 20~25일(27%) 순이었고, 해외에 44~50일 동안이나 머문 장기여행객도 7%를 차지했다.[29] 한 달 살기가 등장한 초기에는 한 달 살기의 정착지로 주로 제주도를 선택했으나 점차 해외로 확장되고 있다. 2019년 1월 종영된 KBS 예능 프로그램 〈잠시만 빌리지〉는 슬로베니아·헬싱키·발리 등에서 한 달 살기를 하는 연예인 가족의 모습을 통해 살아보는 여행에 대한 화두를 던졌다. 특히 아이와 함께하는 장기여행을 계획하는 사람들이 많아지면서 『런던×파리에서 아이들과 한 달 살기』, 『지형이의 밴쿠버 그림여행』, 『아이랑 놀며 살며 배우며 사이판 한 달 살기』 등 서점가에서도 한 달 살기를 꿈꾸는 부모들을 위한 안내서를 쉽게 찾아볼 수 있었다.[30]

배경 트렌드 및 향후 전망

한 달 살기는 행복을 중요시하는 가치관의 확산과 맥을 같이한다. 승진이나 성공 같은 거창한 목표보다 나 자신을 탐구하고 다양한 경험을 쌓는 과정에서 느끼는 행복이 더 중요하다고 생각하는 것이다. 물질적인 소유보다 경험에 더 큰 가치를 둔다. 특히 엄마들의 가치관이 변하고 있다. 다양한 체험을 통해 자녀의 견문이 넓어지기를 기대하는 마음으로 한 달 살기를 떠난다.

출처: 한국갭이어

관련 인프라가 증가하고 있다는 점도 중요한 배경이다. 다양한 숙박 공유 플랫폼이 등장하면서 장기간의 체류를 도와주는 인프라가 세계 곳곳에 형성되고 있다. 예를 들어 에어비앤비의 숙소는 호텔보다 저렴하고 호스텔이나 게스트하우스에 비해 장기간 숙박하기에 적합하다. 가정집을 숙소로 빌려주는 경우가 많기 때문에 주방을 이용할 수 있고 집처럼 사용할 수 있다는 점도 장점이다.[31]

이러한 흐름에 발맞춰 호텔도 장기여행객을 잡기 위해 분주하다. 대명리조트는 '살아보기' 패키지를 출시하면서 30박 프로그램을 구성했다.[32] 앞으로 장기여행 시장이 성장하면서 숙박 업계의 다채로운 시도가 이어질 것으로 보인다.

관련 키워드: **『트렌드 코리아 2012』**, 스위치를 꺼라, **『트렌드 코리아 2013』**, '스칸디맘'이 몰려온다, **『트렌드 코리아 2017』**, 지금 이 순간, '욜로 라이프', **『트렌드 코리아 2018』** '워라밸' 세대

호캉스

2019년은 호캉스 인기가 꾸준했던 한 해였다. 호캉스는 호텔에서 즐기는 바캉스라는 뜻이다. 익스피디아가 '한국인이 생각하는 여가'에 대해 조사한 결과 2명 중 1명(49.7%)이 호캉스로 휴가를 즐긴 경험이 있었다.[33] 호텔 멤버십 회원도 증가했다. 일례로 인터컨티넨탈 호텔이 4년(2015~2018년)간 자체 유료 멤버십인 '아이초이스I Choice'의 고객 데이터를 분석한 결과 여성 회원이 18%가량 증가한 것으로 나타났으며, 그중에서도 30대 여성 회원이 가장 높은 증가율을 보였다.[34] 호텔에서 시간을 보내는 사람들이 늘면서 호텔 내 시설이나 서비스들도 다양해졌다. 숙박 애플리케이션 '여기어때'를 운영하는 위드이노베이션은 2019년 1분기(1~3월) 동안의 여기어때 호텔 예약 데이터를 분석한 결과, 수영장이나 게임·힐링존·키즈카페 등 부대시설과 프로그램을 갖춘 숙박 시설의 예약 거래량이 2018년 동기 대비 30% 이상 증가했다고 밝혔다.[35]

배경 트렌드 및 향후 전망

호캉스 시장이 성장한 배경에는 무엇보다 유연해진 근무 제도의 영향이 크다. 주 52시간 근무제가 시행된 이후 주말을 이용해 틈새휴가를 즐기는 사람들이 많아졌다. 또한 많은 회사들이 유연 근무제, 출퇴근 시간 자율화를 채택했고 재택근무를 확대 허용하면서 여가를 즐길 수 있는 절대적 시간이 늘어난 것이다. '여기어때'에 따르면

2019년 상반기 일요일 숙박 예약률이 2018년과 비교해 65% 증가했다고 한다.[36] 휴식에 집중하기 위해 편리한 여행을 선호한다는 점도 주목해야 한다. 여행은 분명 설레는 단어지만 여행을 가기 위해서는 챙겨야 하는 것들이 많다. 호텔은 웬만한 편의 시설과 놀이 시설이 갖춰져 있기 때문에 관광이 아니라 오로지 휴식을 취하고 싶은 사람들에게 최선의 안식처다. 한국인 여행객 85%가 관광 및 체험을 목적으로 여행하는 대신 휴식만을 위해 여행한 경험이 있다는 조사 결과가 있으며, 2030 응답자의 31.8%가 객실 내에만 머무르는 것을 선호하는 것으로 나타났다.[37]

호캉스가 휴가를 보내는 대표적인 방법으로 자리 잡으면서 호캉스족을 잡기 위한 경쟁도 치열해질 전망이다. 호텔들은 차별화된 프로그램을 속속 선보이고 있다. 덕분에 넷플릭스를 보며 호캉스를 즐기는 넷캉스, 뷰티 서비스에 특화된 뷰캉스, 반려동물과 함께 즐기는 펫캉스 등 호캉스의 다양한 변주도 등장하는 중이다.

관련 키워드: **『트렌드 코리아 2013』**, 디톡스가 필요한 시간, **『트렌드 코리아 2015』**, 일상을 자랑질하다, **『트렌드 코리아 2018』**, 소확행, 작지만 확실한 행복, '워라밸' 세대, 나만의 케렌시아

Play the Concept 컨셉을 연출하라

Invite to the 'Cell Market' 세포마켓

Going New-tro 요즘옛날, 뉴트로

Green Survival 필환경시대

You Are My Proxy Emotion. 감정대리인, 내 마음을 부탁해

Data Intelligence 데이터 인텔리전스

Rebirth of Space 공간의 재탄생, 카멜레존

Emerging 'Millennial Family' 밀레니얼 가족

As Being Myself 그곳만이 내 세상, 나나랜드

Manners Maketh the Consumer. 매너소비자

1

2019년
소비트렌드
회고

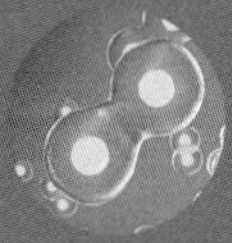

Play the Concept

컨셉을 연출하라

『트렌드 코리아 2019』 예측 내용

그냥 좋아서는 안 된다, 컨셉이 있어야 한다. 가성비나 품질보다 컨셉이 화두가 된 시대다. 소비자들은 자신만의 개성 있는 컨셉을 연출하는 '컨셉러'를 자처하며, 직관적인 미학, 순간적인 느낌, 가볍고 헐거운 컨셉에 빠르게 반응한다. 구구절절 설명하는 기승전결의 이야기 구조보다 한눈에 알아볼 수 있는 콘텐츠에 열광하는 소비자에 맞춰, 많은 기업들 역시 호응받을 수 있는 컨셉 개발에 열심이다.

컨셉에 죽고 사는 '컨셉살이' 소비자들은 셀카 한 장도 특별한 상황을 만들어 찍기 위해 자신이 가장 돋보일 수 있는, 테마가 있는 전시회나 특별한 이벤트를 찾고 있다. 컨셉은 자신만의 특별한 것이라면 무엇이든 가능하지만, 디지털 세대가 바로 반응하는 것은 짧고 재미있는 컨셉이다. 이제 기업들은 자기만의 컨셉을 가지고 고객들과 수평적으로 커뮤니케이션해야 한다. 논리적이고 이성적인 이해보다 가벼운 터치와 직관적인 감성이 소비자의 마음을 열 수 있다. 구매의 근거가 이유에서 컨셉으로 바뀌고 있다. 마케팅하지 말고 컨셉팅하라.

『트렌드 코리아 2019』 pp. 193-215

놀이공원에서 가장 재미있게 노는 방법은 무엇일까? 누구나 놀이공원을 즐기는 비법 하나쯤은 가지고 있을 테니 아마도 수백 가지 방법들이 있을 것이다. 그런데 만약 '10대로 돌아가서' 놀이공원에

갈 수 있다면 어떨까? 그 어떤 비법을 동원한 것보다 신나게 놀이공원을 즐길 수 있지 않을까? 농담 같은 이야기지만 상상 속에서만 가능한 일은 아니다. 요즘 소비자들은 놀이공원에서 재미있게 놀기 위해서라면 기꺼이 10대로 돌아간다. 물론 물리적으로는 10대가 될 수 없지만, '교복을 입고 놀이공원을 방문'해서 10대 시절로 돌아간 것 같은 기분은 낼 수 있다. 2019년 2월, 에버랜드 앞에 등장한 교복 대여점 '에버교복'에서는 실제 고등학교 교복뿐만 아니라 아이돌 스타일의 독특한 교복도 빌려준다. 롯데월드 근처에도 '감성교복'이 다양한 종류의 교복을 구비하고 성업 중이다.[1] "오늘은 10대 컨셉으로!"를 외치는 소비자의 심리를 잘 이해한 덕분이다.

『트렌드 코리아 2019』에서는 일반 소비자들이 마치 무대를 연출하는 감독처럼 나의 일상을 연출하고, 그 연출과 각본을 완성하기 위해 다양한 소비 활동을 하는 '컨셉팅'의 개념을 소개한 바 있다. 디자인 컨셉, 방송 컨셉, 제품 컨셉 등 그동안 전문 창작자에게만 국한되던 '컨셉' 개념이 일반 소비자에게로 확산되어 일상 속 순간순간의 목표가 된다는 것이다. 배우가 무대에서 관객을 대상으로 연기하듯, 사람들도 매 순간 일종의 연극을 하고 있다는 사회학자 어빙 고프먼의 주장이 현실화되어 나타나고 있다.

2019년은 시시각각 변하는 상황과 기분에 따라 그 순간의 테마를 결정하고, 이를 지원하는 제품을 소비함으로써 자신만의 테마를 완성시키는 '프로 컨셉러'들이 대거 등장한 해였다. 이전의 소비자들은 실용적이고 합리적인 '이유 있는 소비'에 만족했다면, 2019년의 소비자들은 쾌락적이고 유희가 넘치는 '컨셉 있는 소비'를 통해 더 큰 만족감을 경험했다. 한 해 동안 다양한 테마와 주제를 변주하며 '컨셉팅'에 열중한 프로 컨셉러의 모습들을 하나씩 돌아보고, 이에 따른 향후 시장의 변화와 시사점을 알아본다.

컨셉을 연출하는 사람들

2019년 소비자들은 일상의 작은 활동에조차 컨셉을 부여했다. 해당 컨셉을 실천하기 위해서라면 무대감독·조명감독·소품 담당의 역할도 마다하지 않는다. 직장인의 저녁 회식 시간이 컨셉화되고 있는 것이 대표적인 예다. 과거에는 주로 고깃집이나 뷔페 등 '메뉴'를 중심으로 회식의 성격이 결정된 반면, 최근에는 20대 힙스터처럼 놀기나 70대처럼 놀기와 같이 특정 '테마'로 회식을 진행한다. 어르신들처럼 종로 수육집에서 막걸리를 한잔한 다음 대폿집으로 자리를 옮겼다가 마지막은 파전으로 마무리하는 방식으로 술자리를 갖는다. 이처럼 살아 있는 컨셉을 더하면 매번 똑같아 보였던 회식자리도 새롭게 즐길 수 있어 직장인들의 새로운 문화로 번지고 있다.

앞서 소개한 '교복 입고 놀이공원 가기'처럼 다채로운 컨셉의 의상을 입고 핫플레이스를 누비는 사람들도 부쩍 늘었다. 2019년에 주목받은 의상 컨셉은 단연 '개화기'다. 익선동 한옥마을에서부터 시작된 개화기 의상 열풍은 2018년 방영된 드라마 〈미스터 션샤인〉의 인기에 힘입어 더욱 거세졌다. 데이트를 즐기는 20대 연인뿐만 아니라 30~40대 커플까지 개화기 의상을 입고 거리에 나왔다. 2019년에는 인천, 경주, 전주 등 전국 각지에 개화기 의상 대여점이 생길 정도였다.[2] 유튜브에서는 '모던걸 메이크업'이란 이름으로 개화기 의상에 어울리는 화장법을 알려주는 영상이 인기를 끌었다. 물론 이러한 복장이 역사적 고증을 거친 정식 의상이라고 할 수는 없지만, 옷을 입는 것만으로도 그 시대의 사람이 된 듯한 기분을 느낄 수 있어 컨셉을 추구하는 사람들로부터 큰 사랑을 받았다.

여행에도 '컨셉팅'은 유효했다. 2019년 여행산업에서 소비자가 주목한 키워드는 '현지 컨셉'이었다. 짧은 기간 동안 여러 도시를 수박 겉핥기식으로 돌아보는 여행에 식상함을 느낀 사람들은 특정한 지역에 머물면서 '현지인처럼 살기'를 연출하는 데 흥미를 느낀다. 가령 해당 지역의 가정식 요리법을 배우는 쿠킹 클래스에 참여한다면 재료가 모두 준비된 상태에서 단순히 레시피만 배우는 데서 그치지 않는다. 요리에 사용할 재료를 구매하기 위해 로컬 마켓을 방문하고, 향신료에 대한 설명을 듣고, 다 함께 요리한 후 음식을 나누는 단계까지 철저히 현지인 컨셉으로 진행된다.[3] 해당 지역민과 어울리며 소통하는 여행이라고 해서 '로컬리안' 여행이라고 불리기도 한다.

나는 인증한다, 고로 존재한다

소비를 통해 컨셉력을 연출하는 소비자들은 부지런히 인증샷을 찍어 본인만의 컨셉력을 자랑했다. SNS에 기반한 영상과 이미지가 커뮤니케이션의 기본적인 수단으로 부상하면서 다른 사람들로부터 자신이 직접 연출한 직관적이고 감각적인 컨셉을 인정받고자 하는 경향이 두드러진 것이다.

2019년 다양한 문화생활 중에서도 전시회는 영화만큼이나 인기를 끌었다. 특히 20대가 유독 전시회를 많이 찾았는데, 그 이유는 '인증 가능성'에 있다. 영화를 보고 있는 나보다는 전시회를 보고 있는 내가 특별한 인증샷을 남기기에 더 유리하기 때문이다. 이 때문에 2019년 서울에서 개최된 다수의 전시회는 콘텐츠보다는 인증샷에 방점을 두고 기획되었다. 〈해피 인사이드〉, 〈하이메 아욘, 숨겨진 일곱 가지 사연〉, 〈뷰티인사이드 로맨틱 포토 에디션〉 등 소위 '비주얼 전시'라고 불리는 사례가 이에 해당된다. 이 전시회들의 공통점은 전시되는 '작품' 자체보다 전시를 관람하는 '나'에 초점을 둔다는 점이다.[4] 작품을 손으로 만지는 것이 가능할 뿐만 아니라 플래시를 터뜨려 사진을 찍을 수도 있어 전시회장 전체가 일종의 포토존이 된다.

식당에서도 음식의 맛만큼 컨셉을 인증하는 일이 중요해졌다. 2019년 서울 강남구에 문을 연 다이닝 포차 '푸른밤살롱'은 제주도를 컨셉으로 인증 요소를 강조한 공간이다.[5] 매장과 연결되어 있는 루프톱 가든에는 제주도의 밤하늘에 떠 있는 별을 형상화한 조명과 3미터 높이의 초승달 모양 대형 구조물이 설치되어 있어 인증샷 명소로 부상했다. 누구나 쉽게 인증샷을 찍을 수 있도록 삼각대까지 비치되어 있다. 이런 컨셉은 이곳에서 판매하는 음식에서도 드러난다. 제주도 특산물인 유자를 넣어 만든 한라산 모양의 생크림 케이크의 경우 케이크 상단에 소주를 부어 먹을 수 있도록 제작했다. 한라산의 백록담을 연상시키는 케이크를 본 고객이 그 모습을 사진이나 동영상으로 남겨 SNS에 게시할 수 있도록 기획된 것이다.

인증은 오프라인 유통 매장에서도 주요 키워드로 떠올랐다. 뷰티 편집숍 '시코르CHICOR'는 인증샷 도구로 거울을 활용했다. 서울 강남역에 있는 시코르 플래그십스토어의 '미러 스페이스'에는 수십 개의 거울이 설치되어 있다. 친구와 같이 방문한 고객은 물론이고, 혼자 방문한 고객도 거울 앞에 서서 마음껏 셀카를 촬영할 수 있다. 매장 내 인테리어도 컨셉화했다. 바비인형의 집에 온 듯 아기자기한 가구와 헤어 스타일링 기구, 각종 디자인 소품으로 내부를 꾸며 사람들의 인증 욕구를 자극한다.

심지어 컨셉과 다소 거리가 멀어 보이는 제품에도 소비자의 인증을 유도하는 전략이 적용됐다. 2019년 6월 CU가 출시한 '목살 큐브 스테이크 도시락'은 나들이 컨셉에 최적화된 신제품이다.[6] 적당히 때우는 한 끼 식사 개념이 아닌 소풍이라는 컨셉을 제품에 반영한 것으로, 푸드트럭 인기 메뉴인 목살 큐브 스테이크를 간편식으로 기획했다. 라벨을 이용해 인증샷 도구인 종이 '토퍼topper'를 같이 제공한 것도 이색적이다. 라벨 테두리의 절취선을 따라 떼어내기만 하면 언제 어디서든 감성소풍 느낌을 낼 수 있다.

출처: BGF리테일

▶▶▶ 편의점 도시락에도 컨셉이 빠질 수 없다.
그야말로 모든 순간이 예술이 되는 시대다.

보편적 컨셉에서 차별적 컨셉으로

나만의 컨셉을 연출하고 이를 사진으로 인증하는 사람들이 증가하면서, 기업들은 자사만의 컨셉으로 승부를 걸기 시작했다. 신한카드 빅데이터연구소에 따르면, 2019년 전국 부티크 호텔의 이용률은 2017년에 비해 약 34% 증가했다. 부티크 호텔은 일반 호텔에 비해 컨셉이 확실하고, 이에 따라 주 이용객도 일반 호텔과는 차이가 있다. 일반 호텔의 주 이용층은 30~40대가 전체 이용객의 61%를 차지하는 반면 부티크 호텔은 이용객의 66%가 20~30대다. SNS를 더 열성적으로 사용하는 밀레니얼 소비자들이 컨셉에 보다 민감하게 반응한다는 사실을 알 수 있다.

호캉스가 인기를 끌면서 최근에는 호텔 업계에서도 존zone별로 차별화된 컨셉을 제안하는 사례가 나타나고 있다. 파라다이스시티(인

국내 주요 부티크 호텔 36곳의 이용 현황(2017년 상반기와 2019년 상반기 비교)

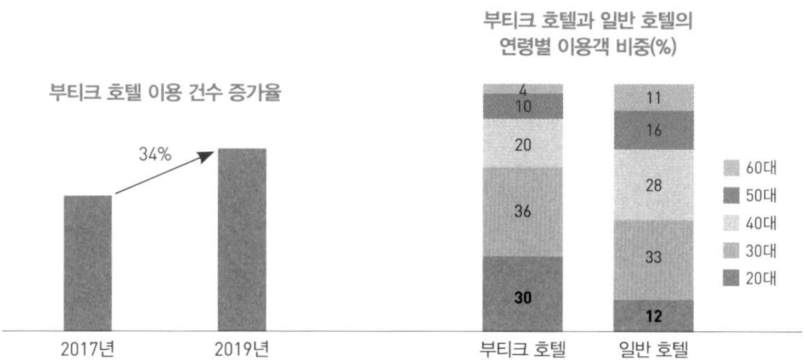

출처: 신한카드 빅데이터연구소

천)는 단순히 숙박을 목적으로 방문하는 호텔이 아니다. 예를 들어, 10여 개의 놀이기구를 설치해 실내형 테마파크처럼 꾸민 공간인 '원더박스'에서는 하루에 2번씩 태양의 서커스풍 공연이 열린다. 호텔 내 또 다른 공간인 '씨메르'는 성인 호캉스족을 대상으로 하는 물놀이 공간이다. 고급 수영장 및 스파 시설이 마련되어 있어 해외 휴양지에 온 듯한 느낌을 준다.[7] 어린 자녀가 있는 가족 단위 고객과 홀로 방문한 고객 모두 취향에 따라 즐길 수 있도록 호텔 내부 공간을 컨셉화한 것이다.

대중문화공간인 영화관도 더욱 차별화된 컨셉을 내세우기 시작했다. CGV는 최근 다양한 형태의 특별관을 공격적으로 선보이며 복합문화공간으로 진화 중이다. 3면 스크린으로 영화를 볼 수 있는 '스크린X'에서부터, 3D 입체 사운드 시스템을 장착한 '사운드X', 진동과 바람 등 각종 효과를 접목한 '4DX', 소셜 클럽을 연상시키는 라운지형 영화관인 '더 프라이빗 시네마', 셰프가 만든 요리를 즐길 수 있는

출처: 파라다이스시티

▶▶▶ 호텔을 방문하는 목적이 꼭 숙박이어야 할까? 가족과 함께 가보고 싶은 곳. 놀이공원이 아니라 호텔이 될 수도 있다.

'씨네 드 쉐프', 침대에 누워 영화를 볼 수 있는 '템퍼 시네마', 관람객이 다 함께 노래를 부르며 콘서트장을 방불케 하는 '싱어롱관', 숲속 캠핑장 컨셉의 '씨네&포레'에 이르기까지 소비자가 취향껏 선택 가능한 컨셉 기반의 상영관을 지속적으로 도입하고 있다. 2019년 4월에는 CGV 왕십리점에 마치 우리 집 거실에서 영화를 보는 듯한 컨셉의 '씨네&리빙룸'을 개관하기도 했다.[8]

유머로 승부하는 펀셉팅의 향연

2019년 한국 소비 시장에서 발견된 컨셉팅의 마지막 현상은 바로 유머와 재미를 강조한 '펀셉팅funcepting'이다. 제품의 성능이나 가격보다 구매 과정에서 얻을 수 있는 '즐거움'에 우선순위를 두는 소비자들이 증가하면서 유머 코드에 기반한 펀셉팅은 그 어떤 컨셉보다도 강력한 힘을 발휘했다.

식품 분야에서는 기존의 장수 제품에 새로운 활기를 불어넣는 전략으로 펀셉팅이 적극 활용되었다. 농심이 2019년 5월에 출시한 '포테토칩 육개장 사발면 맛'은 만우절에 벌어진 장난에서 비롯된 제품이다. 농심이 자사의 공식 홈페이지에 포테토칩과 육개장 사발면을 섞으면 어떻겠냐며 소비자들의 의견을 물었는데, 의외로 반응이 뜨거웠다.[9] '이색적이다', '재미있을 것 같다' 등 호응이 이어지자 농심은 실제 제품 개발에 나서 '스낵과 라면의 결합'이라는 색다른 컨셉의 제품을 내놓았다. 빙그레가 출시한 '귤맛 우유'도 고객들의 유머러스한 반응 덕분에 시장의 주목을 받았다. '우유에서 오렌지 향 주황색 형광펜 맛이 난다', '시럽형 감기약을 우유에 탄 것 같다'는 창의적인 후기가 다른 사람들의 호기심을 불러일으킨 것이다.

재미난 컨셉 덕분에 2019년 대박이 난 애플리케이션도 있었다. 미국의 메신저 애플리케이션인 '스냅챗'은 원래 상대가 메시지를 읽으면 10초 내에 내용이 자동으로 삭제되는 휘발성 메시지 서비스로 인기를 얻었다. 최근에는 사용자의 얼굴을 인식하고 표정을 분석하는 AR 기술을 활용하여 재미있는 사진을 만들어주는 필터 기능을 추가해 제2의 전성기를 누리고 있다. 성인의 얼굴을 아기 얼굴로 바꾸는 '베이비 필터', 여성의 얼굴을 남성 얼굴로 바꾸는 '남자 필터' 등의 기능이 사용자에게 웃음을 선사해주고 있다.

최근엔 캐릭터도 유머 컨셉이 탑재되어야 주목받는다. EBS에서 2019년 4월 새롭게 선보인 자이언트 펭귄 캐릭터 '펭수'는 제2의 뽀로로 자리를 넘보며 인기몰이 중이다.[10] 인기 비결은 기존 EBS 캐릭터와 차별화되는 'B급 유머 코드'에 있다. 펭수는 기존 캐릭터들과 달리 사람들에게 도덕적 교훈을 주려 하거나 밝은 모습을 과장하지 않는다. 초등학교에 찾아가 교장 선생님에게 "손흥민 선수를 학교로 초대해달라"는 말도 안 되는 요구를 늘어놓는 등 오직 유머로 승부를 건다. 이런 펀셉팅 덕분에 원래 타깃층이었던 초등학생은 물론, 자녀를 따라 펭수를 알게 된 학부모 덕후팬들까지 생겼다고 한다. 펭수가 주인공인 유튜브 채널 '자이언트 펭TV' 구독자도 20만 명을 돌파하며 대세 캐릭터로 부상하고 있다.

향후 전망

이제 컨셉도 '나만의 컨셉'으로 특화해야

2019년, 이미지와 영상으로 소통하는 디지털 원주민들은 논리적이고 이성적인 콘텐츠보다는 즉각적이고 감각적인 컨셉 기반의 콘텐츠에 열광했다. 현대 소비자들이 일상의 매 순간을 연출하는 '컨셉팅' 트렌드는 앞으로 어떻게 발전해나갈까?

첫째, 컨셉의 핵심은 차별화라는 점을 잊지 말아야 한다. 앞으로의 시장에서는 모든 사람을 만족시키겠다는 목표를 노리는 것보다 컨셉이 분명한 소수의 요구를 충족시켜 경쟁력을 확보하는 전략이 훨씬 더 유효하게 작용할 것이다. 일례로 여행사들은 차별적 컨셉 기반의 패키지 상품을 출시하며 자유여행객들과 경쟁하고 있다. 하나투어가 2019년 6월 론칭한 '플로리스트 투어'는 세계적인 플로리스트에게 수업을 듣고, 전체 과정을 수강한 후에는 유럽의 유명 플라워 레슨 기관의 정식 수료증을 받는 이색 패키지 상품이다.[11] 어디에서나 쉽게 볼 수 있는 그저 그런 상품이 아닌, 자사에서만 찾아볼 수 있는 특화 컨셉으로 승부하는 전략인 셈이다(2020 전망편, '특화생존' 키워드 참조).

출처: 에버랜드

▶▶▶ 컨셉팅이 꼭 젊은층의 전유물만은 아니다. 전 연령대를 아우르는 전략이 필요한 시점이다.

둘째, 온라인 시장의 성장으로 고전 중인 오프라인 매장에서는 컨셉이 더욱 중요한 경쟁력으로 자리 잡을 것으로 예상된다. 2019년 5월, 광주 광산구에 문을 연 '더한섬하우스'는 패션 기업 한섬이 처음으로 선보이는 컨셉스토어다.[12] 22개의 자사 브랜드를 입점시켜 운영하는데, 브랜드별로 매장을 꾸민 것이 아니라 층별로 컨셉을 맞춘 것이 특징이다. 예를 들어, 봄여름 시즌에는 바캉스룩 컨셉으로 '시스템'의 재킷과 '타임'의 스커트, 'SJSJ'의 슬리퍼를 매칭해서 하나의 스타일을 고객에게 제안하는 방식이다. 오픈한 지 8일 만에 목표 매출액의 2배를 달성하는 등 성과도 좋은 편이다.

셋째, 소비자가 컨셉에 반응하도록 유도하려면 컨셉을 받아들이는 사람들 모두가 그 컨셉을 '나의 컨셉'으로 인지할 수 있도록 배려해야 한다. 2019년 에버랜드는 "나는 지금 에버랜드에 있습니다"라는 슬로건을 중심으로 홍보를 진행하면서 친구·연인·가족·노부부를 각각 모델로 선정해 에버랜드를 즐기는 모습을 타깃별로 다양하게 연출한 바 있다. 젊은 사람들이 컨셉에 특히 열광한다고 해서 이들만을 타깃으로 컨셉팅을 진행하는 것이 아니라, 다양한 연령층이 각자 자신의 상황에 해당 컨셉을 적용할 수 있도록 지원한 것이다.

하루에도 수십 개의 신제품과 신규 서비스가 쏟아져 나오는 시대, 이제 소비자는 직관적인 컨셉에만 반응한다. 수시로 변화하는 소비자의 취향을 캐치해 이를 신속하게 전략화하는 민첩성이 그 어느 때보다 절실하다. 마케팅하지 말고 컨셉팅하라. 2020년에도 유효한, 소비자들의 주문이다.

Invite to the 'Cell Market'

세포마켓

「트렌드 코리아 2019」 예측 내용

유통이 세포 단위로 분화하고 있다. 수많은 1인 사업자들이 자신의 재능을 바탕으로 SNS에서 정보와 상품을 팔고, 1인 크리에이터들은 자기만의 콘텐츠를 모바일 라이브로 방송한다. 이들은 기존의 대형 유통 기업이나 방송사들과 협업할 정도로 존재감이 커졌다. 이런 트렌드의 배경에는 세포 단위의 시장이 만들어진다는 의미의 '세포마켓Cell Market', 소비자가 직접 판매한다는 의미의 '셀슈머Sellsumer'가 있다. 이들은 전문성을 바탕으로 자기만족을 추구하면서 유급 생산을 하며 자신의 SNS에서, 영상 기반 플랫폼에서, 혹은 전통적인 유통에서도 '새판'을 만든다. 세포마켓의 발달은 여러 가지 요인의 복합적인 산물이다. 우선 플랫폼이나 결제 기술이 발달하면서 개인의 유통시장 진입이 극도로 쉬워진 점을 들 수 있다. 취업은 어렵고 자영업은 고전하는 상황에서 여러 직업을 수행하는 'N잡러'가 소비자를 직접 손쉽게 만날 수 있는 다양한 SNS 채널을 통해 사업을 시작하게 된 것이다.

세포마켓은 경제의 새로운 활력소인 것만큼은 분명하지만 소비자 기만으로 인한 피해나 유해 콘텐츠와 같은 문제를 야기하기도 한다. 따라서 세포마켓의 발전을 위해서는 소비자 신뢰 확보가 무엇보다 절실하다. 시장에 새로운 활력을 불러일으킬 세포마켓의 도약을 위해 다양한 모색이 필요한 시점이다.

「트렌드 코리아 2019」 pp. 217–240

3천만 명이 넘는 유튜브 구독자를 자랑하는 한 어린이의 가족 회사가 강남에 있는 95억 원 상당의 빌딩을 매입했다는 뉴스가 보도되며 세간의 이목을 끌었다. 여섯 살 유튜버 스타, 이보람 양이 출연하는 콘텐츠는 한국어뿐만 아니라 영어, 일본어, 아랍어, 스페인어 등으로 작성된 댓글 수천 개가 달릴 만큼 글로벌한 인기를 누리고 있다. 이 꼬마 유튜버가 한 달에 벌어들이는 수입만 따져도 30억 원 안팎에 달한다는 말도 나온다.[1] 콘텐츠 격전지로 부상한 유튜브에서 평범한 어린이의 놀이 모습이 웬만한 중소기업 못지않은 성과를 내고 있는 것이다. 유튜버를 향한 대중의 관심을 자극하는 뉴스다. 어린아이도 참여할 수 있을 만큼 1인 미디어 플랫폼은 진입 장벽이 낮다. 동시에 콘텐츠의 가치를 높이고 유지하기 위해 철저한 관리와 책임이 요구되는 곳이기도 하다. 유명 인플루언서가 판매한 호박즙 상품에서 곰팡이가 발견된 사건, 불법 행위로 재판을 받은 먹방 유튜버의 사례 등 1인 미디어와 관련된 부정적인 뉴스들이 연이어 터져 나왔다. 『트렌드 코리아 2019』에서 전망했던 '세포마켓' 트렌드의 명암이다.

1인 미디어와 SNS를 기반으로 한 1인 마켓 시장은 세포마켓 중에서도 2019년 한 해 동안 가장 빠르게 성장한 플랫폼이다. 『트렌드 코리아 2019』에서는 셀슈머(sell+consumer: 물건을 직접 판매하는 소비자라는 의미)가 운영하는 마켓이 세포 단위로 분화해 소비자 간 거래C2C를 이끄는 현상을 하나의 소비트렌드로 보았다. 사실 세포마켓처럼 새롭게 성장하는 시장에는 다양한 모습이 나타나기 마련이고 이들에 대한 긍정적, 부정적 반응이 공존하는 것은 자연스러운 현상이다. 그렇다면 세포마켓, 즉 '전문성을 바탕으로 자기만족을 추구하면서 유급 생산을 하는' 소비자들이 만든 이 세분화된 시장은 2019년, 대한민국에 어떤 변화를 일으켰는지 추적해보자.

대중화·세분화·전문화된 1인 미디어

가파르게 양적 성장을 한 1인 미디어는 이제 질적으로도 변화하고 있다. 특정 영역을 전문적으로 깊게 다루는 형태로 세분화되었고, 프로와 아마추어의 구분이 모호해질 만큼 일반인에게도 보편적인 영역으로 인식되면서 대중화되었다.

1인 미디어 시장의 대중화를 가장 극적으로 보여주는 사례는 그동안 디지털 문화에서 소외됐다고 여겨졌던 중장년층 유저의 폭발적인 증가다. 모바일 애플리케이션 분석 업체 와이즈앱에 따르면, 2018년 11월 한 달간 국내 안드로이드 스마트폰 사용자 3,800만 명의 유튜

국내 안드로이드 스마트폰 사용자 3,800만 명의 유튜브 사용 시간(2018년 11월 한 달간)

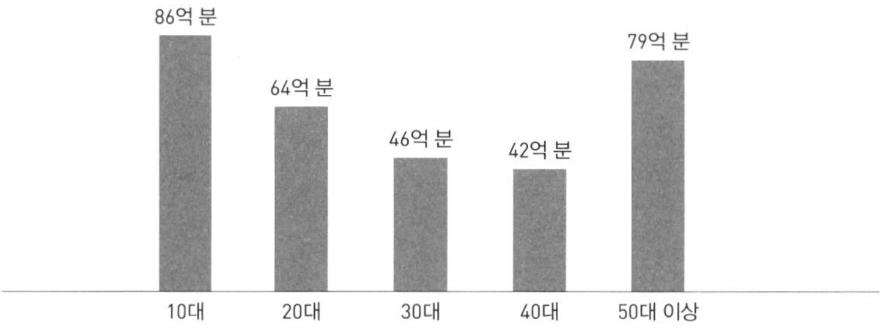

출처: 〈조선일보〉, 2018.12.12.

브 사용 시간을 집계한 결과 50대 이상(79억 분)의 사용 시간이 30대(46억 분)보다 1.5배나 많았다고 한다.

대표적인 실버 유튜버로 꼽히는 박막례 씨는 평범한 음식점 사장이었지만 시장에 갈 때 하는 메이크업과 비닐봉지 하울(구입한 제품의 개봉 과정을 동영상으로 보여주는 것) 등을 선보이며 유튜브 채널 개설 2년 만에 100만이 넘는 구독자를 확보했다. 서울 강남구의 한 컴퓨터 자격증 학원이 개설한 1개월 과정 유튜버 수업은 수강생 16명 중 5명(30%)이 40대 이상이었다.[2] 저마다 다채로운 인생을 살아온 중장년층은 수십 년 동안 쌓은 직업 기술, 교육법, 생활의 팁 등 탄탄한 콘텐츠를 공유하며 셀러로서의 막강한 영향력도 확장하고 있다.

2019년 급성장한 1인 미디어 시장이 치열한 경쟁의 레드오션으로 편입되며 셀슈머 개개인은 차별화된 생존 전략을 갖는 것이 중요해졌다. 이들이 자신의 구독자 혹은 팔로워를 겨냥한 콘텐츠를 생산하면서 1인 미디어 시장은 더욱 세분화된 시장으로 특화되고 있다. 뉴미디어에 익숙한 10대의 니즈에 특화된 콘텐츠들이 대표적인 예다. '쌤튜버 시대'라는 용어가 등장할 만큼 유튜브 채널에서 10~20대 구독자의 존재감은 막강하다. 이 때문에 학교 현장에서도 교사들의 유튜브 활동이 늘고 있다. 2019년 교육부의 조사 결과에 따르면 전국적으로 934명의 교사들이 유튜버로 활동하는 것으로 집계되었다. TV가 아닌 유튜브를 보면서 컸다는 요즘 학생들에게 유튜브는 새로운 형태의 교육 방송이자 교사와 학생이 소통할 수 있는 창구 역할을 한다. 예를 들어 취미로 유튜브 채널 '달지'를 운영 중인 초등학교 교사 이현지 씨는 학생들에게 '랩 하는 선생님'으로 불리며 인기를 모으고 있다. 이 밖에도 학습 자료나 학급 소식을 학생들과 공유하기 위해 유튜브 채널을 운영하는 경우도 많다. '참쌤스쿨'은 전국 초등교사 90여 명이 공동 제작한 채널로, 교사들이 각자 파트를 나눠 3~6학년 사회·과학 교과서를 분석한 뒤 이해하기 쉬운 학습 자료를 만든다. 동영상과 그림 화면에 짧은 설명을 곁들이는 형식이다. 또 다른 쌤튜버 박준호 씨는 현직 교사 58명과 함께 '몽당분필'이라는 채널을 운영 중이다. 과목별 퀴즈나 소프트웨어 코딩 자료 등 교육 콘텐츠를 업로드하며 온라인상에서 학생들과의 접점을 더욱 넓히고 있다.[3]

더불어 기업의 마케팅 콘텐츠 제작 시에도 1인 미디어의 플랫폼과 문법을 충실히 따르는 사례가 늘고 있다. 과거에는 브랜드 마케팅을 위해 외주 업체에서 제작한 홍보 영상을 올리는 데 그쳤다면, 이제는 내부 직원들이 직접 스토리를 구성하고 출연·촬영·편집까지 모두 진행한다. 롯데쇼핑 뉴미디어 팀 직원들은 롯데쇼핑의 유튜브 채널 '롯쇼LIVE'에 출연하는 것은 물론, 콘텐츠의 촬영과 편집 과정에도 직접 참여하고 있다. 롯데가 지원하는 베트남 식수 위생 개선 사업 현장을 방문해 빗물을 정화해서 만든 식수를 직접 맛보는 사람도, 충청북도 진천군의 수박 산지를 방문해 유통 과정과 잘 익은 수박을 고르는 법을 알려주는 사람도 모두 롯데 직원이다. 현대백화점은 '직원이 알려주는 백화점의 진짜 이야기'라는 컨셉으로 직원이 소비자에게 직접 인기 제품을 비교하고 추천해준다. 갤러리아백화점은 최근 유튜브에서 인기를 끌고 있는 ASMR(자율 감각 쾌락 반응)을 활용해 다른 업체들과의 차별화에 나섰다. 소리로 뇌를 자극해 심리적 안정을 유도하는 ASMR과 명품 시계를 접목해 쉽게 접하기 어려운 고가의 시계 사운드를 콘텐츠로 만든 것이다. 이 콘텐츠를 보면 전문가의 손길이 닿은 것이 아닌가 싶을 정도로 소리를 잘 담아냈는데 촬영과 녹음, 편집 모두 백화점 내부 직원이 직접 작업했다는 점이 놀랍다.[4]

이처럼 미디어의 무대가 다양한 연령대로 확대되고 대중화되면서 유튜브와 TV의 경계도 무너지고 있다. 유명 유튜버가 TV 예능 프로그램에 출연하고 인기 방송인이 유튜브 채널을 진행하는 등 인터넷 방송과 지상파 방송을 오가는 이들이 늘었다. 스타 유튜버인 대도서관, 영국남자 조쉬, 이사배 등이 TV 프로그램 등에 출연하고 있으며 방송인 박준형 씨는 유튜브 채널 '와썹맨'을 통해 높은 인기를 모으고 있다. K팝 스타들의 유튜브 채널 구독자 수가 단기간에 100만 명을 돌파했다는 소식도 종종 들려온다. 이 같은 '셀프쇼Self-Show 엔터테이너'들의 활약이 늘어나면서 유튜브에서는 온·오프라인이 더욱 더 뒤섞일 것이고 이로 인해 플랫폼 대전환이 이루어질 것으로 전문가들은 전망하고 있다.

영상물 크리에이터를 대중화시킨 또 다른 추동력은 바로 새로운 플랫폼이다. 특히 동영상 공유 플랫폼인 '틱톡'은 이용자가 음악과 자신의 춤, 합성 기능 등을 조합해 15초 분량의 짧은 영상을 만들고 이를 지인들과 공유하게 해준다. 영상 길이가 짧다 보니 복잡한 내용을 담기는 어렵다. 시선을 끄는 춤이나 갑작스럽게 일어난 재미있는 사건 등이 대부분이다.[5] 하지만 손쉬운 편집 기능과 풍부한 영상 소스 덕분에 특히 10대들 사이에서 큰 인기를 끌고 있다. 애플 앱스토어 기준, 틱톡이 2019년 7월 한 달간 인앱 구매(애플리케이션 내에서 결제하여 상품을 구매하는 것)로 올린 수익은 1,170만 달러(141억 원)다. 이는 2018년 같은 기간 틱톡의 인앱 구매 수익 300만 달러(36억 원)와 비교하면 무려 290% 늘어난 수치다.[6]

소비자 신뢰 회복이 더욱더 필요해진 SNS 마켓

"센스 있는 이웃집 언니·오빠가 먼저 써본 제품." 이것만큼 솔깃한 마케팅은 없다. SNS에서는 판매자를 다소 비하해서 '팔이'라고 표현하는데, 이들 중 대부분은 '보통 사람'으로 판매를 시작했다. SNS에 올린 제품 정보를 알려달라는 댓글이 쇄도해 공구(공동구매)를 진행했고 이와 같은 공구와 매입을 반복하다 판매자가 됐다는 게 일반적인 '팔이의 서사'다. 팔이에게 가장 중요한 마케팅 수단은 다름 아닌 사생활 공개다. 성장 과정, 가정환경, 우정, 실패와 성공, 연애와 이별, 육아, 결혼 생활 등 동원할 수 있는 모든 일상이 낱낱이 공개된다. 공개된 정보가 사실인지를 판단하기에 앞서 대중은 점차 해당 인물에 친근감을 갖게 되고 그 사람을 '내가 잘 아는 사람'이라고 착각하기에 이른다. 아이가 아파서 먹였다는 건강식품, 피부 때문에 고민하던 판매자가 직접 사용해서 효과를 봤다는 화장품, 매일 해 먹는 요리 정보를 들여다보다 팬이 되는 것이다. 이들 중 일부는 판매자를 슈퍼스타와 동일시하는 추종자의 모습을 보이기도 한다. 최근 논란이 된 임블리의 경우 과거 1,300석 규모의 팬미팅 티켓팅이 단 1분 만에 매진될 만큼 두터운 팬층을 과시하기도 했다.[7]

직접 물건을 판매하는 '팔이' 피플의 증가는 SNS의 진화에 기인

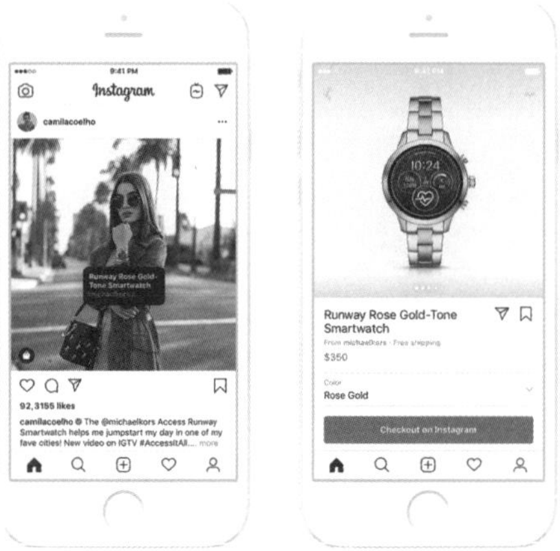

출처: instagram

▶▶▶ 인스타그램의 인앱쇼핑 기능 추가로 세포마켓은 더욱 성장할 것으로 예상된다.

한다. 영상, 글, 이미지 등의 다양한 콘텐츠를 기반으로 불특정 다수와 교류할 수 있는 창구인 SNS가 변화하면서 세포마켓의 성장도 가속화됐다. 취미나 일상을 공유하는 것을 넘어 이슈나 정보를 획득하는 사용자들이 늘어났고 자연스럽게 판매 채널로서 SNS가 자리 잡은 것이다. 인스타그램은 이러한 변화에 발 빠르게 대응한 대표적인 SNS다. 이용자가 사진을 터치하면 바로 구매할 수 있는 기능, 관심사가 맞는 브랜드와 이용자를 연결해주는 기능 등을 추가했다. 이 밖에도 2018년, 국내에서는 최초로 쇼핑 기능을 스토리에 적용한 '쇼핑 인 스토리' 기능을 선보이는 등 이커머스 분야에 적극적으로 나서고 있다. 실제로 인스타그램 비즈니스 게시물 수는 전년 대비 50% 이상 증가하여 2019년 현재 2,500만 개 이상의 비즈니스 프로필이 존재하는 것으로 알려졌다. 일각에서는 이러한 세포마켓의 규모가 연간 약 20조 원이라고 추정하고 있다.[8]

이처럼 세포마켓은 누구나 도전할 수 있는 기회의 무대이지만 피도 눈물도 없는 가혹한 시장이기도 하다. 무엇보다 물건을 조달할 수 있는 곳이 한정적이라 품질이나 제품 차별화가 쉽지 않다. 유명 브랜드의 카피 제품, 묻지마 건강식품 등이 난무하고 돈만 되면 무엇이든 가져다 파는 탓에 탈이 나는 경우도 많다. 이 시장에서는 저마다 조금씩 다른 이유로 사랑받지만, 대부분 같은 이유로 미움을 받는다. 청담언니로 불리는 '치유'는 유쾌한 입담과 부유해 보이는 이미지, 1억 원어치의 명품을 한꺼번에 사들여 언박싱(새로 산 물건을 열어보는 행위)하는 이벤트로 영향력을 키워왔다. 그러나 최근 자체 제작으로 홍보한 제품이 유명 명품 브랜드나 국내 디자이너의 제품을 카피한 것임이 드러나 곤욕을 치르고 있다. 그동안 온라인상에서 밝힌 이력이 사실과 다르다는 점도 그녀가 대중에게 비난받는 이유다. 2015년부터 판매 활동에 나섰던 '마드모아젤'은 영수증 발급 회피 의혹을 시작으로, "수소수가 활성산소를 제거하고 노화 방지에 탁월하다"는 잘못된 정보를 마케팅에 이용해 안티를 만들었다. '릴랑 드 보떼'는 각종 건강제품 판매 이후 미흡한 대처, 제품의 부작용과 과도한 마진 등의 논란을 빚으며 여론의 뭇매를 맞았다.

세포마켓 신뢰도에 부정적인 영향을 끼치는 문제 중 가장 심각한 이슈는 바로 '짝퉁' 상품, 즉 모조품의 유통이다. 온라인상의 짝퉁 판매업자들은 과거 활동 무대였던 G마켓, 옥션 등 인터넷 쇼핑몰이 단속의 철퇴를 맞자 감시자가 없는 세포마켓으로 옮겨갔다. 이는 실제 단속 실적에서도 분명하게 드러난다. 특허청에 따르면 2016년 1,335건이었던 인터넷 쇼핑몰의 짝퉁 판매 적발 건수는 2018년 744건으로 2년 만에 절반 수준이 됐다. 반면 세포마켓에서 적발된 건

온라인 '짝퉁' 상품 판매 적발 건수

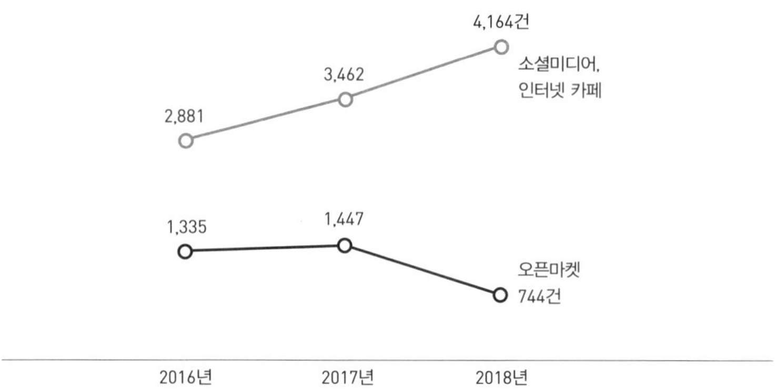

출처: 〈조선일보〉, 2018.06.05.

수는 같은 기간 2,881건에서 4,164건으로 45% 늘었다. 하지만 세포마켓의 짝퉁 판매는 소비자가 이를 알고 구매했는지와 상관없이 엄연한 상표법 위반이다. 또한 통신판매업자로 등록하지 않고 온라인에서 6개월 동안 1,200만 원 이상의 물건을 판매하는 행위도 전자상거래소비자보호법에 위배되는 범죄임을 기억해야 한다.[9]

이처럼 불량 제품에서 비롯된 문제도 심각하지만, 유통 채널 자체에서 기인한 소비자 문제도 많다. 세포마켓 대부분이 일대일 주문 방식을 취하기 때문에 상품이 마음에 들지 않아도 교환 및 환불이 거의 불가능하다는 게 업계의 불문율이다. 가격도 비밀댓글로만 문의할 수 있어 비교 자체가 어렵다. 게다가 카드 결제를 할 수 없어 일반적으로 계좌이체 등 현금으로 거래가 이뤄진다. 게다가 전자상거래법으로 철저하게 통제되는 온라인 쇼핑몰과 달리 세포마켓에는 소비자 피해를 규제할 만한 법적 근거가 마땅치 않다. 판매자가 이익은 얻어 가면서 소비자 피해는 제대로 책임지지 않는 상황이다.

실제로 서울시가 전자상거래 이용자 4천 명을 대상으로 실시한 '소셜미디어 쇼핑 이용 실태 조사'에 따르면 이용자의 28%가 피해 경험이 있는 것으로 나타났다. 판매자가 교환·환불을 거부하거나 아예 연락이 두절되는 경우가 많았다. 공정거래위원회가 발표한 2018년 소비자 관련 법 위반 행위에 대한 감시 결과에서도 거래량이 급증한 소셜미디어 마켓 판매자에 대한 불만이 가장 높은 것으로 드러났다. 접수된 위법행위 제보 1,713건 중 소셜미디어 마켓 관련 제보가 879건에 달했으며, 특히 정당한 사유 없는 교환·환불 거부가 빈번했다.[10] 새로운 시장이 성장하기 위해 겪어야 할 진통이라고 넘어가기엔 피해 규모가 너무 커지고 있어 관련 규제가 시급해 보인다.

향후 전망

진정성 있는 대화로 판매자와 소비자의 관계를 개선해야

세포마켓은 네트워킹 기술에서 발현된 개인과 개인 간의 자유로운 거래다. 따라서 앞서 소개한 여러 문제들이 발생하여 소비자의 효용이 떨어지는 경우, 자연스럽게 시장이 위축될 수도 있다. 하지만 세포마켓의 경제적 가치는 분명 존재한다. 따라서 정부-판매자-소비자 모두 세포마켓이 건강한 발아 과정을 거칠 수 있도록 보다 적극적인 자정과 노력이 필요한 시점이다.

역시 그 출발점은 판매자의 신뢰여야 할 것이다. 물론 기본적으로 믿을 수 있는 상품과 서비스를 제공해야 하겠지만 판매자가 거래 중 발생하는 모든 문제들을 사전에 방지할 수는 없다. 불량 제품에 대한 미흡한 대처와 소비자 기만으로 논란이 된 임블리 사태가 대표적인 예다. 따라서 위기 대응 매뉴얼을 마련하고 소비자와의 관계 유지를 위한 사과와 대처 등 진지한 숙고 과정이 필요해 보인다.

특히 세포마켓에서는 제품의 객관적 특징을 보고 실용성을 따져 구매가 이뤄지기도 하지만, 관계망에 근간을 둔 시장인 탓에 주관적이고 상징적인 감정에 의해 소비자의 마음이 움직이는 경우가 많다. SNS 마켓에서 피해를 입은 사람들이 공통적으로 "마치 가족이나 친구한테 뒤통수를 맞은 것 같은 기분을 느꼈다"라고 표현한 것이 이를 방증한다. 따라서 품질, 소비 과정과 같은 객관적인 사항도 중요하지만 구매자와의 관계나 감정, 의미 등에 대해 깊이 생각하고 배려할 필요가 있다.

최근에 등장한 소비자들의 '까계정(까는 계정)'은 인스타그램 장터의 취약한 소비자 보호가 만들어낸 문화다. 피해를 입은 소비자들은 이곳에 집결해 목소리를 높인다. 팔이의 과거 발언, 댓글들을 막대한 시간을 들여 캡처(이용자들은 '피드를 찐다'고 표현한다)하고 경험담을 모아 압박한다. 소비자 대응에 대한 불만, 부당한 처우 등의 제보를 받고 억울한 피해 사실을 밝히며 많은 이들의 관심을 모아 해당 계정에 영향력을 행사하는 방식이다. 그러나 이 또한 개인 간의 분쟁일 뿐 소비자 권한 보호라는 근원적인 해결책이라고는 볼 수 없다.

그렇다면 정부는 어떤 역할을 해야 할까? 국회에서는 '전기통신사

업법'·'전자상거래 등에서의 소비자보호에 관한 법률'의 개정안이 발의된 바 있다. 일명 '클린 SNS 마켓법'이다. 국세청이 탈세가 의심되는 SNS 마켓 판매자의 정보를 네이버·카카오·인스타그램 등 관련 기업에 요청해 세금을 부과할 수 있도록 하는 내용이 담겼다. 또한 전자상거래업자가 주문 제작 상품의 범주를 자의적으로 해석해 환불을 거부하는 행태를 막는 내용도 포함되어 있다.[11]

신규 진입자들의 입장에서는 세포마켓을 어떻게 보아야 할까? 다시금 서두에 언급한 유튜버 이보람 양의 이야기로 돌아가 보자. 평범한 사람들도 어린아이의 성공 스토리를 접하면 '나도 유튜버가 되어볼까? 인스타마켓을 열어볼까?'라는 생각을 하게 된다. 나아가 자신의 일상과 비교하며 박탈감을 느낄 수도 있다. 크리에이터들의 입장은 어떨까? 한 유튜버는 "크리에이터들이 '거저먹는다'는 오해가 있는데, '거저먹어서' 잘되는 케이스는 없다"며 강하게 목소리를 높인 바 있다. 또 콘텐츠 제작을 조금만 소홀히 하면 순식간에 조회 수가 떨어지기 때문에 크리에이터들도 보이지 않는 곳에서 엄청난 노력을 할 수밖에 없다고 한다. 일부 성공한 사람들의 이야기처럼 모두에게 장밋빛 미래가 펼쳐질 수는 없다. 세포마켓은 그 어떤 분야보다 진입장벽이 낮지만 그만큼 탁월한 창의력이 필요한 곳이기도 하다. '누구나 할 수 있지만, 누구나 돈을 벌 수 있는 구조가 아니라는 것'을 상기하고 진입할 필요가 있다는 의미다.

무엇보다 세포마켓은 SNS를 기반으로 둔 개인 간의 거래이므로 관계를 넓게 형성한 사람에게 유리하다. 그래서 '팔로워 수'가 성공의 큰 변수로 작용한다. 이 때문에 콘텐츠나 제품 자체의 차별화보다 마케팅의 차별화로 경쟁우위를 차지하는 경우가 많다. 이른바 레토릭rhetoric에 의해 힘을 얻는다는 것이다. 레토릭은 아리스토텔레스의 『수사학』에서부터 출발한 아주 오래된 설득의 기술 중 하나로, 수사修辭라고도 부른다. 레토릭에는 사람을 매료시켜 움직이는 힘이 있다. 자신을 추종하는 이들의 마음을 사로잡아 끌어당기는 능력이 뛰어난 사람의 성공 가능성이 높다. 즉, 팔로워가 많을수록 시장에서 경쟁력을 갖는다.

하지만 말로만 사람의 마음을 움직이는 데에는 한계가 있다. 동시대의 철학자 소크라테스는 교묘한 말솜씨로 사람을 움직이는 기술은 사람의 마음을 나쁜 길로 홀리는 것이라며, 레토릭은 '속임수'라고 일갈한다. 그는 레토릭에 의지해서는 안 되고 진실에 이르는 길은 '대화'뿐이라고 설파한 바 있다. 다른 유통 업체와 달리 SNS에서 출발한 세포마켓은 대화의 기능이라는 큰 강점을 지닌다. 하지만 이 기능이 단지 많은 사람들에게 판매하기 위한 '기술'로서만 사용된다면, 소크라테스가 말한 것처럼 시장 전체가 나쁜 길로 빠지게 될 것이다. 실제로 우리가 목격한 최근 세포마켓의 다양한 사회적 문제들은 진정한 대화의 부재와 레토릭에 근거한 '포장술'의 만연 때문이라고 할 수 있다. 앞으로 세포마켓에는 제품이나 콘텐츠의 진정성 있는 대화를 기반으로 한 판매자와 소비자 사이의 신뢰 회복이 더욱 절실하게 요구될 것이다. 화려하고 스마트한 기능도 좋지만 고대 철학자들의 고견과 지혜가 스며든 건강한 세포마켓 트렌드의 성장을 기원해 본다.

Going New-tro

요즘옛날, 뉴트로

「트렌드 코리아 2019」 예측 내용

복고는 수시로 등장했다가 사라지는 트렌드이지만 『트렌드 코리아 2019』는 이를 '돌아온 복고, 레트로Retro'가 아니라 '새로운 복고, 뉴트로New-tro'라 명명한다. 레트로가 중장년층을 대상으로 지난날의 향수에 호소하는 것이라면, 뉴트로는 과거를 모르는 1020 세대들에게 옛것에서 찾은 신선함으로 승부한다. 뉴트로는 과거를 파는 것이 아니라 과거를 빌려 '현재'를 파는 것이다. 이를 위해 본질은 유지하되 재해석을 통해 현대화시키는 전략이 필요하다. 즉, 뉴트로는 재현이 아니라 해석이다.

밀레니얼 세대가 주도하는 뉴트로 트렌드는 오래된 것과 새로운 것, 상충하는 두 개의 가치를 접목하며 독특한 스토리와 감수성을 낳고 있다. 젊은 층이 과거의 콘텐츠를 찾는 것은 본인들이 경험한 적이 없음에도 불구하고 '색다름'에 끌려 과거를 뒤지고 있는 것이다. 과거의 향수와 새로운 경험에 반응하는 사람들이 늘어나면서 2019년 뉴트로 감성은 추억과 호기심을 자극하는 모습을 띠고 더 많이 나타날 것이다.

「트렌드 코리아 2019」 pp. 241–264

2019년 6월 20일, 서울 동교동에 기묘한 분위기의 낯선 주택이 등장했다. 집 안 곳곳에는 1980년대에 사용하던 컴퓨터, 비디오게임, 카세트테이프 등 추억의 아이템들이 가득했다. 오픈한 지 단 일주일 만에 방문객 수가 1만 명을 돌파했고, 평일 오후에도 대기 행렬이 길게 늘어서며 젊은이들의 핫플레이스로 등극했다. 이곳의 정체는 바로 미국 드라마 〈기묘한 이야기〉의 배경을 실사판으로 옮긴 팝업존이다. 넷플릭스 최고 시청률 기록을 세우기도 한 〈기묘한 이야기〉 시리즈를 온·오프라인에서 동시에 즐길 수 있도록 넷플릭스가 새롭게 시도한 마케팅 전략이다.[1] 1980년대 유행했던 히트곡, 영화, 게임 등을 적극 활용해 복고 취향을 제대로 겨냥한 이 드라마는 국내에서 할리우드 레트로 열풍을 일으켰다. 드라마 속 추억의 콘텐츠가 밀레니얼 세대에게 어필하면서 나이키, 리바이스, H&M 등 글로벌 패션 브랜드들이 복고 컬래버레이션 한정판 아이템을 앞다투어 출시하기도 했다.[2]

패션, 문화, 마케팅 등 영역을 가리지 않고 2019년을 뒤흔든 가장 영향력 있는 트렌드를 단 하나 고르라면, 단연 '뉴트로'였다고 해도 과언이 아닐 것이다. 바야흐로 디지털 세상의 오아시스 같은 존재가 되고 있는 뉴트로 열풍은 2019년 국내 문화산업 전반을 가로지르며 다양한 협업을 연출해냈다. 1976년 개장한 국내 최대 테마파크 에버랜드의 경우 1990년대 전성기를 보낸 가수 김완선과 뉴트로 컬래버레이션을 진행해 그녀의 대표곡인 '삐에로는 우릴 보고 웃지'의 첫 뮤직비디오를 제작했다.[3] 29년 만에 제작된 이 뮤직비디오는 '삐에로와 좀비'라는 컨셉으로 에버랜드의 핼러윈 축제와 호흡을 같이하며 단순한 추억 소환을 넘어 아날로그 감성과 현대적 감각이 공존하는 새로운 콘텐츠로 뉴트로 감성을 불러일으켰다. 해당 뮤직비디오는 김완선의 유튜브 채널에 공개된 이후 한 달 만에 약 80만 회의 조회 수를 기록하며 화제를 모았다. 기존 팬들에게는 공감을 주고 소비자에게는 새로운 경험을 아우르는 새로운 복고, 뉴트로가 더 이상 한철의 트렌드가 아닌 별개의 장르로 진화한 것이다.

뉴트로 트렌드는 이제 대중문화를 넘어 사회 전반을 관통하고 있다. 기성세대가 즐기던 복고에 젊은 세대의 '힙'한 감성이 가세하면서 트렌드를 주도하고 확산하는 속도가 빨라지고 있다. 이러한 변화는 신규 상표들의 출원 현황에서도 두드러진다. 특허청이 최근 10년간의 상표 출원을 분석한 결과 복고풍 이름을 가진 음식점 등의 상표 출원이 최근 4년간 2배 이상 증가했다고 밝혔다.[4] 그중에서도 '○○당'과 같은 상표의 출원이 가장 두드러지게 증가했다. 1954년 10월에 출원한 우리나라 1세대 제과점인 '태극당'처럼 예스러운 상호로 전통의 오리지널리티를 강조하기 위한 전략이다. '○○옥'과 같은 상표도 같은 기간 1.9배가량 늘어났다. 이 밖에 '식당'이나 '상회'를 포함하는 상표의 출원도 지속적으로 늘고 있다.

제품에서도 뉴트로 열풍이 몰아쳤다. 과거 서민들이 주스를 마시고 난 후 보리차나 물을 담아 마시는 용도로 재활용하며 '국민 물병'으로 불렸던 델몬트 유리병은 2019년 선물 세트로 재탄생했다.[5] 유리병에서부터 뮤직비디오까지, 뉴트로 감성이 실리지 않은 소비 카테고리를 찾기가 오히려 더 힘들 정도다. 단순한 옛것으로서의 추억팔이 그 이상의 매력으로 세대를 넘나들며 소비자의 마음을 사로잡은 뉴트로. 2019년 대한민국은 어떤 전략으로 '옛것'에서 새로움을 찾고 트렌드를 주도해나갔을까? 과거를 소환해 지금도 활발히 진행 중인 그 기발한 재해석의 세계를 함께 들여다본다.

축적된 역사 속의 오리지널리티로 신뢰감을 높인 뉴트로

차별화에 대한 경쟁이 치열해질수록 어떤 기업의 역사는 그 자체로 가치가 된다. 브랜드의 헤리티지, 즉 전통은 소비자에게 새로운 경험을 제공할 뿐만 아니라 믿음과 진정성까지 불러일으키기 때문이다. 1970년대 진로 소주를 재해석한 '진로이즈백'은 2019년 4월, 출시 세 달 만에 누적 판매량 1천만 병을 돌파했다.[6] 주점은 물론 편의점에서조차 찾아보기 힘들 만큼 품귀 현상을 일으켰다. 중장년 세대에는 추억과 향수를, 2030 세대에게는 그때 그 시절의 여흥을 대리 만족하는 색다른 재미를 제공해 '핫한' 소주로 자리매김하며 소비자들을 사로잡았다.

뉴트로 열풍은 주방으로도 이어졌다. 국내 식품포장용품 브랜드인 크린랩은 창립 36주년을 맞아 크린랩, 크린백, 크린장갑, 크린지퍼백 등 크린랩을 대표하는 다섯 가지 상품을 활용해 1983년 첫 출시 당시 디자인을 그대로 재현한 레트로 패키지 한정판을 선보였다.[7] 크린랩 창립 당시 디자인에 사용했던 해바라기꽃 이미지의 노란색을 활용했다.

식품도 예외는 아니다. 1982년 첫선을 보인 후 1991년까지 판매된 농심의 '해피라면'도 2019년, 20년 만에 부활했다. 중장년층에게는 1980년대의 디자인으로 향수를 불러일으키고, 젊은 층에게는 조리 시간이 무척 짧다는 간편함으로 어필했다. 이 제품은 출시 22일 만에 800만 개의 판매고를 올렸다.

주방 식기에도 과거의 유산을 낭만적으로 소환한 재해석의 꽃이

피었다. 그중 하나가 식탁 위 꽃무늬의 귀환이다. 명품 식기 브랜드 업체들이 화려한 꽃무늬를 넣어 클래식한 매력이 물씬 풍기는 신상품을 대거 출품한 것이다.[8] 글로벌 테이블웨어 브랜드 코렐은 레트로, 빈티지 트렌드의 열풍에 힘입어 1972년 첫 출시된 '올드타운 블루'를 40년 만에 재론칭했다. 올드타운 블루는 현대적인 감성에 맞는 짙은 코발트블루 색상과 나비를 연상시키는 고급스러운 넝쿨과 잎, 꽃 등 1970년대의 핵심 디자인을 그대로 유지한 것이 특징이다. 한국도자기리빙은 예부터 사용하던 스테인리스 그릇을 현대적으로 재해석해 디자인한 스텐웨어 '스텐실'을 출시해 인기를 모았다.

이제 뉴트로는 과거의 오리지널리티를 발굴한다는 차원을 넘어 산업 간의 새로운 컬래버레이션을 만들고 있다. 국내 편의점 CU는 삼양식품과 손잡고 장수 제품인 별뽀빠이·사또밥·짱구 제품 3종을 '아재미(아저씨를 뜻하는 '아재'에 한자 미美를 조합한 신조어로, 촌스럽지만 친근한 매력을 의미하는 말)'로 포장해 뉴트로 시장에 도전장을 냈다. 오랜 역사의 브랜드 헤리티지를 강조하는 동시에 CU에서만 구매가 가능하다는 한정성을 전략으로 차별화된 시너지 효과를 창출했다.

출처: 하이트진로, 농심

▶▶▶ 다시 돌아온 옛날 소주와 라면. 중장년층에게는 향수를, 젊은 층에게는 새로움을 선사한다.

복고 스타일을 나만의 취향으로 표현해낸 뉴트로

이제는 기성세대가 된 X세대의 핫 패션 아이템인 배꼽티가 '크롭티'로 이름만 바뀌어 요즘 10대들 사이에서 유행하고 있다. 이 밖에도 벙거지 모자에서 힙색hip-sack까지, 10대들의 빈티지 사랑이 심상치 않다. 이들은 주로 서울 성수동이나 종로구 동묘 시장으로 쇼핑 투어를 간다. 부모님이나 할머니 세대가 입던 구제 옷을 사기 위해서다. 구제 옷은 '어디서 본 듯한', '편한' 패션이라는 장점에 본인의 개성까지 더할 수 있는 데다가 가격까지 저렴해서 매력적인 아이템으로 떠올랐다.[9] 10대들은 투박한 디자인이 더 편하고 창의적이라고 생각하며, 순식간에 지나가는 패션 트렌드의 속도에 연연하지 않고 본인만의 호흡을 찾을 수 있다는 점에서 복고 패션을 높게 평가한다.

'빅 로고' 컨셉으로 뉴트로 감성을 디자인에 적극적으로 반영한 타미힐피거는 밀레니얼 세대의 취향을 저격하며 2018년 매출 2,200억 원을 달성했다. 전년 매출 1,950억 원과 비교하면 12.8% 증가한 것이다. 패션 업계가 불황에 시달리고 있는 가운데 10%대의 매출 성장은 이례적이다. 캐주얼 의류 브랜드 시스템옴므도 50년 전통을 지닌 식품 회사 오뚜기와의 컬래버레이션 상품에 뉴트로 디자인을 적용했다. 오뚜기의 CICorporate Identity를 디자인에 활용한 티셔츠와 셔츠를 한정판으로 출시해 젊은 세대의 복고 감성을 자극한 것이다.

뉴트로 트렌드는 과거의 재해석을 넘어 독창적인 가치를 만들기도 한다. 특히 뷰티 업계에서 뉴트로는 '다양성의 공존'과 '당당함'이라는 키워드로 빛을 발했다. 일례로 여성의 당당한 아름다움을 클래식하면서도 현대적으로 표현하는 다채로운 메이크업이 주목받았다. 피부는 자연스러운 광택이 돌도록 표현하고, 레드와 브릭 색상으로 입술을 칠해 고혹적이면서 레트로한 감성이 느껴지는 메이크업이 인기를 끌었다. '마몽드'는 쿨톤과 웜톤 피부에 모두 잘 어울리는 브라운 칠리 계열 컬러의 립 제품 3종을 새롭게 출시하며 뷰티 제품에 뉴트로 감성을 담았다.

불완전함의 매력으로 감수성을 자극하는 뉴트로

20~30대 젊은 층의 새로운 명소로 떠오른 서울 을지로는 이제 최신 유행을 뜻하는 영어 '힙hip'을 앞에 붙여 '힙지로'라고 불린다. 을지로 공구 상가 일대에 있는 노가리 골목은 매일 밤 약 1만2천 명이 넘는 사람들이 찾아와 불야성을 이룬다.[10] 5년 전만 해도 주로 50~70대가 주 고객이었던 골목에 젊은이들의 발길이 몰리면서 변화가 시작되었다. 오래된 호프집의 야외 간이 테이블에서 시작된 소박한 옛 음주문화가 이제는 하나의 트렌드가 되어 마치 축제와 같은 분위기를 자아내는 것이다. '뉴트로 거리'라고도 불리는 을지로 3가와 세운상가는 강남의 그 어느 거리보다 더 핫한 힙플레이스로 등극했다. 신한카드 빅데이터연구소의 자료에 따르면 해당 거리의 요식업종 개업 증가율도 다른 거리에 비해 월등하게 높았다. 고급스러움이나 세련됨과는 거리가 먼, 어딘가 낙후되고 불완전한 매력의 옛 거리들이 트렌드를 좇는 20대들에게 아날로그적 감수성으로 어필하며 '감성 인

거리별 요식업종 개업 증감률(2018년 1~7월과 2019년 1~7월 비교)

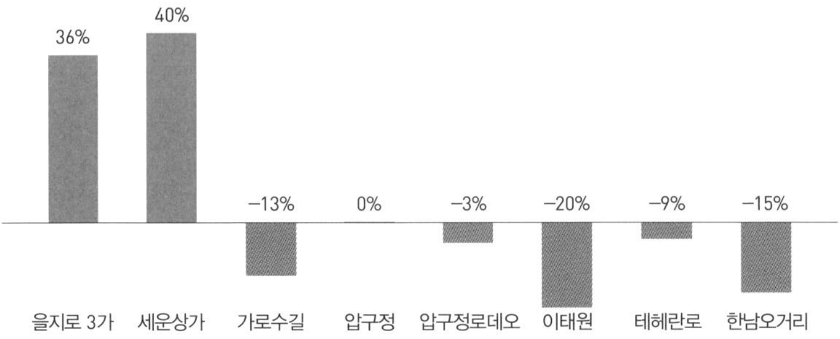

출처: 신한카드 빅데이터연구소

증샷'을 남길 수 있는 명소로 유명세를 얻고 있다.

뉴트로 트렌드는 거리뿐만 아니라 다양한 오프라인 매장에서도 발견된다. 일반 주점의 전반적인 이용은 감소세를 보이는 반면, 가맥(가게 맥주의 준말로, 가게 앞 간이 테이블에서 술과 안주를 간단히 먹고 마시는 것)과 맥주를 컨셉으로 한 예스러운 분위기의 음주공간을 찾는 사람들은 많아지고 있다. 가맥이나 주막 형태의 주점은 가볍고 편안하게 음주를 즐길 수 있을뿐더러 뉴트로 감성까지 느껴져 여성 고객들의 선호도가 높은 것으로 집계되었다. 주요 소비층 역시 20대로, 허름하고 오래된 분위기가 젊은 세대에게 이색적인 감수성을 자아내며 뉴트로 트렌드를 견인하는 중이다.

오프라인 매장으로도 이어진 뉴트로 열풍은 가장 핫한 집객 키워드로 자리 잡고 있다. 2019년 상반기에 현대백화점 판교점에서는 '뉴트로 체험전'이 진행되었다. 3040 고객에게 익숙한 닌텐도의 '패미콤' 게임을 직접 즐길 수 있는 '레트로 게임존'을 비롯해 '비디오 아트월', '7080 수집관' 등 1980~90년대의 다양한 문화를 체험해보는 공간을 마련한 것이다. 이 행사는 일평균 1천여 명의 고객들이 방문할 만큼 높은 인기를 끌었다.

SNS 세상도 뉴트로 감성 열풍을 확인할 수 있는 주요 무대였다. 아날로그 감수성의 공간을 찾는 것에서 나아가 아예 사진을 흑백으로 찍으며 옛 감성을 즐기는 사람들이 늘어나고 있다. 디지털카메라가 아닌 필름 카메라로 촬영한 뒤 암실에서 흑백사진으로 인화해주는 흑백사진관의 이용률이 급증한 것이다. 신한카드 빅데이터연구소에 의하면 최근 2년간 흑백사진관의 이용은 연평균 86%나 증가하며 눈에 띄게 성장했다. 이용자의 34%가 20대 여성이었으며, 흑백사진과 필름 카메라에 익숙한 50대 이상 여성 고객은 4%에 불과했다.[11] 인증샷과 SNS를 가장 활발하게 사용하는 20대가 이용자의 45%를 차지하며 가장 적극적으로 뉴트로 감성을 소구하고 있는 것으로 나타났다. 젊은 세대를 중심으로 뉴트로가 단순히 과거의 추억을 재현해 경험하는 것이 아닌 새로운 미학적 감성으로 해석되고 있는 것이다.

엔터테인먼트와 만나 펀슈머의 놀이터가 된 뉴트로

2009년 제작된 TV 시트콤 〈지붕 뚫고 하이킥〉이 유튜브의 힘을 빌려 다시 인기를 얻고 있다. 특히 초등학생들 사이에서 화제가 되며 총 조회 수 1억 뷰를 가뿐히 넘겼다. 지금의 초등학생들이 태어나기도 전에 제작된 이 오래된 시트콤은 어떻게 꼬마 디지털 원주민들의 마음을 사로잡았을까? 유튜브 세대인 10대들에게 콘텐츠 선택의 가장 큰 기준은 '재미'다. 옛 시트콤에는 어린 세대가 요즘의 영상물에서 찾기 어려운 색다른 오락거리가 가득하다.[12] 다양한 세대가 한데 모인 대가족이 등장하는 '가족형 시트콤'이라는 장르는 10대에게는 낯선 새로움을, 30~40대에게는 그리움을 안겨준다.

가요계에서의 뉴트로 붐도 만만치 않다. JTBC에서 방영된 예능 프로그램 〈캠핑클럽〉의 경우 1세대 아이돌 가수인 핑클을 재소집해 과거 세대에게는 향수를 불러일으키고, 젊은 층에게는 '쿨'한 언니들의 새로운 매력을 선보이며 인기를 모았다.[13] 대중들의 기억에서 잊혔다가 성공적으로 재결합한 1990년대의 슈퍼스타 HOT와 젝스키스처럼 핑클도 다시 연예계로 소환된 아이돌 스타 대열에 합류했다. 이러한 가요계의 트렌드에 발맞춰 2019년 8월 SBS는 'SBS 케이팝 클래식'이라는 유튜브 채널을 만들었다. SBS의 대표 음악 프로그램 〈SBS 인기가요〉에서 1990년대 후반부터 2000년대 초반에 걸쳐 방송된 추억의 무대 영상을 보여주거나 해당 시기의 〈SBS 인기가요〉

출처: MBC

▶▶▶ 과거를 탐색하는 초등학생들 사이에 유행하며 유튜브 조회 수 1억 뷰를 넘긴 인기 시트콤 〈지붕 뚫고 하이킥〉.

방송 풀 버전 영상을 실시간으로 스트리밍해주는 채널이다. 이 채널은 개설된 지 3주 만에 동시 접속자 수 2만2천 명을 돌파할 정도로 큰 호응을 얻었다.[14] 평일 낮 시간에도 옛 가요를 즐기려는 시청자들이 몰려드는 탓에 '탑골가요', '온라인 탑골공원' 등으로 불리기도 한다. 당시 유행했던 가요를 보고 듣는 것을 넘어 시청자들이 실시간으로 서로 대화를 나눌 수 있는 채팅창이 있어 실제로 온라인 세상의 열린 공원 역할을 톡톡히 하고 있다.

향후 전망

젊은 디지털 원주민들의 감성을 자극하는 새로운 문화

뉴트로는 새로운 레트로라는 점에서 복고라고 볼 수 있지만, 매번 돌아오는 트렌드가 아닌 하나의 장르이자 문화로 자리매김할 것으로 보인다. 사람들의 감성에 호소하는 단순한 추억팔이가 아니다. 개성의 영역에서 현대인에게 또 하나의 정체성과 취향으로 자리 잡고 있다. 영세 자영업의 출구가 보이지 않는다는 요즘, 을지로와 세운상가의 뉴트로 붐은 주목할 만하다. 경기 불황이 지속되면서 소비자들은 더욱더 색다른 경험과 믿음을 원하고 있다. 트렌드를 좇는 20대에게 감성 인증샷을 남길 수 있는 뉴트로 거리는 세련되고 화려한 거리들보다 더 많은 이야기를 엿볼 수 있고, 가성비까지 얻을 수 있는 매력적인 공간이 되었다. 앞으로도 단순한 과거의 재현을 넘어 역사적 가치가 살아 있고 스토리텔링이 가능한 공간과 제품이 차별화에 성공할 것이다.

무엇보다 뉴트로 문화는 이를 향유하는 소비자가 과거를 그리워하는 구세대가 아닌 젊은 디지털 원주민 세대라는 점에서 특별한 의미가 있다. 물론 쉬지 않고 등장하는 신제품과 끊임없이 업그레이드되는 디지털 제품은 편리하다. 하지만 늘 새로운 무언가를 열망하는 젊은 세대에게는 상대적으로 희소성이 떨어진다. 아날로그 제품은 조금 불편하기는 해도 사용할 때마다 새로운 경험을 선사한다. 그래서 젊은이들이 아날로그 제품을 매력적이고 특별하다고 여기는 것이다. 젊은 세대에게 빠르게 변화하는 유행이나 흐름은 오히려 불안 요소로 다가갈 수 있다. 이 때문에 첨단 디지털 시대인 지금, 그 어느 때보다 더 편안하고 익숙한 것을 찾으려는 트렌드가 나타나고 있다. 이럴 때일수록 과거의 오리지널리티를 부각하고 믿음과 신선함을 강조해 다시금 충성도 높은 고객들을 확보하는 전략이 필요할 것이다. 그 어느 때보다 막강한 힘을 발휘하고 있는 뉴트로가 2020년에는 더 가치 있는 해석과 창조의 결과를 창출해 디지털 세상의 진정한 오아시스 같은 존재로 거듭나길 기대해본다.

Green Survival

필환경시대

「트렌드 코리아 2019」 예측 내용

친환경이 아니라 필必환경이다. 그동안 환경을 생각하는 소비가 하면 좋은 것 혹은 자신의 개념을 드러내는 것이었다면 이제는 살아남기 위해서 반드시 선택해야 하는, 필환경의 시대다. 재활용 플라스틱 대란은 플라스틱 쓰레기 배출에 관한 정책 변화와 더불어 실제 우리 삶의 풍경을 바꿔놓고 있다. 프리사이클링precycling과 제로 웨이스트zero waste 운동이 펼쳐지며 소비자들의 자발적인 참여와 함께 기업들의 친환경 캠페인도 확대되는 추세다. 패션에서도 환경과 자원을 생각하는 컨셔스 패션conscious fashion 바람이 거세다. 새활용을 의미하는 업사이클링upcycling은 고정관념을 깨며 제품을 리디자인redesign한다. 필환경은 동물에 대한 잔인함에서 따뜻한 시선으로 눈을 돌리는 크루얼티 프리cruelty free 제품으로 이어진다. 채식주의는 확장된 형태의 비거니즘veganism 운동으로 발전하며 프리덤푸드freedom food를 강조하는 동물복지는 인간과 동물의 건강한 생태적 공존을 위한 필수 사항이 될 것이다.

선형경제에서 순환경제 시대로 이동하면서 자원과 환경의 파국을 막기 위해서는 사회적 연대와 협력, 그리고 소비자들의 작은 실천이 필수적이다. 친환경 트렌드에서 필환경시대로 이행하는 과도기가 될 것으로 보이는 2019년, 느리지만 지속적으로 성장해온 환경지향 소비가 질적·양적으로 모두 성숙하게 자리 잡는 한 해가 될 것이다.

「트렌드 코리아 2019」 pp. 265–290

'인건비 74억 〈 포장비 177억'

저녁에 주문하면 다음 날 새벽에 받을 수 있는 '새벽 배송' 서비스로 새로운 개념의 시장을 열었던 신선식품 유통·배송 업계 1위 마켓컬리의 재무제표를 보면 놀랍고도 씁쓸한 사실을 확인할 수 있다. 이 업체의 2018년 지출 항목 중 회사 직원을 위한 급여는 74억 원이었던 반면 포장비 관련 지출은 무려 2.4배인 177억 원이었다.[1] 단지 제품을 포장하는 데 쓰이는 비용이 한 기업의 인건비를 넘어설 만큼 높은 비중을 차지하고 있는 것이다.

이는 단순한 비용 구조의 문제만은 아니었다. 제품을 신선하게 배송하기 위한 포장재·완충재·냉매 등이 환경을 파괴한다는 지적이 나오기 시작한 것이다. 이에 마켓컬리는 박스 내 소포장과 테이프까지 모든 포장재를 재활용이 가능한 종이로 바꾸고, 그것도 다음 배송 때 회수해 재활용한다는 '올 페이퍼 챌린지' 계획을 발표했다.[2] 사실 친환경 포장은 유통 업계의 공통된 고민이다. 헬로네이처는 기능성 재생종이로 만든 '더그린백'을 확대하고 있고, 이마트는 첫 구매 고객에게 보냉백을 제공하고 있으며, 롯데마트는 야간 배송 시 포장 없이 전달하는 방안을 강구하고 있다.

사실 이것은 놀라운 변화다. 그동안 소비자들은 "배송이 얼마나 신선하게 이뤄졌는가"를 중요하게 생각했지, "포장재가 환경을 얼마나 파괴했는가"를 질문하지는 않았다. 그런데 이제는 다소 불편하고 비용이 더 발생하더라도 편의보다 환경을 우선하겠다는 것이다. 이처럼 2019년 필환경 키워드는 우리 사회의 대표적인 메가트렌드로 자리 잡고 있다. 선택적으로 권장되었던 '친환경'에서 이제는 반드시 실천해야만 하는 '필환경'으로 바뀌었다. 폭염·혹한·미세먼지 등이 일상화되면서 환경에 대한 인식도 절박해지고 있는 까닭이다. 2019년의 필환경 트렌드는 이제 구호를 넘어 생존을 위해 반드시 실천해야 할 하나의 미션이 됐다.

미션1: 친환경 패키징으로 지속가능한 시장을 만들어라!

필환경 트렌드는 유통 부문에서 두드러지게 나타났다. 전술한 바와 같이 친환경 포장재에 대한 소비자 인식이 확산되며 마트를 찾는 고객들도 이제는 장바구니 사용을 당연하게 여기는 분위기다. 상품 포장도 예전의 플라스틱 소재에서 친환경 포장재로 빠르게 대체되고 있다. 예를 들어, 과거에는 포장 완충재로 비닐이나 플라스틱 소재를 주로 사용했었지만 이제는 생분해성 완충재로서 스티로폼을 닮은 친환경 포장재가 사용되고 있다. 골판지 포장재도 충격을 흡수하는 기능을 가지고 있고 구조적으로 튼튼해 내용물을 보호하고 모양에 맞춰 접을 수 있어 포장 재료를 절약하는 아이디어로 많이 활용된다. 이외에도 종이를 가늘게 잘라서 에어캡의 효과를 내기도 하고, 구겨진 종이로 상자 주변을 포장하는 경우도 많다. 특히 미국의 스타트업인 에코베이티브Ecovative는 농업폐기물로 포장재를 만들어서 상자 안의 공간을 채우는 등 스티로폼 소재를 대체하는 완충재를 개발해 주목받고 있다. 에코베이티브 소재는 집에서도 재료를 버섯처럼 재배할 수 있는 GIY Grow It Yourself 키트로도 출시되었다. 과대포장에 골머

리를 앓던 소비자들도 이러한 변화에 호응하고 있어 친환경 패키징 재료는 더욱 다양해지고 있다.[3]

가전 분야에서도 친환경 패키징이 대세가 되고 있다. 삼성전자는 2019년 상반기부터 전 세계에서 출시하는 휴대폰·태블릿PC·웨어러블 기기 등 모바일 제품의 포장재를 플라스틱 용기와 일회용 비닐 포장에서 종이 또는 친환경 소재로 교체하고 있다. 제품 용기는 대나무·사탕수수 찌꺼기를 원료로 한 펄프몰드 트레이로 바꾸고, 이어폰과 케이블을 감싸는 비닐류는 친환경 종이로 교체하며 충전기 표면 보호용 비닐도 제거하기로 했다. TV·냉장고·세탁기 등 생활가전제품의 비닐 포장재 역시 재생 비닐·바이오 비닐 등 친환경 소재로 바꿀 예정이다.[4]

미션2: 오염을 막고 파괴를 줄이는 스타일로 진화하라!

이제 미세먼지 문제는 절박한 수준에 이르고 있다. 이에 소비자들도 미세먼지로 인한 피해를 국가가 해결하기에는 한계가 있음을 인식하고 적극적으로 자신을 보호하기에 나섰다. 미세먼지 등 외부로부터의 오염을 막는다는 의미의 안티폴루션anti-pollution 패션이 새로운 소비트렌드로 부상한 것이다. 안티폴루션의 방법을 찾는 사람들이 늘어나면서 이른바 '피避 먼지족'이라는 용어도 등장했다.

이러한 현상은 유·아동복 시장에서 가장 두드러져, 먼지와 오염물질을 차단하는 안티더스트anti-dust 유아복 제품에 대한 엄마들의 관심이 높아졌다. 아웃도어 업계도 방진 기능을 강화하고 디자인에 변화를 주는 등 미세먼지와의 전쟁을 치르고 있다. 최근 출시된 제품의 경우 도전사 원단을 사용하여 정전기 발생을 최소화해 먼지가 달라붙는 것을 줄여준다. 또한 입과 코를 덮는 하이넥 후드와 후드 일체형 재킷 등 외부의 유해 물질을 원천 차단할 수 있는 디자인의 비중도 늘어났다. 미세먼지와 싸우기 위해 이제 패션 스타일도 전투복을 닮아가고 있다. 마치 전투에 나가는 사람 같은 스타일의 의상에 패션계에선 워코어warcore(war+hardcore: 전쟁을 연상시키는 의상) 혹은 재앙패션 같은 단어까지 등장했다. 〈뉴욕타임스〉는 최근 "재앙apocalypse을 쇼핑한다!"라는 제목으로 "각종 전쟁, 대기오염 등 인류를 위협하는 요소가 늘어나면서 피폐화된 디스토피아를 보여주는 패션이 런웨이를 물들이고 있다"라고 분석하기도 했다.[5]

글로벌 패션 브랜드 H&M도 2019년 가을 시즌을 맞아 지속가능한 방식으로 제작된 소재를 사용한 컨셔스 컬렉션Conscious Collection을 선보였다. 이 컬렉션의 주요 소재는 재활용 폴리에스테르다. 재활용 페트병에서 생산된 것으로 처리와 방적 과정을 거쳐 패브릭 소재로 제작됐다. 이 밖에 다른 컬렉션의 의상 소재들도 오가닉 면을 포함한 자연 소재로 만들어 환경에 관심이 높은 소비자들의 호응을 얻고 있다.[6] 패스트패션 브랜드 '코스'도 컨셔스 패션 키워드에 동참하고 있다. 이 브랜드는 '만약 우리의 생산 라인에서 남는 패브릭을 사용할 수 있다면?'이라는 화두로 오랫동안 거래해온 터키의 생산 공장에서 1년 동안 1.5톤의 100% 면 자투리들을 모아놓는다고 한다. 이 면 조각들을 잘게 찢고 압축시켜 빗질해, 실을 뽑고 위빙을 한 후 염색 과

정을 통해 새로운 스타일의 100% 면 스웨트셔츠를 만들기도 했다.[7]

인테리어산업에서도 자연과 인간의 공존, 미래 세대를 위한 해법을 제시해야 한다는 메시지를 담은 버추어스virtuous 인테리어 개념이 부상하고 있다. 실제로 '버추어스'라는 개념은 이제 일상화된 과도한 자극을 끝내고 선순환적이면서 윤리적이고 혁신적인 솔루션이 필요하다는 점을 강조한다. 이에 따라 브랜드는 인간과 자연을 존중하고 천연자원을 절약하는 이미지로 나아가고 소비자들은 제품이 어떤 원료로 만들어졌는지, 제조사가 누구인지 등 상세한 정보를 중요하게 생각한다는 것이다. 이 테마와 어울리는 인테리어 관련 제품들은 코르크와 같이 친환경적이고 거친 질감의 소재와 패브릭 제품이 주류를 이룬다. 다양한 색깔과 자연 그대로를 담아낸 패턴의 가구와 소품들도 친환경적인 메시지로 가치를 높이며 소비자들의 관심을 모으고 있다.[8]

미션3: 인식 개선을 넘어 행동하라!

친환경 정책은 국가 차원에서도 적극적으로 시행되고 있다. 정부는 2018년부터 '자원 절약과 재활용 촉진에 관한 법률'에 따라 커피 전문점 등 식품접객업으로 등록된 매장에서 일회용 컵 사용을 금지했다. 2018년 6월부터 주요 커피 전문점과 패스트푸드점 등 21개 업체가 환경부와 자율 협약을 맺고 매장 내 일회용 컵 사용을 자제한 결과 1년 만에 일회용 컵 사용이 2,408만 개나 줄어든 것으로 집계되었다. 매장에서 사용한 일회용 컵 수거량도 2018년 7월 206톤에 달했지만 2019년 4월에는 58톤으로, 9개월 만에 72% 줄어들었다. 플라스틱 쓰레기를 줄이기 위해 세계자연기금WWF과 제주패스가 2018년 11월부터 시작한 플라스틱 프리 캠페인에도 많은 사람들의 참여가 이어지고 있다. 보유하고 있는 텀블러 사진을 찍은 뒤 특정 해시태그를 달아 인증샷을 올리면 게시물 1건당 1천 원이 적립된다. 캠페인을 통해 모인 수익금은 제주도 환경 보전 활동에 사용된다. 제주도 내 카페 110곳에서도 텀블러 사용 시 비용의 10%를 할인해주는 방식으로 캠페인에 동참하고 있다.

미래 세대를 위한 친환경 교육에도 박차를 가하고 있다. 서울디자인재단의 복합문화공간 새활용플라자는 '새활용(업사이클)'에 대해 알리는 대규모 공간이다. 월 5천 명에 이르는 방문객들이 다녀가고 있으며 유치원·초등학교 등 단체 관람객과 가족 및 개인 관람객들이 새활용과 친환경 메시지에 대한 교육을 받고 있다.[9] 2019년에는 친환경과 관련된 크고 작은 행사도 많이 열렸다. 과학기술정보통신부는 7월에 '2019 대한민국 기후기술대전'을 열어 일상생활과 밀접한 기후·환경 기술들을 선보이기도 했다. 이 행사에서는 생분해성 비닐봉지, 인장강도를 나일론과 비슷한 수준으로 끌어올린 바이오 플라스틱, 물을 냉매로 사용하는 신소재 냉방 시스템 등이 다양하게 소개되었다.[10]

필환경 트렌드에서 특히 주목할 부분은 미래 세대인 청소년들이 성인들보다 친환경 운동에 더욱 적극적인 행보를 보인다는 점이다. 영국 일간지 〈가디언〉에 따르면 호주를 시작으로 '기후를 위한 청소년 파업Youth Strike for Climate'으로 명명된 청소년들의 동맹 휴업 캠페인이 3월 15일 전 세계 500여 개 도시에서 진행됐다. 시드니에서만 3만 명의 학생들이 거리로 나와 가두시위 행진을 벌였다. 이 캠페인은 스웨덴의 16세 환경운동가 그레타 툰베리Greta Thunberg에 의해 시작되었다. 2018년 8월, 기후변화의 심각성을 알리고자 학교에 가는 대신 스톡홀름 국회의사당 앞 계단에서 기후를 위해 등교를 거부한다는 내용의 피켓을 들고 1인 시위를 벌인 것이다. 이에 수백만 명의 청소년들이 공감을 표시하며 대규모 파업 시위로 이어졌다. 이에 질세라 우리나라 청소년들도 2019년 3월 15일 오후 3시 서울 세종문화회관 앞에서 기후악당국가 탈출을 선언하는 집회를 개최하기도 했다.[11]

미션4: 동물복지를 넘어 윤리적 소비로 승부하라!

영국의 시사주간지 〈이코노미스트〉는 2019년을 '채식의 해'로 선언했다. 2019년 세계 트렌드를 전망하면서 "사람들이 동물성 제품을 피하는 삶의 방식에 관심이 높다"고 언급하며 "25~34세의 미국인 중 4분의 1이 채식주의자일 정도로 젊은 밀레니얼 비건들이 급증하고 있다"고 밝혔다.

국내에서도 채식주의자들이 빠르게 늘고 있다. 틸리언 프로의 실시간 설문조사에 따르면 20~60대 5,040명을 조사한 결과 완전채식주의자(1.9%), 완전채식은 아니지만 채식주의자(9.3%)를 합쳐 응답자의 11.2%가 자신이 채식주의자라고 답했다. 채식주의자는 아니지만 샐러드나 야채를 자주 먹는다는 응답도 40.6%였다. 사실 채식주의자는 다양한 종류로 나뉜다. 채식주의자에는 동물성 제품을 섭취하지 않는 완전 채식주의자인 비건vegan뿐만 아니라 해산물까지 먹는 페스코pesco, 달걀까지 먹는 오보ovo, 유제품은 먹는 락토lacto 등이 있고 과일 열매만 먹는 프로테리언fruitarian도 있다. 이러한 채식주의자들의 사상·주의·철학을 가리켜 '비거니즘'이라고 일컫는다.

출처: Beyond Meat

▶▶▶ 식물성 재료로 만든 대체육류. 이미 이를 이용한 햄버거가 나오고 있다.

이렇듯 채식을 향한 관심이 높아지면서 소비자들의 의식과 행동의 변화도 다양하게 나타나고 있다. 동물실험을 하지 않는 비건 화장품, 동물성 재료인 달걀, 우유나 버터 등이 들어가지 않은 빵·과자·케이크 등을 판매하는 비건 베이커리를 대표적인 예로 들 수 있다. 인스타그램에서 '비건 베이커리' 해시태그를 검색하면 2019년 8월을 기준으로 3만5천여 개의 게시물이 등장할 만큼 비건은 화제의 중심에 있다.[12]

최근 미국에서는 대체육류meat substitute의 인기가 뜨겁다. 미국의 푸드테크 기업인 비욘드미트Beyond Meat는 업계 최초로 나스닥에 상장한 첫날, 주가가 163% 상승했을 정도로 높은 관심을 받았다. 비욘드미트가 선보인 고기를 살펴보면 우선 비트의 과즙으로 핏빛 육즙을 재현했다. 완두콩 단백질, 감자 전분, 코코넛 오일, 카놀라유 등의 재료로 고기의 근섬유와 비슷한 식물성 섬유질을 만들어 쫄깃한 고기 식감을 재현했다. 2019년 3월, 국내 시장에도 진출한 이 업체는 판매처가 많지 않음에도 불구하고 채식주의자들 사이에 입소문이 퍼져 론칭한 지 3개월 만에 1만2천 팩의 판매고를 올렸다.

이러한 현상에 대해 〈월스트리트저널〉은 대체육류의 인기가 밀레니얼 세대의 관심에서 출발한다고 강조했다. 베이비붐 세대가 자신들의 장수와 건강에 관심이 있는 반면, 밀레니얼 세대는 비욘드미트처럼 윤리적으로 친환경적인 제품에 돈을 쓰는 경향이 강하다는 것이다. 나아가 대체육류 자체에 대한 관심도 늘었다. 앞서 소개한 틸리언 프로의 설문조사 결과에 따르면 식물성 고기가 맛이 없어도 환경친화적이고 윤리적이라면 먹겠다고 응답한 사람이 절반 이상(57.6%)이었다. 또한 젊은 세대일수록 동물권 등 윤리적 이유에서 채식을 하겠다는 응답이 많은 반면, 50대 이상에서는 건강을 위해서 채식을 하겠다는 응답이 많았다. 이는 사회적 가치에 관심이 높은 밀레니얼 세대에게 윤리적 소비가 쿨하게 자신을 드러낼 수 있는 수단이 되고 있기 때문이기도 하다.

비건 화장품에 대한 관심 역시 다양한 제품들의 발전으로 이어지고 있다. 원래 비건 화장품의 대표적인 특성은 크루얼티 프리cruelty free, 즉 동물실험을 하지 않고 생산한다는 것이었다. 하지만 지금은 더 나아가 동물성 재료 자체를 사용하지 않는 비건 화장품 라인이 더욱 다양해지고 있다. 예컨대 색조 화장에 필수적인 붉은색을 만들기 위해 연지벌레에서 추출한 성분인 카민을 주로 사용하는데, 미국에서는 최근 이러한 카민 성분조차 포함되지 않은 완전한 비건 코스매틱을 원하는 소비자들이 늘고 있다고 한다. 브랜드 에토스brand ethos, 다시 말해 브랜드의 정신이나 경영 철학을 중요시하는 소비자들이 윤리성에 중점을 둔 가치 소비를 즐기며 이른바 클린 브랜드, 클린 뷰티에 대한 수요가 늘고 있다.[13]

친환경 인증을 거친 제품들을 전면에 내놓는 패션 브랜드도 늘고 있다. 국내에서는 패딩의 인기와 함께 윤리적 다운 인증RDS(Responsible Down Standard)을 받은 의류 제품이 각광받고 있다. RDS는 다운 제품군의 생산에서 유통까지 전 과정에 걸쳐 거위나 오리를 학대하지 않고 동물복지를 고려한 '착한 다운 제품'에만 부여하는 인증이다. 국내에서는 노스페이스를 비롯해 블랙야크·나우·K2·아이더·코오롱스포츠 등 대표적인 아웃도어 업체들이 이 인증 제품 대열에 동참하고 있다.[14]

필환경 트렌드는 먹거리와 뷰티 시장을 넘어 '비건 자동차'라는 개념으로까지 확장되고 있다. 플라스틱 과잉 소비 산업의 대표주자인 자동차도 이제는 친환경이 화두가 된 것이다. 미국의 자동차 기업 포드는 소형 SUV인 에코스포츠 차량의 바닥 매트 재료에 500ml짜리 플라스틱 페트병 6억5천만 개를 재활용했다. 페트병 무게만 8,260톤이다. 볼보의 경우 플라스틱 대신 버려진 그물이나 밧줄을 가공해서 콘솔을 만들고, 토요타는 천연 가죽과 흡사한 인조가죽 소프텍스를 사용하여 카 시트를 만드는 등, 자동차 메이커들의 친환경 노력이 눈에 띈다. 현대자동차도 내장재를 식물에서 뽑은 소재인 바이오 플라스틱과 도료를 사용하고, 기아자동차는 사탕수수 줄기의 당분을 화학 처리해 얻은 바이오 폴리에틸렌 소재를 활용한다. 좌석 시트를 만들 때 동물의 천연 가죽을 대체하는 인조가죽을 사용하거나 식물 추출 천연원료를 사용하기도 한다. 환경 파괴의 대명사로 지목되던 자동차산업이 친환경을 위한 비건 자동차를 표방하는 역설적인 시대를 맞이하고 있는 것이다.[15]

이와 같은 비건 사회로의 진입은 자연스럽게 동물복지에 대한 각별한 관심으로 이어지고 있다. 동물복지 개념이 반려동물이나 야생동물의 범주를 넘어 가축과 물고기로 그 범위가 확대되고 있는 것이다. 때로는 우리가 전혀 예상하지 못했던 영역으로까지 논란이 번져나가기도 한다. 대표적인 예가 정읍시의 소싸움 대회다. 23회째를 맞이한 정읍민속 소싸움 대회에 정읍시가 추경예산 1억1,360만 원을 편성하려다 무산된 것이다. 정읍시의회가 "소싸움은 동물 학대로 즐거움을 얻는 비윤리적 행위"라는 동물단체의 주장을 받아들여 예산을 전액 삭감했다. 사단법인 한국민속소싸움협회는 "우리 조상의 혼과 숨결이 살아 있는 전통 유산을 왜 훼방 놓느냐"는 입장이고 동물보호단체는 "초식동물인 소에게 억지로 뱀탕과 개소주를 먹이고 훈련을 시키는 게 학대가 아니고 뭐냐"는 의견을 내며 팽팽하게 맞섰다.

강원도 산천어 축제도 비슷한 상황을 겪고 있다. 동물보호단체 회원들이 축제장을 찾아와 "산천어 집단 살상 현장"이라며 반대 집회를 연 것이다. 이들 보호단체는 강릉 주문진 오징어 축제, 양양 연어 축제, 영덕 대게 축제 등 수산물을 테마로 한 모든 축제에서 '맨손 잡기 체험'을 퇴출시키겠다며 목소리를 높이고 있다. 찬반 논란이 있지만 환경과 동물에 대한 관심은 이전과는 확실하게 다른 양상의 논란과 변화를 예고하고 있다는 사실만은 분명하다.[16]

향후 전망

일관되고 진정성 있는 필환경 메시지가 필요

"12월 31일 오후 11시 59분 40초."

138억 년의 우주 역사를 1년으로 요약했을 때, 최후의 시간으로부터 단 20초 남겨놓은 시점에서 지구의 시간은 시작된다. 우주 달력을 기준으로 인간이 문자를 발명해 쓰기 시작한 것이 자정을 14초 남긴 시간이고 과학을 통해 자연의 법칙을 알기 시작한 것은 단 1초 남긴 순간이었다. 우리는 지금 그 남은 1초의 시간을 살고 있는 셈이다. 플라스틱 쓰레기의 폭발적인 배출과 대량 가축 사육으로 인한 오염 문제가 심각한 지금, 먼 미래에 누군가가 지구의 지층을 살핀다면 그곳은 온갖 플라스틱과 닭 뼈 등의 쓰레기로 뒤덮여 있을지도 모른다. 인간이 만들어놓은 환경 파괴로 인한 제6의 대멸종이 오고 있다는

출처: patagonia.com

▶▶▶ 친환경 기업, 파타고니아의 '사지 마세요' 캠페인. 환경을 파괴하는 과잉 소비에 대한 경각심을 불러일으킨다.

소위 '인류세'의 도래를 막기 위한 필사적인 노력들이 진행되고 있다.[17]

특히 여러 기업들은 필환경 이슈에 대해 보다 능동적이고 선제적으로 대응하여 소비자들의 지지와 함께 자사의 리브랜딩 효과까지 얻기 위해 다양한 노력을 펼치고 있다. 예를 들어 친환경 경영을 표방하는 기업 파타고니아는 자사의 자켓을 광고하며 '이 자켓을 사지 마세요. 진정 당신이 필요하지 않다면 말입니다'라는 카피 문구를 내세웠다. 구매를 권장해야 하는 기업이 오히려 '쉽게 사고 버리는 대신 기존의 옷을 수선해서 오래 입는 친환경 메시지를 설파한 것이다.[18] 이러한 전략은 고객들의 자발적인 스토리 발굴로 이어졌다. 예를 들어, '원웨어Worn Wear'는 파타고니아의 옷을 물려 입고 오래 입은 사연을 공유하는 캠페인이다. 이 캠페인은 고객들의 자발적인 스토리텔링을 통해 더 많은 고객이 환경보호에 동참할 것을 자연스럽게 유도한다. 버려진 페트병들을 모아 만든 자사 제품 '스냅티'를 고객들이 3대에 걸쳐 물려 입었다는 사례를 광고에 인용하는 식이다.[19]

이제 기업은 일회성 이벤트가 아니라 고객에게 일관되고 진정성 있는 필환경 메시지를 전달해야 하는 시대를 맞고 있다. 환경 관련 이슈가 더욱 심화될 것으로 보이는 2020년, 구호만 외쳐대는 친환경이 아니라 생존을 위한 필환경으로 승부해야 할 때다.

You Are My Proxy Emotion.

감정대리인, 내 마음을 부탁해

『트렌드 코리아 2019』 예측 내용

자기 감정을 스스로 표현하는 것에 어려움을 느끼고 부담스러워하는 사람들이 늘고 있다. "나 화났다"는 감정을 이모티콘으로 표현하고, 읽을거리를 복사해 올리면서 "나는 당신을 잊지 않았다"는 안부를 전한다. 연애나 여행은 액자형 관찰예능 프로그램으로 대신 경험하고, '대신 욕해주는 페이지'에 들어가 차오른 스트레스를 푼다. 본능적이고 삶에 필수적인 감정을 타인에게 맡기는 것이다. 사람들은 '감정대행인'을 보며 본인이 실제로 그 감정을 경험하는 듯한 대리 만족을 느끼고, '감정대변인'을 통해 복잡한 감정을 대신 전한다. 그리고 본인의 상황에 맞춰 감정을 큐레이션해주는 '감정관리인'을 통해 자신의 감정을 관리한다.

어릴 때부터 디지털 기기와 가까이 상호작용하며 사람과의 관계 맺기를 더 힘들어하는 디지털 원주민들, 온갖 걱정을 안겨주고 동시에 행복을 강요하는 감정 과잉 사회 속에서 정작 자신의 감정을 털어놓을 곳이 없어진 사람들이 감정대리인을 찾고 있다. 이처럼 현대인의 약해진 감정 근육을 보살피고 키워줄 존재가 필요해진 시대에 체험경제는 이제 감정경제로 진화 중이다.

『트렌드 코리아 2019』 pp. 291–314

요즘 직장인들의 사내 채팅방에 가장 빈번하게 등장하는 말은 '넵'이라는 짧은 답변이다. '넵병'이라는 말이 나올 만큼 상사의 모든 질

문에 '넵'으로 일관되게 대답한다. 하지만 이 짧은 '넵' 하나에도 다양한 감정이 담겨 있다. 2019년 초, 한 TV 예능 프로그램에서는 직장인들이 즐겨 쓰는 급여체(회사원들이 사용하는 문체) 중 하나로 '넵'을 꼽으며 '네·넵·넹'의 의미를 여러 가지로 나누어 설명했다. 가령, '넵!'이 지금 처리하겠다는 무난한 느낌의 대답이라면, '넹'은 일단 대답은 하지만 의무적인 느낌이 강하다. 이 밖에도 '네…'는 하기 싫은 업무를 지시받았을 때 부정적인 느낌을 전달하고, '네?'는 상사의 말에 동의하지 못할 때 되묻는 느낌으로 사용한다고 한다. 마지막으로 '앗 네!!'는 실수했을 때 이를 수습하겠다는 뜻이 담긴 대답이라고 한다.[1]

이처럼 현대인들은 서로 다른 뉘앙스를 담은 미묘한 감정도 짧게 표현한다. 감정을 직접적으로 표현하기보다 최대한 간접적으로 노출하려는 이들이 늘고 있다. 『트렌드 코리아 2019』에서는 자기감정을 스스로 표현하는 데에 어려움을 느껴서 이를 다른 사람이나 상품, 서비스 등 '감정대리인'에 맡기는 현상을 하나의 트렌드로 소개했다. 실제로 2019년 한 해 동안 사람들은 다양한 감정대리 콘텐츠로 자신의 입맛에 맞게 대리 만족을 즐기고 다양한 형태의 감정을 외주화해서 표현했다. 한편으로는 자신의 진짜 감정과 마주하고 이를 잘 다스리기 위해 적극적인 노력을 기울이는 모습도 보였다. 2019년 우리 사회 곳곳에 스며들어 현대인들의 숱한 감정들을 대신 소비해준 감정대리인들은 어떤 형태로 등장했을까?

더욱 다양해진 감정대행 콘텐츠

〈신입사원 탄생기-굿피플〉, 〈호구의 연애〉, 〈부라더시스터〉, 〈똥강아지들〉, 〈서울메이트 3〉, 〈연애의 참견 2〉, 〈러브캐처 2〉, 〈니가 알던 내가 아냐 2〉, 〈연애의 맛 2〉, 〈신선한 남편〉, 〈아이를 위한 나라는 있다〉…….

2019년 여러 방송국들이 새로이, 혹은 파일럿으로 선보인 TV 예능 프로그램들이다. 이 프로그램들의 공통점은 무엇일까? 모두 시청자를 대신해 감정을 느끼고 표현해주는 역할을 하는 '패널'이 출연하는 '액자형' 관찰예능 프로그램이라는 점이다. 『트렌드 코리아 2019』에서 액자형 관찰예능 프로그램을 대표적인 감정대행 콘텐츠로 소개한 바 있다. 과거에는 모든 사람들이 공감할 수 있는 일상이나 로맨스를 소재로 시청자에게 보편적인 공감과 대리 만족을 안겨주었다면, 이제는 패널을 통해 특별한 대상이나 특정한 상황을 관찰하게 함으로써 시청자에게 간접적인 공감과 대리 만족을 불러일으킨다. 이제는 패널 없는 예능 프로그램을 상상하기 어려울 정도다.

이러한 감정대행 콘텐츠들은 브라운관을 넘어 인터넷과 모바일 무대에서도 대세로 자리 잡았다. 2019년 유튜브 세계에는 엄청난 양의 '브이로그V-log' 콘텐츠가 쏟아져 나왔다. 브이로그란 비디오와 블로그의 합성어로, 일상을 촬영한 동영상 콘텐츠를 말한다. 타인의 일상을 있는 그대로 관찰하며 대리 만족을 느낀다는 점에서 새로운 포맷의 감정대리 콘텐츠라고 할 수 있다. 유튜브 키워드 검색 도구 '키워드풀'에 따르면, 2018년 8월 기준 6만5천 건이었던 브이로그 검색

량은 6개월 만에 109만1천 건(2019년 2월 기준)으로 약 16배 증가해 2019년을 기점으로 폭발적인 수요를 기록하고 있다.[2]

브이로그의 수요가 늘어나자 이를 공급하는 사람들 또한 많아졌다. 과거 특별한 사람들의 영역이었던 유튜브 크리에이터가 이제는 일반인들에게도 보편적인 무대로 인식되면서 일반인 유튜버들이 증가했다. 이에 따라 브이로그 콘텐츠의 장르도 한층 다양해졌다. 직장인이나 주부, 학생들의 특별할 것 없는 일과를 담아내는 '일상형 브이로그'는 시청자에게 소소한 힐링과 공감을 느끼게 한다. 변호사, 의사, 회계사 등 전문직 종사자들이 자신의 일상과 더불어 전문적인 정보를 공유해주는 '정보공유형 브이로그'도 유익함과 대리 만족을 무기로 인기를 끌고 있다. 유명 연예인들도 유튜브를 통해 브이로그 열풍에 가세하고 있다. 강동원, 천우희, 혜리 등 인기 연예인의 브이로그는 단기간에 화제의 중심으로 떠올랐다. TV 속 스타들의 평범한 일상이 담긴 브이로그를 보면서 시청자들은 "연예인의 일상 속에서도 공감할 만한 구석이 많아 신선하다", "유명인의 삶 역시 크게 다르지 않다는 게 느껴진다" 등 다양한 반응을 보였다.[3]

나 대신 표현하는 내 감정

디지털로 소통하고 생활하는 것이 익숙한 현대인들은 감정 표현을 할 때에도 자신보다 더 잘할 수 있는 매체를 선호한다. 이 때문에 일상생활에서 자신의 감정을 직접적으로 표현하기보다 무언가를 거쳐

이모티콘 이용 건수 변화 추이

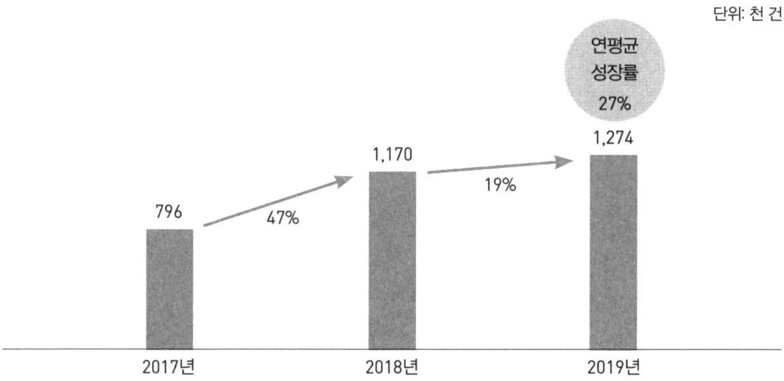

출처: 신한카드 빅데이터연구소

간접적으로 표현하는 사람들이 늘고 있다. 그 대표적인 예가 '이모티콘'이다. 이제는 디지털 세계의 또 하나의 언어가 된 이모티콘의 이용은 2019년에도 꾸준한 상승세를 이어갔다. 신한카드 빅데이터연구소에 따르면 이모티콘 구매는 매년 평균 27%의 증가율을 보이고 있는 것으로 나타났으며, 이용 건수뿐만 아니라 이용 금액(24%), 이용자 수(25%) 모두 비슷한 비율로 매년 계속해서 증가하고 있다.

이모티콘 이용이 증가하면서 관련 시장도 더욱 다채로워지고 있다. 특히 이모티콘에서 귀여움이란 연령을 불문하고 시장을 관통하는 놓칠 수 없는 화두인데, 이 귀여움의 방식이 달라졌다. 최근 이모티콘 시장에서는 귀여움 자체에 집착하기보다, 특정 상황이나 감정을 대신 묘사하는 이모티콘이 큰 인기다. 특정 상황 혹은 특정인을 겨냥한 이모티콘은 그 상황에 맞는 감정을 잘 드러내기에 글자만으로 표현하기 힘든 감정을 더욱 효과적으로 전달할 수 있다는 매력을

출처: A&M

▶▶▶ '엄마와 딸' 이모티콘. 모녀간의 거북하거나 부담스런 대화를 대신해준다.

지닌다. 자식과 연락하고 싶은 부모님의 마음을 겨냥한 '엄마와 딸' 시리즈가 대표적이다. 이는 부모와 자녀가 메신저로 연락할 때 흔히 쓰는 말을 모아 만든 이모티콘으로, 방문을 배경으로 엄마나 딸 캐릭터가 등장해 서로에게 하고 싶은 말을 귀엽게 전하는 방식이다. "방해가 될까 봐" 혹은 "부담스러워서" 평소 부모와 자식 간에 자주 연락을 하지 못해 아쉬워하던 사람들이 이모티콘을 이용해 가볍게 서로의 마음을 전달할 수 있어 큰 인기다.

캐릭터를 통해 일상 속 부정적인 감정을 해소하는 경우도 있다. 캐릭터 브랜드 '사탄가게'는 사람들의 부정적인 감정을 다양한 캐릭터를 통해 대신 해소해준다. 일상 속에서 흔히 마주치는 민폐족들을 '사탄'이라 칭하고, 이들을 응징하는 모습을 캐릭터 소품과 애니메이션으로 제작해 보는 이들에게 통쾌함을 선사한다.[4] 사람들로 가득한 지하철에서 다리를 쫙쫙 벌려 앉는 '쩍벌남', 다리를 꼬고 앉아 남의 정강이를 툭툭 차는 '다꼬녀' 등 대중교통을 이용하며 누구나 한 번쯤 만났을 법한 민폐족들을 독특한 피규어 열쇠고리로 만들어 '대리 응징'했다.[5] 검은 띠로 눈이 가려진 사탄가게의 민폐족 캐릭터들은 쇠사슬에 꽁꽁 묶인 채 거꾸로 매달려 응징당한다. 쩍벌남은 무릎을 묶고, 다꼬녀는 다리를 배배 꼬아버린다. 불쾌한 상황에 처했을 때 실제로 항의하거나 불만을 표시하는 등의 직접적인 감정 표현은 에너지 소모가 너무 크다. 그래서 그동안 피해를 입고도 참고 넘겨야 했던 현대인들은 민폐족들을 대신 응징해주는 사탄가게의 캐릭터를 보며 불쾌감을 털어내고 재미와 위로까지 얻는다.

자신의 감정을 대신 표현해주는 것은 캐릭터뿐만이 아니다. 불편한 감정을 대행해주는 서비스도 속속 등장하고 있다. 연인과 이별하려 할 때 당사자 대신 이별을 통보해주는 '이별 대행 서비스'가 그 대표적인 예다. 이때 필요한 비용은 보통 5만 원에서 10만 원 선이다. 이름, 나이, 사귄 기간 등 기본적인 정보를 알려주면 '이별'이라는 곤란하고 복잡한 상황을 정리해준다. 국내의 한 이별 대행 서비스 관계자는 "5년 넘게 서비스를 운영하고 있는데 최근 고객이 늘고 있는 추세"라며, "보통 젊은 사람들이 많이 의뢰하고 대다수의 고객들은 이 서비스에 만족했다"고 밝혔다.[6]

상사의 눈치를 보느라 사직서를 내는 것조차 두려운 직장인들을 위해 퇴사 과정을 처리해주는 '퇴사 대행 서비스'도 등장했다. 직장 생활 중 가장 불편하고 어려운 순간인 퇴사를 대신해주는 서비스로, 사직서만 대신 내주는 것이 아니라 퇴사를 준비하는 순간부터 퇴사 이후의 생활에 이르는 모든 과정을 관리해준다. 우선 고객과의 상담을 통해 희망하는 퇴사일을 정하고 퇴사 과정 중의 위험 요소를 미리 확인한다. 이후 회사의 인사 담당자에게 사직 의사를 전달하고 관련 서류를 제출해준다. 회사 측이 사직서를 수리하면 사무실에 남아 있는 짐까지 집으로 배송해주며 전 과정에 걸쳐 고객의 퇴사를 세심하게 돕는다. 퇴사 대행 서비스 업체에 따르면 이 서비스의 주된 고객은 퇴사 과정 중에 회사 측과 마찰이 일어날 것을 우려하는 직장인들이다. 퇴사 의사를 밝혔지만 회사가 이를 거부하거나, 타 회사에서 이직 제의를 받았으나 현 직장으로부터 진행 중인 프로젝트를 끝내고 퇴사하라고 종용받는 경우 등이 있다.[7] 평생직장의 개념이 사라지고 이직과 퇴직이 잦아지면서 상사와 대면해서 퇴사 절차를 밟는 것 자체에 스트레스를 받는 사람들이 많아졌음을 알 수 있는 대목이다. 따라서 20~30대 직장인들의 니즈를 반영한 비대면 대행 서비스 시장은 더 다양한 생활밀착형 콘텐츠로 무장해 확장될 것으로 보인다.

감정 관리, 배워야 산다

"제가 여러분을 한번 혼내도 될까요?" 일본 도쿄 도시마구 다이쇼대학교의 한 강의실에서 조금 특별한 강의가 열렸다. 졸업을 앞둔 대학생들을 대상으로 진행된 이 강의 주제는 '잘 혼나는 법'이다. 입사 후 상사에게 부정적인 피드백을 받을 것에 대비해 미리 타인의 부정적인 감정 표현을 경험해보고, 꾸중을 들어보는 시간을 갖는 것이다. 잘 혼나는 법은 운동으로 치면 낙법과 같다. 공격을 당했을 때 큰 부상을 입지 않기 위해 낙법부터 배우는 것처럼 정신적인 부상을 피하기 위해 타인의 부정적 피드백을 미리 경험해보는 것이다.

1987년생부터 1996년생에 해당하는 일본의 유토리 세대는 4~5년 전부터 본격적으로 사회에 진출하기 시작했다.[8] 이들 중 대부분은 한 자녀 가정에서 자라 혼나는 일에 익숙하지 않고, 디지털 기기와 더 가까이 상호작용하며 사람과의 관계 맺기를 어려워하는 특성이 있다. 때문에 회사에 들어가 상사에게 지적을 받으면 자신을 부정당한 느낌을 받을 만큼 정신적으로 큰 충격에 빠지는 경우가 많다. 신입사원이 일을 제대로 익히려면 최소 3년은 걸리기 마련이다. 그런데 상사의 부정적 피드백을 받고 퇴사하거나 이직하는 일이 잦다 보니 직장 생활에 적응하지 못하는 사람들이 늘어났다. 이에 학교가 나서서 학생들이 직장에서 흔히 경험할 수 있는 부정적 피드백을 미리 경험해보고, 실전에서 현명하게 대처할 수 있도록 교육하기에 이른 것이다.

이러한 형태의 감정 교육이 최근 우리나라에도 상륙했다. 그간 감정 교육의 대상은 주로 어린아이들이었는데, 이를 성인으로 확장한 것이다. 성인을 위한 감정 교육은 일상 속에서 느끼는 부정적인 감정을 어떻게 표현하고 해결해야 할지 모르는 평범한 직장인들이 모여 감정을 토로하고 공유하는 방식으로 진행된다. 이 감정 모임에서는 평소 드러내기 힘든 부정적인 기분을 감정 카드로 표현하고, 직장 생활의 고충을 털어놓으며 위로와 공감의 말을 주고받는 시간을 갖는다. 이 모임을 만든 스트레스컴퍼니의 이남희 대표는 "특히 올해 들어 참가자들이 많이 늘고 있으며, 스트레스 관리에 어려움을 겪는 20~30대 직장인들이 가장 많이 모임을 찾는다"고 말했다.[9] 감정의 적절한 발산법을 익히지 못한 현대인들이 많아지면서 개인의 감정을 관리해주는 모임이 인기를 끌고 있는 것이다. 무엇보다 억압된 감정이 우울증이나 화병으로 이어지기 전에 스스로를 돌아보고 마음을 가다듬는 안전망 역할을 하는 감정 모임은 감정 조절에 문제를 겪는 직장인들을 위한 좋은 처방전이 되고 있다.

스스로 감정을 관리하는 일에 대한 현대인들의 관심과 노력은 출판 시장에서도 확인할 수 있다. 2019년 상반기에는 『내 감정을 읽는 시간』, 『하버드 감정 수업』, 『나쁜 감정을 삶의 무기로 바꾸는 기술』, 『나는 오늘부터 내 감정에 지지 않기로 했다』 등 감정 관리와 관련된 서적들이 많이 출간되었다. 책을 통해 자기감정을 이해하고 다스리며 표현하는 방법을 배우는 것이다. 이는 자기감정을 들여다보는 일을 버거워하거나 감정의 물결에 어떻게 대처해야 할지 갈피를 잡지 못하는 현대인들을 겨냥한 것이라 볼 수 있다.

향후 전망

자신의 감정을 인식하고 잘 다스리는 것이 과제

이처럼 감정대행 콘텐츠는 현대인들에게 대리 만족과 위로, 공감을 선사하지만 반대로 일상 속에서 경험하는 진짜 감정은 외면하게 만들 수 있다. 실제로 많은 현대인들이 자신의 진짜 감정을 관리하는 것을 어려워한다. 지금 자신이 느끼는 감정이 무엇이며, 그 감정을 어떻게 표현하고 통제할 것인지에 대한 깊은 고민이 필요한 이유다. 자신의 진짜 감정을 인식하고 이를 잘 다스리는 것이 현대인의 핵심 과제가 될 것으로 보인다.

정서적으로 미숙한 어린아이들은 부정적인 감정들을 모두 "짜증

나"라고 표현하곤 한다. 자신의 감정을 제대로 인식하지 못해 이차적인 감정인 짜증으로 모든 부정적인 감정을 에둘러 말하는 것이다. 이는 비단 아이들만의 이야기가 아니다. 자신의 감정을 인식하지 못하고 뭉뚱그려 표현하던 현대인들이 이제 자기감정을 똑바로 들여다보기 위한 전략을 찾아 나서고 있다.

대표적인 전략이 바로 명상이다. 명상은 자신의 감정과 생각을 이해하고 현재의 순간을 직면할 용기를 주는 과정이다. 명상 시장의 지속적인 성장이 예견되는 가운데, 미국과 영국에서는 이미 유튜브나 스마트폰 애플리케이션을 활용한 디지털 명상이 빠르게 자리 잡는 중이다. 국내에서도 '마보', '코끼리'와 같은 명상 애플리케이션이 주목받고 있다. '마음 보기 연습'의 준말인 '마보'는 마음 보기 7일 기초 훈련으로 시작해 명상에서의 기본적인 호흡법과 자세를 알려준다. 출근길, 사무실에서, 취침 전 등 상황별 명상과 불안할 때, 우울할 때 등 기분별 명상을 비롯한 230여 개의 명상 프로그램을 제공한다. 현재 가입자 수는 12만 명으로 매 분기마다 평균 약 16%의 성장률을 보이고 있다. 특히 전체 이용자의 40%가 20~30대 여성인 것으로 나타났다.[10]

현대인들의 감정을 관리하고 다스리기 위한 사회적 노력도 더욱 커질 것으로 보인다. 한 지방자치단체에서는 혼자 사는 어르신들을 위해 돌봄용 AI 로봇을 배포했다. 이 AI 로봇은 공기가 탁하니 창문을 열어야 한다고 알리거나, 식사 후에는 약을 꼭 먹으라고 권하는 등 독거노인에게 꼭 필요한 정보를 자연스럽게 전달할 뿐만 아니라, "할머니 왜 이제 오세요. 얼마나 기다렸는데요"와 같은 감정적인 교류 기능도 탑재되어 있다. 6개월간 돌봄로봇을 사용한 독거노인 42명을 대상으로 감정 변화를 조사한 결과, 돌봄로봇과의 교감을 통해 실제로 우울감이 줄어들고 긍정적인 생각이 증가했다.[11] 물론 사람과 사람이 서로 나누어야 할 감정의 교류를 디지털 기술로 해결해버리는 것에는 분명 한계가 있으며 예상치 못한 결과를 항상 경계해야 한다. 하지만 현대사회에서 디지털 기술과 아날로그 일상의 경계는 점점 모호해지고 있다. 기계가 사람의 감정을 더욱 쉽게 인식해서 이를 관리하는 데 도움을 줄 수 있다면 앞으로 감성 인공지능 기술의 활약을 눈여겨볼 만하다.

많은 현대인들이 스트레스에 시달리며 부정적인 감정을 마음에 쌓아둔 채 표현하지 못하고 있다. 이러한 감정들이 축적되다 보면 '감정적 변비'를 야기하고, 무기력증이나 우울증과 같은 정신 질환으로 이어질 수 있다. 실제로 조사 전문 기관 마크로밀엠브레인에서 성인 1천 명을 대상으로 현대인의 정신 건강과 관련한 인식을 주제로 설문조사를 실시한 결과, 응답자의 82.4%에 달하는 사람들이 "건강검진처럼 국가가 정기적으로 시행하는 '정신 건강검진'이 꼭 필요하다"고 답했다.[12] 자신의 감정을 제대로 인식하고 다스리려는 개인의 노력도 중요하지만, 사회적 차원에서 보다 적극적으로 감정을 관리하려는 노력 역시 필요하다는 뜻이다. 사회적 노력과 개인적 노력이 모두 뒷받침될 때 비로소 사회 구성원들이 서로의 감정에 공감하는 '감정 지능이 높은 사회'로 나아갈 수 있을 것이다.

Data Intelligence

데이터 인텔리전스

「트렌드 코리아 2019」 예측 내용

데이터가 넘쳐나는 오늘날에도 기업은 고객의 니즈를 확실히 파악하지 못하고 있다. 그것은 고객도 마찬가지다. 사람들은 실제 자신이 원하는 것이 무엇인지 잘 모른다. 따라서 고객이 원하는 것을 고객 관련 자료를 기초로 데이터 분석을 통해 족집게처럼 파악해내는 역량이 중요해지고 있다. 이제 데이터를 정보로, 정보를 지식으로, 지식을 지혜로 향상시킬 수 있는 통찰이 기업의 핵심 역량이 되고 있다. 의사결정의 패러다임이 인공지능에서 데이터 지능으로 다시 한번 진화한다. 데이터 인텔리전스의 핵심은 인공지능으로 빅데이터를 식별·분석하는 기술을 적용해 고객의 수요를 충족시킬 수 있는 새로운 가치를 창조하는 역량이다. 이러한 데이터 주도형 의사결정을 '데이터data'와 결정을 뜻하는 영어 단어 'decision'을 합친 새로운 용어인 '데시젼dacision'이라고 부를 수 있다.

데시젼은 의료·엔터테인먼트·어뮤즈먼트·미용·패션·물류·금융·공공 등 다양한 산업으로 확산되고 있다. 데이터를 어떻게 활용하느냐에 따라서 새로운 승자가 결정된다. 우리는 의사결정 패러다임의 모멘텀이 바뀌는 그 순간, '데시젼 포인트'에 와 있는 것이다. 이제 데이터가 말하게 하라.

「트렌드 코리아 2019」 pp. 315–338

"지금 당장 AI를 향한 여정을 시작해야 하고 그렇지 않으면 도태될 겁니다. 그리고 AI 시대에 있어서 가장 중요한 성공 열쇠는 바로 데이터입니다."

2019년 'IBM 데이터 & 인공지능AI 포럼'에서 앨리스 다겔리언 IBM 데이터 및 AI 사업부 글로벌 영업 부사장이 한 말이다. 이어 그는 "2021년이 되면 AI를 기반으로 새로 등장하는 기업 규모가 2조 9천억 달러에 달할 것"이라며 AI를 활용한 비즈니스의 중요성을 강조했다.[1] 이런 인용을 구하지 않더라도 2019년은 4차 산업혁명 기술의 기반이라고 할 수 있는 데이터의 중요성이 그 어느 때보다도 주목받았던 한해였다.

2019년 추석 연휴에는 빅데이터 기반의 내비게이션 대결이 눈길을 끌었다. SK텔레콤과 카카오모빌리티가 최적의 귀성·귀경 시간대 예측 결과를 두고 경쟁을 펼친 것이다. SK텔레콤의 T맵은 네이트 드라이브 이후 17년간 축적된 내비게이션 운영 노하우에 기반한 빅데이터 분석 알고리즘 정확도가 높아 교통 예측 정확도 역시 높을 것이라고 자신했다.[2] 카카오모빌리티는 카카오내비의 5년 치 빅데이터 분석 결과와 명절 때는 서울-양양 고속도로 등 새로 개통된 도로의 영향이 크다는 특수성을 내세워 상대적으로 신형인 카카오내비의 뛰어난 분석력을 내세웠다.

차량의 통행량 예측뿐이 아니다. 빅데이터 수집 및 활용이 상대적으로 자유로운 중국에서는 데이터를 활용해 소비의 핵심 동력 변화를 분석해낸다. 최근 중국 소비 지형에서 데이터로 확인된 가장 큰 성장 동인은 '여성'이다. 중국 여성은 아시아권 여성 중 가계소비에서 의사결정권이 가장 높은 것으로 알려져 있다. 특히 패션과 뷰티 관련 분야에서는 여성이 88%의 비중으로 소비 결정의 강세를 보이고 있다. 남성용품조차도 소비의 50%가 여성에 의해 구매가 결정될 정도다. 모바일 쇼핑 분야에서도 여성 소비자 비중이 70%에 달하며 전체 온라인 소비에서도 54%로 남성보다 높은 것으로 나타났다. 알리바바의 2017년 데이터에 따르면 중국 쇼핑 트렌드를 단적으로 볼 수 있는 '광군제'에서도 총 거래의 60% 이상이 여성 소비자가 발생시킨 것이었다. 이러한 데이터를 통해 산업 전반에서는 여성을 타깃으로 한 콘텐츠 기획이 떠오르고 있다.

2018년 중국 **쉬코노미** 시장의 규모는 2.5조 위안(약 412조5천억 원)으로 조사되었으며, 2019년에는 4.5조 위안(약 742조5천억 원)에 달할 것으로 추정된다. 알리바바, 징둥京东, 쑤닝苏宁, VIP.com 등 전자상거래의 자이언트 기업들은 이러한 키워드에 맞춰 상품을 선별하고 판매한다. 이처럼 강력한 동인에 힘입어 샤오홍슈小红书, 바오바오수宝宝树 등 여성 특화 인플루언서 및 세포마켓 형태의 전자상거래 플랫폼도 급성장하고 있는 추세다.

쉬코노미She+Economy
쉬코노미는 '그녀She'와 '이코노미Economy'의 합성어로, 여성이 경제의 주체로서 자신을 위한 소비를 점점 늘리는 현상을 뜻한다. 고가 제품이나 자동차, IT 등 다양한 업종에 과감하게 지갑을 여는 여성들이 많아지면서 소비의 주요 트렌드가 되고 있다.[3]

이처럼 데이터가 찾아낸 특정 고객 세그먼트가 시장의 새로운 성장 동인이 되고 있을 만큼 데이터는 기업들의 새로운 나침반 역할을 하고 있다. 디지털 시대의 원유라 불릴 만큼 무궁무진한 힘을 자랑하는 데이터. 그렇다면 2019년의 데이터 지능은 얼마나 더 똑똑하게 진화해 소비 시장의 패러다임을 변화시켰을까?

데이터, 소비자의 마음을 읽다

14억 명이 넘는 거대한 시장, 중국에서 데이터 분석으로 대활약 중인 기업이 있다. 바로 이랜드 패션이다. 14억 소비자의 마음을 읽기 위해 중국 빅데이터 분석팀을 두고 세밀한 관찰과 분석을 진행한 결과 연 매출액이 2000년 90억 원이었던 것이 현재 2조 원대로 크게 늘었다. 비결은 한 장 한 장, 직접 모아 축적한 길거리 패션 사진 데이터의 힘이다. 이랜드는 상하이·선양·베이징·청두·선전을 중심으로 한 다섯 개 지역에서 매달 1만3천 장씩 5년에 걸쳐 길거리 패션 사진을 모았다.[4] 이와 더불어 시스템 분석팀은 중국 소셜미디어를 포함한 주요 쇼핑사이트 후기까지 수집하여 중국 현장에서 디자이너와 상품기획자MD가 제품에 바로 적용할 수 있는 핵심 동력을 마련했다. 생생한 데이터를 통해 중국 여성 소비자가 원하는 디자인·색상·재질들을 지역별로 보다 더 섬세하게 들여다본 것이다. 이를 위해 분석팀은 이미지 데이터 외에도 의뢰가 들어오는 즉시 쇼핑몰 후기와 SNS 후기, 자사와 경쟁사 매출 등 동원 가능한 모든 데이터를 분석해 결론을 내리는 등 갈수록 짧아지는 패션 트렌드 속에서 빠르고 정확한 예측을 시도하고 있다.

외부 데이터 수집만이 아니다. 기업 내부의 기존 데이터를 재조명

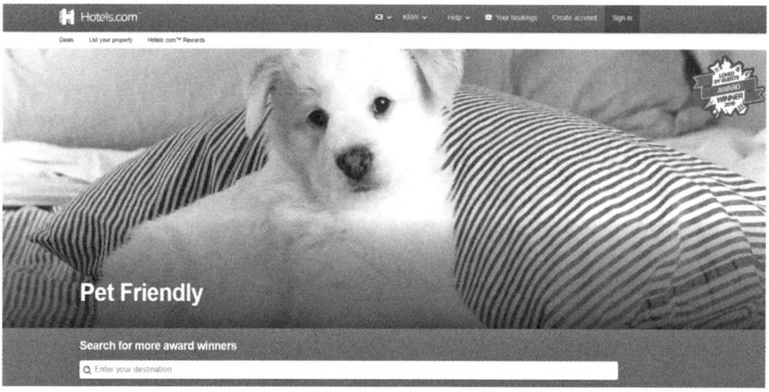

출처: Hotels.com

▶▶▶ '펫 프렌들리' 리뷰가 증가한 것을 토대로 최고의 호텔 항목에 추가된 '최고의 펫 호텔'.

해 변화하는 라이프스타일을 반영한 분석으로 새로운 서비스 시장이 열리기도 했다. 숙박 시설 예약 사이트 호텔스닷컴은 지난 2년간 반려동물과 함께 투숙할 수 있는 '펫 프렌들리' 호텔의 리뷰 수가 약 62%가량 증가했다는 분석을 내놓았다. 이를 통해 자사 웹 사이트에 해마다 발표하는 '가장 사랑받는 호텔 어워드'에 '최고의 펫 호텔' 항목을 추가했다. 반려동물을 동반하는 고객들이 숙박 시설을 고를 때 '반려견·반려묘에 얼마나 좋은 환경인가'라는 점을 중요한 기준으로 꼽기 시작한 것을 데이터로 확인했기 때문이다.[5]

데이터, 유통의 혁신을 꾀하다

IT 기술의 발달과 유통 채널의 다양화로 소비자들의 구매 패턴이 빠르게 변화하고 있다. 이 때문에 기업에게도 신속한 의사결정은 물론

예산 및 재고의 효율적 관리가 더욱 중요해졌다. 멤버십 포인트와 같은 대규모 빅데이터가 유통 업체의 새로운 혁신 도구로 떠오른 이유다. 롯데멤버스는 3,900만 명의 엘포인트L.POINT 회원들의 구매 데이터를 기반으로 유통사 판매 데이터와 회원들의 구매 행동 데이터를 결합해 분석 지표를 제공하는 인사이트 플랫폼 'LAIP'를 선보였다. LAIP에서 제공하는 분석 모듈은 상품군 성과 분석, 고객 구매 행동 분석, 상품 구색 분석, 신상품 성과 분석이다.[6] 이러한 빅데이터 분석은 유통과 제조 파트너사에게도 상호 인사이트를 제공할 수 있어 향후 더 큰 변화가 기대된다.

CJ그룹은 CJ빅데이터센터를 통해 자사가 보유한 데이터를 공유·결합하는 빅데이터 플랫폼을 구축했다. 고객들의 택배 운송장 정보와 외부 데이터를 결합해 텍스트 마이닝Text Mining과 머신러닝 기술 분석으로 '송장 상품 자동 분류 알고리즘'을 개발한 것이다. 더불어 택배기사들의 작업용 앱에 인공지능 가상비서 기능을 탑재해 기사에게 필요한 데이터를 실시간 음성으로 제공하고, 고객 문의도 자동으로 답변할 예정이다. 이렇듯 서비스 분야의 디지털 전환과 IT 경쟁력 구축으로 유통 혁신의 속도가 더욱 빨라지고 있다.[7]

유통계의 공룡이라고 불리는 아마존은 뉴욕 소호, 시카고 등에 오프라인 매장인 '4-스타 숍'을 열었다. 이곳은 아마존닷컴 온라인 사이트에 올라와 있는 수백만 가지의 제품들 중 소비자들로부터 최소 별 4개(5개 만점) 이상의 평가를 받고, 최고의 아이템·새로운 아이템·인기 아이템 카테고리에 든 제품들을 판매하는 곳이다.[8] 판매자의 자의적인 판단이 아니라 고객 데이터로 상품을 선별해 매장을 운영하는 것이다. 실제로 아마존의 데이터 수집은 온·오프라인을 넘나든다. 온라인뿐 아니라 아마존고와 홀푸드와 같은 오프라인 유통 채널도 소비자들의 정보를 수집하는 거대한 데이터센터인 셈이다. 이러한 데이터들을 이용해 아마존은 대량생산 제품은 물론, 소비자가 원하는 맞춤 제품의 판매까지 디자인-생산-유통의 전 과정을 인공지능으로 구현하기 위한 시스템을 개발하고 있다. 이와 관련한 자세한 내용은 뒤에 소개할 전망편의 다섯 번째 키워드인 '초개인화 기술' 편에서 확인할 수 있을 것이다(2020 전망편, '초개인화 기술' 키워드 참조).

데이터, 몸을 분석하다

그동안 의사와 환자 간 의료 정보 불균형은 소비자와 공급자 양쪽 간에 풀리지 않는 숙제였다. 이에 정보 불균형을 해소하고 발병-치료-회복까지의 시간 지연을 최소화해 환자의 빠른 회복을 돕는 스타트업이 등장했다. '메디히어MEDIHERE'는 3차 의료기관인 상급종합병원 전문의 약 1만2천 명의 정보를 수집해 국내 중증·만성질환 환자와 한국을 찾는 외국인 환자에게 의사 추천 및 진료 예약, 후기 등의 서비스를 제공한다. 빅데이터와 인공지능 기술로 선보인 '닥터히어-분야별 실력 있는 의사 추천' 플랫폼의 경우 베타 서비스 기간이었음에도 누적 방문자 수 36만 명, 누적 검색 수 47만 건을 기록할 정도로 큰 관심을 모았다.[9]

이 밖에도 UBIST 데이터뱅크Data Bank의 유비케어는 의약품 원외 처방 시장 전망과 마케팅 분석, 의약품 처방 패턴 분석, 의약품 이상 사례 분석 등 활용 목적에 따라 총 세 가지 범주의 데이터 분석 서비스를 제공한다. 기존 의료·헬스케어 시장에서 데이터 자체의 한계로 인해 제한적이었던 활용 범위를 극복하기 위해 다양한 데이터를 융복합·표준화하고, 데이터 분석 전문 기업들과의 협력을 통해 역량을 집중하겠다는 시도다.[10]

생체 데이터를 활용한 서비스는 의료 분야를 넘어 점점 그 영역을 확장하고 있다. 호주 기업 캐터펄트Catapult는 웨어러블 기기를 통해 스포츠 선수들의 데이터를 모아 분석한다. 조끼 형태의 이 웨어러블 기기를 착용한 선수가 움직일 때마다 초당 1천 개 이상의 데이터가 수집된다. 이를 통해 신체에 가해지는 부담을 파악하고 심박수나 움직임과 같은 데이터를 분석해 전체적인 팀 운영에서부터 개인의 정밀한 훈련법까지 제안해주고 있다.

구글 클라우드와 영국 축구협회FA가 맺은 장기 기술 제휴도 주목할 만하다. 축구협회가 보유한 데이터를 디지털화하여 코치들이 각 선수에 대한 신체 및 훈련 정보를 클라우드에서 빠르게 접근할 수 있도록 하는 것이 목적이다.[11] 이는 소속 선수들의 성과·몸 상태·훈련·기량 등을 측정하는 선수 프로필 시스템PPS이란 자체 도구를 구글 클라우드상에 만드는 방식을 통해 가능하다. 실시간 데이터 분석을 자동화함으로써 팀과 선수의 성과를 보다 효과적으로 비교·분석하고 데이터 중심의 의사결정을 내릴 수 있도록 지원하는 것이다.

데이터, 가격을 맞추다

안면 인식 데이터는 가장 정교해지고 있는 데이터 중 하나다. 『트렌드 코리아 2019』에서 예를 든 중국 핑안보험의 경우, 대출 신용자를 컴퓨터 안면 인식 프로그램이 분석해 '거짓말을 하는 것 같다'라고 인식되면 직원들이 추가로 신용 조사를 실시한다. 이러한 기술은 더욱 발전하여 약 0.04초간의 짧은 순간에 눈동자의 움직임이나 눈 깜빡임을 잡아내 56개 등급으로 세분화하고 신용평가가 매겨진다. 대출 심사 과정에 안면 인식 기술을 결합한 이 시스템 덕분에 핑안보험은 부실 대출을 60% 정도 줄였다고 밝혔다.

안면 인식 데이터는 금융 결제에도 활용된다. 알리페이의 안면 인식 결제 서비스, '스마일투페이Smile to Pay'는 소비자가 스마트폰 앱에서 구매 버튼을 누르고 카메라 렌즈를 향해 미소를 지으면 약 2초 만에 결제가 이루어진다. KFC 매장과 신선식품 체인점인 허마셴셩에서 쉽게 이용할 수 있다. 스마일투페이의 안면 인식 정확도는 현재 99%에 달하는 것으로 알려져 있다.[12]

▶▶▶ 사용자의 얼굴을 인식하고 결제를 진행하는 방식은 중국에서 이미 시행되고 있다.

건강보험 업계의 경우 기술과 보험이 결합한 인슈어테크로 빠르게 진화하고 있다. 인공지능을 응용해 질병을 예측하거나 숨은 질병을 찾아내는 등 다양한 신기술이 펼쳐졌다. DB손해보험이 출시한 암보험은 AI 기술을 통해 가입자의 건강검진 정보를 기반으로 향후 주요 암에 대한 발병 위험도를 예측해준다. KB손해보험도 가톨릭서울성모병원과 손을 잡고 전문의에게 자문해 가입자의 가족력·음주·운동 등 생활 습관에 따른 질병 위험도를 안내해주는 건강 컨설팅 프로그램을 도입했다. 교보생명은 디지털헬스 전문 기업 라이프시맨틱스와 협업해 고객이 보험 가입 시 제출하는 건강검진 데이터를 기반으로 고혈압·당뇨병·5대 암에 대한 예측 알고리즘을 통해 3년 내 발병률을 예측하고 해당 질병의 발생 시 가입자가 보장받을 수 있는 보험 상품을 추천해주는 앱을 선보이기도 했다.[13]

2019년, 손해율 상승으로 인한 실적 악화로 고심 중인 자동차보험 분야에서도 인슈어테크가 돌파구가 되었다. 인슈어테크 보험 상품은 빅데이터 분석 정보를 활용해 고객에게 적정 요율 및 최적 보험료를 제공한다. 운전자들이 안전 운전을 하면 보험 사고 발생 가능성이 낮아져 보험사와 보험가입자 모두 손해를 입지 않을 수 있게 되는 것이다. 더불어 지속적으로 축적되는 데이터 정보를 활용하면 보험사기성 활동이나 의심 행위를 적발할 수 있어 불필요한 보험금 지급을 막는 부가적인 효과도 기대할 수 있다.[14]

데이터 거래소의 등장

데이터 거래소는 데이터를 가공해 가치를 부여하고 수요자와 공급자를 연결해주는 곳이다. 실제로 통신·신용카드 정보 등에서 도출된 고객 성향 데이터의 인기는 매년 치솟고 있다. 이러한 데이터를 개인 정보 유출의 우려가 없이 익명화한 '상품'으로 가공해 가치를 매겨 수요자와 공급자를 이어주는 것이 바로 데이터 거래소의 역할이다.

중국에는 공공데이터를 주로 거래하는 구이양貴陽 빅데이터 거래소를 비롯해 이미 다수의 데이터 거래소가 출범한 상태다.[15] 상하이시는 2018년부터 각 성에 개인 정보를 통합하는 '빅데이터센터'를 만들었다. 이 중 상하이 데이터 거래소는 개별 기업들이 원하는 데이터를 사고팔 수 있도록 중개가 가능한 거의 유일한 곳이다.[16] 이 회사는 기업들이 수집한 정보를 익명화하는 프로그램과 수요자와 공급자 간 거래를 중개하는 자체 플랫폼을 통해 데이터 거래를 돕는다. 아직 데이터에 대한 구체적 가격 산정 기준은 없지만, 공급 기업과 협의해 최저가를 산출하고 가격을 중재하는 등 거래를 촉진하는 역할을 한다.

데이터 거래 시 가장 우려되는 정보 유출을 미연에 방지하는 것도 거래소의 중요한 역할이다. 실제로 시중에서 팔리는 모든 데이터는 각 회사 고객으로부터 반드시 동의를 받아야 한다. 중국에서는 전화번호 등 민감한 개인 정보를 50건 이상 유출하면 형법에 의해 처벌을 받는다. 공급 기업이 플랫폼을 통해 일단 정보를 익명화하고 나면 복원이 불가능하고 누구의 정보인지 절대 식별할 수 없다. 데이터 거래소는 데이터를 각 산업과 연결해줌으로써 스마트한 미래를 만드는 것에 초점을 맞춘다. 데이터 수집가가 아니라 중개자 역할에 충실한 것이다.

우리나라도 미국과 중국처럼 금융 빅데이터를 사고팔 수 있는 '금융 분야 데이터 거래소'가 추진되고 있다. 비식별 정보에 한해 가맹점의 카드 매출, 통신 요금 납부 정보 등을 거래소에서 사고팔 수 있게 되는 것이다. 데이터 거래소가 구축되면 금융 회사는 비금융 정보를 결합해 새로운 금융 상품과 서비스를 선보일 수 있게 된다.[17] 예를 들어 보험사의 경우 사고 차량의 기본 정보뿐만이 아니라 안전장치의 여부 등 관련 데이터의 확인이 가능해 피해 규모에 얼마나 영향을 주는지도 진단할 수 있다. 이를 근거로 보험사는 각각의 안전장치에 따라 자동차 보험료를 낮춰주는 등 관련 상품과 서비스의 등장이 머지않아 보인다.

향후 전망

개인 정보 보호와 산업 육성의 균형 감각이 필요한 시점

'데이터 거래'라는 무궁무진한 시장의 문이 열렸다. 빅데이터 분석의 시작은 기업의 생존을 위한 것이었지만 이제는 산업의 핵심 성장 동력으로 진화하고 있다. 바야흐로 데이터 거래 활성화가 시장경제의 세계적인 화두가 된 것이다. 하지만 어떤 데이터를 거래할 수 있도록 분류할 것인지, 가격은 어떻게 매길 것인지, 개인 정보를 어떻게 보호할 것인지, 공급 기업과 수요 기업을 어떻게 연결할 것인지 등 만만치 않은 문제들에 직면해 있다. 실제로 미국의 경우도 2,500개가 넘는 '데이터 중개상'이 난립해 데이터의 유통 및 거래에 뛰어든 실정이다. 이 때문에 민간 기업들이 주도하느냐, 아니면 중국처럼 정부 주도형·혼합형으로 진행하느냐 등 어떤 형태로 진행할 것인가에서부터 큰 난관에 부딪혀 있다. 우리나라 역시 데이터 거래소라는 개념 자체가 아직 정착되지 않았기 때문에 제도적으로 해결해야 할 부분이 많다.

'데이터 인텔리전스'의 리뷰에서 중국 사례가 유독 많이 등장했다. 중국은 인구가 많아 생산되는 데이터의 양도 엄청나지만, 빅데이터 산업에 대한 정부 지원이 많고 관련 규제도 상대적으로 약한 편이라 새로운 분석과 활용을 매우 자유롭게 시도할 수 있는 환경이다. 우리나라에서는 개인 정보 보호 이슈와 이에 대한 우려가 강한 탓에 데이터 활용에 대한 규제 장벽이 높아, 외국에 비해 빅데이터의 산업적 활용 성공 사례가 점점 더 줄어들고 있다. 개인 정보 보호와 빅데이터산업의 육성이라는 놓칠 수 없는 두 가치에 대한 균형 감각이 절실한 시점이라고 할 수 있다.

데이터는 이미 자원을 넘어 '자산'이 되고 있다. 빅데이터로 기업이 궁극적으로 이룰 수 있는 건 '빠르고 정확한 의사결정'이다. 빅데이터 분석은 실시간 분석을 통해 빠르고 정확한 의사결정을 가능하게 해준다. 예를 들자면 이러한 데이터들을 바탕으로 경쟁사 가격을 실시간 모니터링하고 자사 재고 상품의 적정성, 리스크 관리, 고객의 구매 후기 분석 등을 한 번에 취합해볼 수 있게 되는 것이다. 그러나 빅데이터라고 모두 의미 있는 것만은 아니므로 양질의 데이터 공급을 위한 끊임없는 노력이 필요하다. 데이터의 홍수 속에서 진짜 의미 있는 정보에 이르려면 '많은 양'의 데이터만으로는 부족하기 때문이다. 인공지능으로 데이터의 효율적인 분석을 해낼 수 있는 역량이 부각되는 이유다.

우리는 데이터 파도의 한가운데에 있지만, 아직 그 흐름을 제대로 타지 못하고 있다. 데이터를 정보로, 정보를 지식으로, 지식을 지혜로 향상시킬 수 있는 혜안이 필요한 시점이다.

Rebirth of Space

공간의 재탄생, 카멜레존

「트렌드 코리아 2019」 예측 내용

공간이 다시 태어나고 있다. 유통 공간이 카페로, 도서관으로, 책방으로, 강연장으로, 전시회장으로 자유자재로 변신하는 중이다. 현대의 소비 공간은 카멜레온이 주변 상황에 따라 자유자재로 색깔을 바꾸듯 변신한다는 면에서 '카멜레존Chamele-zone'이라 부를 수 있다. 카멜레존이란 특정 공간이 협업·재생·개방·공유 등을 통해 본래 가지고 있던 하나의 고유 기능을 넘어서 새로운 정체성의 공간으로 변신하는 트렌드를 말한다. 공간의 재탄생은 여러 가지 방법으로 이루어진다. 다른 업종과 컬래버레이션을 하기도 하고, 체험을 가능하게 하는 공간으로 변신하기도 하며, 첨단 IT기술을 장착해 온라인과 보완관계를 추구하기도 한다. 나아가 도심의 낡은 시설을 재생하거나 공유 공간을 탄생시킴으로써 전에 없던 공간을 창출한다.

온라인으로 고객을 빼앗긴 오프라인 매장들은 다양한 혁신이 필요한 정도가 아니라 생존이 절실한 실정이다. 세대를 막론하고 새로운 체험을 원하는 소비자들은 막상 밖에 나오면 갈 곳이 없다고 말한다. 이러한 위기를 극복하기 위해서는 디자인으로 컨셉을 표현하고, 개념을 새롭게 해석하고, 기술과 융합하여 공간의 새로운 가치를 창출해야 한다. 온라인이 오프라인을 잡아먹고 있다고 하지만, 오프라인 매장은 일자리 창출의 핵심 동력이고 활용 방법에 따라 그 효용과 가치를 더욱 높일 수 있다. 동선과 디스플레이를 활용해 현장에서의 우연성을 높이고 사람들을 탐험하게 하라. 온라인과의 경쟁 속에서 오프라인은 오프라인에서만 할 수 있는 것, 실제로 그 장소에 가야만 얻을 수 있는 '그 무엇'을 준비해야 한다. 공간은 액정 화면보다 매력 있다. 침체된 공간을 재탄생시켜 새로운 활력을 모색할 때다.

「트렌드 코리아 2019」 pp. 339-366

저녁 8시, 백화점 마감 시간이 되자 영업 종료를 알리는 음악이 울려 퍼지며 매장을 정리하는 직원들의 움직임이 분주해진다. 그런데 예외인 곳이 있다. 압구정동 현대백화점 지하 1층 100여 평 규모의 와인 체험매장 '와인 웍스'는 백화점이 영업을 종료해도 와인바 공간으로 10시까지 영업을 계속한다.[1] 백화점 매장이 한밤중까지 문을 여는 바bar로 변신한 것이다. 백화점이 와인바가 되었다면, 대형마트는 학원이 되기도 한다. 워라밸이 대세가 된 가운데, 주 52시간 근무제 시행으로 직장인들이 자기계발에 많은 시간을 할애하기 시작했다. 이에 발맞춰 대형마트의 문화센터들은 기존의 엄마들을 위한 프로그램뿐만 아니라 성인 발레, 생활 영어 등의 다양한 프로그램들을 제공하기 시작했다. 전문 학원보다 저렴한 가격에 저녁에도 수강할 수 있는 강좌들이 열리면서 직장인들의 발길을 모으고 있다.

주변 환경에 맞춰 자유자재로 색깔을 바꾸는 동물 카멜레온에, 공간이라는 뜻의 'zone'이 합성된 카멜레존은 2019년 많은 오프라인 공간을 새롭게 바꿨다. 일상적으로 방문하는 은행·백화점·대형마트부터 숙박업소에 이르기까지 다양한 공간들이 새로운 색깔로 재해석되고 소비자들의 관심을 받았다. 이러한 변화가 거듭된 이유는 온라인 가상공간의 공세에 처한 오프라인 공간의 절박함 때문이었다. 하지만 그뿐만은 아니다. 공간은 사각 프레임에 갇힌 액정 화면보다 여전히 많은 매력을 가지고 있다. 각종 SNS를 통한 비대면 소통이 주를 이루고 있는 시대, 공간은 사람들과 호흡을 함께하며 진짜 소통을 이룰 수 있는 곳이기도 하다. 이제 2019년의 공간은 어떻게 재해석되었는지, 자유자재로 변신했던 '카멜레존'의 다양한 색깔을 살펴보자.

공간의 재해석

최근 방송가에 등장한 많은 음악 예능 프로그램이 성공할 수 있었던 이유 중 하나는 기존의 곡을 새로이 재해석해 시청자들에게 신선함을 주었기 때문이다. 이와 마찬가지로 오프라인 공간 역시 기존의 공간을 새롭게 재해석해 전혀 다른 가치를 창출하기도 한다. 각종 숙박 관련 모바일 플랫폼이 대세인 요즘, 여관은 예전처럼 흔하게 찾는 곳이 아니다. 하지만 낡은 여관을 새롭게 재해석해 고객의 발길을 모은 사례가 주목받고 있다.

서울 신문로에 있는 '서대문 여관'은 예술혼이 넘치는 아트페어 공간으로 변신했다. 청년 작가 총 45명이 서대문 여관의 곳곳을 전시장으로 꾸며 많은 이들이 부담 없이 방문할 수 있는 미술관으로 탈바꿈시킨 것이다. 인지도가 없는 이른바 '관급' 작가라는 말에서 착안하여 만든 이번 행사는 여관과 미술에 대한 선입견을 바꾸는 데 기여했

출처: 7pictures

▶▶▶ 젊은 작가들에 의해 오래된 낡은 여관이 전시공간으로 탈바꿈했다. 공간의 변신은 새로운 시각에서 탄생한다.

다. 이러한 여관의 미술관화는 점점 확산되는 추세로 서울뿐만 아니라 제주·군산·창원 등 관광객들의 발걸음이 많은 지방에서도 발현될 것으로 보인다.[2]

단순한 재해석을 넘어 재생을 통해 새로운 가치를 창출하는 곳도 있다. 서울의 대표적인 도시재생 지역인 세운상가가 좋은 예다. 사실 세운상가는 청계천 상권이 변화하면서 기존 방문객들의 발길이 끊긴 곳이었다. 이를 안타까워하던 세운상가의 17개 업체는 이곳에 '세운공장'이라는 협동조합을 설립하고 이 공간을 메이커 스페이스로 탈바꿈시켰다. 조합원이 늘면서 다양한 제품들이 탄생했고, 크라우드 펀딩을 통해 제품을 생산하고 수출하기까지 이르렀다.[3]

서울 계동의 핫플레이스 '어니언' 역시 공간 재해석의 대표적인 사례다. 이 카페는 커피뿐 아니라 독특한 맛의 다양한 빵, 한옥이라는 공간이 주는 분위기까지 더해져 긴 대기줄을 서야만 입장이 가능하다. 2017년 폐공장을 카페로 재해석한 성수점을 시작으로, 2018년에는 우체국 공간의 절반을 재해석한 미아점, 폐점한 한정식 식당을 개조한 안국점까지 이어지고 있다. 특이한 점이 있다면 어니언 앞에 줄을 선 대다수는 외국인이라는 것이다.[4] 공간을 재해석했다는 관점이 이제는 한국을 관광하는 외국인들에게 일부러 찾아 즐길 수 있는 멋이 되고 있다.

기존의 낡은 시설을 현대화하여 새로운 공간으로 재탄생하는 경우도 있다. 군산의 '공설시장'은 2012년 재건축을 통해 현대식 시장이 되었다. 여기서 더 나아가 다양한 고객층을 확보하기 위해 청년몰·키즈존·여성교육센터 등의 시설을 확충했다. 그 결과 매출이 증대되는 것은 물론이고, 1.5km 근처의 대형마트와도 경쟁할 수 있을 만큼의 경쟁력을 확보하게 되었다.[5] 전주시의 한옥마을에는 1980년대 분위기를 물씬 풍기는 '현대극장'이 이목을 끌었다. 현대자동차가 한옥마을과 손잡고 영화관 컨셉의 팝업스토어를 선보인 것이다. 1980년대를 재현한 택시 승강장과 페인트로 그려진 영화 포스터가 옛 시절의 향수를 불러일으킨다. 게다가 영화 상영은 물론 클래식카 전시와 방탈출 게임 등 다양한 연령층이 즐길 수 있는 콘텐츠까지 제공해 큰 인기를 모았다.[6]

이제 카페에서 차를 마시고, 식당에서 밥을 먹고, 옷가게에서 옷을 사는 건 진부하다. 1970년대 화학 공장을 리모델링해 서울 성수동에 선보인 '성수연방'은 기존 복합문화공간에 생산을 접목시켰다. 'ㄷ' 자 모양 건물 왼편 1층에 있는 '띵굴 스토어'는 소규모 브랜드들을 모아놓은 '띵굴 시장'을 정식 매장으로 바꾼 1호점으로서 공유 공장의 개념을 품고 있다. 소상공인들이 생산한 질 좋은 제품을 현장에서 쉽게 포장할 수 있는 공간을 만들어 생산·소비·유통이 한곳에서 이루어진다. 인스타그램 명소가 된 '천상가옥' 카페는 통유리 천장에 바닥 난방선을 깔아 온실 구조로 만들었다. 식물원 카페는 있을 법하지만, 수시로 강연장으로 변신한다는 것이 특별한 점이다.[7]

이 밖에도 청담동에 위치한 의류 브랜드 '나우하우스' 플래그십스토어에 들어서면 한참 동안 궁금증에 휩싸이게 된다. 의류 매장인데, 990m^2(약 300평) 공간에 걸린 옷은 열 벌이 채 안 된다. 전시공간 겸 대중을 위한 공유 테이블이 한쪽 면을 채우고 카페와 예술품들이 나머지를 채우는 문화 공터다. 가구 디자이너·건축가·설치미술가 등으로 구성된 아티스트 그룹 '팀 바이럴스'와의 협업으로 탄생한 이곳은 내부 구조가 조립식(모듈)으로 설계돼 갤러리와 공연장 등으로 빠르게 변신할 수 있다는 것이 특징이다. 이 밖에도 한남동에 문을 연 삼성물산 '수트서플라이' 역시 의류 판매 대신 남성들의 사교공간인 파티오Patio를 확대해 소비자들의 발길을 모으고 있다.[8]

공간의 체험화

집 근처 가까운 곳에서 다양한 체험을 하길 원하는 소비자의 니즈가 높아지면서 유통 업계의 체험공간은 이제 필수적인 서비스가 되고 있다. 체험형 카멜레존은 고객들이 자주 방문하는 백화점이나 아웃렛에서 두드러졌다. 스타필드 고양점은 '스포츠몬스터'라는 3대3 농구코트를 비롯하여 35가지의 스포츠 콘텐츠를 체험할 수 있는 공간을 조성했다. 특히 이곳은 가상현실VR 기술을 활용한 콘텐츠를 통해 많은 가족 단위의 손님들을 유치하고 있다. 또한 수중문화 체험공간인 '아쿠아필드', 키즈 테마파크 '토이킹덤플레이' 등 다양한 테마의 카멜레존을 선보이고 있다. 넓은 공간을 활용한 아웃도어 액티비티도 리얼한 체험을 제공해 고객들의 호응이 크다. 이러한 체험공간들은 새로운 쇼핑 고객을 확보하는 것은 물론, 방문 고객들의 체류 시간까지 늘려 더 많은 수익을 확보할 수 있다.[9]

롯데쇼핑이 경기 용인시에 새롭게 오픈한 롯데 프리미엄 아웃렛 기흥점은 유럽풍의 인테리어와 함께 다양한 체험공간도 마련했다.

유·아동을 위한 체험 시설은 물론이고, 골프·서핑·피크닉까지 즐길 수 있어 문화생활과 쇼핑을 한 번에 즐길 수 있도록 유도하고 있다.[10] 최근 매출 감소로 고민이 많은 대형마트들은 고객체험에 심혈을 기울인다. 롯데마트 잠실점은 6층 건물 중 3개 층의 체험 시설을 강화해 고객 체류 시간을 늘리고 있다. 실내 롤러장과 실내 서바이벌 게임장이 있는가 하면, 토이저러스·롯데하이마트와 같은 기존 체험형 매장도 규모를 크게 확대했다. 또한 5층에는 주니어스포츠파크를 마련해 쇼핑 매장을 넘어 문화공간으로까지 영역을 확장하고 있다. 저층부는 고효율을 내는 의류 브랜드로 압축시켜 운영하고, 고층부는 키즈·가족형 엔터테인먼트 공간을 유치해 전체적으로 체류형 쇼핑몰로 확대시킨다는 전략이다. 이처럼 많은 공간들이 기존의 고정관념을 떨쳐내고 체험형 카멜레존 공간으로 변화를 거듭하고 있다.

체험형 카멜레존 매장은 패션·뷰티 업계에서도 확인할 수 있다. 패션·뷰티 분야는 다른 어떤 상품들보다도 고객이 직접 체험한 뒤에 구매하고 싶어 하는 영역이다. 아모레퍼시픽은 이러한 고객의 니즈를 파악하고, 브랜드별로 다양한 체험형 매장을 운영하고 있다. '헤라 메이크업 스튜디오'는 메이크업 아티스트가 상주해 고객에게 어울리는 화장을 해준다. 태블릿 기기를 통해 헤라가 제안하는 다양한 룩look도 확인할 수도 있다. '아리따움 라이브 강남'에서는 고객 맞춤형 피부 톤 진단 서비스인 '메이크업 스타일링 바'와 여러 립스틱 색상을 함께 섞어서 확인할 수 있는 '컬러 믹스 바' 등을 운영하고 있다.[11]

"온라인의 역습이 본격화됐습니다. 손님을 빼앗아간 것도 모자라 오프라인까지 넘보고 있으니까요."

한 백화점 마케팅 관계자의 말이다. 이제는 온라인 쇼핑몰마저 체험형 공간을 확대해나가는 추세다. 2018년 온라인 쇼핑몰의 판매액은 111조8,939억 원으로 대형마트(33조4,541억 원)와 백화점(29조 9,852억 원)의 판매액을 훌쩍 넘어섰다. 그런 와중에 최근에는 오프라인 진출까지 꾀하고 있어 기존 쇼핑몰들을 바짝 긴장시키고 있다. 성공한 온라인 쇼핑몰들이 서울 홍대·명동·신사동 가로수길 등 주요 상권에 대형 매장을 잇달아 내고 있는 가운데 온라인 패션 플랫폼으로 유명한 무신사가 서울 홍대입구역 부근의 'AK&홍대'에 패션 복합문화공간을 표방한 '무신사 테라스'를 오픈해 관심을 끌었다. 인근에는 온라인 패션몰 '스타일난다'의 플래그십스토어도 눈길을 끌고 있으며, 청바지 브랜드 '랩101'의 무인 매장도 자리 잡고 있어 젊은 소비자들의 발길이 이어지고 있다.[12] 상품의 이미지와 정보 등을 그저 보고 결정해야 하는 온라인 쇼핑의 한계를 극복하기 위한 체험형 공간은 소비자에게 색다름을 선사하는 반가운 변화가 아닐 수 없다.

공간의 컬래버레이션

변화를 위한 가장 쉬운 방법 중의 하나는 새로운 이異업종과의 컬래버레이션이다. 이제 하나의 색깔만으로는 돌아선 소비자들의 발걸음을 잡기가 쉽지 않다. 최근에는 접점이 전혀 없던 영역의 공간이 함께 모여 새로운 가치를 창출하고 있다. 흔히 문화공간이라고 하면 서점·영화관·공연장 등을 떠올리기 쉽다. 특히 '소확행'·'워라밸'이 메가트렌드로 자리 잡고 있는 현시점에서, 문화공간은 현대인과 떼려야 뗄 수 없는 공간이 되었다. 이러한 흐름에 따라 많은 오프라인 공간들이 문화시설과 결합해 새로운 형태의 공간으로 재탄생하고 있다. 이는 고객의 체류 시간을 최대한으로 늘리고자 하는 대형 유통 분야에서 두드러졌다.

대형 가구 유통사들은 새로운 복합문화공간의 역할을 선도하고 있다. 다양한 공연을 개최해 고객들이 편안하고 즐거운 분위기 속에서 쇼핑할 수 있는 분위기를 조성하고 신규 고객 유치의 효과까지 노린다. 이른바 이색매장으로 불리는, 공연장과 결합한 매장은 젠틀몬스터, 스타일난다 등의 스타트업 기업이 먼저 시도해 큰 호응을 얻었는데, 이제는 대형 유통 매장들도 문화산업과의 협업을 다양한 형태로 시도하고 있다. 가구 브랜드 '데스커'는 데스커 시그니처 스토어라는 이름의 복합문화공간을 통해서 온라인 게임, 독서 모임을 진행할 수 있는 공간을 제공하고 있다.[13]

주유소 역시 기름만 판매하던 정형화된 모습에서 벗어나 변신을 거듭하고 있다. 공유경제의 옷을 입은 주유소들은 '홈픽'과 '큐부' 서비스의 거점으로 자리 잡으며 생활 물류의 허브로 진화하고 있다. 홈픽은 SK에너지와 GS칼텍스가 물류 스타트업 기업 '줌마'와 손잡고 론칭한 신개념 택배 서비스다. 언제 어디서든 1시간 이내 방문 픽업이라는 서비스 특화 전략을 내세워 개인 간 택배 시장의 높은 성장세에도 불구하고, 물품 발송에서 수령까지 택배 접수 및 대기 시간이 길다는 단점을 극복했다.[14] 큐부 역시 SK에너지와 GS칼텍스가 공동으로 론칭한 주유소 기반의 스마트 보관함 서비스다. 큐부를 통하면 고객은 택배 보관 서비스뿐 아니라 중고물품 거래와 세탁 서비스 등을 무인으로 편하게 이용할 수 있다. 이업종 간의 컬래버레이션을 통해 주유소 사업자는 주유·세차 등 제한적인 서비스에서 벗어나 주유소 공간에 물류 허브 기능을 추가함으로써 새로운 수익 창출이 가능해졌다.[15]

공간의 컬래버레이션은 보수적인 공간의 대표로 꼽힌 은행에서도 확인할 수 있다. KEB하나은행 광화문역 지점은 고객들이 은행의 공식 업무 시간인 오후 4시 이후에도 자유롭게 쉬면서 커피를 마시고 독서까지 가능한 공간을 꾸몄다. 국민은행 반포 쌍동빌딩 지점은 폴바셋과 협업을 통해, 커피 전문점과 같은 은행 분위기를 연출하고 있다. 보수적이기로 이름 높은 은행마저도 기존의 지루하고 평범한 이미지를 탈피하고, 많은 이들이 찾고 싶은 공간으로 재탄생하고 있는 것이다.[16]

출처: 미디어SK

▶▶▶ 주유소 공간의 새로운 쓰임새. 주유소에서 만나는 '큐부'는 무인택배 및 세탁물 서비스를 제공한다.

향후 전망

공간의 변신은 무죄

카멜레온이 주변의 색깔에 맞춰 변화하는 것은 생존을 위함이다. 공간도 마찬가지다. 시대의 흐름과 고객의 니즈에 맞춰 변화해야만 퇴색되지 않는다. 카멜레존 현상이 가장 두드러진 곳은 역시 백화점이나 대형마트 형태의 유통 시설이었다. 온라인 업체의 약진으로 가장 직접적인 타격을 입었기 때문이다. 오프라인 유통 시설들은 문화공간, 서점, 각종 체험공간으로 변신하며 기존 고객을 사로잡고 새로운 고객을 창출하기 위해 사활을 걸고 있다. 변신은 아주 작은 것에서부터 기존의 모든 고정적인 행태들을 철저히 벗어나면서 시작된다. 오픈 시간과 종료 시간, 업장의 목적과 설계 관행 등 가장 기본적인 사항조차 재검토할 수 있을 때, 새로운 변화가 시작될 수 있다. 매장의 종료 시간 이후에 새로운 활동을 할 수 있다는 신선함, 의류 매장의 목적이 단순히 옷을 팔기 위한 것이 아니라는 참신함 등이 진정한 카멜레존을 탄생시키는 첫 단추가 될 것이다.

기존의 공간을 재해석하거나 재생을 통해 새로운 가치를 창출하는 시도는 당분간 공간계의 큰 트렌드로 자리 잡을 전망이다. 퇴락의 상징이 된 여관, 낡은 상가, 재래시장 등의 공간을 재해석하고, 현대화하여 새로운 가치를 창출하는 것은 시대적으로도 성장을 가속화하는 주요 모델이 될 것이다. 공간의 재해석은 새로운 트렌드를 창출해 나간다는 점에서 '독립성장'이 아닌 '공동성장'이 가능하다. 실제로 특정 공간이 이슈화되면 낙후된 주변 상권까지 함께 살아나고 발길이 끊어진 거리에 새로운 활력을 불어넣을 수 있다. 공간의 재해석이 상생의 에너지를 만드는 것이다. 최근 재해석 공간의 대표적인 예인 '여관의 미술관화化'는 문화 가치를 전파하면서도 많은 이들이 함께 상생할 수 있는 좋은 모델이다. 이처럼 공간기획 단계에서부터 '뻔한' 설계가 아닌 콘텐츠가 살아 있는 '핫한' 설계가 필요해졌다.

"조물주 위에 건물주, 건물주 위에 콘텐추"[17]

이제는 무엇보다 콘텐츠가 핵심이다. 체험형 카멜레존의 설계는 콘텐츠에 그 해답이 있다. 최근 복합외식공간에서는 설계 단계에서부터 맛집 콘텐츠를 유치하기 위해 사력을 다한다. 만화가 허영만의 베스트셀러 음식만화 〈식객〉에 등장하는 전국의 맛집을 모아 종각역·구로G밸리·여의도 등에 개점한 '식객촌'은 콘텐츠와 외식업이 만나서 해당 상권 전체를 살려낼 수 있음을 보여준 대표적인 사례다. 콘텐츠는 '이야기가 있는 체험'과 연결되기 때문이다. 브랜드 파워가 충분한 대기업들도 더 많은 신규 고객을 확보하고 체류 시간을 늘리기 위해 노력을 아끼지 않는다. 더 이상 브랜드 가치만으로는 사업을 영속시키기 어렵다는 것을 반증하는 사례다. 앞으로 카멜레존 현상은 공간의 진화와 맞물려 더 다양한 형태로 등장할 것이다. 무궁무진한 가능성을 내포하고 있는 카멜레존은 과연 얼마나 더 허물을 벗고 진화해나갈까? 2020년에도 공간의 무한한 변신을 기대해본다.

Emerging 'Millennial Family'

밀레니얼 가족

「트렌드 코리아 2019」 예측 내용

'밥 잘 사주는 예쁜 엄마.' 엄마가 변한다. 밥을 해주는 것이 아니라 사주고, 남는 시간은 자신이 예뻐지는 데 투자한다. 엄마만의 변화가 아니다. 탈며느리·탈시부모를 선언하고, 전통적인 고부 갈등은 장서 갈등으로 모습을 바꾼다. 이러한 가족을 우리는 '밀레니얼 가족'이라 부른다. 어릴 때부터 물질적 안정과 디지털 기술의 수혜를 받고 여전히 베이비부머 세대 부모의 지원을 받고 있는 밀레니얼 세대가 결혼해 가정을 꾸리기 시작하면서, 산업에도 큰 변화를 초래하고 있다. 이들은 집안일을 가성비 있게 처리하고, 부부 사이엔 동반자적 의식을 지니며, 개인의 취미와 성취를 중시해 자기계발에 열심이다. 밀레니얼 세대에게 이제 가정은 절대적인 희생의 대상이 아니라, 대충의 만족을 추구하는 '적정 행복'의 장소다. 20세기의 가족과는 확연히 구별되는 신종족, 21세기형 밀레니얼 가족의 라이프스타일은 향후 다른 세대로 확산되어 한국 소비시장의 새로운 기준이 될 것이다.

「트렌드 코리아 2019」 pp. 367–392

안방극장이 '가족 예능' 전성시대를 맞았다. 지상파와 케이블을 포함해 현재 방영 중인 연예인 가족 예능 프로그램만 8개다. 그야말로 TV만 틀면 가족이 주인공인 방송이 나온다. 아빠가 주인공인 〈아빠 본색〉과 〈슈퍼맨이 돌아왔다〉부터 젊은 부부와 자녀가 주로 등장하는 〈동상이몽 2〉와 〈아내의 맛〉, 비혼 아들과 그들의 어머니에 대한 이야기 〈미운 우리 새끼〉, 고부 관계에 집중하는 〈이상한 나라의 며느리〉, 보편적인 가족에 대한 〈모던 패밀리〉와 〈살림하는 남자들 2〉에 이르기까지 각양각색의 가족 이야기가 시청자의 눈과 귀를 사로잡는다.

공통점은 무엇일까? 바로 부모들로부터 "쟤는 도대체 왜 저래?"라는 타박을 듣는 요즘 젊은이들의 사고방식이 주된 내용이라는 점이다. 단순히 나이에 따른 차이라기보다는 서로 다른 시대적 배경에서 성장해온 사람들, '밀레니얼 자녀'와 '베이비부머 부모' 사이의 사고방식 차이로 인한 갈등이 에피소드로 자주 등장한다. 이러한 갈등은 대부분의 현대 가정에서 한 번씩은 경험해본 문제이기에 "어, 우리 집도 저런데"라는 공감대를 쉽게 형성한다.

2019년 가족의 변화는 비단 TV 예능 프로그램뿐만이 아니라 일반 소비자의 소비생활에서도 발견되었다. 손질된 냉동 고등어로 가득 찼던 냉동실은 이제 에어프라이어로 손쉽게 요리할 수 있는 냉동 만두로 가득 차 있다. 일 년에 한 번 큰 가족 행사가 있을 때나 사용되던 각종 그릇을 보관하던 싱크대 상부장은 사라지고, 예쁜 그림이 전시된 벽선반이 그 자리를 대신한다. TV는 선택가전, 의류건조기는 필수가전이라는 사람들도 늘었다. 사이좋은 부부지만, 각자의 수면 취향을 존중해 싱글 침대 두 개를 붙여 킹 사이즈 침대로 사용하기도 한다.

이러한 변화를 주도하는 이들이 바로 '밀레니얼 가족'이다. 1980년대 초반부터 1990년대 중반 사이 태어나 그들만의 문화적 공통분모를 가지고 성장해온 이들이 드디어 결혼을 하고 자녀를 낳아 자신만의 가정을 꾸리기 시작한 것이다. 한국 소비 시장의 주요 구매고객으로 빠르게 성장하고 있는 밀레니얼은 가장 가까이 식품 시장에서부터 가전 시장, 주택 시장, 심지어는 유통시장과 여행 시장까지 2019년 한국 소비 시장 변화의 중심에 서 있었다. 이제 밀레니얼 가족으로부터 비롯된 사회 변화를 하나씩 되짚어보면서, 앞으로 이들이 대한민국 소비 시장에 미칠 영향력을 예견해본다.

식생활 변화의 주역, 밀레니얼 가족

2019년 밀레니얼 가족의 등장으로 시장에서 가장 급진적인 변화를 겪은 영역은 식생활 부문이었다. 밀레니얼 부모들은 자녀에게 건강한 밥상을 '잘 차려주는' 대신 '잘 사주는' 것에 별다른 거리낌이 없다. 그도 그럴 것이 손쉽게 사 먹을 수 있는 편리하면서도 건강한 음식들이 2019년 한국 시장에 대거 등장하며 이들의 필요를 충족시켰기 때문이다.

식생활 변화를 주도한 대표 주자는 바로 가정간편식HMR, home meal replacement이다. 2019년 가정간편식 변화의 주요한 특징은 집밥과 비교해 크게 떨어지지 않는 품질로 거듭났다는 점이다. 2019년 현재 CJ제일제당이 선보이는 가정간편식은 약 250여 종에 이른다. 종류도 삼계탕·추어탕·순댓국·감자탕 등 집에서 만들기 어려운 보양식과 특별식까지 다양하다.[1] 가정불화의 원인이 되기도 하는 명절상차림도 가정간편식으로 빠르게 대체되고 있다. 2014년 이마트에서 추석 전 일주일 동안 팔린 명절용 HMR 매출은 4억5천만 원에 불과했으나, 2019년에는 약 17억 원어치가 팔린 것으로 예측된다.[2]

미리 손질된 재료가 배달되는 '밀키트Mealkit'형 제품의 인기도 급증했다. 신한카드 빅데이터연구소에 따르면, 밀키트 업체 이용 건수는 2019년 상반기 전년 동기 대비 53%나 증가했다. 여성보다 남성의 이용률이 두드러지게 증가한 것도 이색적이다. 각종 유통사들의 실적도 좋았다. G마켓에서 판매하는 밀키트 '쿠킹박스'의 2019년 1~2월 판매량은 전년 동기 대비 86% 증가했다. 50여 종의 밀키트를 판매하는 GS리테일의 '심플리쿡'도 2019년 매출이 전년 대비 10.7배 증가했다.[3] 밀키트로 제공되는 메뉴도 순두부찌개, 미역국 등 간단한 한식부터 베트남의 분짜, 인도의 치킨마크니커리까지 점차 다양해지고 있다.

필요한 식품을 온라인으로 주문해 신속하게 배달받는 '신선식품 배송 서비스' 이용률도 2019년 두드러지게 급증했다. 신한카드 빅데이터연구소의 분석에 따르면 마켓컬리나 헬로네이처와 같은 신선식품 배송 업체 이용 현황은 2018년 1분기부터 급격히 성장하기 시작해 2019년에도 그 인기를 이어갔다. 단순히 이용 고객 수만 증가하는 것이 아니라 이용 금액 또한 꾸준히 증가하고 있어, 안정적으로 정착하고 있다는 평가를 받고 있다. 특히 밀레니얼 가족에 해당하는 영유아 및 어린이 자녀 가구의 경우 2019년, 전년도 대비 높은 이용 증감률을 보였다. 이용 시간대도 아이가 잠든 이후인 저녁 9시~11시 사

신선식품 배송 이용 건수 증감률(2019년 1월~7월, 전년 동기 대비)

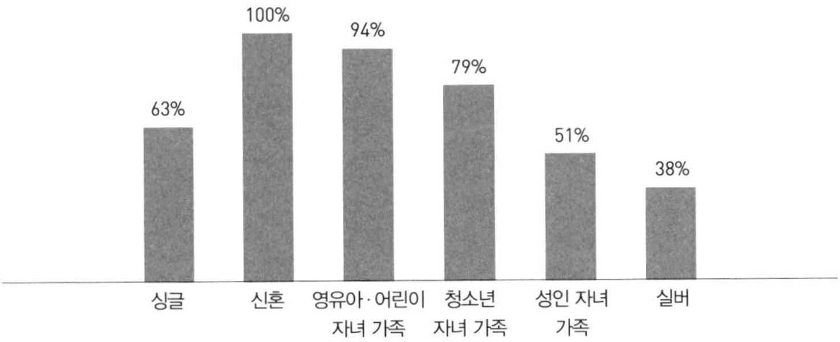

신선식품 업체 이용 추이(2018년 1분기, 2019년 2분기)

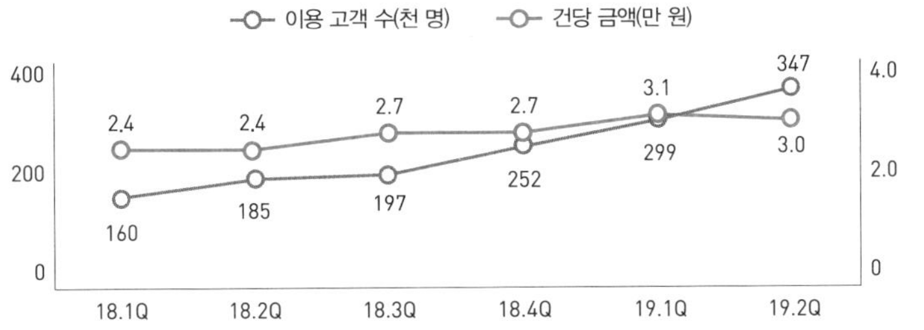

출처: 신한카드 빅데이터연구소 / 분석 대상: 마켓컬리 등 신선식품 배송 브랜드 4곳

이에 주문하는 경향이 두드러져 유기농 식품을 효율적으로 구매하는 수단으로 신선 배송을 활용하고 있음을 알 수 있다. 기존 유통사들도 신선식품 새벽 배송에 빠르게 뛰어들고 있다. 2018년 홈쇼핑 업체 중 처음으로 신선식품 새벽 배송에 도전한 현대홈쇼핑은 순조롭게 사업을 키워가고 있으며 현대백화점도 2018년 7월 업계 최초로 새벽 배송 서비스를 시작했다.

편의점에서 신선식품을 구매하는 사람들도 급증했다. 국내 주요 편의점의 소포장 과일과 채소 매출액은 매년 두 자릿수 이상 증가하고 있다. CU의 경우, 2019년 1분기에 전년도 동일 기간 대비 과일은 16.1%, 채소는 18.3% 매출액이 늘었다.[4] GS25도 국산 제철 과일과 더불어 냉동 과일, 수입산 과일로 사업을 확대하면서 소포장 과일 매출이 큰 폭으로 늘었다. 이러한 성장은 단순히 찾는 사람들이 증가했기 때문만이 아니다. 각 편의점들이 국내 및 해외 전문 유통사와 손을 잡고 공급을 늘려 수요에 신속하게 대응했기 때문이다.

식생활 변화로부터 파생된 주방 혁신

가정간편식의 성장, 신선 배송 서비스의 등장, 각종 밀키트 제품의 다양화 등 밀레니얼 가족의 식생활을 지원하는 주방 역시 빠르게 변화하고 있다. 칼이나 도마와 같은 조리 도구 사용 빈도가 급격히 줄어들고, 가스레인지 같은 불 사용량도 감소했다. 상차림이 간단해지면서 설거지용으로 사용하는 주방세제 구매량이 덩달아 감소하는 현상도 나타났다.[5]

식품 시장의 변화는 주방용 소형 가전의 인기 순위도 바꿔놓았다. 대표적인 제품이 에어프라이어다. 2011년 필립스가 처음 출시한 이 제품은 기름 없이 원재료의 지방 성분으로 요리한다는 특성으로 시장의 주목을 받았다. 하지만 가격이 비싼 데다 막상 활용할 냉동식품류가 다양하지 못해 큰 인기를 누리지 못했다. 그런데 지금은 소형 주방 가전 중 최고의 인기를 자랑하며 다양한 브랜드의 제품들이 출시되고 있다.[6] 밀레니얼 가족의 식생활과 입맛을 겨냥한 냉동식품의 종류가 다양해지면서 에어프라이어의 인기도 덩달아 높아진 것이다. 이런 변화 덕분에 최근 식품 회사들은 제품 포장지에 에어프라이어 조리 방법을 따로 명시하거나 에어프라이어 전용 신제품을 출시하기도 했다.

▶▶▶ 밀레니얼 가족의 '필수가전'으로 등극한 에어프라이어.

밀레니얼 가족의 식생활은 주방 인테리어도 바꿨다. 요리를 하기 위한 필수 품목이었던 아일랜드 식탁이 주방에서 사라지고, 그릇을 대량으로 보관하기 위해 필요했던 싱크대 상부장이 인테리어 선반으로 대체됐다. 아일랜드 식탁이 사라진 자리엔 사람들이 모일 수 있는 커다란 원목 테이블이 자리한다. 냉장고의 역할도 점차 변화하고 있다. 채소나 고기 등 요리를 위한 원재료를 넣어두는 공간은 점점 줄어들고, 완성된 요리를 보관하는 냉장·냉동 기능이 강화된다. 이러한 변화를 일컫는 말로 '주방 폐쇄'란 의미의 '키친 클로징kitchen closing'이란 표현도 등장했다.[7] 밀레니얼 가족이 주방을 아예 없애도 될 만큼 집에서 식사 준비에 들이는 시간을 줄이는 현상을 극단적으로 표현한 것이지만, 한편으로는 요리를 준비하는 수고로움보다 가족과 즐기는 시간이 더 중요한 밀레니얼의 특성이 반영되었다고도 볼 수 있다.

개인을 존중하는 밀레니얼 가족과 이를 지원하는 상품

밀레니얼 가족은 가족공동체를 지향하면서도, 동시에 부부 개인의 니즈를 존중한다. 잡코리아와 알바몬이 2019년 8월 한국의 성인 남녀 4,834명을 대상으로 진행한 조사 결과에서도 개인을 중시하는 밀레니얼의 특성이 잘 나타난다.[8] 1980년대 초반부터 2000년대 초반생의 밀레니얼 세대는 성공적인 인생의 모습을 '수입은 적지만 좋아하는 일, 취미 활동을 즐기면서 사는 삶'을 1순위로 꼽았다(27.5%). 반면, 1970년대생인 X세대의 경우 '큰 걱정 없이 안정된 수입으로 가족과 화목한 삶'이 1위를 차지했다(66.2%). 가족을 1순위로 두는 기성세대와 달리, 가족 안에서도 개인이 존중받길 원하는 밀레니얼의 특성이 반영된 결과다.

집 안 공간을 구획하고 활용하는 모습에서도 밀레니얼 가족의 개인 중시 경향을 발견할 수 있다. 밀레니얼 부부는 가족 모두가 공용으로 사용하는 공간도 중시하지만, 각자의 시간을 잘 보내기 위한 공

출처: 템퍼

▶▶▶ '따로 또 같이' 밀레니얼 신혼부부는 각자의 취향을 존중해 싱글 매트리스 두 개를 붙인 트윈 베드를 사용하는 경우가 많다.

간을 마련하는 데도 인색하지 않다. 최근 신축 아파트 설계에서 '알파룸'이 중요하게 부상하는 것도 이런 특성과 관련 있다. 서비스 면적을 모아 특별한 용도가 부여되지 않은 작은 방을 하나 제공하면, 남편을 위한 게임룸, 아내를 위한 작업실 등 이용하는 사람에 따라 자유롭게 활용할 수 있어 밀레니얼 가족을 배려한 설계라는 평가를 받는다.

밀레니얼 가족이 살고 싶은 집

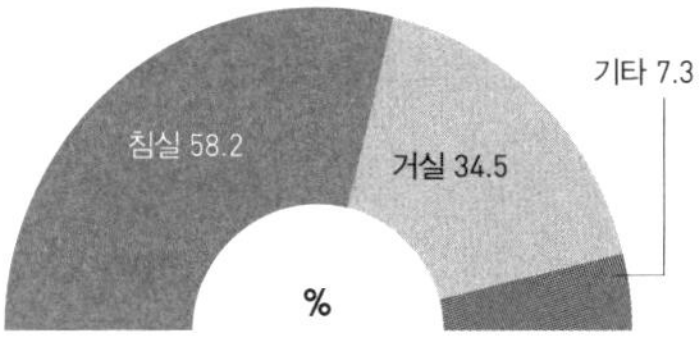

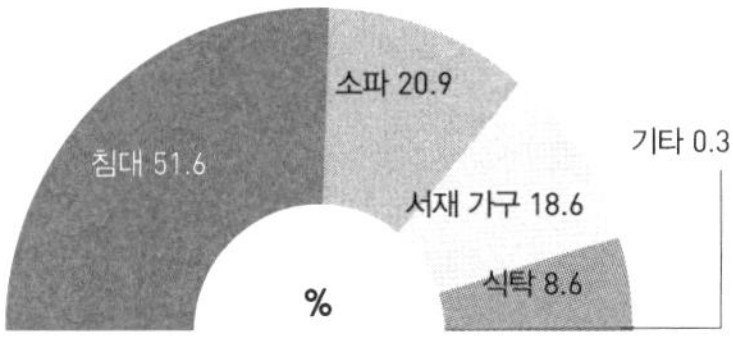

출처: 〈중앙일보〉, 2019. 05. 28.

개인 공간을 중시하는 밀레니얼의 특징은 이들이 집 안에서 가장 좋아하는 공간을 조사한 결과에서도 나타났다. 2019년 5월, SM C&C의 설문조사 플랫폼 틸리언 프로가 전국 20~30대 남녀 500명에게 설문조사한 결과에 따르면, 집에서 가장 좋아하는 공간이자 가장 오래 머무는 공간으로 '침실(58.2%)'을 꼽았고, 가장 많은 예산을 투입하고 싶은 가구로는 '침대(51.6%)'를 택했다.[9] 일반적으로 결혼한 부부가 보편적으로 사용하는 침대의 사이즈는 퀸이나 킹 사이즈 침대라 할 수 있다. 하지만 최근에는 각자의 수면 습관에 따라 매트리스 타입, 프레임 디자인, 높낮이 등을 선택한 후, 싱글 매트리스 두 개를 붙여 트윈 베드처럼 사용하는 신혼부부가 증가하면서 일룸·템퍼·에르고·체리쉬 등 업계에서도 관련 상품을 신속하게 선보이고 있다. 개인의 취향을 배려한 '가족형 상품'이란 컨셉이 솔루션이 된 셈이다. 비록 가족과 함께 행복하게 살고 있지만, 그 안에서도 나만의 공간은 절대 포기할 수 없는 밀레니얼의 특징이 고스란히 나타난다.

권리와 의무 사이의 균형잡기, 적정행복

아무리 개인을 중시하는 밀레니얼 부부라 하더라도 가족이라면 함께해야 하는 의무가 있다. 자녀 양육이나 집안일 등 가정을 관리해야 할 고유의 역할이 바로 그것이다. 직장 생활, 자녀 양육, 집안일뿐만 아니라 자기계발에도 힘써야 하는 딜레마적 상황에서도 밀레니얼 가족은 나름의 해결 방안을 찾는다. 모든 것을 완벽하게 수행하기보다는 외부 자원을 적절히 활용해 타협점을 찾아가는 '적정행복' 추구자로 변신한 것이다.

우선 이들은 외부 기기의 도움을 적극적으로 활용해 가사 노동의 의무를 충실히 수행한다. 본인이 직접 처리하기 위해 애쓰기보다는 집안일을 도와주는 기계를 적극적으로 활용하는 편이 더 현명하다고 생각하기 때문이다. 덕분에 과거 필수가전으로 꼽혔던 TV나 대형 냉장고는 이제 선택가전이 된 반면, 집안일을 도와주는 의류건조기·식기세척기·로봇청소기는 신이 내려주신 가전이란 의미로 '삼신神가전'이라 불리며 인기 가도를 달리고 있다. 실제로 이들 세 가전은 온라인 쇼핑사이트 G마켓·옥션에서 높은 매출 신장률을 보였는데 2018년 의류건조기의 G마켓 매출은 3년 전인 2016년 대비 934% 성장했고, 옥션의 경우 974%라는 놀라운 신장률을 기록했다.[10]

기기의 도움을 넘어 외부 가사 지원 서비스를 적극적으로 활용하는 것도 밀레니얼 가족의 특성이다. 소득이 넉넉하기 때문에 가사 서비스를 이용하는 것이 아니라 가사를 효율적으로 해결하길 원한다는 점에서 기성세대와 차이가 있다. 신한카드 빅데이터연구소 분석에 따르면, 청소연구소·대리주부·미소 등 국내 가사 서비스의 이용 건수는 2017년부터 2019년까지 꾸준히 증가하고 있다. 최근 가사 서비스가 앱 기반의 비대면 예약이 가능한 점, 원하는 청소 범위와 업무를 지정하고 그에 따라 가격을 세밀하게 책정할 수 있다는 점 등 밀레니얼이 선호하는 방향으로 진화하고 있다는 사실도 주목할 만하다.

도우미경제 분기별 이용 건수 추이(2017년 1분기~2019년 2분기)

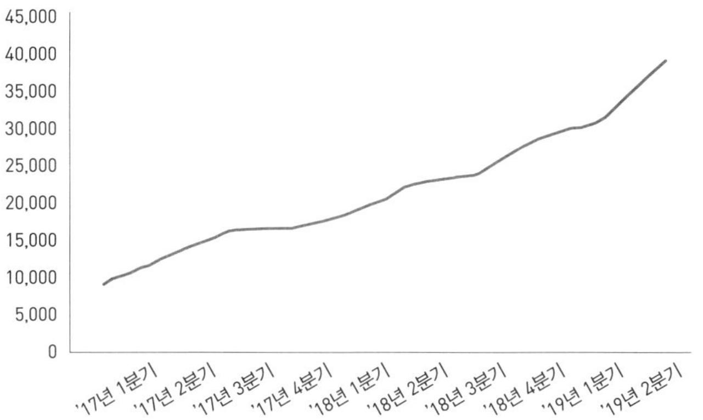

출처: 신한카드 빅데이터연구소 / 분석 대상: 주요 사이트 7곳 대상

향후 전망

한국 소비 시장의 새로운 기준을 만드는 신종족

2019년 밀레니얼 가족은 타고난 유연성과 균형 감각으로 개인과 가족공동체 사이의 '적정 수준'을 찾고자 노력했다. 자신들이 형성해온 가치관을 잃지 않으면서도 기성세대의 세상에 나름대로 잘 적응한 것이다. 한국의 기업 역시 이러한 소비자의 변화에 발 빠르게 대응하며 이들의 미충족 니즈unmet needs를 해결하고자 했다. 그렇다면 밀레니얼 가족의 행보는 향후 한국 소비 시장에 어떤 기회와 도전으로 나타날까?

첫째, 밀레니얼 가족의 특성을 반영한 '전용 상품'이 다양한 영역에서 출시될 것으로 전망된다. 이미 여행 업계와 카드 업계에서는 이들만을 위한 제품과 서비스가 출시되고 있다. 하나투어의 '2030 여행팩'은 밀레니얼 세대만 예약 가능한 상품이다. 전문 셰프와 함께 하는 쿠킹 클래스, 로컬 챔피언에게 서핑 배우기 등 밀레니얼이 선호할만한 체험 일정이 포함되고, 하루 이상의 자유 일정을 보장한다. 기존 패키지처럼 쇼핑센터에 들러야 하는 부담도 없다. 신용카드사에서도 밀레니얼 특화 상품을 출시하거나 관련 서비스를 강화하고 있다. 신한카드는 2019년 8월, 밀레니얼과의 소통을 늘리고자 '신인류 프로젝트'를 시작했다.[11] 약 30명의 대학생을 크리에이터로 육성해, 도시재생 및 골목상권 활성화를 위한 '을지로 3가 프로젝트' 등 브랜드 관련 콘텐츠를 제작한다. KB국민카드도 2017년 7월, 밀레니얼이 선호하는 영역인 음식·레저·휴식 관련 업종에서 최대 50% 할인을 제공하는 신상품 3종을 출시했다.

둘째, 밀레니얼의 특징이 '다른 세대로 확산'되면서 나타나는 변화에도 주목해야 한다. 가령, 밀레니얼이 베이비부머의 자녀라는 점에서 이 두 집단의 상호작용이 한국 시장에 새로운 영향을 미칠 수도 있다. 패션 기업 '위비스'는 2018년 12월, 30대를 겨냥한 의류 브랜드 '지스바이'와 50대를 위한 의류 브랜드 '지센'을 한 장소에서 함께 판매하는 '지스바이·지센' 통합형 매장을 새로 신설했다. 오픈 첫 달 2억7천만 원을 시작으로 월평균 1억9천만 원 매출 흐름을 이어가고 있어 최근 고전하고 있는 오프라인 시장에서 보기 드문 성공 사례로 꼽힌다. 트렌드를 앞서가는 밀레니얼 성인 자녀와 그들을 정보원으로 여기는 기성세대의 합작품인 '모녀 코드'가 적중한 것이다. 오직 밀레니얼 세대만을 타깃으로 하는 상품만이 아니라, 밀레니얼과 다른 세대의 역학관계를 고려한 전략이 필요하다는 의미다.

셋째, 편의를 중시하는 밀레니얼 가족의 특성을 고려하되, 이들이 원하는 '적정 수준의 편의'에 대한 고민도 함께 이루어져야 한다. 미국의 로봇 식당 스파이스SPYCE는 2018년 5월부터 미국 보스턴 다운타운에서 영업 중이다. 유명 셰프와 함께 개발한 레시피대로 로봇이 냄비를 돌려가며 요리한다. 국내에서도 배달의민족이 서울의 한 레스토랑에서 QR 코드로 음식을 주문하면 로봇이 서빙을 해주는 '미래 식당'을 선보인 바 있다.[12] 단순한 가정간편식이나 배달음식 수준을 뛰어넘은 기술 혁신이다. 하지만 이런 혁신적인 기술을 밀레니얼 가정에 어떻게 접목할 것인가에 대해서는 앞으로도 고민이 필요하다. 밀레니얼은 가사의 귀찮은 부분에서는 외부 도움을 받지만, 그중에서도 경험적인 요인은 포기하지 않기 때문이다. 가령, 파티시에가 만들어주는 맛있는 크루아상을 간단히 배달시킬 수 있음에도 불구하고 굳이 마트에서 판매하는 '냉동생지(냉동 상태로 파는 완제품)'를 사서 에어프라이어에 직접 구우며 만드는 기쁨을 만끽하는 식이다(물론, 반죽부터 직접 하는 번거로움은 절대 사양이다!).

이렇듯 20세기의 가족과는 확연히 구별되는 신종족, 21세기형 밀레니얼 가족의 라이프스타일은 한국 소비 시장의 새로운 기준이 되고 있다. 지금까지 알았던 고객의 특성을 모두 백지白紙에 두고, 완전히 새롭게 써 내려가는 용기가 필요한 때다.

As Being Myself

그곳만이 내 세상, 나나랜드

「트렌드 코리아 2019」 예측 내용

남의 눈길은 중요하지 않다. 나만의 시선이 절대적인 기준이 된다. 흔히 한국 소비자는 타인지향성이 강하다고 알려져왔지만, 이제 자기만의 기준으로 스스로를 사랑하고 지켜가려는 사람들이 늘고 있다. 나나랜드에 사고 있는 '나나랜더'들은 남의 시선, 사회의 통념에도 굴하지 않는다. 남과 나를 비교하지 않고, 나 자신을 있는 그대로를 받아들이고 기성세대가 의미 있다고 했던 삶에 반기를 들며 자신만의 무민無 mean 라이프스타일을 지향한다. 나나랜드를 찾고 있는 이들은 '다름'에 대한 수용력과 타인에 대한 인정과 이해도 또한 높다. 자연스레 개개인의 '다양성'을 매우 중요시하며, 시대에 뒤떨어진 관습이나 획일적인 규범을 거부한다.

'나나랜드'는 진정 나를 아끼고 사랑하는 이들이 정착한 기회의 땅이다. 이들은 기존의 아름다움에는 관심을 두지 않는다. 있는 그대로 자신의 모습을 사랑하기 때문에 자연스럽고 편안한 멋을 추구하며 때로는 못생기거나 약간 모자란 것을 선호하기도 한다. 또한, 다양성을 중시하기 때문에 다양한 기호를 가진 소비자층을 공략할 수 있는 좀 더 세밀한 접근이 필요하다. 마지막으로 이들이 획일화된 규범과 관습을 거부한다는 것을 유념해야 한다. 즉, 기존의 통념과 고정관념을 깨는 '신박한' 아이템이 '나나랜더'들의 마음을 사로잡을 수 있는 것이다.

2019년, 새로운 기회의 땅 '나나랜드'를 개척할 자, 과연 누가 될 것인가?

「트렌드 코리아 2019」 pp. 393–416

최근 광고 업계와 뷰티 업계 담당자들 사이에서 '구찌 립스틱' 광고가 화제다. 치아가 고르지 않고 벌어지고 삐뚤어진 모델이 당당히 광고 모델로 등장했기 때문이다. 예쁜 입술만큼이나 하얗고 고른 치아의 모델이 주인공이었던 기존 립스틱 광고와는 완전히 다른 전략을 취한 것이다. 그뿐만이 아니다. 일상 속에서 여성들이 컵에 립스틱을 묻히는 것은 감춰야 할 비매너 중 하나였다. 그런데 이번 시즌 구찌는 립스틱 자국이 선명하게 남은 컵을 찍은 화보도 함께 연출했다. 밀레니얼 세대의 선택을 받아 살아난 구찌다운 발상이었다.[1] 이처럼 자연스럽게 있는 그대로의 모습을 존중하는 모습이 하나의 트렌드로 자리 잡고 있다.

2019년에는 '탈코르셋 운동'을 필두로 사회적 기준이나 규범을 거부하는 신호가 사회 곳곳에서 유독 자주 나타났다. 당당히 자신만의 목소리를 내며 꼭 정해진 규범대로 사는 것만이 정답은 아니며, 결과보다는 과정이 더 중요하다는 자기주장이 존중받았다.

영화 〈라라랜드〉에서 운율을 따온 '나나랜드'는 자신이 주인공인 세상에서 살고자 하는 나홀로족들이 꿈꾸는 무대를 지칭한다. 2019년 한 해 동안 '나나랜드' 트렌드는 패션·뷰티 등 다양한 분야에서 기존의 통념이나 사회적 기준을 신선하게 무너뜨렸다. 심지어는 XtvN 채널에 〈나나랜드〉라는 제목의 예능 프로그램이 방영될 정도였다. 그렇다면 2019년의 '나나랜드' 현상이 어떻게 우리 사회에 스며들었는지 구체적인 모습을 살펴보도록 하자.

미의 기준 재정의: 아름다움에는 전형이 없다

'아름다움의 전형'이라는 말은, 뒤집어 말하면 아름다움에 대한 기준이 정해져 있다는 뜻이기도 하다. 그런데 최근 들어 이 '전형'이란 말 자체가 시대착오적인 표현이 되고 있다. 사람이든 상품이든 그 어떤 것에도 특정한 기준을 세우고 평가하는 것에 의문을 제기하게 된 것이다. 이제 나나랜드에 사는 나나랜더들에게는 애초부터 예쁜 것도, 못난 것도 없다. 뚱뚱해도 몸이 불편해도 아름다울 수 있으며, 자연스러운 것은 더 매력적인 것이 되었다. 2019년에는 이러한 미의 기준을 새롭게 바꾸고 재정의하고자 하는 다양한 움직임이 나타났다.

2019년의 각종 미인대회 수상자들을 살펴보면 이러한 변화를 실감하게 한다. 미국의 대표적인 3대 미인대회인 미스 USA, 미스 틴Teen USA, 미스 아메리카에서 흑인 참가자들이 1위로 뽑힌 것이다. 키가 크고 날씬한 금발의 백인 여성을 미인의 기준으로 삼았던 세 미인 선발 대회 모두에서 흑인이 우승한 것은 여러모로 큰 의미가 있다. 더 이상 피부색이나 머리 색깔은 미인의 기준이 될 수 없다. 오히려 이들만이 가지고 있는 당당함과 아름다움이 편견처럼 박혀 있던 미의 기준을 바꾸었고, 이제 그러한 변화가 대중에게도 인정받게 된 것이다.[2]

미의 기준 변화가 가장 빠르게 도입되는 곳은 다름 아닌 패션 분야다. 우리가 흔히 아는 톱모델은 기본적으로 키가 크고 날씬하며, 피부가 하얘야 한다는 암묵적인 기준이 있었다. 하지만 최근에는 다양한 체형의 모델들이 등장하고 있다. 특히 글로벌 스포츠 브랜드인 나이키는 다양한 신체 사이즈와 인종의 여성들을 모델로 내세우며, 다양성이 곧 아름다움이라는 가치를 새롭게 내세우고 있다.[3]

이렇게 모델의 외모가 사회적인 통념을 뛰어넘으면서 시니어 모델 학원에 중장년이 몰리는 현상도 나타난다. 모델 학원의 워킹 수업에서 런웨이를 걸어 나오는 이들은 50대부터 70대까지 다양하다. 시니어 모델들은 간격도 틀리고 회전 동작도 서툴지만, 표정과 자세만큼은 젊은 프로모델 못지않다.[4] 이제 모델이란 직업에 나이나 외모는 중요하지 않다. 이렇듯 다양성을 존중하는 흐름은 누구나 아름다움의 대상이 될 수 있다는 가치도 함께 전파한다.

다양성에 대한 존중은 외적인 것에서부터 시작된다. 원래 "바비인형 같다"는 말은 비현실적인 외모를 칭찬하는 말로 쓰였지만, 최근에는 이 또한 시대착오적이라는 비판의 대상이 되었다. 정형화된 미보다 다양성을 존중하는 사회의 흐름은 바비인형의 외양에도 변화를 일으키고 있다. 올해로 60세, 환갑을 맞이한 바비인형은 성 평등과 사회의 다양성을 포용하는 쪽으로 꾸준히 진화해왔다. 이러한 흐

출처: Mattel

▶▶▶ 정형화된 '미'의 대명사, 바비인형도 다양한 인종과 소수자들을 포용하는 새로운 인형들을 선보인다. 그중에는 휠체어를 탄 인형도 있다.

름에 맞추어 오늘날의 바비는 11가지의 피부 톤과 22종의 머리색, 24가지의 헤어스타일, 23종류의 눈동자 색깔을 갖고 있다. 최근에는 휠체어에 앉아 있는 바비, 왼쪽 다리에 의족을 한 바비도 등장했는데, 모두 당당하고 밝은 표정을 짓고 있다는 것이 특징이다.[5] 다양성을 존중하는 사회의 분위기가 바비인형의 변신을 이끈 셈이다.

있는 그대로의 가치: 타인에 대한 다양성을 인정하다

최근 들어 꾸밈에 대한 고정관념을 깨려는 시도들이 다양하게 나타나고 있다. 젊은 여성이라면 무조건 해야만 했던 제모는 이제 필수가 아닌 선택이 되었다. 그런가 하면 제모라는 것을 평생 할 필요가 없을 것 같던 남성들이 왁싱을 시작하고 있다. 남성들 사이에서도 외모에 대한 투자가 기본적인 관리라는 인식이 자리 잡았기 때문이다. 눈썹 관리 전문점을 찾는 남성도 증가했다. 실제로 2008년 유명 화장품 브랜드 '베네피트'는 매장에서 고객의 눈썹을 정리해주는 서비스를 제공하는 '브로우바 라운지'를 국내에 처음으로 선보였다. 베네피트 관계자에 따르면 초기에 남성 고객은 전체 고객의 1%에 불과했는데, 이제는 그 비중이 늘어 베네피트 브로우바에서 제모 서비스를 받은 남성 고객은 30~40%로 늘었다고 한다.[6] 사회적 관습보다 스스로 자신의 만족감을 높이는 것이 더 중요해진 것이다.

젊음에 대한 기준에도 새로운 해석이 등장했다. 과거에 흰머리와 대머리는 나이가 들었음을 숨길 수 없는 증거였다. 이 때문에 머리에 새치가 있거나 탈모인 사람들이 주기적으로 염색을 하고 가발을 쓰는 등 노력과 돈을 들여야 했다. 하지만 최근에는 자신의 약점을 그대로 드러내는 모습이 더 자연스럽고 당당하다는 인식이 자리 잡기 시작했다. 특히 중장년 연예인들이 레드카펫이나 방송 무대에서 자연스럽게 대머리나 새치를 드러내면서 대중들에게도 하나의 멋으로 소구했고, 당당한 표현이 더 매력적이라고 받아들여지고 있다.[7]

성소수자들의 다양성을 인정하는 움직임도 전 세계적인 흐름으로 확산되고 있다. 더 이상 성소수자들은 음지에서 자신의 정체성을 숨겨야 하는 존재가 아니다. 많은 이들과 소통하고 성소수자들끼리도 당당하게 사회적 관계를 확대시켜나가며 존중받아야 할 인격체로 인정받고 있다. '그라인더Grinder'는 남성 성소수자 만남을 주선하는 데이팅 앱이다. 이 앱에서는 GPS를 이용해 주변에 있는 게이 사용자를 보여주고 연결해주는 역할을 한다. 여성 성소수자를 위한 데이팅 앱 '탑엘'도 나오는 등, 이제 성소수자들이 사회적 편견의 벽을 넘어 당당한 권리를 주장하는 모습이 낯설지 않다.

사회적 기준의 새로운 해석: 정해진 규범은 애초부터 없었다

사회적 기준을 새롭게 만들어가는 나나랜더들에게 더 이상 무조건적으로 따르고 지켜야 할 규범이란 없다. 사실상 자신의 기준은 개인이 처한 상황과 시대에 맞게 변화시켜나가는 것이지 애초부터 정해진 것은 없다는 것이 그들의 논리다. 나나랜더들은 삶의 여정 속에서 새로운 기준을 만들어나가고 싶어 한다. 그들만의 고유의 가치관을 바탕으로 기준을 세우고, 과거의 통념을 거부하는 움직임은 사회 전반에 걸쳐 고르게 나타났다.

2019년 사회적 기준을 탈피하는 현상 중 가장 이슈가 된 사건은 도입부에서 언급한 '노브라 패션'이었다. 사실 많은 여성들은 불편함을 감수해서라도 브래지어를 착용한다. 왜 착용하게 되었는지, 그 근원은 어디에서 출발했는지도 알지 못한 채, 청소년 시절부터 여성은 브래지어를 착용하는 것이 당연한 일이었다. 브래지어를 착용한다는 것은 많은 불편을 초래하지만 여성들이 이러한 불편을 감내하는 이유, 보정을 위한 심미적 이유라기보다는, 대부분 타인의 불편한 시선을 느끼고 싶지 않아서다. 무엇보다 여성은 속옷을 적절히 갖추어 입는 것이 사회적 규범이라는 생각이 널리 퍼져 있기 때문이다. 사실 노브라 운동은 브래지어 착용의 불편을 더 이상 겪지 말자는 움직임이 아니라, 더 정확하게는 이러한 규범과 인식에서 탈피하여 여성들이 더 편하고 당당하기 위한 행동이라고 해석할 수 있다.[8]

여성들의 노브라 움직임은 '자기 몸 긍정주의Body Positive'로도 확산되었다. 패션계에서도 이를 반영한 아이템이 인기를 끌었다. 특히 의류의 기본인 속옷 분야에서 이러한 현상이 두드러졌다. 최근 여성 속옷의 경우 몸매를 강조하고 화려한 디자인의 제품보다는 속옷의 기본 기능에 충실하면서 사용자의 체형에 맞게 편안한 착용감을 주는 속옷이 인기다. 쇼핑사이트 G9에 따르면 노와이어 브라 제품의 판매량이 20% 증가한 반면, 가슴을 보정해주는 '볼륨업 브라'는 같은 기간 판매량이 32% 감소했다. 신발 업계에도 자기 몸 긍정주의의 움직임이 두드러졌다. 키 높이 깔창과 높은 굽 신발의 매출은 줄어든 반면 굽이 낮은 단화의 수요가 늘어났다.[9]

2019년 여성의류 업계에서 가장 많이 팔린 제품을 꼽자면 레깅스와 브라탑을 들 수 있다. 과거에는 일반인이 몸매를 훤히 드러내는 것은 다소 부끄러운 일이었다. 이 때문에 레깅스와 브라탑이 편하더라도 사람들이 많은 곳에서는 입지 못하는 경우가 많았다. 하지만 나나랜더들의 목소리가 높아지며 타인의 시선에서 벗어나 자신이 원하는 편한 옷을 입는 분위기가 보편화되었다.[10] 이러한 분위기에 힘입어 애슬레저 브랜드 안다르는 '모두의 레깅스'라는 제목의 캠페인에 나섰다. 첫 번째 캠페인 영상에는 자신감 넘치는 표정으로 멋진 댄스를 보여주는 플러스 사이즈 모델이 등장해 '맞는 동작, 맞는 몸이 어딨어? 내가 즐거우면 그게 맞는 거야'라는 메시지를 전한다. 이 영상은 공개 후 약 2주 만에 210만 조회 수를 기록하며 다양한 소비자 참여를 이끌어내고 있다.[11] 레깅스를 입어서 못생긴 다리가 드러나도 당당할 수 있는 자신감이 중요하고, 브라탑을 입어 내 몸이 조금 더 편해질 수 있다면 다른 것들은 이제 더 이상 신경 쓰지 않는다.

2019년은 '탈코르셋 운동'도 크게 주목받은 해였다. 사회가 '여성스럽다'고 규정한 것들에 대한 거부에서 시작된 이 운동은 화장·성형·긴 머리·여성적 옷차림 등을 거부하며 짧은 머리와 노메이크업에 셔츠와 바지 차림을 하는 것을 원칙으로 한다. 이에 대해 『탈코르셋: 도래한 상상』의 저자 이민경은 탈코르셋은 "아름다울 필요가 없다", "그래 나 못생겼어"하며 인정 투쟁을 그만두게 하는 것이라고도 표현한다.[12]

향후 전망

기존에 규정된 모든 것들에 대한 재정의

그룹 AOA는 한 방송에서 '너나 해'라는 노래를 통해 성 고정관념을 깨는 무대를 선보이며 많은 이들의 호응을 얻어냈다. 정장을 입은 AOA 멤버들 옆에서 하이힐을 신은 남성 댄서들의 모습은 대중의 주목을 받기에 충분했다. 이러한 퍼포먼스는 "꽃이 아닌 나무가 되고 싶다"는 그녀들의 메시지로 이어져 많은 이들의 응원을 받기도 했다. 이들의 퍼포먼스는 기존의 틀에 박힌 고정관념을 깨고, 더욱 당당해지고 싶은 나나랜더의 모습을 잘 표현한 사례다.[13] 그렇다면 앞서 살펴본 바와 같이 사회적 기준이나 통념을 거부하고 나만의 기준 즉, 나 자신이 가장 소중한 나나랜더들은 앞으로 우리 사회에서 어떠한 모습으로 진화할까?

우리가 그동안 익숙하게 여겨왔던 아름다움의 이상적 모습은 어쩌면 우리 스스로 만든 것이 아니라 나를 둘러싼 사회가 만든 기준일 수 있다. 그럼에도 불구하고 그동안 우리는 아름다움의 전형을 학습하고 그 모습을 추구하며 살아가는 것을 당연하게 받아들여왔다. 아름다움의 정의는 사회가 정한 가치가 아니라 진정한 내면의 욕망에서 스스로의 판단에 따라 정해진 가치일 때 더 건강하게 발현된다. 이러한 사실을 절실히 깨달은 나나랜더들은 새로운 아름다움을 추구하는 모습으로 아름다움을 재정의한다.

나나랜드의 핵심 가치인 다양성을 존중하는 태도는 밀레니얼 세대를 중심으로 더욱 확산될 것이다. 내 기준이 남들과 다른 만큼 타인의 다름도 존중하고 받아들이며 다양성을 인정하는 흐름이야말로 지성인이 지녀야 할 최고의 덕목이라고 볼 수 있다. 내가 남과 다르듯 타인을 있는 그대로 가치 있는 존재임을 인정할 때 비로소 나 자신의 존재도 인정받을 수 있다는 점을 더 유연하게 받아들여야 한다.

나나랜드의 고정관념 탈피는 기존에 규정된 모든 것들의 재정의에서 출발한다. 최근 한국 사회의 사회 갈등 추이를 분석해보면 세대 갈등에 대한 이슈보다 남녀 갈등에 대한 이슈가 더 크게 확산되고 있다. 기존의 규범과 기준을 새롭게 정의해나가는 데 있어 가장 크게 바뀌어가는 것이 바로 성 역할에 대한 부분이기 때문이다. 이제 여성이 여성다워야 하고, 남성이 남성다워야 하는 통념이 무너지고 있다. 여성이 남성성을 많이 가지고 있을 때, 혹은 남성이 여성성을 더 많이 지니고 있을 때, 이런 양성성兩性性을 겸비한 인재가 오히려 사회가 필요로 하는 자원이 될 수 있다. 2019년 한국 사회의 화두가 되었던 나나랜드 트렌드의 지속적인 확산은 나만의 기준이 가장 중요한 그들의 다양성을 인정해주는 것에서부터 시작될 것이다.

Manners Maketh the Consumer.

매너소비자

「트렌드 코리아 2019」 예측 내용

직원에 대한 일부 소비자들의 갑질이 늘어나면서 블랙 컨슈머(악성 소비자)와 고객 갑질 문제가 지속적으로 발생하고 있다. 고객만족을 위한 서비스 경쟁이 과열되면서 근로자들의 '감정노동 보호' 논란도 심화되고 있다. 고객에 대한 무조건적인 맹종을 요구받는 이들은 심리적 부조화를 겪는 스마일마스크 증후군에 시달리며 정신 건강에 큰 위협을 받고 있다. 이 때문에 생산과 유통 현장에서 고객에 대한 무조건적인 친절을 요구하는 것에서 벗어나 소비자 매너와의 균형을 도모하는 워커밸Worker-Customer-Balance이 중요 의제로 부상할 것이다. 온라인 카페 등의 신권력 소비집단의 갑질 문제를 비롯해 노쇼No Show와 오버투어리즘Over Tourism에 대해서도 개선을 요구하는 목소리가 높다. 매너 있는 소비자로 거듭나기 위해서는 갑질의 문화적 뿌리를 이해하고 이를 개선하며 신뢰 기반의 호혜적 거래관계를 확립하는 일이 선행되어야 한다. 기업은 대응 매뉴얼의 정착을 통해 감정노동자를 보호하고 불합리한 소비자 비매너를 차단해야 한다. 앞으로 소비자 매너의 고양과 워커밸의 진정한 구현을 위한 다양한 시도가 공적·사적 영역에서 이어질 것이다. 매너가 소비자를 만든다.

「트렌드 코리아 2019」 pp. 417–441

"손님은 왕이다!" 이 말은 어디서 왔을까? 처음 이 말을 한 사람은 세계적인 호텔 체인인 리츠칼턴의 창업자 세자르 리츠라고 한다.

1898년 그는 파리의 베르사유궁전을 모방해 만든 리츠호텔을 오픈했는데, 당시 이 호텔의 주요 고객은 진짜 왕족이나 귀족이었다. 그야말로 왕이 손님이었던 것이다. 그런데 리츠는 "평민이라도 우리 호텔에 투숙하고 돈을 쓰는 고객이라면 그야말로 왕처럼 모신다"라는, 당시로는 파격적인 서비스 정신을 담은 이 문구를 만들었다. 이후 이 표현을 많은 기업들이 고객만족 경영의 모토로 삼으며 현재까지 두루 활용되고 있다.[1]

시간이 흐르면서 고객을 평등하게 대하겠다는 이 좋은 의미가 부작용을 낳기 시작했다. 손님이라는 이유로 무조건 왕처럼 대우받기를 요구하는 사람들이 늘어난 것이다. 서비스 종사자들을 향한 일부 고객들의 비매너 행동이 점점 심해지면서 현대사회의 또 다른 갑질 문제로 부상하고 있다. 특히 배달 앱 시장은 소비자의 도를 넘어선 요구가 많아 골머리를 앓고 있는 대표적인 곳이다.

"심부름: 강원평창수 1L(없을 경우 백산수), 오로나민씨 2개, 자갈치 과자 1봉, 고추참치."

부모가 자녀에게 보낸 심부름 문자가 아니다. 배달 앱으로 음식을 주문하면서 요청사항 란에 적은 내용이다. 최근 인터넷 게시판에 '요청사항 갑질'이라는 명칭으로 위와 같은 게시글이 종종 올라오고는 한다. 대표적인 갑질 유형은 소비자가 배달원에게 당연한 듯 심부름을 시키는 것이다. 이 밖에 유료로 판매하는 공깃밥이나 음료 등의 상품을 공짜로 요구하는 경우도 많다.

이러한 비매너 행동은 황당한 수준으로까지 이어지기도 한다. "잘생긴 배달원으로 보내주세요"라는 상식 밖의 요구나 "쓰레기 좀 버려달라"는 요구 등이 대표적이다. 배달원이 정중히 거절하면 무턱대고 화를 내는 고객들도 많다고 한다. 업주 입장에서는 이러한 상황에 대응하는 것이 쉬운 일이 아니다. '요청사항 갑질'이 '리뷰 갑질'로 이어질 수도 있는 탓이다. 별점 5점 만점의 서비스 평가에서 1~2점을 주는 악성 평가는 업장의 영업에 타격을 준다. 업주들은 이를 별점 테러라고 부른다. 배달 앱 업체들은 이러한 상황을 막기 위해 '클린 리뷰' 정책을 시행하고 있지만 요청사항 갑질에 이은 별점 테러를 완전히 막기는 어려운 실정이다.[2] 이처럼 소비자의 비매너 행동이 시장의 질서를 어지럽히며 사회문제로 대두되면서 이를 해결하기 위한 다양한 처방전이 등장하고 있다. 무엇보다 소비자 스스로도 매너 소비에 대한 인식이 싹트며 갑질 예방을 위한 행동에 동참하기 시작했다. 그렇다면 2019년 대한민국의 매너지수는 얼마나 올라갔을까? 그 면면을 살펴본다.

갑질 예방 캠페인의 전개

2018년 11월, 울산의 한 패스트푸드 매장에서 중년 남성 고객이 햄버거를 봉투째 여성 직원의 얼굴에 집어던지는 영상이 공개되며 대중의 공분을 샀다. 많은 사람이 공감하고 있음에도 반말과 욕설을 넘어 협박과 성희롱, 심지어는 폭행까지 일삼는 일부 고객의 갑질 문제가 증가하면서 기업들도 이를 막기 위한 캠페인 활동에 적극적으로 나서고 있다. 과거 친절한 고객응대만 강조해온 기업들이 이제 직원을 보호하고 고객의 권익과 상호 균형을 맞추기 위한 노력에 앞장선 것이다.

갑질 문제가 이슈화되었던 대표적인 유통 채널은 백화점이다. 한 백화점에서는 여성 고객이 화장품 사용 후 피부 트러블이 발생했다는 이유로 직원들에게 폭언·폭행을 가한 일명 '화장품 갑질녀' 사건이 벌어지기도 했다. 사건 당사자였던 백화점은 이를 계기로 2018년 10월부터 고객선언문을 제정하고 사원 보호 캠페인을 벌이기 시작했다. 현장 직원들에게 사원 보호 문구가 적힌 와펜을 착용하게 하고 엘리베이터와 에스컬레이터 등의 LCD 화면과 백화점 앱 등에 고객선언문을 게시해 소비자들의 공감과 참여를 유도하고 있다.[3]

카페에서도 감정노동자 보호를 위한 다양한 캠페인을 벌이고 있다. 프랜차이즈 브랜드 커피베이는 안전보건공단과 함께 감정노동 문제 해결을 위한 캠페인 '앤드유and YOU'를 펼쳤다. '직원도 존중받고 싶어요. 맛있는 커피로 보답하겠습니다'라는 메시지를 담은 홍보물과 유니폼 배지를 전국 매장에 무상으로 배포한 것이다.[4] 스타벅스도 매장 파트너(직원)들의 사기 진작을 위한 '하이파이브 데이'를 진행했다. 매장에 준비된 하이파이브 그림에 고객이 손바닥을 터치하면 주문한 음료의 사이즈를 무료로 업그레이드해주는 방식이다.[5]

롯데홈쇼핑도 선플 재단 운동본부와 함께 감정노동자에 대한 배려 문화 정착을 위한 거리 캠페인을 서울 광화문 광장에서 개최했다. 악플과 혐오 표현으로 고통받는 감정노동자들의 실상을 알리고 시민들의 의식 개선을 독려하기 위함이다. 또한 고객센터 상담원의 노동환경 개선을 위해 지역별 보건소나 건강센터 등과 업무 협약을 맺고 정신 건강 상담을 정기적으로 실시하고 있다.[6] GS리테일은 현장 근무자들을 위해 '상호 존중 캠페인'을 진행했다. GS25·GS슈퍼마켓·랄라블라 매장에서 근무하는 현장 직원들을 위한 홍보물을 제작해 매장 곳곳에 비치했다. '지금 마주하고 있는 직원은 고객님의 소중한 가족일 수 있습니다'라는 문구가 적힌 이 홍보물은 전국 매장의 계산대 앞면에 부착되었다.[7]

소비자들의 비매너 행동은 청년 아르바이트생들에게 특히나 큰 고충이자 애환이다. 2019년 6월 알바몬이 실시한 조사에 따르면 알바생이 받는 스트레스의 원인으로 첫 번째는 '적은 임금(39.9%)'이 꼽혔고, 그다음이 '손님 갑질(36.6%)'이었다. 소위 진상 고객의 도를 넘는 행동들 때문에 고군분투하며 일하는 알바생들까지도 고통을 받고 있다.[8] 2018년 10월 알바몬 조사에 의하면 카페 알바생들이 선정한 최악의 진상 손님 1위는 '기저귀, 음식물 등 각종 쓰레기를 아무렇게나 버리고 가는 손님(17.6%)'이었다. 2위는 '돈이나 카드를 던지거나 뿌리는 손님(13.4%)'이 차지했으며, '끊임없이 오라 가라 하는 등 주문한 메뉴를 재촉하는 손님(11.0%)'도 3위에 올랐다. 소비자들 스스로도 자신이 이러한 진상 손님은 아니었는지 다시 한번 되돌아볼 필요가 있다.[9]

이제 공공 부문에서도 감정노동자 보호에 대한 관심이 높아지고 있다. 공공 영역에서 감정노동자는 공공복지 서비스 등을 제공하는 방문 근로자 등을 포함하는데, 이들을 보호하기 위한 캠페인이 다양하게 전개되었다. 대표적으로 위키트리, 서울시, 그리고 이효열 작가가 함께한 '감정노동 종사자 존중 캠페인' 영상이 있다. 요금소 징수원들에게 장미꽃 한 송이를 건네는 '장미로 가는 길'이란 컨셉으로 "따뜻한 말 한마디는 장미 한 송이와 같다"는 메시지를 강조한다.[10] 특히 서울시는 2018년 9월, 감정노동자 보호 업무를 위한 전담 센터를 개설했다. 감정노동자들의 권리 보호를 위한 정책 연구와 기관과 기업을 대상으로 한 예방 교육은 물론 피해자 심리 상담과 감정 회복을 위한 집단 치유 프로그램을 제공하는 등 다양한 활동을 펼치고 있다.[11]

고객 노쇼의 문제

갑질을 하는 고객뿐만 아니라 음식점 등을 예약하고 아무런 사전 고지 없이 나타나지 않는 노쇼 고객도 큰 문제다. 이 때문에 일부 식당은 자체적으로 노쇼 예방 프로그램 설치에 나섰다. 예약 시간 전에 고객에게 알림을 보내거나 블랙리스트를 관리하고 예약금을 설정해 노쇼를 막고 있는 것이다. 공정거래위원회도 노쇼 방지를 통한 소상공인 보호를 위해 '소비자 분쟁해결 기준 개정안'을 확정하고 시행에 들어갔다. 이에 따라 외식업의 예약 취소 보증금이 규정됐고, 고객이 예약 시간을 1시간 앞두고 취소할 때 보증금 전체를 위약금으로 물도록 하는 기준이 만들어졌다. 하지만 소상공인 사이에서는 고객에게 미리 예약 보증금을 받을 수단이 마땅치 않고, 받는다고 해도 고객과 신뢰가 깨져 예약이 줄어들 것이라는 우려 탓에 실효성이 의문시되고 있다.[12]

일본에서도 노쇼는 좀처럼 풀리지 않는 숙제다. 일본 경제산업성의 보고서에 의하면 무단 예약 취소로 인한 일본 음식 업계의 피해액이 연간 약 2천억 엔(약 2조2,600억 원)에 이른다고 추정했다. 이에 무단 예약 취소에 따른 손해를 보증하는 회사가 등장할 정도다. 대표적으로 일본의 '가르시아'는 지난 2017년부터 식당과 미용실 등을 대상으로 무단 취소 피해 보증 서비스를 시작했다. 고객의 무단 취소가 발생했을 때 예약대금 전액을 가게에 보장한다. 2019년 기준으로 이 서비스에 가입한 음식점만 3만여 곳에 이른다. 현지 언론의 보도에 따르면, 월 1만 엔 미만의 비용을 내면 1건당 평균 5만~10만 엔 정도의 노쇼 피해 배상액을 받는다고 한다. 심지어 한 변호사는 무단 취소로 발생한 피해분을 직접 회수하는 서비스도 개시했다. 노쇼가 발생했을 때 변호사가 고객에게 직접 연락해 피해분을 받아내는 것이다. 시험 단계에서만 회수 성공률이 80%에 달했으며, 변호사 수수료는 30% 정도다. 이제 우리나라도 고객 노쇼를 막을 수 있는 실제적인 방법들을 다양하게 검토할 필요가 있겠지만, 무엇보다 고객 스스로 노쇼가 음식점 업주뿐만 아니라 선의의 소비자에게도 피해가 가는 비매너 행동임을 인지해야 할 것이다.[13]

오버투어리즘의 심각성

영국의 옥스퍼드 사전은 '오버투어리즘'을 올해의 단어 후보 중 하나로 선택했다. 미국의 CNN 방송도 7월 7일 전 세계 관광 업계의 뜨거운 이슈인 오버투어리즘의 현황과 문제점을 집중 보도했다. 비매너 여행객들로 인해 관광지 황폐화 문제가 세계적인 화두로 떠올랐기 때문이다. 페루의 유명 관광지 마추픽추의 경우 2018년 한 해에만 157만8,030명의 관광객이 다녀갔다. 하루 평균 4,300명의 관광객이 좁은 산책로에 몰리며 유적지가 훼손되자 방문 허용 체류 시간을 제한하고 재방문을 금지한다는 처방이 내려졌다. 네덜란드의 암스테르담도 2018년 방문객 1,800만 명에서 2030년에는 4,200만 명까지 늘어날 것으로 예상하고 있다. 이 때문에 시 관광위원회는 관광객 유치를 위한 광고를 중단하기로 했다. 심지어 관광객의 관심을 다른 도시로 돌리는 노력을 기울일 정도다. 매년 3천만 명의 관광객이 방문하는 이탈리아의 베네치아는 2019년 6월, 주데카 운하에서 발생한 선박 사고 이후 오버투어리즘 논쟁이 한층 뜨거워졌다. 세계여행관광협회WTTC에 따르면 작년 14억 명의 국제 여행객 중 36%에 해당하는 5억 명가량이 전 세계에서 가장 인기 있는 도시 300개 가운데 1곳을 방문했다. 유명 관광지로의 '쏠림' 현상이 크다는 의미다.[14]

우리 국민들의 오버투어리즘에 대한 인식 또한 매우 부족한 실정이다. 2019년 8월 경기연구원의 조사에 의하면 국민 중 62%가 오버투어리즘에 대해 들어본 적이 없는 것으로 나타났다. 하지만 오버투어리즘의 문제는 이제 현실로 나타나고 있다. 국내에서 오버투어리즘 문제의 발생 빈도가 가장 높은 곳은 제주도(24.5%)이고 다음으로는 북촌 한옥마을(10.5%)과 전주 한옥마을(9.5%) 순으로 조사되었다. 특히 제주도는 저가항공이 활성화된 이후 지난 10년간 폭발적으로 관광객이 증가했다. 2008년 582만 명이었던 관광객이 2018년

1,431만 명으로 3배 가까이 늘었다. 생활 쓰레기 발생량도 2007년 595톤에서 2017년 1,312톤으로 급증했다. 쓰레기가 수용 가능 범위를 넘어가면서 각종 환경문제도 나타나고 있다. 폭증하는 관광객에 대한 대책이 절실한 상황이다.[15]

이러한 문제를 해결하기 위해 다양한 대안들이 제안되고 있다. 관광객 총량 제한, 관광가이드 동반 의무제, 입장료 부과 및 인상 등을 통해 관광객 수를 제한하고, 사전예약제 도입, 생활공간 출입을 막는 공간적 이동 제한 등 직·간접적 관광객 수 제한 정책을 시행하여 오버투어리즘 부작용을 최소화하자는 것이다. 관광객의 불필요한 행위를 방지하는 규칙 제정뿐 아니라 관광 수익금을 지역민에게 환원해 선순환 구조도 만들어야 한다.[16, 17]

향후 전망

무엇보다 인간적인 따뜻함이 필요한 시대

2018년 10월, 산업안전보건법이 개정되면서 감정노동자를 보호하기 위한 조치가 마련되었다. 감정노동자 보호법은 고객응대 근로자가 고객의 폭언 등 괴롭힘으로 인해 얻게 될 수 있는 건강장해에 대한 사업주의 예방조치를 핵심으로 한다. 이에 따라 사업주는 폭언 등을 하지 않도록 요청하는 문구를 게시하거나 음성으로 안내하고, 고객과의 문제 상황 발생 시 대처 방법 등을 포함하는 고객응대 업무 매뉴얼을 마련해야 한다. 또한 업무의 일시적 중단 또는 전환, 휴게시간 연장이나 폭언 등으로 인한 건강장해 관련 치료 및 상담 지원 등이 규정되었다. 이 밖에도 사용자가 고객응대 근로자를 해고하거나 그 밖의 불리한 처우를 하면 1년 이하의 징역 또는 1천만 원 이하의 벌금에 처해질 수 있다. 법의 개정으로 감정노동 보호를 위한 토대는 마련된 셈이다. 하지만 조직 운영의 입장에서 감정노동 보호는 법규 준수 이상의 의미를 지닌다.[18]

직원의 보호가 조직 성과의 향상으로 이어질 수 있다는 점을 가장 잘 보여주는 사례는 미국 동부의 마트 체인 업체 '웨그먼스Wegmans'다. 이 회사의 경영 모토는 '직원이 먼저, 고객은 다음Employees First, Customers Second'인데, 기업이 먼저 내부고객인 직원을 최고로 대우하면 그로 인해 행복해진 직원의 고객응대 역시 최고가 될 수 있다고 보기 때문이다. 그 결과 웨그먼스는 높은 생산성과 매출의 선순환으로 '2019 기업평판 우수 100대 기업' 1위에 오르기도 했다. 직원 보기를 금같이 하는 이 기업은 고객에게 직원의 친절을 강요하는 것이 아니라 직원이 행복해야 마음에서 우러나오는 고객만족 경영이 실현된다는 점을 강조한다. 기업의 효율성과 매출 극대화를 위해 구성원을 위한 행복이 얼마나 중요한지 보여주는 사례다.[19]

서울대 김상훈 교수는 저서 『진정성 마케팅』에서 진정성 있는 브랜드가 되기 위해서는 무엇보다 인간적인 따뜻함이 필요하다고 강조한다. 브랜드 개성 연구자인 제니퍼 아커Jennifer Aaker 교수는 존경받는 브랜드의 조건에 대한 연구를 실시했는데, 브랜드는 진정성의 두 가지 차원인 유능함과 따뜻함, 두 가지가 모두 높아야 고객들에게 존경을 받을 수 있다고 주장한다. 브랜드를 사람으로 바꾸어 생각해보

브랜드 진정성의 조건

브랜드 진정성		따뜻함	
		높음	낮음
유능함	높음	존경	질시
	낮음	동정	경멸

출처: 『진정성 마케팅』, 김상훈, 21세기북스, 2019.

면 더욱 쉽게 와닿는다. 예를 들어, 사람은 유능하지만 따뜻하지 못하면 다른 사람들로부터 질시를 받고, 따뜻한데 유능하지 못하면 최소한의 동정은 받는다. 하지만 둘 다 낮을 경우에는 타인으로부터 경멸을 받게 된다. 결국 브랜드도 실력과 더불어 인간적인 따뜻함을 느끼게 해야 고객들로부터 진정한 존경을 받는다는 것이다. 외부 고객을 만족시키기 위한 고객만족 경영 부문에서 우수한 실력과 양질의 품질을 선보여도, 내부 직원의 행복을 위한 노력이 부족해 인간적으로 따뜻하지 못한 기업은 고객들에게 진정성 있는 기업으로 자리매김하기 어렵다는 점을 시사한다.

이전 세대와는 다른 업무 가치관을 가지고 조직에 들어오기 시작한 밀레니얼 세대들이 만들어가는 '워커밸'의 시대, 이제 소비자와 기업 모두가 서로를 배려하고 존경해야 할 때다. 진정성과 유능함으로 2020년, 매너 넘치는 대한민국으로 나아가길 희망해본다.

Me and Myselves 멀티 페르소나

Immediate Satisfaction: the 'Last Fit Economy' 라스트핏 이코노미

Goodness and Fairness 페어 플레이어

Here and Now: the 'Streaming Life' 스트리밍 라이프

Technology of Hyper-personalization 초개인화 기술

You're with Us, 'Fansumer' 팬슈머

Make or Break, Specialize or Die 특화생존

Iridescent OPAL: the New 5060 Generation 오팔세대

Convenience as a Premium 편리미엄

Elevate Yourself 업글인간

2

2020년 소비트렌드 전망

Preview

2020년의 전반적 전망

2019년은 녹록지 않은 한 해였다. 미중 무역 갈등에 한일 경제 전쟁까지 맞물려 글로벌한 갈등의 골이 깊어졌다. 국내 상황도 그다지 좋지 않았다. 수출 주력 상품이었던 반도체 분야의 수출 부진과 함께 국내 기업들의 전반적인 수출 실적이 흔들렸다. 실업률·경제성장률·물가 등 주요 경제지표도 비관적인 숫자를 보였다. 미세먼지와 산불은 여전히 계속되었고, 치명적인 아프리카 돼지열병이 발병하기도 했다. 그래서인지 문화·체육계에서 들려온 소식이 유독 반가웠다. 역사상 최초로 한국 영화가 칸 영화제에서 황금종려상을 수상하고, 방탄소년단은 계속해서 세계적 기록을 써내려가며 K-팝 팬들을 행복하게 만들었다. 폴란드에서 열린 FIFA U-20 월드컵에서는 한국 대표팀이 처음으로 준우승을 차지해 역대 최고 성적을 거뒀으며, 이

강인 선수가 한국 남자 선수 최초로 골든볼을 수상하기도 했다.

다사다난했던 2019년이 저물고, 새해가 다가오고 있다. 2020년 역시 피할 수 없는 위기와 불안이 도처에 존재하므로, 우리가 맞닥뜨린 어려움을 어떻게 슬기롭게 해결해나가느냐가 큰 과제가 될 것이다. 이를 위해 정부·기업·소비자 모두 각자의 위치에서 치밀하고도 신중한 위기관리 대응 전략이 요구된다. 척박한 환경에서도 꽃이 피는 것처럼 모두가 자신의 자리에서 최선을 다한다면 차분히 헤쳐나갈 수 있다는 믿음을 안고 가야 한다. 2019년의 얽히고설킨 갈등이 해소되는 2020년이 되기를 기대하며, 다가올 2020년의 경제, 나라 살림, IT·기술, 사회·문화 분야의 전반적인 전망을 살펴보자.

2020 경제 전망

나라 안팎의 경제 전망이 그리 밝지 않다. 2020년에는 세계경제의 성장세가 2008년 글로벌 금융위기 이후 가장 둔화할 것으로 전망된다. 이로 인해 특히 대외개방성이 높은 한국 경제에 대한 우려가 커지고 있다. 지속되는 미중 무역 전쟁의 영향으로 세계무역과 투자심리가 급격하게 위축되면서 선진국의 경기 둔화 국면은 당분간 지속될 것으로 예상된다. 투자와 교역의 위축으로 인한 제조업의 부진으로 경기는 하향 흐름을 보일 것이며, 이러한 흐름은 특히 한국을 포함한 수출 중심 국가들의 성장세에 악영향을 미칠 전망이다.

미국은 그동안 투자와 수출이 위축되었음에도 양호한 고용 사정과 안정적인 물가 덕분에 소비가 호조를 보이며 경기 확장의 국면을 이어왔으나, 신규 고용 증가세가 둔화되면서 소비도 점차 위축될 우려가 있다. 유로존의 경우에도 자동차 경기의 부진으로 인한 독일의 경기 침체가 점차 다른 유럽 국가로 확산될 전망이며, 고용-소득-소비로 이어지는 경기의 선순환이 약화될 것으로 예상된다. 한편 신흥국은 전반적으로 전년도 대비 양호한 경기 흐름이 예상되지만, 중국은 미국과의 무역 갈등에 따른 수출 및 투자 부진이 해소되지 않아 성장 저하 추세를 이어갈 전망이다. 세계경기에 중요한 영향을 미칠 변수는 역시 '미중 간 무역 갈등의 향방'이다. 2020년 10월 미중 고위급 협상을 앞두고 이들의 무역 갈등이 조기에 완화될 가능성이 있다는 기대감도 있지만, 극적인 갈등 해소를 기대하기는 어렵다는 분석도 공존한다.[1]

이러한 대외 환경 속에 한국 경제는 2019년 상반기 1.9%라는 성장률에 그치며 세계경제보다 더욱 빠르게 성장 활력이 떨어지는 모습을 보였다. 기업 경영에 부담을 주는 정책들이 이어지며 기업의 수익성 저하가 두드러졌는데, 이러한 추세는 정책 기조의 극적인 변화가 없는 한 지속될 것으로 보인다. 한국 경제의 견인차인 수출도 미중 무역 전쟁의 장기화와 한일 경제 전쟁으로 그 전망이 점차 나빠지고 있다. 2019년 말의 사우디아라비아에 대한 드론 공격과 같이 중동 국가 간의 분쟁이 거세진다면, 국제 유가 상승이 우리 경제의 발목을 잡을 우려도 있다. 민간 소비의 경우 경기 둔화에도 불구하고 정부의 확장적인 재정 정책과 경기 부양을 위한 소비 진작책 등의 노력이 민간 소비에 긍정적으로 작용할 것이라 기대된다. 하지만 장기적으로는 임금상승률이 점차 줄어들고 소비의 중심축인 30~40대 인구가 감소하면서 지속적인 하향세를 보일 가능성이 더 높은 것도 사실이다.

소비자물가는 2019년 9월 물가상승률이 전년 대비 0.4% 감소하며 사상 처음으로 마이너스를 기록하면서 경기 침체 속에 물가가 계속 하락하는 디플레이션을 걱정하는 목소리가 커지고 있다. 공급 측의 원자재 수입 물가의 하락과 수요 측의 내수 불황에 따른 물가상승 압력 약화로 내년에도 0~1%대의 저물가가 지속될 것으로 보는 전문가들이 많다. 간접세 인하 종료 등 정부 정책의 영향이 줄어들면서 작년 대비 물가상승률이 높아질 전망이다. 한편 고용 부문에서는 정부의 일자리 정책이 전방위적으로 전개되겠지만 전반적으로 미약한 경기 회복세가 지속되면서 고용지표의 개선은 제한적일 것으로 보인다.

그동안 빠른 속도로 진행된 우리나라의 인구 감소는 내년부터 본격적으로 경기에 영향을 미칠 전망이다. 2020년에도 마찬가지로 청년들은 어려운 취업으로 결혼과 출산을 기피하는 가운데, 이러한 세계 최저 수준의 출산율은 가계의 소비 성향을 떨어뜨리는 요인 중 하나가 될 것이다. 우리나라의 2020년 경제성장률은 글로벌 금융위기 때보다 더 낮아져 1.8~2.0% 수준에 머무를 것으로 예상된다. 단기적으로는 당장의 국내 경기를 회복할 수 있는 방안이 요구되지만, 국내외 거시환경의 변화를 고려할 때 중장기적으로는 저성장 흐름의 고착화를 탈피하기 위해서 미래 성장 동력을 위한 투자를 활성화해야 할 것이다.

한국은행 및 국내 연구소의 2020년 경제 전망

(전년 동기 대비 수치)

기관 / 경제 부문	한국은행 (상반기 발표)	한국개발연구원 (상반기 발표)	LG경제연구원 (9월 발표)	현대경제연구원 (9월 발표)
경제성장률(%)	2.5	2.5	1.8	2.3
원/달러 환율(원)	-	-	1,220	-
민간 소비지출(%)	2.4	2.4	1.6	2.3
소비자물가(%)	1.3	1.3	0.8	1.0
실업률(%)	3.8	3.8	3.9	3.8
경상수지(억 달러)	585	559	584	512
무역수지(억 달러)	-	-	-	445
수출 증가율(%)	-	2.3	-0.6	3.5
수입 증가율(%)	-	3.8	0.1	3.0

자료: 각 기관 보도자료 취합

2020 나라 살림

2019년 8월, 기획재정부는 2020년 정부 예산안을 발표하며 '국민중심·경제강국'이라는 목표를 내걸었다. 대내외 경제 여건의 어려움을 타개하고 우리 경제에 활력을 불어넣으면서도 국민의 생활과 복지를 증진하고 사회안전망을 보강하겠다는 의지로 보인다. 이를 위한 총지출은 513.5조 원(작년 대비 9.3% 증가)으로, 2년 연속 9%대 증가율을 유지하며 최대한의 확장적인 재정 운용을 계속 이어나갈 전망이다. 2020년 예산안의 세부 목표는 ① 핵심 소재·부품·장비산업의 조기

공급 안정에 총력 지원, ② AI 사회로의 전환을 이끌 DNA+BIG3에 집중 투자, ③ 수출·투자·내수 보강 등 경제 활력 제고, ④ 사회·고용·교육 안전망 보강 및 취약계층 맞춤형 지원, ⑤ 국민 생활의 편의·안전·건강 증진 투자 확대다. 이는 일본 수출 규제 등 경기 하락의 위험에 적극적으로 대응하여 경제 활력을 제고하고, 핵심 소재·부품·장비의 수입 의존도를 낮춰 경제 체질을 개선함과 동시에 미래 성장 동력을 확충하여 혁신 성장을 가속화하는 데 중점을 둔 목표라 할 수 있다. 분야별로 살펴보면 일자리 예산이 포함된 보건·복지·노동 분야의 예산이 가장 크게 증액되어 181.6조 원으로, 총지출 중 35.4%를 차지한다. 증감률로 보면 산업·중소기업·에너지 분야 예산이 작년 대비 27.5%로 가장 크게 증가하여 23.9조 원이 책정되었다.

특히 2020년은 미래의 혁신 성장을 가속화하면서도 현재의 어려운 경제 상황에 활력을 불어넣기 위해 많은 예산을 투입할 전망이다. 일자리 창출에는 기존의 예산을 더욱 늘려 역대 최대 규모인 25.8조 원이 투입되었다. 이는 전년 대비 21.3% 증가한 수치다. 소비자들의 편의와 안전을 증진하기 위한 예산을 살펴보면, 신기술을 위한 '스마트 인프라' 확충, 노후 시설을 보수하여 재난에 대비하는 '안전 투자' 강화, 그리고 미세먼지 저감 및 건강 증진을 위한 투자를 확대해나갈 전망이다. 나아가 정부는 '포용국가'의 기반을 공고화하기 위해 보건·복지 분야의 예산을 확대 편성했다. 이를 통해 사회·고용·교육 안전망을 보강하고 취약계층을 위한 맞춤형 지원을 아끼지 않을 전망이다.

2019년 8월 발표된 2020년 정부 예산안

단위: 조 원

구분	2019년	2020년	증감	
	(A)	(B)	(B-A)	(%)
총지출(조 원)	469.6	513.5	43.9	9.3
1. 보건·복지·노동	161.0	181.6	20.6	12.8
※ 일자리	21.2	25.8	4.5	21.3
2. 교육	70.6	72.5	1.8	2.6
※ 지방교육재정교부금	55.2	55.5	0.2	0.4
3. 문화·체육·관광	7.2	8.0	0.7	9.9
4. 환경	7.4	8.8	1.4	19.3
5. R&D	20.5	24.1	3.6	17.3
6. 산업·중소기업·에너지	18.8	23.9	5.2	27.5
7. SOC	19.8	22.3	2.6	12.9
8. 농림·수산·식품	20.0	21.0	0.9	4.7
9. 국방	46.7	50.2	3.5	7.4
10. 외교·통일	5.1	5.5	0.5	9.2
11. 공공질서·안전	20.1	20.9	0.8	4.0
12. 일반·지방행정	76.6	80.5	3.9	5.1
※ 지방교부세	52.5	52.3	△0.2	△0.3

출처: 기획재정부

2020 IT · 기술

글로벌 IT 전문 시장조사기관 가트너는 매년 〈하이프 사이클 보고서〉를 통해 다섯 가지 신기술 트렌드를 발표한다. 모든 기술은 마치 사람처럼 기대 속에 태어나서 성장하고 제 역할을 다하다가 서서히 성숙하며 사라지는 일생을 겪는다. 하지만 기술마다 그 주기에 차이가 있기 마련이다. 반짝하다가 지는 기술이 있는가 하면, 몇 년에 걸쳐 호황을 누리는 기술도 있다. 가트너의 〈하이프 사이클 보고서〉는 이처럼 하나의 기술이 혁신적인 기술로 주목을 받고 성장하면서 미래의 핵심 기술로 정점을 찍은 뒤 성숙 단계를 거쳐 산업적 대중화가 이루어지는 일련의 과정을 소개하는 보고서다. 2019년의 〈하이프 사이클 보고서〉에서 소개된 다섯 가지 신기술 트렌드를 통해 2020년에 소비자들이 맞이할 주요 IT · 기술의 변화를 살펴보도록 하자.[2]

첫 번째 키워드는 '센서 기술과 이동성Sensing and Mobility'이다. 센서는 온도·습도·위치 등 다양하고 많은 데이터를 획득·분석해 전달하는 핵심 부품이다. 즉, 센서 기술은 다양한 사물이 인간의 개입 없이 서로 통신하여 사람에게 고부가가치의 복합 서비스를 제공하는 사물인터넷IoT의 핵심 구성 요소라 할 수 있다. 특히 센서 기술이 인공지능과 결합하면 사물은 주변 환경을 더욱 잘 이해할 수 있고, 그로 인해 사물의 자발적 이동이 가능해진다.

두 번째 키워드, '증강인간Augmented Human'은 국내에서는 다소 낯선 개념이지만 〈하이프 사이클 보고서〉에 따르면 빠르게 도래하고 있는 기술 중 하나다. 증강인간이란 뇌-컴퓨터 인터페이스와 감성컴퓨팅 등 컴퓨터와 인터넷을 이용하여 인간의 생각과 감각을 제어하는 기술로, 이를 인간에게 적용할 경우 인체의 인지적·신체적 능력이 향상되는 상태를 의미한다. 이 기술이 점차 발전하면 웨어러블 로봇을 이용해 지금의 의수나 의족 형태에서 더 나아가 외골격 등의 신체 기능까지 향상시킬 수 있으며, 사람의 인지 기능과 감정도 제어할 수 있게 된다. 실제로 최근 국내 연구진과 미국 하버드대학교 연구진이 공동으로 국제 학술지 〈사이언스〉에 '초경량 엑소슈트exosuit(외골격 로봇)'를 개발했다고 발표했다. 이는 일상복처럼 간편히 입기만 하면 걷거나 달릴 때 힘이 덜 들게 도와주는 웨어러블 로봇으로, 부드러운 소재와 5kg의 가벼운 무게가 특징이다.[3]

세 번째 키워드는 '비고전적 컴퓨팅 및 커뮤니케이션Postclassical Compute and Comms'이다. 고전적 컴퓨팅이라면 우리가 익히 알고 있는 인텔과 AMD의 CPU가 대표적이다. 손톱만 한 공간에 수십억 개의 트랜지스터를 집적해서 만든 칩으로, 이를 이용해 스마트폰과 태블릿은 물론, 노트북·PC·슈퍼컴퓨터 등을 만들어냈다. 하지만 이러한 고전적 컴퓨팅은 계속해서 더 빠른 성능을 구현하는 데 한계가 있었고, 고전적 컴퓨팅을 넘어설 새로운 기술이 필요한 상황에 이르렀다. 그 대안이 바로 비고전적 컴퓨팅 및 커뮤니케이션이며, 대표적인 예로 양자컴퓨팅이 있다. 실제로 최근에는 지구상에서 가장 빠른 슈퍼컴퓨터로 약 1만 년 동안 계산해야 풀 수 있는 문제를 구글이 개발한 양자컴퓨터가 단 3분 20초 만에 해결했다.[4] 앞으로 비고전적인 컴퓨팅과 5G 등의 기술이 점차 발전하면 기존과는 차원이 다른 새로운 세계가 열리게 될지도 모른다.

네 번째 키워드, '디지털 생태계Digitalized Ecosystems'는 지난해에도 강조한 신기술인데 재차 등장했다. 기존의 구획화된 기술 인프라에서 벗어나 플랫폼 기반의 비즈니스 모델로 혁신하여 인간과 기술 사이를 이어주는 디지털 생태계를 구축해야 한다는 것이다. 각 기업들은 여러 디지털 생태계를 두루 살펴보고 각 디지털 생태계에 맞는 전략을 세워 적극적으로 참여하거나 스스로 디지털 생태계를 만들어 나가야 한다. 이를 통해 기업은 새로운 기술과 기존 기술을 활용하고 자동화된 프로세스를 갖춤으로써 비즈니스를 지속적으로 성장시킬 수 있다. 이러한 변화는 블록체인, 사물인터넷 플랫폼, 디지털 트윈과 같은 기술을 통해서 가능해질 것이다.

다섯 번째 키워드는 '고급 AI 및 고급 분석'이다. 이는 일반적으로 전통적인 비즈니스 인텔리전스BI, Business Intelligence의 기술과 방식을 넘어서 보다 복잡하고 정교한 기술과 도구를 사용하여 데이터 또는 콘텐츠를 자동으로 분석하는 것을 의미한다. 고급 AI 및 고급 분석은 머신러닝 · 엣지AI · AI 플랫폼AI PaaS 등 다양한 기술 및 기법으로 이루어져 있으며, 이를 통해 전통적인 규칙 기반의 알고리즘을 넘어서 이해 · 학습 · 예측 및 적응을 하며 스스로 가동되는 자율 시스템을 만들어낼 수 있다. 고급 AI 및 고급 분석이 점차 발전하면, 로봇이나 자율주행차와 같은 물리적인 제품뿐만 아니라 가상 개인비서와 같은 서비스 등 다양한 종류로 구현될 것이다.

2020 사회·문화

2020년은 선거를 치르는 해다. 4월에 진행될 제21대 국회의원 선거를 앞두고 일찍부터 정치권의 관심이 지대하다. 선거 때마다 등장하는 지역주의와 진영 논리가 이번에도 어김없이 등장하겠지만, 국민들은 어려운 시기인 만큼 정말 필요한 일을 할 일꾼들을 뽑기 위해 더욱 신중히 투표할 것으로 기대한다. 11월에는 미국 대통령 선거가 있다. 미국 대통령은 전 세계에 강력한 영향력을 행사하고, 특히 한국의 대외 전략에 중요한 영향을 주는 요인이기 때문에 미국 대통령 선거 역시 주목해야 할 대형 이벤트다. 누가 미국 대통령에 당선될 것인지도 궁금하지만, 도널드 트럼프 대통령이 연임을 위해 어떤 파격적인 조치를 내놓을지도 관심을 끈다.

대규모 국제 행사도 예정되어 있다. 8월에는 일본 도쿄에서 제32회 하계올림픽이 열린다. 시작도 하기 전부터 방사능에 오염된 후쿠시마산 식재료를 선수촌에 납품한다는 등 경기장에서 욱일기 사용을 허가한다는 등 각종 논란이 불거졌으나, 그럼에도 불구하고 우리나라 국가대표 선수들의 눈부신 활약을 기원해본다. 10월에는 전 세계 최대 규모의 월드 엑스포가 두바이에서 열린다. 2020 두바이 엑스포의 주제는 '마음의 연결, 미래의 창조'로, 기회·이동성·지속가능성이라는 세 가지 하위 주제 중 하나를 선택하여 각국의 최신 기술과 문화를 선보인다. 우리나라는 '세계를 당신에게 데려가주는 스마트 코리아'라는 주제로 한국의 혁신 기술과 K-팝 등 현대 문화를 선보일 예정이다. 또한 6월에는 UN총회가 주관하는 녹색 성장과 글로벌 목표 2030을 위한 연대P4G, Partnering for Green Growth and Global Goals 2030 정상회의가 아시아에서 처음으로 서울에서 개최된다. 이는 정부·국제기구·기업·시민단체 등 다양한 이해관계자들이 참여해 기후변화 대응 및 지속가능발전 관련 협력 사업을 적극 지원하고, 관련 지식과 성과를 공유하는 회의다.

2020년의 주목할 만한 제도적 변화는 1월 1일부터 50인 이상 300인 미만인 중소기업도 주 52시간 근무제를 확대 시행한다는 것이다. 이를 앞두고 중소기업계에서는 장기적인 경기 불황과 최저임금 인상에 따른 인건비 부담을 감안했을 때 아직 감당하기 힘들다며 어려움을 표출하고 있고, 관련 법안은 국회에 계류 중이라 곳곳에 과제가 남은 상황이다. 한편, 정부는 제도를 안착시키기 위해 필요한 조치를 모두 취하는 동시에 기업들의 부담을 덜어줄 정부 차원의 보완책을 마련하겠다는 입장을 밝혔다. 예정대로 시행된다면 경제에 미치는 영향은 물론이고, 많은 직장인들의 저녁시간이 바뀌면서 관련 소비트렌드도 크게 영향을 받을 것으로 보인다.

미디어 환경은 격변의 시대를 맞은 지 오래다. 유튜브, 넷플릭스 등의 플랫폼들이 지속적으로 성장하고 종편 방송사의 성공이 계속됨에 따라 기존의 전통적인 방송사의 위세가 점차 약해지기 시작했다. 특히 다수의 출연자와 스태프들이 함께 모여 만드는 TV 프로그램보다 소수의 인력을 동원한 파격적인 B급 영상 콘텐츠들이 더욱 큰 인기를 끌면서 주객이 전도되는 모습이 보이고 있다. '워크맨'·'와썹맨'·'채널 나나나'와 같은 예능 포맷의 유튜브 채널이 그 대표적인 예다. 특히 '채널 나나나'는 스타 예능PD가 개설한 유튜브 채널로,

한 종편 방송사의 5분짜리 프로그램인 〈아이슬란드 간 세끼〉의 비하인드 스토리를 유튜브 채널에 업로드하는 식의 독특하면서도 파격적인 포맷을 선보였다. 이러한 변화의 소용돌이 속에서 전통적인 지상파 3사 KBS · MBC · SBS는 어려움을 겪고 있다. 이미 KBS는 최근 광고 수입의 급격한 감소와 핵심 프로그램 투자의 어려움, 이에 따른 대규모 사업 손실 위기를 타개하기 위해 비상경영계획을 시행하기 시작했다.[5] 유튜브와 같은 영상 콘텐츠가 다변화되고 종편 방송사가 빠르게 성장하면서 지난 몇십 년간 독점적 지위를 지켜온 지상파 방송사의 매출과 영업이익에 적신호가 켜졌다. 앞으로 방송사가 이러한 미디어 환경변화에 어떻게 대응할지 귀추가 주목된다.

최근 유통 업계에서는 점차 사람이 없어지는 유통 혁명의 바람이 불고 있다. 국내 한 대형 유통 업체는 스마트폰 애플리케이션을 통해 마트에서 물건을 고른 뒤 따로 계산을 하지 않고 그냥 걸어나가기만 하면 자동으로 계산이 되는 '저스트 워크아웃 기술'을 적용한 완전 무인 매장을 도입했다. 이는 미국의 완전 무인 매장 '아마존고'와 같은 방식이다. 국내 유통 업계에서도 무인 시스템 확대에 박차를 가하고 있다. 간단한 키오스크 주문에서 시작된 무인의 바람이 이제는 무인 셀프 매장으로까지 발전하고 있는 것이다. 무인 매장에서 다루는 품목도 점차 다양해지고 있다. 기존의 편의점 · 패스트푸드점 · 극장에서 주로 볼 수 있었던 무인 매장은 이제 약국까지 확산되었으며, 사람이 아닌 로봇이 원두의 종류 · 진하기 정도 · 시럽의 양 등을 원하는 대로 조절해주는 맞춤형 커피를 제공하는 카페도 문을 열었다.[6] 이처럼 유통 업계에 부는 무인 바람은 최근 최저임금의 인상으로 인해 점차 확대되고 있으나, 노인이나 장애인 등 이런 무인화 서비스를 쉽게 이용하기 어려운 취약계층의 소비자가 소외되지 않도록 하는 방안이 절실하다.

소비자의 여가는 '틈새 여가'와 '한 달 살기'라는 두 가지 양상이 더욱 세분화·다양화되어 발전할 것으로 보인다. 우선 집 주변 가까운 곳에서 휴식을 취하거나 주말에 가볍게 국내에서 기분 전환을 할 수 있는 틈새 여가가 점차 더 발전할 전망이다. 이와는 반대로 제주도나 치앙마이·방콕 등 한 달 살기로 유명한 국외 지역에서 약 한 달간 거주하며 휴식을 취하고 견문을 넓히는 여행 트렌드도 점차 확대될 것으로 보인다. 또한 개인의 취향에 따라 여가를 즐기는 모습이 점차 다양화될 전망이며, 자신의 취향에 맞게 여가와 휴식에도 테마를 잡고 이를 더욱 다채롭게 즐기기 위한 노력이 이어질 예정이다. 소비자 취향의 세분화는 비단 여가산업뿐만 아니라, 최근 시장을 움직이는 가장 중요한 화두 중 하나다.

지금까지 정치·경제·사회·미디어 등 각 분야에서 큰 변화를 예고하고 있는 2020년을 간략히 내다보았다. 아무리 혼란과 어려움이 예상된다고 해도, 대비할 수 있는 한 극복할 수 없는 위기는 아닐 것이다. 돌이켜보면 2008년 세계 금융위기 이후 어렵지 않은 해가 있었던가? 수많은 위기를 헤쳐나갔던 오래된 만화영화의 주인공 '마이티 마우스'처럼 우리 국민 한 사람 한 사람이 힘을 합쳐 분투한다면, 오래전부터 준비해온 '비전 2020'의 빛나는 한 해를 만들 수 있을 것이라고 희망을 걸어본다. 힘내라, Mighty Mice!

Me and Myselves

멀티 페르소나

이제 '나 자신'을 뜻하는 myself는 단수單數가 아니라 복수複數, 즉 myselves가 되어야 맞다. 현대인들이 다양하게 분리되는 정체성을 갖고 있기 때문이다. 직장에서와 퇴근 후의 정체성이 다르고, 평소와 덕질할 때의 정체성이 다르며, 일상에서와 SNS를 할 때의 정체성이 다르다. SNS에서도 그것이 카카오톡이냐, 유튜브냐, 트위터냐, 인스타그램이냐에 따라 각기 다른 정체성으로 소통을 하고, 심지어는 하나의 SNS에서 동시에 여러 계정을 쓰며 자신의 모습을 이리저리 바꾼다. 마치 중국의 변검배우가 가면을 순간순간 바꿔 쓰듯이, 현대 소비자는 매 순간 다른 사람으로 변신한다. 이 가면을 학술적으로 '페르소나persona'라고 한다.

원래 페르소나는 고대 그리스에서 배우들이 쓰던 가면을 일컫는 말이었는데, 오늘날에는 심리학에서 타인에게 비치는 외적 성격을 지칭하는 용어로 쓰인다. 현대사회가 점차 복잡하고 개인화된 다매체 사회로 변하면서 페르소나가 중요한 개념으로 새삼 떠오르고 있다. 최근에 다양한 양상의 트렌드가 나타나는 것도 "사람들이 자기 상황에 맞는 여러 개의 가면을 그때그때 바꿔 쓰고 있기 때문"이라고 분석할 수 있다. 『트렌드 코리아 2020』에서는 이 복수의 가면을 '멀티 페르소나'라고 부르고자 한다.

멀티 페르소나의 시대, 인간의 다원성은 확장되었지만 역설적으로 정체성의 기반은 매우 불안정해졌다. 사회적으로는 소비자의 정체성이 과도하게 기술적으로 결정되는 부작용을 주의해야 하고, 기업들은 고객의 다원화된 정체성과 상황에 맞는 유연한 커뮤니케이션에 힘써야 한다. '나다움'이란 무엇인가? 진짜 나는 누구인가? 다매체 시대를 사는 현대인의 고민이 깊어지고 있다.

퇴근 시간이 가까워오자 상사가 말한다. "오늘도 매 순간 불태웠으니……" 회식을 제안하려는 순간, 검도복으로 갈아입은 막내사원이 당차게 대답한다. "막내 먼저 가보겠습니다!" 상사는 당황한 기색을 애써 감추면서 "그래!" 하며 흔쾌히 보내준다.

– 롯데칠성 커피 음료 '칸타타' 광고

"숟가락 들 힘도 없어……"라며 지쳐 있는 선배들 사이에서 후배는 외친다. "열일하던 막내의 이름을 버리고 '인싸'의 라이프를 찾아 떠납니다!" 그러고는 이내 한강에서 달리기를 하고 있다.

– 정관장 광고

요즘 광고에서 자주 보이는 풍경이다. 젊은 밀레니얼 직장인이 '워라밸'을 중시하는 경향을 소재로 이용한 것이지만, 잘 살펴보면 또 하나의 공통점이 있다. '직장에서의 나'와 '퇴근 후 나'의 모습이 판이하게 다르다는 점이다. "직장에서는 눈치 보는 막내일지 모르지만, 퇴근 후에는 내 삶의 인싸다!" 하는 '정체성의 모드전환'이 고스란히 표현됐다.

이렇듯 요즘 사람들은 '모드전환'에 능하다. 위의 광고에서처럼 회사에서는 평범한 직장인이다가 퇴근하는 순간 인싸(인사이더insider의 준말로 집단의 주류를 뜻하는 용어)로 모드전환한다. 온순하던 사람이 정치 얘기만 나오면 특정 정당의 열렬한 투사가 되기도 하고, 평범한 주부가 BTS 얘기만 나오면 갑자기 눈을 반짝거리는 '아미'로 바뀐다. 컴퓨터 자판의 Alt와 Tab을 동시에 누르면 순간적으로 프로그램이 바뀌듯이, 사람들은 순간순간 자기 정체성을 전환한다.

2020년 대한민국 소비트렌드를 조망하는 본서의 이번 10대 키워드들이 보이는 가장 큰 경향성 중의 하나는 소비자 한 사람 한 사람이 맥락에 따라 세분화되면서, '진짜 나'와 '다른 나'의 구분이 선명해지고, '그 상황의 정체성에 맞는 소비'가 중요해졌다는 점이다. 구체적으로 말하면, 고정적으로 뭔가를 소유하기보다는 '그때그때 상황에 따라' 자신에게 진짜 필요한 것만 스트리밍해서 생활하거나(스트리밍 라이프), 수동적인 소비자에 머물기보다는 '진짜로 자기 마음에 드는' 브랜드나 상품을 직접 키워내거나(팬슈머), '자기가 진짜로 좋아하는 일'을 하기 위한 시간 확보를 위해 하기 싫은 일을 대신 처리해주는 서비스에 프리미엄을 지불하거나(편리미엄), '지금과는 다른 나'를 꿈꾸며 성장에 올인하는(업글인간) 소비자가 크게 늘었다는 것이다. 심지어는 나이 지긋한 실버 세대도 유튜브와 인스타그램을 자유자재로 드나들며 '과거와는 다른 자신'을 뽐내고 있다(오팔세대). 이러한 변화에 부응하기 위해서, '상황에 따라 시시각각으로 바뀌는' 소비자의 니즈에 특화시킨 상품이 필요하고(특화생존), 기술 역시 '상황에 따라 바뀌는 소비자' 하나하나에 맞춘 기술로(초개인화 기술) 대응해야 한다.

밀레니얼 세대가 모드전환에 능하고, 상황에 따라 삶의 방식이 세분화되면서, '진짜 나'의 모습이 다면화된다는 사실은 무엇을 의미할까? 이러한 트렌드의 밑바닥을 흐르는 공통된 근인根因은 무엇일까? 그 뿌리를 이해할 수 있다면, 지금의 트렌드 변화를 좀 더 근원적으로 이해할 수 있을 것이다. 대체 무엇일까? 이 모든 변화의 행간을 흐르는 가장 중요한 동인은?

그 해답으로서 현대인들이 다양하게 분리되는 정체성을 갖게 되었다는 사실을 지적하지 않을 수 없다. 직장에서의 정체성과 퇴근 후의 정체성이 다르고, 평소의 정체성과 덕질할 때의 정체성이 다르며, 일상에서의 정체성과 SNS를 할 때의 정체성이 다르다. SNS도 그것이 카카오톡이냐, 트위터냐, 유튜브냐, 인스타그램이냐에 따라 모두 다른 정체성으로 메시지를 올린다. 문제는 사람들이 이런 정체성의 분리를 전혀 어색하지 않게 느낀다는 것이다. 이것은 큰 변화다. 과거에는 '지킬과 하이드'처럼 정체성이 분리되는 것을 해리성 '인격장애'라고 불렀다. 일종의 정신 질환으로 취급된 것이다. 하지만 현대사회에서 정체성의 분리는 아주 자연스럽고 필연적인 현상이 됐다. 마치 중국의 변검배우가 가면을 순간순간 바꿔 쓰듯이 말이다. 이 가면을 학술적으로 '페르소나persona'라고 한다.

> "인간은 천 개의 페르소나를 갖고 있고, 상황에 맞게 꺼내 쓴다."
>
> **– 칼 구스타프 융**

페르소나는 심리학에서 타인에게 비치는 외적 성격을 지칭하는 용어다. 원래 페르소나는 고대 그리스에서 배우들이 쓰던 가면을 일컫는 말이었는데, 구스타프 융이 이것을 심리학에 차용해 인간은 1천 개의 페르소나를 가지고 있어서 상황에 따라 적절한 페르소나를 바꿔가며 산다고 설명했다.

페르소나는 오래된 용어지만, 현대사회처럼 복잡하고 개인화된 다매체 사회에서 중요한 개념으로 새삼 떠오르고 있다. 다시 말해서 최근 몇 년간 나타나고 있는 많은 트렌드를 관통하는 동인은, "사람들이 자기 상황에 맞는 여러 개의 가면을 그때그때 바꿔 쓰고 있기 때문"이라고 설명할 수 있다는 것이다. 이 복수複數의 가면을 『트렌드 코리아 2020』에서는 '멀티 페르소나multi-persona' 즉, '여러 개의 가면'이라고 부르고자 한다. 멀티 페르소나는 말하자면 본서의 여러 트렌드는 물론이고 최근의 사회 변화를 이해하는 '만능키'라고 할 수 있다. 지금부터 개념과 배경, 그리고 시사점에 대해 알아보자.

페르소나의 개념과 배경

'페르소나'는 사실 어려운 개념이지만 최근 들어 그 말이 낯설지 않게 되었다. 글로벌 아이돌 방탄소년단BTS의 신작 앨범이 바로 "나는 누구인가?"라는 숙명적 질문을 던지며 '정체성', 즉 페르소나를 전 세계적인 화두로 만들었기 때문이다. 사실 "나는 누구인가?"라는 질문은 여러 문화권의 신화에서 공통으로 나타나는 매우 본질적인 질문이다. 어쩌면 수많은 종교들도 결국은 이 정체성의 질문에 대한 답을 찾아가는 과정일지도 모른다. 인간은 늘 정체성의 혼란을 겪어왔지만 현대에 들어와서 그 현상이 더욱 심화되고 있다. 그 이유가 무엇인지 배경을 알아보도록 하자.

노마디즘의 시대, 다원화하는 정체성

전통적으로 사람의 정체성은 혈통과 직업을 기반으로 형성되었다. 우리 각자가 가지고 있는 성씨만 하더라도 부성父性에 기반한 전통의 산물이며, 과거 서구에서는 직업의 명칭을 따서 이름을 짓기도 했다. 혈통과 직업은 매우 안정적인 기반이었다.

그런데 현대에 들어서며 정주가 아닌 이주, 즉 노마디즘nomadism의 시대가 도래했다. 사회가 개인화하면서 혈통의 의미가 퇴색하고, 직업 영역에서도 여러 일을 동시에 수행하는 이른바 N잡러와 긱gig 노동자가 급증하면서, 정체성의 기반이 흔들리게 된 것이다.[1] 이제 유연한 자아flexible self의 시대가 도래하고 있다. 인도의 신 비슈누Vishnu가 10개의 아바타를 가지듯이 동시대는 한 사람이 여러 사람이 될 수 있는 시대가 되었다. 나아가 다양한 SNS 시대를 맞이하면서 인간 정체성의 복합성은 더욱 확장되고 있다.[2]

다양한 자아 정체성 표출은 단일 자아에게 일률적으로 귀속되는 것이라기보다는 그 자체로 멀티 페르소나를 이루며 존재하게 된다. 이러한 멀티 페르소나는 공간과 시간을 초월하고 순간순간이 업데이트되며, 상호작용을 통해 끊임없이 변화하고, 리셋이 가능해 완전히 다른 인생의 모습으로 빠르게 '모드전환'할 수 있다. 즉, 정체성은 고정불변의 절대적인 것이 아니라 상대적이며 유동적인 개념으로 변화한다. 특히 온라인에서의 '정체성 놀이'는 현실 그대로를 재현하는 것이 아니라 상상·융합·변형을 통해 구현되는 폭넓은 자유도를 갖게 되었다.

자기 정체성의 변화 폭은 연출·편집 능력에 따라서 커지고 빨라

페르소나는 고대 그리스 연극 배우들이 썼던 가면을 일컫는 말이었다.
심리학자 융에 따르면 우리는 모두 "천 개의 페르소나"를 갖고 있다.
오늘날 이해하기 어렵고 상충하는 많은 트렌드가 나타나는 것은
사람들이 여러 개의 가면을 갖고 상황에 따라 그때그때 바꿔 쓰기 때문이다.
즉, '멀티 페르소나'는 최근의 사회 변화를 이해하는 '만능키'라고도 할 수 있다.

진다. 주변을 살펴보면 복싱하는 여배우, 노래하는 군인, 운동하는 아나운서, 보디빌더 소방관, 쿨가이 기업가 등 "○○하는 누구"가 많아졌다. 이러한 사례는 현대인이 다양한 정체성의 조합으로서 '모듈형 인간'을 지향하고 있음을 보여준다. 모듈성이란 정체성이 크고 작은 레고 블록처럼 개별성을 유지한 상태로 서로 합쳐지고 변화되고 확장되면서 항시 수정 가능한 상태로 이루어지는 것을 지칭한다. 정체성의 레고 블록은 조합 방식과 형태에 따라 각각 다른 모형으로 만들어진다. SNS 시대에 사람들은 이러한 모듈형 방식을 통해 유동적으로 자기 정체성을 구현해나간다.[3]

온라인 공간의 트랜스 아이덴티티

현대사회에서 정체성 변화의 폭이 과거와는 비교할 수 없게 커지는 가장 중요한 이유는 무엇보다 온라인 플랫폼이 발달하면서 정체성의 다양한 조합이 가능해졌다는 점을 들 수 있다. 혈연이나 직업을 기반으로 한 오프라인 정체성 의식의 비중이 작아지는 반면, 온라인 무대 위에선 다양한 페르소나의 향연이 펼쳐지고 있는 것이다.

예를 들어 온라인 게임에서 유저들은 자신의 나이를 속이는 경우가 종종 있다. 게임 유저들 사이에서는 나이로 인한 위계질서가 있어서 얕잡아 보이지 않기 위해 또는 또래처럼 보이기 위해 나이를 속이는 것이다. 게임 캐릭터를 선택할 때 다른 성별을 고르기도 한다. 게임 공간 속에서 '트랜스젠더'가 되는 것이다. 다중사용자 온라인 롤플레잉게임MMORPG에서는 가족이나 친구의 주민번호를 사용해 트랜스젠더가 되는 경우가 많다.[4]

게임을 시작하고 길드에도 가입해 즐거운 게임 라이프를 만끽하던 중, '새미아'라는 여자 집시를 만났습니다. 이모티콘 남발이나 말투나, 어느 면모를 보더라도 여자아이임이 확실했기에 아무도 의심치 않았는데, 이 애가 어느 날 군대를 간다는 겁니다. 그래서 모두 "아, 여군?" 하고 되물었더니, "아니, 현역 공군"이라고 말하고는 ㅋ를 연속으로 날리며 웃는 게 아니겠습니까……. 나중에 정모 때 보니 정말 그냥 남자더군요. 착각하거나 오해할 수 없는 남자……. 뒤통수 한 번 제대로 맞은 충격적인(!) 경험이었습니다.[5]

사이버공간에서는 이처럼 유연한 자아를 가질 수 있다. 가상공간의 정체성에서 혈통이나 사회적 역할을 통한 자아 규정은 별로 중요하지 않다. 성별·연령·계층과는 상관없이 이른바 탈육체화된 특징을 보이며 기존 형식을 벗어나 모든 조합이 가능한 캐릭터의 형태로 재구성되어 끊임없이 유동하게 된다. 자아, 즉 Myself는 복수형인 Myselves로서 다중자아로 진화하게 되는 것이다.

이러한 현상을 트랜스 아이덴티티trans-identity라고 부른다. 트랜스 아이덴티티는 접두어 트랜스의 의미처럼 정체성을 넘나들 수 있다는 의미다. 영화 속 배트맨·헐크·슈퍼맨 등의 슈퍼 히어로들은 현실에서 변신을 거듭하는 다중정체성을 가지고 있는 인물이다. 온라인 공간에서는 일반인도 이들처럼 현실과 가상을 오가면서 히어로가 될 수 있다.[6]

SNS 시대의 다계정성

이제는 온라인 공간을 자주 이용하는 정도를 넘어, 각종 SNS 플랫폼을 통해 자기를 표현하고 소통하는 시대다. 이제는 SNS 인맥이 더 중요하고, 오히려 오프라인 인맥을 '실친'이라고 따로 부를 정도다. 실친보다 페친(페이스북 친구), 인친(인스타그램 친구)을 더 신뢰한다. SNS 자체가 새로운 정체성을 만드는 플랫폼이 되고 있는 것이다.

최근 SNS 세상을 살펴보면 본 계정을 그대로 둔 채로 운동·음식·반려동물·공부 등의 관심사 등을 보여주는 '부계정'들이 늘고 있다. 공부 필기 인증, 아이돌 덕질 등 '전문 계정'부터 낙서 모음, 상처 사진 모음, 도심 동상 사진 모음 등의 소위 '취향 계정'까지 다양한 부계정이 등장했다. 과거에는 하나의 SNS 계정에 본인의 다양한 일상과 취미를 백화점 상품 진열하듯이 전시했다면, 이제는 SNS별로 다양한 계정을 만들어 취미 등의 관심사를 따로 분류해 다양한 부계정을 만드는 것이다. 이러한 계정들은 취향이 비슷한 사람들과 해시태그를 통해 연결되고 소통하며 향유하는 수단이 된다.

개개인들은 다른 계정으로 옮길 때마다 연극에서 가면을 바꿔 쓰듯이 일종의 연기를 한다. 예를 들어, 최근 인기가 높은 반려견 계정의 경우 자신이 키우는 반려견의 시점에서 SNS 콘텐츠를 만들어 올린다. 반려견을 통해 또 다른 자아의 모습을 보여주는 것이다. 인기 연예인들까지 이러한 대열에 합류하고 있어 팬들 사이에서는 스타만큼 유명한 반려견이 생기기도 했다.[7]

이러한 현상은 SNS의 유형이 다양해지고 각각의 특성별 온라인 계정이 많아지며 더욱 심화됐다. 예전에는 특정 SNS 플랫폼이 뜨면 자신의 관심사나 일상을 모두 이곳에 집중적으로 업로드하다가, 또 다른 SNS가 부상하면 그곳에 몰려가 지인들과 게시물을 공유하는 방식이었다. 그러나 이제는 하나의 '대세 SNS'가 유행하기보다는 SNS의 특성별로 각 계정을 자유롭고 유연하게 이용하는 경향을 보인다. 예를 들어, 페이스북은 텍스트나 오프라인 인맥 관리 위주이고, 인스타그램은 이미지 위주의 포스팅, 트위터는 정치적인 의견을 피력하는 통로로 삼는 식이다. SNS 계정별로 다양한 인격의 페르소나를 투영하며 자아 정체성의 다양성을 통합하는 방식을 활용하는 것이다.

스마트폰·태블릿·노트북 등 디지털 기기의 교체 주기가 빨라진 것도 이러한 흐름에 기여했다. 또한 개인이 여러 개의 디바이스를 사용하면서, 주기기 외에 부기기를 사용할 때 다른 번호나 계정이 자연스럽게 필요해졌기 때문이기도 하다. 결국 SNS의 일상화와 스마트기기의 다양화로 게시하는 콘텐츠의 양과 종류가 크게 늘어나게 되었다. 과거에는 SNS에 게시물을 많이 올리는 사람을 가리켜 '관종'이라고 일컬었지만, 이제는 "누가 더 멋지게 자기의 일상을 올리는가?"가 중요해지면서 부계정의 중요성은 더욱 커졌다.[8]

온라인상의 여러 계정과 각기 다른 정체성은 세계적인 현상이기도 하다. 글로벌웹인덱스GlobalWebIndex의 시장조사 리포트에 따르면 인터넷 사용자 중 98% 이상이 SNS를 이용하고 있으며, 한 사람당 평균 7.6개의 계정을 보유하고 있는 것으로 나타났다. 실제로 Z세대 이용자들은 보통 인스타그램 계정을 두 개 이상 가지고 있으며 각 계정에 서로 상반되는 라이프스타일과 정체성을 표출한다.[9] 예를 들

▶▶▶ SNS 이용의 증가와 스마트 기기의 다양화로 사람들은 다수의 SNS 계정을 통해 각기 다른 페르소나를 투영하고, 그 결과 현실과 사이버공간의 자아분열이 발생한다.

어 하나는 '린스타Real Instagram Account'이고, 다른 하나는 '핀스타Fake Instagram Account'다. '린스타'는 세련되고 이상적인 자신의 모습을 노출시키는 데 쓰이고, '핀스타'는 진실되고 자연스러운 모습을 보여주는 데 쓴다.[10] 진짜 계정에는 과장과 거짓이, 페이크 계정에 오히려 진실과 현실이 엇갈려 표현되는 모순과 역설이 나타난다.

프라이버시 SNS의 등장

부계정을 넘어 '뒷계정'이라는 말이 등장하기도 했다. 이는 부계정보다 더욱 은밀한 의미를 담은 버전으로서, 익명으로 말 못할 고민을 털어놓거나, 타인이 이해하기 어려운 특이한 취미를 펼치거나, 자신만의 성적 욕망을 이야기하는 곳이다. 그래서 오히려 이런 뒷계정에서 사람들은 자신을 더욱 솔직하게 드러내고 진실해지며 이를 보는 사람들도 더 공감하고 흥미를 느끼게 된다.[11] 예를 들어 카카오톡 익명 대화방인 '고독한 직장인 방'·'고독한 고양이 방'이나 대학별·직장별로 고민을 털어놓는 페이스북 계정 '○○ 대나무숲'·대학생 커뮤니티 앱 '에브리타임'처럼 익명으로 다양한 사람들과 여러 이야기를 나누는 플랫폼이 증가하고 있다. 이곳은 익명성을 바탕으로 자신의 솔직한 생각과 정체성을 표현하는 통로다. 또 어떤 사람들은 SNS의 수많은 인맥 관계에 싫증을 느끼고 자주 보고 관계가 깊은 사람들 몇몇과만 소통하는 계정을 만들기도 한다. 일종의 관계 미니멀리즘을 부계정을 통해 만드는 모순적 상황이다.[12]

뒷계정 혹은 익명공간의 탄생은 SNS의 역할이 연결보다는 스스로를 자유롭게 표현하고 정체성을 만들어가는 사적 공간으로 바뀌어 가고 있음을 의미한다. 페이스북 CEO, 마크 저커버그 또한 2019년 3월, '프라이버시 중심의 소셜네트워크'라는 새로운 비전을 밝히는 글을 올렸다. 그는 "페이스북은 사람들을 친구와 커뮤니티, 관심사가 같은 사람들과 연결해주는 디지털 '마을 광장' 역할을 했지만, 이제 사람들은 더욱 사적으로 교류할 수 있는 디지털 '거실'에 더 관심을 보이고 있다"며 "미래 인터넷에서는 프라이버시 중심 커뮤니케이션 플랫폼이 현재의 개방형 플랫폼보다 중요해질 것"이라고 강조했다. 이렇듯 자신의 흔적들이 불특정 다수에게 노출되고 한번 뱉은 말이 영원히 박제되어버리는 개방형 소셜미디어에 대한 경계심이 그 어느 때보다 높아지고 있다. 보다 편안하게 자기 자신만의 삶을 만들어 나갈 수 있는 디지털 공간에 대한 수요가 커졌다. 결국 SNS는 사람들을 연결하는 기능보다 개개인이 향유하는 사적 공간으로서의 역할이

더 중요해졌고, 이제 개개인의 정체성을 자유롭게 구현하는 장으로서 자리 잡고 있는 것이다.[13]

셀피 시대와 다원화 시대의 정체성

최신 스마트폰 경쟁은 이제 카메라 경쟁이라고 할 만큼, 스마트폰에서 사진, 특히 셀카 기능이 중요해졌다. 어디서나 사람들이 자기 얼굴을 향해 폰을 들어올리는 장면을 쉽게 발견할 수 있다. 이 셀카(외국에서는 '셀피'라고 부른다)의 일상화 역시 멀티 페르소나 신드롬의 확산에 작지 않은 영향을 미쳤다.

엘자 고다르Elsa Godart는 저서 『나는 셀피한다 고로 존재한다』에서 디지털 기술을 통해 인간이 자기 자신 그리고 세상과 새로운 관계를 맺게 된 현대를 가리켜 '셀피 단계'라고 지칭한다. 철학자 라캉은 아기가 거울을 통해 처음 자기 자신을 인식하고 타인과의 관계를 형성하는 시기를 '거울 단계'로 설명하기도 했다. 이러한 이론을 현대인에게 적용한다면 스마트폰 화면은 거울로 대체될 수 있고, 화면을 통해 가상의 자기 자신이 타인과 만난다는 점에서 셀피 단계는 거울 단계와 상통한다.

셀피 단계에서는 사진으로 찍힌 가상의 자아가 없으면 더 이상 자신을 파악할 수 없다. 인간이 셀피를 통해 실물보다는 자기 이미지의 재현으로만 남으려 하기 때문이다.[14] 19세기의 철학자 데카르트가 "나는 생각한다, 고로 존재한다"고 말했다면 SNS 시대, 고다르는 "나는 셀피한다, 고로 존재한다"고 말한다.

요즘에는 그냥 셀카를 찍는 것이 아니라, 다양한 앱을 사용해 자신의 모습을 보정·변형한다. 과거에는 사진에 찍힌 나의 모습이 단일했지만, 요즘 셀카에서는 '다양한 나'로 나타난다. 타인에게 보이는 나의 모습을 중요하게 생각하고 '남이 생각하는 나'에 대해서도 신경을 쓰기 때문이다. 그 결과, SNS 등의 사이버공간에서 자신의 모습은 서로 다를 뿐만 아니라 현실과 사이버공간의 자기 모습과도 차이가 커진다. 이른바 '자기불일치', '자기불화', '자아분열'의 문제가 불거지는 것이다.[15]

현대인의 정체성 분열은 다원화된 사회의 귀결이라는 견해도 있다. 오스트리아 철학자, 이졸데 카림Isolde Charim은 그의 책 『나와 타자들』에서 현시대를 다원성의 시대로 규정한다. 카림에 따르면, 현대인들 곁에는 늘 '다른 사람' 즉, 국적·인종·피부색·문화감성·성적취향 등 정체성이 서로 다른 이들이 함께 살아간다. 동질성이 파괴된 시공간에서 인간은 곁에 누가 있느냐에 따라, 즉 상황이 어떻게 변하느냐에 따라 끝없이 자기를 재구축하는 실천을 한다. 이른바 미추에이션metuation(me와 situation의 합성어)의 시대에 살고 있는 것이다. 이런 상황에서 더 이상 당연한 정체성은 존재하지 않는다. 카림은 "우리는 매일매일 다르게 살 수 있고, 완전히 다른 존재가 될 수 있다"고 설명하며 이를 3세대 개인주의라 명명하기도 했다.[16]

결국 다원화 시대에 개인들의 정체성 의식은 극적으로 감소하고 동질적인 '우리'라는 의식은 줄어든다. 예전에 알고 있던 '우리'와 완전히 다른 정체성과 연결되면서 이제 개개인들은 축소된 자아를 경험한다. 과거의 동질 사회와는 다르게 이제 모든 정체성은 불안정해졌다. 이제 다원성은 현대사회의 돌이킬 수 없는 과정이자 특징으로 자리 잡았다. 결국 다원화가 고도화된 사회에서 사람들은 "나는 나를 누구라고 생각해야 하는가?"라는 질문을 끊임없이 던진다.[17] "나는 누구인가?"라는 질문도 어려운데 이제 나 자신을 어떻게 생각해야 하는지를 스스로에게 물어야 되는 상황인 것이다.

멀티 페르소나의 여러 모습

그렇다면 멀티 페르소나 현상이 실제 시장에서는 어떠한 형태로 발현하고 있을까? 직접 관련이 있다고 여겨지는 몇 가지 사례 중에서 ① 양면적 소비의 증가 ② 취향 공동체의 발달 ③ 나를 표현하는 캐릭터와 굿즈 열풍 ④ 패션·미용산업 등에서 젠더 개념의 유연화 ⑤ 디지털 허언증과 느슨한 연대에 대해 간략히 살펴보도록 한다.

양면적 소비의 증가

"앞으로는 초저가와 프리미엄만 살아남을 것이다."

초저가의 '노브랜드 버거'와 프리미엄 가격대의 '자니로켓 버거'를 동시에 취급하는 신세계그룹의 정용진 부회장이 이렇게 강조했다고 한다.[18] 사실 이러한 소비의 양극화는 꽤 오래전부터 진행돼왔다. 중요한 점은 "왜 그런가?"다. 예전에는 부유한 소비자는 비싼 프리미엄 상품을, 가난한 소비자는 초저가 상품을 구매한다고 생각했다. 하지만 요즘에는 한 사람의 소비자가 저가와 프리미엄 버거를 모두 소비한다. 간단하게 한 끼를 때워야 할 때는 가성비 버거를, 근사한 데이트를 할 때에는 프리미엄 버거를 구매하는 식이다. 이제 소비의 양극화보다는 양면화라는 표현이 더 적확해 보인다. 이를 두 얼굴을 가진 로마신화의 신, 야누스Janus에 빗대 '야누스 소비'라고도 한다.

야누스 소비는 이름을 바꾸며 다양한 형태로 시장에 나타난다. 한 가지 명품에 집중하는 '일품명품주의' 혹은 '일점호화소비'도 자신이 좋아하는 한두 품목에서는 럭셔리를 추구하고 나머지는 극도로 절약한다는 측면에서 양면적 소비의 한 예다. '가성비' 트렌드와 '프리미엄' 트렌드가 동일한 선상에서 이해될 수 있다는 것도 양변성의 반영이다. 이런 양면적 소비를 '멀티 페르소나' 개념을 사용하면 쉽게 이해할 수 있다. 소비자가 상황에 따라 가면을 바꿔 쓰고, 그 페르소나의 성격에 따라 가성비냐 프리미엄이냐가 결정된다는 것이다.

정체성 발현의 도구, 취향

100명의 소비자가 있다면 100개의 취향이 존재한다고 할 만큼 그야말로 취향 전성시대다. 워라밸 트렌드가 확산되고 저녁의 삶을 즐기는 이브닝 컨슈머evening consumer들이 늘어나면서 퇴근 이후 취미 생활을 통해 삶을 풍요롭게 만들고자 하는 사람들이 늘었다. 살롱 문화에서 재능 마켓까지, 일과 양립되는 취미 중심의 라이프스타일이 직업적 정체성을 넘어 취미·취향 페르소나가 무척이나 중요해지는 시대를 열고 있다.

현대사회에서 취향은 단순히 개인이 즐기는 취미의 차원이 아니다. 소통과 소속의 욕구를 실현하기 위해 SNS에서 취향을 기반으로 인맥을 형성하고 이를 통해 소속되기를 원하며 지속적인 취미 향유를 통해 자신의 정체성 의식을 형성해나간다. 이러한 취향의 중시는 전술했던 직업 정체성의 변화와도 밀접한 관계가 있다. 전통사회에서는 직업을 기반으로 이름이 지어지던 시절도 있었지만, 이제 직업 정체성은 몇 년이 갈지 불확실한 일시적인 정체성에 불과하다. 회사에 입사하자마자 또 다른 직업을 꿈꾸는 퇴사준비생이 돼버린 사회에서, 밀레니얼 세대에게 직업 정체성보다는 소확행을 목표로 인생을 즐기고자 하는 '취향 정체성'이 더욱 중요해지고 있다.

자신의 취미를 직업으로 만드는 사람도 늘었다. 부정적 의미가 강했던 '덕후'도 이제 취미로 돈까지 버는 사람으로 존경받는다. 관련 신조어도 등장하고 있다. 하비프러너hobby-preneur는 '취미를 발전시킨 창업'이라는 의미이며, 호큐페이션hoccupation은 취미hobby와 직업occupation을 결합한 말이다.[19]

취향이 중요해지면서, "나의 진짜 취향은 무엇인가?" 하는 문제도 중요해지고 있다. 최근 다양한 취미 생활을 하루씩 배워보려는 '원데이 클래스'가 인기인데, 이런 현상도 같은 맥락에서 이해할 수 있다. 밀레니얼 세대의 젊은 어머니들은 자녀에게 피아노나 태권도처럼 획일적인 취미를 가르치지 않는다. 다소 유별나다고 해도 "네가 좋아하는 것을 하라"는 경향이 강해졌다. "나는 무엇을 진짜로 좋아하는가?"가 모두가 답해야 할 중요한 질문이 되고 있다.

나를 표현하는 캐릭터와 굿즈 열풍

취향 정체성이 중요해지면서 자신의 다면적 정체성을 소비로 표현하는 사람들도 늘고 있다. 대표적인 사례가 '나 자신의 캐릭터화'다.

2019년 신규 출시된 갤럭시S10과 갤럭시노트10은 증강현실AR 형태로 나를 닮은 캐릭터를 만들고, 그 캐릭터가 현실의 내 동작을 따라하는 등 '내 이모지 만들기' 기능을 한층 더 강화했다. 아이폰도 상대방과 문자를 나눌 때, 내 캐릭터인 '미모지'를 상대방에게 보여주는 기능을 iOS 13에 새롭게 탑재했다. 스마트폰 안의 '이모지 캐릭터'는 현실의 나와 유사하면서도 또 다른 멀티 페르소나인 셈이다.

굿즈도 과거에 비해 '나를 표현하는' 기능 중심으로 발전하고 있다. 2014년까지만 해도 굿즈는 아이돌 등의 연예인이나 애니메이션 등 팬덤 문화를 통해 형성되었다. 그런데 2015년부터 정치·사회적 정체성을 표현하며 그 의미와 대상이 확장되고 있다. 실제로 아이돌·연예인·애니메이션 등의 전통적 굿즈는 감소하는 추세지만, 자신의 가치관과 정체성을 표명하고 공유할 수 있는 굿즈는 늘고 있다. 특히 카카오톡이나 라인 등 메신저 앱의 캐릭터가 실생활에서도 뜨거운 반응을 얻고 있는 현상에 주목해야 한다. 굿즈와 캐릭터가 자기를 표현하고 소속과 연대의 기능까지 수행하고 있는 것이다.[20]

HS애드의 빅데이터 분석에 의하면, 소비자들이 굿즈를 통해 얻는 감성과 욕구 중 가장 큰 것은 '소장 욕구'였다. 이는 굿즈가 소비물을 통한 자기 정체성의 확장으로 이어지는 **확장 자아**로서 기능한다고 해석할 수 있다. 결국 캐릭터 열풍의 핵심에는 귀엽고 예쁜 것이 주는 만족을 넘어 자신의 정체성을 표현하고자 하는 사용

확장 자아 Extended self
사람의 정체성이 자신이 소유하게 된 물건으로 확장되는 현상을 가리킨다. 소비물이 이를 소비하는 사람들로 하여금 자기 자신이 누구인가에 대한 정체성 의식을 정의하도록 하는데 도움을 준다는 이론으로 소비물이 자아의 일부로 확장되어 일체감을 느끼게 한다는 것이다.

자의 열망이 담겨 있다. 캐릭터가 개인의 정체성을 표현해주는 아바타 역할을 수행하고 있는 것이다.[21]

젠더 프리 트렌드

구찌는 2019 F/W 컬렉션의 패션쇼 주제를 '페르소나'로 정했다. 사람들이 가면을 쓰고 벗음에 따라 전혀 다른 사람이 되는 인간의 양면성을 전하고자 한 이 패션쇼의 모델들은 남녀의 구분이 모호한 무성 혹은 양성적인 분위기이며, 심지어 얼굴조차 알아보기 힘들다. 페르소나라는 주제에 걸맞게 스터드가 달린 마스크나 얼굴 전면을 가린 새빨간 가면을 쓰고 있었다. 또한 구찌는 패션쇼에 앞서 초대장으로 그리스신화 속 헤르마프로디토스의 마스크를 발송했다. 헤르마프로디토스는 헤르메스와 아프로디테의 자녀로 남녀 양성성을 의미하는 인물로서 이번 구찌 컬렉션의 테마가 되었다. 구찌뿐만 아니라 많은 패션 브랜드에서 최근 가장 중요한 트렌드는 바로 성 중립성, '젠더 뉴트럴'이다.

기존의 유니섹스가 '남녀 모두에게 잘 어울리는 것'이 중요했다면, 젠더 뉴트럴은 성별을 벗어나 개인의 취향에 따라 자유롭게 변화하는 젠더 정체성을 일컫는다. 여자나 남자 모두 스스로 제한을 두지 않고 다양한 자신의 페르소나를 마음껏 뽐내게 된 것이다. '화장하는 남자'들이 늘고 있거나 여성들 사이에서도 자신을 옥죄는 천편일률적인 미의식에서 탈피하는 '탈코르셋 현상'이 등장한 것이 대표적이다.

디지털 허언증과 '느슨한' 연대

"이제 일어나 씻고 준비를 하겠습니다. (AM 09:00 출근) 타닥타닥(타자 치는 소리). (중략) 점심시간에는 신전떡볶이를 시켰습니다. 저녁에는 친구들 만나서 곱창을 먹기로 했어요. 이따 퇴근하고 다시 카메라를 켤게요."[22]

요즘 인기 있는 직장인 브이로거가 소개하는 자신의 일상이다. 이렇듯 자기 일상을 중계하는 '브이로그'가 인기를 끌고 있다. 브이로그는 먹방·뷰티·게임 등의 특정주제를 다루거나 정보를 공유하는 방송이 아니며 유튜버처럼 특별한 재능도 필요 없다. 직장에서의 일과를 올리는 직장인 브이로그, 아이를 키우는 전업주부의 일상을 올리는 육아 브이로그, 학생이나 공무원 시험 준비생들의 공부 브이로그 등이 대표적이다.

"같이 준비해요"라는 뜻의 'GRWM Get Ready With Me'은 출근하기 전 씻고 나갈 준비를 하는 영상을 담은 콘텐츠인데, 구글코리아가 2019년 유튜브 트렌드로 꼽은 키워드일 정도로 인기가 높다. 유튜버 트위티의 '법학과생의 학교 갈 준비 같이 해요' 영상의 경우 조회수 237만 회를 돌파하기도 했다. 일반인의 브이로그가 인기를 끄는 것은 현대인들이 타인의 자연스러운 일상을 들여다보며 자신의 삶도 그들과 크게 다르지 않다는, 일종의 연결과 동일시의 감정을 느낄 수 있기 때문이다.[23]

온라인 환경에서는 자기를 보여주고 연출하는 행동에 더 자유롭고

▶▶▶ 자신의 일상을 공유하는 일반인의 브이로그가 유튜브의 인기 콘텐츠로 떠오르고 있다. 사람들은 타인의 일상을 들여다보며 남들도 나와 다르지 않다는 안도감을 느낀다.

많은 통제권을 가질 수 있기 때문에 개개인들의 인상 관리에 유리하다는 면도 있다. 온라인에서는 실제 오프라인의 현실 자아와는 다른 자신의 이상적 자아를 자유롭게 구현해낼 수 있는 것이다. 그런데 문제는 이러한 브이로그가 '있는 그대로'만 보여주지는 않는다는 점이다. 보여주기 좋은 장면만 연출·편집되면서 현실 자아와는 다른 모습을 보여주는 것으로 일종의 '디지털 허언증'이다. 허언증의 특징은 거짓말하는 사람 스스로가 그 사실을 믿게 되는 것인데 브이로그나 SNS를 하면서 멀티 페르소나의 가면을 쓰는 소비자들은 어느덧 그 가면이 진짜 자신이라고 믿게 된다.

젊은 사람들이 혼자 여행을 갈 때 자주 이용하는 게스트하우스에서는 저녁마다 술과 노래가 있는 조촐한 파티가 열린다. 제각각 다른 곳에서 온 생전 처음 보는 사람들이 놀랍도록 솔직하고 내밀한 자기 얘기를 털어놓는 경우가 많은데, 이것은 "어차피 나중에 다시 만나지 않을 사람"이라고 생각하기 때문이다. 이것을 '게스트하우스 파티효과'라고 부를 수도 있다.[24] 익명이 보장되거나 느슨한 연대라고 느낄 때, 사람들은 훨씬 더 솔직해질 수 있다는 것이다. 최근 밀레니얼 세대가 러닝 크루·살롱·소셜다이닝 등 오프라인의 '느슨한 취향 모임'에 빠지는 현상도 이런 맥락에서 설명할 수 있다. 온라인과 SNS 관계가 상대적으로 강화되면서 생겨나는 역설적인 현상이다.

오프라인 환경에서 친구의 숫자가 10명 안팎에 불과해도 페이스북 친구의 숫자는 평균 250명이라는 연구 결과에 비추어볼 때, 페이스북 친구들은 모두 잘 아는 사람일 경우가 드물다. 이러한 이유 때문에 역설적으로 SNS 이용자는 잘 모르는 타인들에게는 실제적인 현실의 모습보다 이상적인 자아의 모습을 더욱 쉽고 자유롭게 표출하는 게스트하우스 파티효과를 경험하는 것이다.[25]

시사점

큐레이션이 만들어주는 페르소나의 문제점

앞으로 현대인의 멀티 페르소나는 AI와 빅데이터 분석을 통해 인위적으로 만들어지는 단계에까지 이를 것이다. 취향과 취미를 내 스스

▶▶▶ 철학과 종교는 끊임없이 "나는 누구인가?"라고 우리에게 묻는다. 멀티 페르소나 시대의 현대인들은 여기에 더해 "나는 나를 누구라고 생각해야 하는가?"라는 질문에 답해야 한다.

로 발견하는 것이 아니라 AI 알고리즘이 나의 취향을 분석하고 정체성을 큐레이션해주는 단계다. 이는 이미 다양한 초개인화 맞춤형 콘텐츠 서비스를 통해 구현되고 있다(2020 전망편, '초개인화 기술' 키워드 참조). 예를 들어 넷플릭스는 감독·장르·스토리 전개 방식·주요 캐릭터 등을 섬세하게 데이터화하여 소비자 취향을 파악한 후, 사용자의 첫 화면에서 취향에 꼭 맞는 콘텐츠를 가장 먼저 띄워주는 기술을 선보였다. 넷플릭스가 구분하는 자체 영화 장르 개수만 7만여 개에 이른다.

이러한 큐레이션을 편리하게만 받아들일 문제는 아니다. 소비자가 자신의 취향을 기반으로 스스로 콘텐츠를 선택하는 것 같지만 실상은 취향이 기계에 의해 인위적으로 수집되고 형성된 것이다. 이 때문에 나의 취향이 기계에 의해 편향되고 그것이 더 심화되기도 한다. 능동적이며 자기 발전적인 취향과 페르소나의 계발이 과연 가능한 것인가? 예를 들어 힙합을 좋아하는 소비자가 시험공부를 하다가 집중도를 높이기 위해 뉴에이지를 감상했는데, 이후에도 기계는 계속 뉴에이지 장르를 추천한다면? 결국 내가 진짜 좋아하는 것이 아님에도 몇 가지 선택을 바탕으로 특정한 취향을 강요받는 상황이 생길 수 있다. 문제는 이러한 상황이 정치적·상업적으로 오남용될 가능성이 상당히 높다는 데 있다.

커뮤니케이션의 패러다임 변화

멀티 페르소나 트렌드는 기업에게 어떠한 시사점을 던지는가? 먼저 커뮤니케이션의 변화가 필요하다. 전술했듯이 현대인들은 채널별로 멀티 페르소나를 갖고 있기 때문에 SNS의 특성을 파악한 차별화된 전략이 필요하다. 먼저 SNS 플랫폼의 특성을 파악하여 이용자들이 어떠한 정체성을 연출하고 있는지 분석해야 한다. SNS들은 점점 휘발적이고 즉각적인 방식으로 바뀌고 있기 때문에 보다 직관적이고 감각적인 방식의 접근이 필요하다. 정체성을 만들어가는 방식도 놀이처럼 가볍게 접근하는 것이 유효하다. 무겁지 않고 가볍게 마음속 위로와 공감이 되는 일상 브이로그처럼 소프트하고 편안한 느낌으로 접근하는 것이다.

소비자들은 무엇보다 '가상의 나'와 '실재의 나'를 지혜롭게 연계하여 받아들여야 할 것이다. 가상공간 속에서 타인 비하를 일삼거나 비인간적인 일탈을 감행하는 행태, 온라인을 통해 과시하는 거짓 소비욕망을 경계해야 한다. 가상세계에서도 타인과 진정한 관계를 어떻게 맺어야 하는지 진지하게 고민하며, 온라인 공간을 책임감 있고 자유로운 자아를 발현시킬 수 있는 마당으로 활용해야 한다.

멀티 페르소나의 시대, 인간의 다원성은 확장되었지만 역설적으로 정체성의 기반은 매우 불안정해졌다. 끊임없이 스스로를 규정해야 하는 개인주의 시대에, 원자화된 개개인들에게 어떠한 방식을 통해 견고한 정체성을 형성하도록 해줄 것인지가 핵심 과제가 되었다. '나다움'이란 무엇인가? 진짜 나는 누구인가? 다매체 시대를 사는 현대인의 고민이 깊어지고 있다.

Immediate Satisfaction: the 'Last Fit Economy'

라스트핏 이코노미

마지막 순간의 경험이 중요해졌다. '라스트 마일'은 원래 사형수가 집행장까지 걸어가는 마지막 거리를 뜻하는 말인데, 최근 유통 업계에서 상품이 고객에게 전달되는 마지막 배송 접점을 의미하는 용어로 널리 쓰이고 있다. 배송과 관련한 라스트 마일은 물론이고, 다양한 산업에서 고객의 마지막 접점에 대한 만족을 높이려는 시도가 눈에 띈다. 『트렌드 코리아 2020』에서는 고객의 마지막 순간의 만족을 최적화하려는 근거리 경제를 '라스트핏 이코노미Last Fit Economy'라고 명명한다.

라스트핏은 ① 고객의 마지막 접점까지 편리한 배송으로 쇼핑의 번거로움을 해소해주는 '배송의 라스트핏', ② 가고자 하는 목표 지점까지 최대한 편하게 접근할 수 있도록 도와주는 '이동의 라스트핏', ③ 구매나 경험의 모든 여정의 대미를 만족스럽게 장식하는 '구매 여정의 라스트핏', 이렇게 세 가지 유형으로 나눌 수 있다.

이제 고객은 상품의 특성이나 브랜드가 주는 가치보다 주관적 효용을 기준으로 구매 의사를 결정한다. 나아가 편의성을 우선시하는 1인 가구가 증가하고 주관적 취향과 만족이 중요한 밀레니얼과 Z세대가 시장의 주역으로 등장하면서 라스트핏은 시장을 바꾸는 중요한 요인으로 자리 잡고 있다. 바야흐로 제품 속성 위주의 가성비 시대를 지나 서비스의 질로 소비자만족이 바뀌는 시대를 맞이하고 있다. 제품 자체의 성능보다 제품과 소비자가 직접 맞닿는 그 접점에서의 만족이 더 중요해지고 있는 것이다. 기존의 제품 중심의 동어 반복적인 모방과 차별화 경쟁에서 한 걸음 나아가 고객과 접촉하는 내밀한 순간에 집중해야 한다. 그 마지막 순간을 잡는 자가 시장을 잡을 것이다.

당신이 쇠고기 600그램을 구매해야 한다면 어떠한 점들을 고려하겠는가? 고기의 등급·육질·생산지·브랜드, 그리고 가격을 기준으로 비교 및 평가하게 될 것이다. 이러한 요소들을 영어로 'Key Buying Factor', 우리말로는 구매 고려 요인 혹은 핵심 구매 요인이라고 한다. 소비자가 구매를 할 때 중요하게 고려하는 기준을 말한다. 그런데 최근, 전에 없던 새로운 핵심 구매 요인이 등장하고 있다. 바로 "얼마나 신선하고 신속·정확하게 배달될 수 있느냐?" 하는 문제이다. 이는 물론 모바일·온라인 등 비대면 구매가 늘어나면서 '배송' 이슈가 중요해진 것이 근본적인 이유지만, 그동안 구매할 때 고려하던 기준의 우선순위가 변화하고 있다는 점에서 주목할 필요가 있다.

소비자가 구매를 결정하는 과정에서 빅뱅이 일어나는 중이다. 과거의 보편적인 의사결정 과정은 제품 구입의 필요를 인식하면 정보를 탐색하고, 대안을 평가하여, 구매를 실행하고, 이어 구매 후 평가의 과정을 거치는 것이 합리적 선택이었다. 그런데 전통적인 소비자 구매 의사결정의 기준이 바뀌고 있다. 가격 중심의 효용이 아니라 만족 중심의 효용으로 변화하고 있는 것이다. 따라서 가격이 조금 더 비싸다고 할지라도 지금 당장, 바로 여기서 내가 체감할 수 있는 가치가 충족되기만 한다면 소비자는 기꺼이 값을 지불하려고 한다.

과거에는 소비자의 고려 사항이 아니었거나, 소비자가 스스로 알아서 할 문제였거나, 당연히 제공된다고 믿었던 사항이 점차 중요해지고 있다. 이제 소비자는 상품의 특성이나 브랜드가 주는 객관적 가치보다 상품과 자기 생활의 마지막 접점에서 즉각 느낄 수 있는 주관적 효용을 중심으로 구매 의사를 결정한다. 다시 말해 소비자가 만족·불만족을 결정하는 기준이 이제 '소비자와 직접, 그리고 마지막으로 만나는 지점'이 되고 있는 것이다. 이러한 구매 패러다임의 변화를 『트렌드 코리아 2020』에서는 마지막 고객 접점의 소비자만족이 중요하다는 측면을 강조해, '라스트핏 이코노미Last Fit Economy'라고 명명하고자 한다. 이는 "구매의 마지막 순간, 고객만족을 즉각적으로 최적화하는 근거리 경제"를 의미한다.

라스트핏 이코노미의 도래는 기존의 가격비교 중심의 의사결정이 바뀌고 있음을 예고한다. 소비자들은 이제 복잡한 의사결정 과정을 꺼려한다. 제품에 대한 필요성을 인식하면 그 이후의 행동은 '즉시 구매'로 이어진다. 가격이 조금이라도 더 싼 채널을 탐색하기 위해 투입하는 노력보다, 유료 멤버십에 가입한 뒤 버튼 하나만 누르면 바로 다음 날 새벽 대문 앞에 물건이 도착해 있는 편리성이 더 매력적이라고 판단한다. 소비자의 의사결정 기준이 가격 대비 효용에서 노력 대비 효용으로 변화하고 있는 것이다(2020 전망편, '편리미엄' 키워드 참조). 그래서인지 장기 불황에도 불구하고 이른바 가성비 원리가 적용되는 영역이 차츰 줄어들고 있다. 그 주된 이유는 소비자의 구매 의사결정 기준이 상품의 효용에서 서비스의 질로 변화하기 때문이다. 마지막 순간, 고객의 최적화된 만족이 더 중요해졌다는 얘기다.

'라스트핏'은 '라스트 마일Last Mile'이라는 단어에서 영감을 받은 용어다. 라스트 마일은 과거 사형수가 집행장까지 걸어가는 마지막 거리를 뜻하는 말로 쓰였다가 현대에 들어서는 통신 업체가 네트워크 선을 각 가정에 연결하는 과정에서의 마지막 1마일을 가리키는 말로 널리 쓰이기 시작했다. 이 마지막 1마일이 서비스의 품질을 결정하고 소비자들의 최종 만족도에 영향을 끼친다는 의미에서 유통업에서도 '상품이 고객에게 전달되는 마지막 배송 접점'의 의미로 이 용어가 확산된 것이다.

특히 최근 들어 택배 물류의 발달로 고객의 집 앞에 바로 도착하는 라스트 마일, 즉 배송이 가장 중요한 이슈로 떠오르기는 했지만, 라스트핏에서 배송은 일부 개념일 뿐이다. 라스트핏은 크게 세 가지 유형으로 나뉜다. 첫째, 고객의 마지막 접점까지 편리한 배송으로 쇼핑의 번거로움을 해소해주는 '배송의 라스트핏', 둘째, 가고자 하는 목표 지점까지 최대한 편하게 접근할 수 있도록 도와주는 '이동의 라스트핏', 마지막으로 구매나 경험의 모든 여정의 대미를 만족스럽게 장식하는 '구매 여정의 라스트핏'이 그것이다. 각각의 유형을 하나씩 자세히 살펴보도록 하자.

라스트핏 이코노미의 여러 모습

1. 배송의 라스트핏

현재 국내 배송 업계의 화두는 '새벽'이다. '누가 가장 빨리 소비자의 문 앞에 당도하는가'라는 과제를 두고 유통 업계가 사활을 걸고 있다. 새벽 배송도 모자라 그보다 더 빠른 '야간 배송'에 뛰어든 유통업체들도 증가하고 있다.[1] '마켓컬리'가 새벽 배송의 선두 주자로 시장점유율의 상당한 부분을 차지하고 있는 가운데, 유통의 전통 강자들도 상품의 경쟁력과 물류 인프라를 내세우며 시장 쟁탈전에 뛰어들었다. 마켓컬리의 경우 상품 카테고리는 많지 않지만 백화점 식품관을 연상케 할 정도로 일반 마트에서는 구입하기 힘든 상품들을 보유하고 있다. 예컨대 돈코츠 라멘은 있어도 오뚜기 진라면은 없는 것이 마켓컬리가 내세우는 전략이다. 마켓컬리의 김슬아 대표는 신선식품을 배송하는 데 꼭 필요한 냉장차량의 수요가 가장 낮은 시간대가 새벽이라는 사실과 30대 직장 여성들이 배송을 받기에 집을 비우는 낮 시간보다는 새벽이 더 좋다는 사실에 착안하여 '새벽 배송' 서비스를 내놓았다.[2] 새벽이라는 시간대의 상업적 수요와 고객의 니즈에서 접점을 찾은 것이다. 전통적인 유통 강자, SSG는 이마트에서 판매하고 있는 생필품들도 쉽게 구입할 수 있다는 전략으로 보다 대중적으로 접근한다. 마트 쇼핑의 최적화된 배송 시스템으로 굳이 매장에 가지 않고도 집에서 원하는 시간에 상품을 받을 수 있는 편리성을 강조하고 있다.

유통 스타트업들은 카테고리 및 취급 품목의 혁신을 통한 상품 차별화로 소비자의 지갑을 열고 있다. 헬로네이처는 채식주의자들의 증가 추세를 반영해 비건 전문 카테고리를 론칭하고 비건 상품 200여 개로 새벽 배송을 시작했다. 초신선 정육을 내세워 정육 시장의 혁신을 만들고 있는 '정육각'은 생산지에서 소비자까지 오는 중간 유통 마진을 생략하고 가격뿐만 아니라 신선도까지 내세우는 전략을 고수하고 있다. 현재 정육각은 서초·송파·강남 지역에서 주문하면 1시간 내에 배송되는 즉시 배송 시스템을 구축했다. 수산 **버티컬 커머스**인 '오늘회'는 전국 각지의 제철 수산물을 기획하고 매입해 온라인 판매에서 직접 배송까지 전담한다. 서울에서 직접 프로세싱센터를

버티컬 커머스 Vertical Commerce
특정한 카테고리의 제품만을 취급하는 전자상거래 유통. 다양한 종류의 상품을 취급하는 오픈마켓을 '수평적'이라고 부른다면, 특정한 분야에 집중함으로써 관심 있는 소비자와 지속적인 관계를 유지할 수 있다는 의미에서 '수직적'이라고 부를 수 있다.

운영하며 당일 저녁 배송에 최적화된 물류로 고객경험을 극대화시키고 있다.[3]

TV홈쇼핑 업계도 배송 전쟁에 뛰어들었다. GS샵은 동원홈푸드와 함께 새벽 배송 상품 목록에 온라인 반찬 업계 1위 '더반찬'을 추가하는 등 새벽 배송 제품군을 강화하고 있다. 오후 1시까지 주문을 하면 다음 날 새벽에 물건이 도착한다. 롯데홈쇼핑도 새벽 배송을 도입해 평일 오후 6시 이전까지 주문하면 이튿날 오전 7시까지 집 앞으로 배송되는 시스템을 구축했다. 특히 가락시장을 통해 당일 경매된 최고 등급의 제철 과일과 축산품을 선정해 배송한다. 또한 차별화된 카테고리로 승부하기 위해 반려동물용 사료나 영양 간식도 배송하며 명절에는 선물 세트도 추가할 예정이다. CJ ENM 오쇼핑은 CJ몰에서 CJ제일제당 밀키트 상품 '쿡킷'을 오후 4시까지 주문하면 이튿날 새벽에 배송해준다.[4]

유통 업계뿐 아니라 전 산업에 걸쳐 배송 시스템 개선을 위한 새로운 방법들이 등장하고 있다. 예를 들어, 전통적인 오프라인 사업으로 분류되었던 가구 업체까지 익일 배송 카드를 꺼내고 전면전에 나섰다. 가장 앞서 서비스를 선보인 곳은 한샘이다. 기존 나흘에서 길게는 일주일까지 소요되던 배송 및 설치 시간을 하루로 줄여, 오후 2시 이전에 주문하면 다음 날 받을 수 있는 익일 배송 시스템을 현실화시킨 것이다. 소비자들도 가구 익일 배송 서비스를 반겨, 서비스 도입 후 한샘의 '샘 책장'과 '샘키즈 수납장'이 각각 200만, 100만 세

출처: 세탁특공대, 런드리고

▶▶▶ 빨래하기도 귀찮고 세탁소 가기는 더 귀찮다. 집 앞에서 수거하고 세탁 후 집으로 가져다주는 라스트핏 세탁 서비스가 인기를 끌고 있다.

트 판매되기도 했다. 현대리바트도 최근 1,395억 원을 투자해 건설 중인 스마트팩토리를 통해 자동화 시스템을 기반으로 한 익일 배송 서비스를 선보일 계획이다.[5]

빨래 대행 업계에서도 편리한 배송에 초점을 맞춘 서비스가 속속 등장하고 있다. '세탁특공대'의 경우 전문 요원이 약속된 시간에 직접 집으로 찾아와 빨래를 수거한다. 여기서 더 나아가 '런드리고'는 별도의 수거함에 세탁물을 담아 두기만 하면 대면 과정 없이 수거한 다음, 24시간 이내에 말끔하게 세탁된 옷을 가져다 놓는다. 문밖에 설치된 수거함에는 스마트 자물쇠가 설치되어 있어 도난 위험도 적다.[6] 빨래는 물론이고 세탁소를 오가는 일조차 수고스럽고 번거로운 소비자들의 고충을 단번에 해결해주는 서비스가 출시된 것이다.

최적의 만족을 위한 '정기구독' 서비스

빠른 배송뿐만 아니라 지속적·주기적으로 그 마지막 접점의 최적화된 만족을 제공하기 위한 노력이 치열해지는 중이다. 특히 정기적으로 구입해야 하는 생필품이지만 매번 챙기기 귀찮은 소비자들의 니즈에 맞춘 다양한 카테고리의 정기 배송 서비스들이 출시되고 있다. 신한카드 빅데이터연구소에 따르면 정기 배송 카테고리에서 가장 높은 비중을 차지한 건 화장품이다. 아모레퍼시픽의 '스테디'는 1일 1팩을 선호하는 소비자를 겨냥해 5일 동안 4단계로 구성된 마스크팩을 집으로 직접 배송해주는 정기구독 서비스다. 원하는 관리 프로그램과 기간을 선택해 주기적으로 배송받을 수 있기 때문에 소비자의 취사선택이 가능하다는 장점이 있다.[7]

로켓배송으로 유명한 '쿠팡'도 새벽 배송은 물론, 생필품 구독 서비스 중심의 정기 배송 서비스까지 그 영역을 확대하고 있다. 기저귀와 분유, 화장품과 비타민, 심지어 반려동물 용품까지도 정기 배송으로 받아볼 수 있다. 배송일을 자유롭게 변경할 수 있고 10%의 할인도 받을 수 있게 한 공격적인 마케팅에 힘입어 쿠팡의 정기 배송 구독자 수는 40만 명을 넘어섰다고 한다.[8]

면도기 전문 스타트업 '와이즐리'도 면도 용품 구독 서비스를 제공한다. 월 구독료 8,900원를 내면 한 달에 한 번 독일산 면도날 4개를 배송받을 수 있다. OEM 방식으로 생산해 직접 소비자에게 전달하기 때문에 낮은 가격에 좋은 품질의 제품을 공급할 수 있다는 강점으로 빠르게 시장을 점유해나가는 중이다. '해피문데이'의 경우 유기농 생리대라는 제품 자체의 차별성뿐만 아니라 고객의 생리 예정일 3일 전에 제품을 정기 배송해주는 서비스로 눈길을 모으고 있다. 대여 서비스도 정기 배송의 영역에 진입했다. '위클리셔츠'는 빨래는 물론 옷을 고르는 일마저도 귀찮은 고객에게 셔츠를 빌려준다. 셔츠 종류와 수량에 따라 한 달에 5~7만 원을 지불하면 살균 세탁해서 손으로 다린 셔츠 3~5장을 매주 고객이 지정한 요일에 집까지 배송해준다.[9]

2. 이동의 라스트핏

"역세권 말고 **슬세권**으로 알아봐주세요."

인기 거주지의 입지 조건이 바뀌고 있다. 과거의 인기 입지가 역세권·학세권이었다면 최근에는 슬세권(슬리퍼 세권), 편세권(편의점 세권)과 같은 편리성을 중시한 입지가 떠오르고 있다. 이러한 현상은 멀리 나가지 않고도 집 앞에서 모든 것을 경험하려는 심리에서 기인한다. 슬세권에서는 최소한의 이동으로 자신의 발길이 닿는 가장 가까운 곳에서 '지금 당장, 바로 여기'를 실현할 수 있다.

라스트핏 이코노미 시대, 이제 경제의 중심은 '내 집 근처'다. 걸어서 10분 내 거리에서 쇼핑·여가·문화 활동 등 일상에 필요한 인프라가 갖춰져 있는 마을인 소위 '올인빌All-in-village'이 최근 새로운 주거트렌드로 자리 잡고 있다. 이러한 분위기 덕분에 아파트의 부속물로 인식되던 단지 내 상가에도 큰 변화가 일어나고 있다. 마을의 근린생활시설에 부동산 중개업소·미용실·학원과 같은 흔한 상점은 줄고, 감성을 자극하는 맛집이나 문화·예술·오락 시설이 대거 입점하면서 지역을 대표하는 핫플레이스로 떠오르는 사례가 잇따르고 있다.[10]

앨리웨이 광고는 대형 프랜차이즈나 카페 대신, SNS에서 떠오르고 있는 유명 맛집을 중심으로 고객을 끌어모은다. 정

슬세권
슬리퍼와 'ㅇ세권'의 합성어로, 잠옷이나 슬리퍼와 같은 편한 차림으로 부담 없이 편의시설을 이용할 수 있는 주거 권역을 의미한다.

I

Immediate Satisfaction: the 'Last Fit Economy'

관 스님(백양사 천진암 주지)이 운영하는 사찰음식점 '두수고방'과 서울 성수동 유명 빵집 '밀도', 숙성 고기 전문점 '감성고기' 등이 대표적이며, 김소영·오상진 전 아나운서 부부가 운영하는 북카페 '책발전소'와 라이브 재즈바 '겟올라잇' 등이 위치해 있다. 콘서트와 공연의 스케일도 남다르다. 호주 서커스단 '스트레인지 프루트'의 공연이 열렸을 때에는 단 하루 동안 1만 명이 넘는 사람들이 몰리기도 했다.[11] 결국 슬세권의 핵심은 최적화된 경험을 제공할 수 있는 '킬러 콘텐츠'에 있다.

이동이 간편한 집 주변의 슬세권이 중요해지면서 최근 변화를 위한 혁신에 매진하는 유통 채널은 편의점이다. 근거리에서 소비자들의 라스트핏을 책임지는 유통의 최전선을 자임하는 편의점의 변신이 놀랍다. CU(도시락·음료·과일 배달, 공과금 납부, 중고폰 수거), GS25(세탁물 접수, 전동킥보드 충전·주차, 무료 의료관리기 이용), 세븐일레븐(홈쇼핑 구매 상품 반품, 해외 서류 배송), 이마트24(와인 결제·픽업)는 새로운 서비스를 경쟁적으로 내놓고 있다.[12] 특히 이러한 서비스를 단지 편의점 공간에서만 제공하는 것이 아니라, '포켓CU', '나만의 냉장고(GS25)', '세븐앱(세븐일레븐)' 등 각 사의 앱을 활용한 O2O 서비스로 발전시키고 있으며, 차량 공유나 전동킥보드 서비스와 연계해 '이동의 모빌리티'도 가능하게 한다.[13]

집 근처에서 모든 것을 해결하자는 근거리 경제 트렌드가 심상치 않은 가운데, 최근 지역 기반 중고 거래 플랫폼인 '당근마켓'의 활약이 눈여겨볼 만하다. 온라인 중고 거래의 가장 큰 시장인 '중고나라'의 아성을 위협할 정도다. 2015년 '판교장터'라는 이름으로 등장한

당근마켓은 이후 3년간 100만 명이 채 되지 않았던 월간 순방문자 수가 2018년 중반부터 가파른 J커브(J자 모양 급상승)를 그리고 있다. 쟁쟁한 벤처캐피털의 대규모 투자도 이어져, 2018년에 소프트뱅크 벤처스 등으로부터 68억 원을 투자받은 데 이어 2019년 9월에는 알토스벤처스 등으로부터 400억 원의 투자를 유치했다[14] (본서, '2019년 대한민국 10대 트렌드 상품' 참조). 이처럼 근거리 경제가 뜨는 것은 이동에 들어가는 노력과 시간, 경비를 최소화하고 더 많은 여유를 갖고자 하는 소비트렌드가 반영된 결과라고 할 수 있다.

이동의 라스트핏이 만든 '킥보드 전성시대'

라스트핏 이코노미 시대에는 고객이 마지막 도착지까지 만족스럽게 이동하는 것, 즉 이동 최적화 문제가 중요하다. 전동킥보드 · 전기자전거 등 1인용 이동 수단을 활용한 이동 서비스를 '라스트 모빌리티'라고도 칭할 수 있는데 최근 성장한 전동킥보드 시장은 라스트 모빌리티의 수요 증가를 잘 대변해준다. 고객의 행동반경과 범위가 집 주변으로 줄어들면서 간단한 주행법과 신속한 기동성이 더욱 중요해지고 있는 추세도 엿보인다.

각 나라마다 전동킥보드 공유 서비스에 대한 IT 업체들의 투자 열기가 뜨거운 것도 바로 이 때문이다. 미국의 구글과 우버는 전동 킥보드 업체 '라임'에 3억3,500만 달러를 투자했다. 우리나라에서도 네이버는 '고고씽'에, 쏘카는 '일레클'에 투자한 바 있다.[15] 현대자동차와 코오롱인베스트먼트 등으로부터 투자를 유치한 '킥고잉'의 사례를 보면, 서울시 강남구 · 서초구 · 마포구 · 송파구 · 성동구 · 광진구와

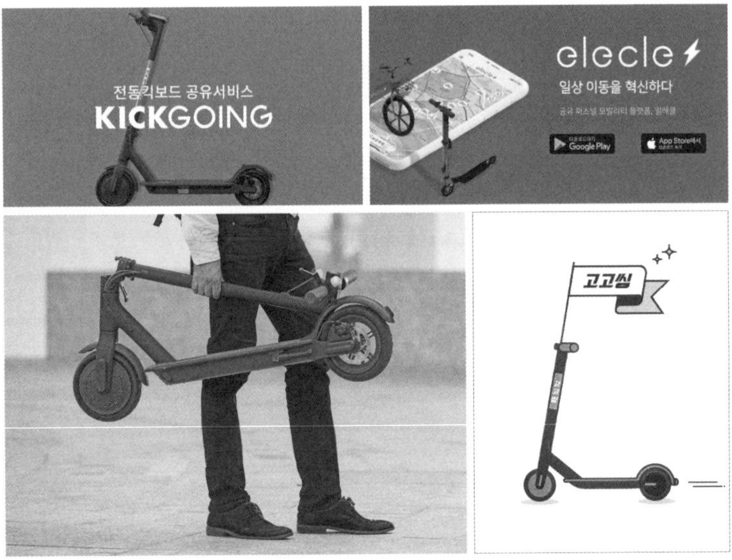

출처: 킥고잉, 일레클, 고고씽

▶▶▶ 라스트 모빌리티의 완성은 전동 킥보드다. 사람들은 차에서 내려 목적지까지의 자투리 거리에서도 탈것을 원한다. 수요가 늘어나면서 킥보드 공유 서비스도 속속 선보이고 있다.

경기도 성남시 판교 등에서 3천 대 이상의 공유 전동킥보드를 서비스하고 있다.

킥고잉을 탈 수 있는 구역을 가리키는 '킥세권'이라는 신조어까지 생겨날 정도로 소비자의 관심과 욕구가 뜨겁다. 과거에는 지하철역을 중심으로 한 '역세권'의 인기가 높았으나, 지금은 집세를 부담스러워하는 젊은 층을 중심으로 역에서 전동킥보드로 5분이면 갈 수 있는 킥세권이 각광받고 있는 것이다. 킥보드는 자전거와 달리 접을 수 있어서 전철에 들고 탈 수 있고, 역에 내려서 회사까지 빨리 이동할 수 있다는 것도 장점이다.[16] 이처럼 라스트 모빌리티 전략은 단순한 이동 수단을 넘어 지역경제를 활성화시키고 있다.

완성차 업체들의 전동킥보드 사업 진출 현황

현대자동차	국내 전동킥보드 공유 업체 '킥고잉(울룰로)' 투자, 제주도에서 전동킥보드 시범 사업(전용 플랫폼 제공), 신차에 옵션으로 전동킥보드 제공(2021년부터)
폭스바겐	제네바 모터쇼에서 전동킥보드 '시티게이터' 공개(2018년 3월)
포드	美 전동킥보드 공유 업체 '스핀' 1억 달러에 인수(2018년 11월)
BMW	전동킥보드 '시티스쿠터' 판매(2019년 하반기)
아우디	'e-트론 스쿠터' 생산 및 판매(2020년 하반기)
다임러	'벤츠 e-스쿠타' 판매(2020년 초)

출처: 〈매일경제〉, 2019.10.04.

IT 업체 등의 공유 킥보드 업체 투자

구글·우버	美 공유 전동킥보드 업체 '라임'에 3억3,500만 달러 투자(2018년 7월)
네이버	국내 공유 전동킥보드 업체 '고고씽(매스아시아)' 투자(2019년 1월)
쏘카	국내 공유 전동킥보드 업체 '일레클(나인투원)' 투자(2019년 3월)

출처: 〈매일경제〉, 2019.10.04.

현대자동차는 제주도 주요 관광지에 개인 이동 수단 공유 서비스를 선보이며 가장 발 빠르게 대응하고 있다. 자가용이나 대중교통 이용 후 목적지까지 이동하는 마지막 순간에 활용하는 라스트 모빌리티 플랫폼 '제트ZET'를 시범적으로 운영 중이다. 사용자가 애플리케이션을 내려받으면 주변에 위치한 공유 기기를 확인할 수 있고, 예약·이용·주차·반납·결제 등 모든 과정이 스마트폰으로 처리 가능하도록 설계되었다.[17] 현대자동차는 2021년 출시하는 신차에 전동스쿠터를 선택 사양으로 탑재하는 것도 검토하고 있다. 비교적 가벼운 무게에 접이식으로 만들어 차량 안에 보관하거나 대중교통을 이용할 때 들고 탈 수도 있다. 이처럼 차량과 전동스쿠터를 연동하는 솔루션은 그야말로 고객의 이동을 처음부터 끝까지 가장 효율적으로, 완벽하게 제공하는 형태가 될 것이다.[18] 현대자동차뿐만 아니라 세계 유수의 자동차 기업들도 라스트 모빌리티에 관심을 보이기는 마찬가지다.

3. 구매 여정의 라스트핏

제품을 구매하거나 배송받고 난 이후의 가장 짜릿하고도 내밀한 순간의 경험, 즉 박스를 개봉하는 순간의 경험 역시 라스트핏 이코노미의 주요 요소다. 제품을 사용하는 경험만큼이나 포장을 풀어 상품을 실제로 처음 만지는 순간이 중요해졌다. 이제 구매한 제품의 상자를 개봉하는 소위 '언박싱' 과정은 고객이 실물 제품을 첫 경험하는 순간이 되어 고객의 카메라에 고스란히 담긴다.

"일단 제품 박스 외형부터 보면, 메탈 느낌이 나게끔 프린팅을 해서 고급스럽네요."

최근 유튜브 채널에서는 택배 언박싱 영상이 자주 등장한다. '일주일치 택배 언박싱'이라는 제목으로 생필품·화장품·의류 등 구입한 택배가 도착할 때마다 개봉하는 모든 과정을 영상에 담아 소개하기도 한다. 유튜브에서 언박싱 영상은 인기 장르가 된 지 오래다.

최근에는 언박싱에서 진화해 '하울haul'이라는 용어도 등장했다. 하울은 주로 특정 제품을 구매한 후 제작자 나름의 방식에 따라 소개하며 솔직한 사용 후기를 많은 사람들과 공유하는 것을 말한다. 특정 브랜드나 물건명, 하울의 대상이 되는 카테고리 뒤에 '하울'을 붙여 '여행 기념품 하울', '스킨로션 하울', '명품 하울' 등과 같이 사용되고 있다.[19] 하울은 영상 제작자가 하나의 제품이 아니라 다양한 제품을 구매한 뒤 박스 개봉 과정을 분석해 보여준다는 점에서 기존의 언박싱 영상과는 차이가 있지만, 포장을 풀고 제품을 처음 만지는 순간, 즉 라스트 터치를 간접 경험하게 한다는 측면에서는 유사하다.

사정이 이렇다 보니 최근 전자 제품은 기기의 성능 못지않게 포장에도 신경 쓰지 않을 수 없게 됐다. 고객들의 생생한 구매 후기는 단순히 제품의 성능이나 디자인에 국한되는 것이 아니라 포장재와 프린팅 상태까지 아우르기 때문이다. 얼리어답터 사이에서는 제품뿐만 아니라 제품이 담겨 있는 포장 박스도 관심 대상이 된다. 박스를 뜯는 과정까지도 제품의 일부로 자리 잡으면서 전자 업계에서는 'OOBE Out Of Box Experience(박스에서 제품을 꺼내는 경험)'라는 용어까지 등장했다. 이러한 흐름을 파악한 제조사들은 소비자와 제품의 첫 접점인 박스 디자인에 다양한 의미를 부여하고 제품과 일체화된 디자인을 강조하고 있다. 더 적극적인 제조사들은 패키지만 디자인하는 자체 전담 인력을 따로 두고 있을 정도다.

포장에 대한 관심은 전자 제품 외에도 다양한 카테고리로 확산되고 있다. 과거 소비자들이 올리는 화장품 비교 후기가 주로 기능·효과에만 집중했다면, 최근 고객들은 제품 포장 상태 비교 후기를 올린다. 택배용 박스의 사이즈, 박스 오픈 후 여백 공간의 차이, 포장 재질의 비교 등을 다양한 관점에서 소개하는데, 분리배출이 쉬운 종이 재질인지, 비닐에 라벨이 붙어 있어 분리배출이 어려운 형태인지까지도 세심히 관찰한다. 케이스 디자인은 물론이고 재활용 쓰레기 배출 여부까지 비교해서 분석하는 영상들은 이제 화장품 회사들이 화장품 본연의 기능만 강조해서는 소비자에게 소구하기 어려운 시대에 들어섰음을 말한다.

새로이 발급받은 카드를 수령하는 고객에게 최대 만족감을 선사하기 위한 카드사들의 전략도 한층 다양해지고 있다. 현대카드는 프리미엄 카드 라인에 책을 컨셉으로 삼은 새로운 패키지를 도입했다. 카드 패키지는 고객이 카드를 신청하면 카드와 함께 받게 되는 상품 설명서와 약관, 상품에 따라 제공되는 바우처 등을 말한다. 현대카드는 프리미엄 카드를 신청한 고객에게 상품 설명서, 약관 등과 함께 상품별 '더 북the Book'이 포함된 새로운 패키지를 제공한다. 현대카드에 따르면 "카드 패키지 개봉은 고객과 카드사가 처음 만나는 순간"이다. 따라서 책이라는 새로운 형식을 통해 카드 패키지가 일회성 소모품이 아닌, 오랜 기간 회원 곁에서 각 상품이 추구하는 가치를 전달하는 매개체가 되기를 바라는 것이다.[20]

라스트 트립, 최종 액티비티의 강조

마지막 순간의 경험 최적화 현상은 여행 시장에서도 두드러진다. 이제 소비자의 만족은 어디에 갔느냐 자체보다 현지에서 어떤 경험을 했는지에 따라 결정된다. 이러한 트렌드 변화에 힘입어 4~5년 새 현지에서 체험하는 '액티비티' 투어가 크게 늘어나고 있다. 로마 여행이 아닌 '로마 가정식 쿠킹 클래스', 런던 여행이 아닌 '런던에서 즐기는 소규모 잉어 낚시 체험'과 같이 도시의 겉모습에 머물던 관광에

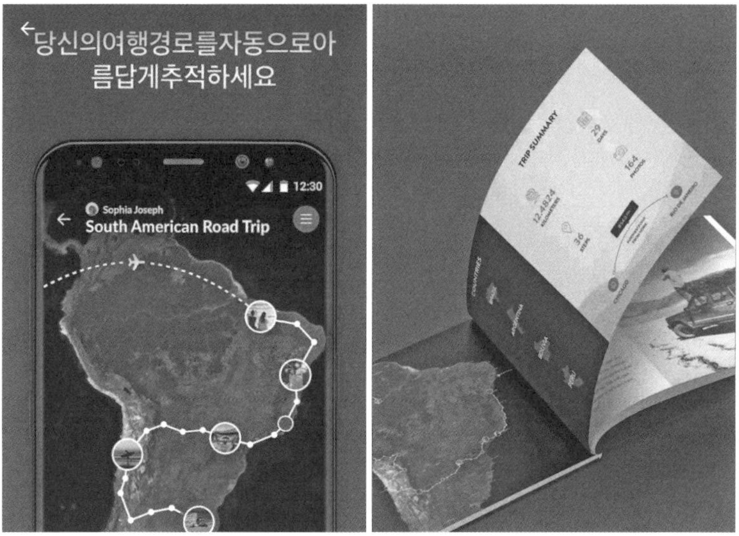

출처: 폴라스텝스

▶▶▶ 자동으로 여행 루트를 기록하고 이를 다른 사람과 공유할 수 있는 앱의 도움으로 여행 후에도 여행은 더욱 특별한 추억으로 남게 됐다.

서 한 단계 더 깊숙이 들어간다. 관심 사항에 맞춰 여행의 주제를 만든다는 의미에서 'DIY 여행'이라고도 한다.[21] 예전에는 긴 시간을 두고 최대한 다양한 지역을 짧게 다니는 여행이 인기였지만, 최근에는 짧은 시간 동안 하나의 지역을 길게 여행하는 것을 더 선호하는 추세다.

마이리얼트립을 포함해 와그, 클룩 등 액티비티 상품을 주력으로 판매하는 플랫폼은 젊은 소비자들을 끌어모으며 지난해 거래액이 3~5배 이상 성장한 것으로 알려졌다.[22] 새로운 여행 플랫폼은 지역명만 클릭하면 공항열차부터 픽업 서비스까지 이용이 가능하고, 스노클링 투어와 같이 특화된 액티비티를 제공한다거나 현지 한국인

가이드와 함께하는 '수제 패키지 여행' 등을 제안한다.

여행 이후의 경험까지도 소중히 여기는 사람들을 위한 애플리케이션도 출시됐다. 예를 들어, 폴라스텝스Polarsteps는 자신이 여행한 루트를 다른 사람과 공유할 수 있는 애플리케이션이다. 스마트폰으로 사진을 찍으면 위성 위치확인 시스템GPS 정보가 자동으로 기록되는데, 폴라스텝스는 이런 '지오 태깅Geo Tagging' 기술을 이용해 여행지에서 찍은 사진의 위치 정보를 읽고 여행 루트를 자동으로 복원해준다. 다른 SNS 서비스처럼 유저들이 계정을 만들고 서로 팔로잉이 가능해 관심이 가는 사람의 여행 루트를 볼 수 있다는 것이 장점이다.[23] 여행을 추억하는 특별한 방법이 아닐 수 없다.

라스트핏 이코노미의 등장 배경

소비자의 합리성 기준 변화

이렇듯 최근 들어 라스트핏 이코노미가 경제 행태의 새로운 패러다임으로 급부상하는 이유는 무엇일까? 그동안 경제학에서는 소비자를 소득 혹은 시간 등의 제약 사항 아래에서 효용을 극대화하는 합리적인 존재라고 전제해왔다. 그런데 이 합리성의 기준이 변화하고 있다는 점에 주목할 필요가 있다.

소비자의 합리성은 객관적 합리성과 주관적 합리성으로 분류할 수 있다. 객관적 합리성은 객관적 효용을 극대화시키는 행위를 말한다. 여기서 말하는 효용이란 재화를 소비함으로써 얻는 만족을 의미하는데, 보통의 경우 투입된 자원에 비례해 얻는 만족의 정도를 통해 결정된다. 이 때 객관적 효용이 높다는 것은 대체로 세 가지 조건이 성립되는 경우를 말한다. 가격이 저렴할 때, 기능이 탁월할 때, 그리고 브랜드가 가치 있을 때. 이 세 가지 만족이 높을 때 소비자는 객관적 합리성을 높이 평가하게 된다.

그러나 최근에는 주관적 합리성에 대한 가치를 더욱 높게 평가하는 경향이 나타나고 있다. 라스트핏 이코노미에서 소비자의 합리성은 감각적·주관적 효용이 우위를 점하기도 하는 것이다. 다시 말해서 객관적인 평가 속성이 낮게 측정되어도 소비자가 체감하는 만족감은 별개의 대상이 된다. 효용의 기준이 단순히 금전적 자원의 효율적 사용에서만 평가되는 것이 아니라 주관적 만족의 관점이 더 커지고 있다는 것이다. 이는 객관적 효율성이 떨어지더라도 고객의 마지막 경험을 만족시켜줄 수 있는 서비스라면 주관적 효용이 높아져 결과적으로 합리성이 더 커질 수 있는 가능성을 의미한다. 이처럼 합리성의 기준이 변화하면서 제품 위주의 경쟁에서 조금 더 편리하고 보다 더 신속하게 움직이는 마지막 접점에서의 고객만족을 높이기 위한 서비스 경쟁이 심화되는 것이라고 해석할 수 있다.

가구 형태와 세대 형태의 변화

1~2인 가구의 증가에 따른 '1코노미' 현상도 소비 행태에 많은 영향을 끼쳤다. 가구의 단위가 작아지다 보니 소비의 단위도 점점 작아지며, 객관적 효율 중심의 사고보다 편리성 중심의 사고로 이어지는 현상을 낳았다. 무엇보다 1인 가구의 대부분이 경제활동에 뛰어든 경

포노 사피엔스 Phono Sapiens
스마트폰의 등장으로 시공간의 제약 없이 소통하고 정보 전달의 속도가 빨라져 편리한 생활을 하게 되면서 스마트폰 없이는 생활하는 것이 힘들어진 사람을 일컫는 표현이다.

우가 많아 더욱 더 시간 절약형 서비스를 택할 수밖에 없다. 가족 구성원의 결핍을 채우기 위한 도구로 라스트핏 이코노미의 서비스를 이용하는 경우도 많다. 차량이 없는 1인 가구 구성원은 마트에서 무거운 짐을 들고 집으로 돌아오는 것 자체가 큰 어려움이고, 차량이 있다 해도 혼자 마트에서 장을 본다는 사실 자체가 처량하게 느껴지는 경우도 있다. 새벽 배송이나 정기 배송 서비스는 이러한 1인 가구의 니즈를 정확히 충족시켜주고 있는 대표적인 사례다.

세대적 특성도 라스트핏 이코노미 현상의 확산 요인으로 파악된다. 밀레니얼과 Z세대의 사회 진출이 이러한 서비스들을 더욱 가속화시키고 있기 때문이다. 특히 Z세대의 경우 경제적 효용가치보다 지금 당장의 행복을 얻는 주관적 효용가치를 가장 많이 추구하는 이들이다. 따라서 Z세대의 사회 진출과 함께 라스트핏 이코노미가 확산되는 것은 우연이 아니다.[24] 또한 모바일과 온라인에 익숙한 **포노 사피엔스**에 속하는 Z세대는 비대면 형태의 서비스를 더 추구하는 성향이 있다. 불필요하고 소모적인 인간관계를 피하면서, 최적화된 만족의 조건 중 하나로 비대면 형태를 선택하는 것이다. 이러한 가구 형태와 세대 형태의 변화는 라스트핏 이코노미의 확산에 지속적으로 영향을 줄 것으로 보인다.

소비자의 만족과 불만족을 결정하는 기준이
이제 '소비자와 직접, 그리고 마지막으로 만나는 지점'이 되고 있다.
라스트핏 이코노미는 배송 최적화, 시간 최적화, 경험 최적화를 추구한다.
결국 고객의 마지막 순간과 고객의 현관문을 잡는 자가 시장을 잡을 것이다.

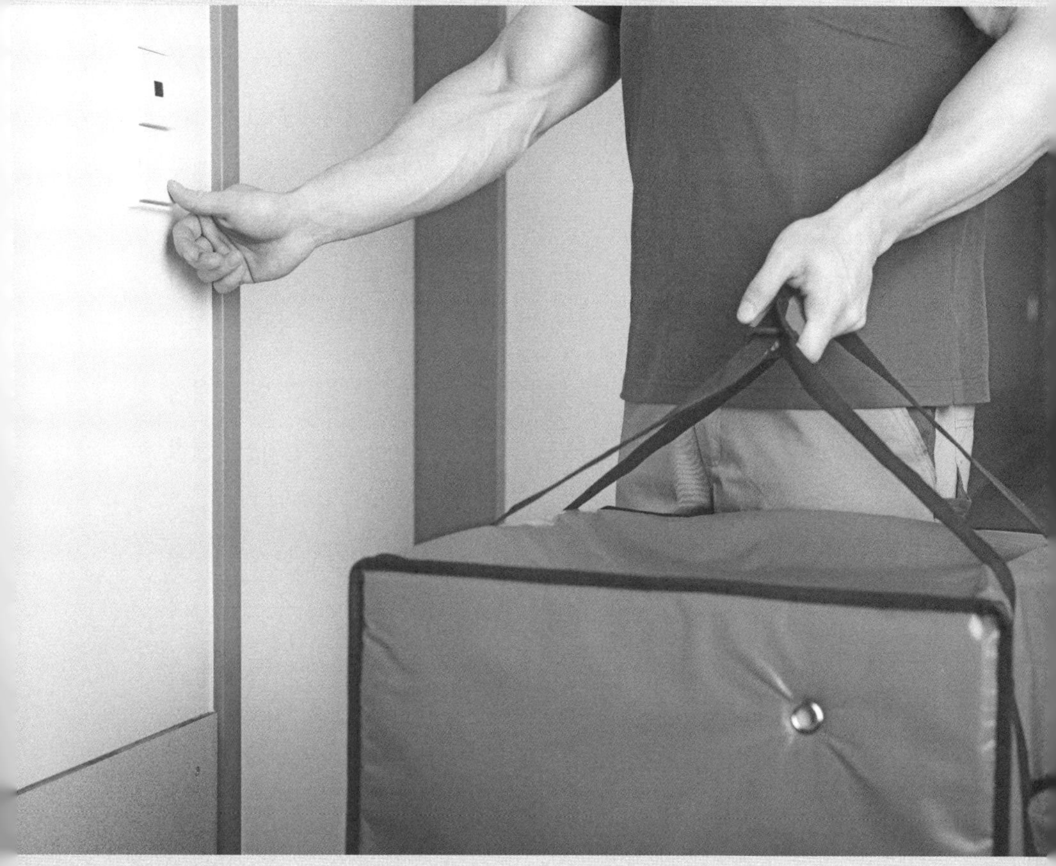

시사점

빠른 배송보다 고객만족 경험 극대화

2020년의 소비자들이 원하는 최적화된 만족은 제품 자체의 효용이나 가격 대비 성능을 넘어서는 '가치'다. 다시 말해 소비자가 평가하는 만족의 기준이 기능 중심에서 가치 중심으로 바뀌고 있다. 이제 제품의 기능·가격·브랜드 이미지를 넘어 편리성의 가치를 중심으로 주객이 전도되는 소비 현상이 가속화될 것으로 보인다. 마지막 접점에서 최적화된 만족을 이끄는 서비스의 경험이 더 중요해지는 것이다. 고객의 편리성을 중심으로 노동과 시간을 절약해주는 특화된 서비스, 더 빠르게 더 신선하게 고객의 품에 안겨주는 체계적인 배송 시스템, 그리고 마지막 순간의 만족스러운 경험으로 고객의 니즈가 진화하고 있다. 그렇다면 고객의 최적화된 만족을 위해 기업은 어떠한 점들을 고려해야 할까?

유통시장의 화두는 이제 단순히 빠른 배송이 아닌 고객만족 경험으로 넘어가고 있다. 물류 스타트업인 '부릉VROONG'은 얼마 전 개최된 세계지식포럼에서 그들이 꿈꾸는 비전은 '하이퍼커넥티비티hyper-connectivity', 즉 인간과 사물이 유기적으로 연결되는 세상을 만드는 것이라는 의지를 밝혔다. 인공지능과 같은 기술이 배송 환경을 바꾸고 있고, 결국 정보기술을 기반으로 물류 환경을 구축하여 라이더의 안전과 고객이 원하는 빠른 배송이라는 시스템을 구현하는 것이 중요하다는 것이다.[25]

지금까지의 물류 시장에서는 비용 최적화가 경쟁력의 핵심이었다면, 이제는 고객만족 경험이 핵심이 되고 있다. 따라서 라스트핏 이코노미 시대에는 만족스러운 고객경험만 제공해줄 수 있다면 다윗도 골리앗에 견줄 만한 경쟁력을 갖출 수 있고, 골리앗도 다윗으로 추락할 수 있다. 앞으로 혁명적인 변화를 예고하고 있는 소비 생태계에 대처하기 위해 고객의 시간을 최대한 절약하고 마지막 순간의 만족스러운 경험을 통해 주관적 효용을 극대화시키는 전략을 진지하게 고민해야 한다.

환경문제 해결은 필수

라스트핏 이코노미의 전략을 제대로 어필하기 위해서는 환경까지 고려된 최적화된 만족을 제공해야 한다. 최근 유통 업계에서는 빠른 배송은 기본이고, 친환경 배송 경쟁 시대가 도래했다고 말한다. 배송전쟁이 대두되며 포장재로 인한 환경오염 문제가 심각하게 제기되고 있기 때문이다. SSG닷컴은 새벽 배송 서비스에 반영구적 재사용이 가능한 보랭가방 '알비백' 10만 개를 자체 제작해 선보이며 '친환경 배송'의 시작을 알렸다.[26] 포장재로 인한 환경문제를 한 방에 해결했다는 이유로 소비자들의 반응도 긍정적이다. 풀무원녹즙은 친환경 전기차 D2를 도입해 신선음료 녹즙 배송을 진행한다. 풀무원녹즙은 녹즙의 신선하고 빠른 배송과 오토바이 사용이 많은 모닝스텝(녹즙 배달원)의 근무 환경 개선을 위해 배송 차량 도입을 검토해왔는데, 여기에 환경을 고려해 배기가스를 발생시키지 않는 전기차를 도입하고 있다. 라스트핏 이코노미에서 환경 이슈는 반드시 해결해나가야 하는 과제이며, 어떠한 경우라도 편리함을 환경과 맞바꿔서는 안 될 것이다.

마지막으로 라스트핏 이코노미 시대의 핵심은 결국 차별화된 서비스다. 배송 최적화, 시간 최적화, 경험 최적화 전략 모두 차별화만이 주 무기가 되는 조건들이다. 단순히 인프라를 활용한 '머니게임'은 빠른 안착까지는 도와줄 수 있어도 시장에서 생존할 수 있는 필수 경쟁력은 아니다. 소비자는 조금 더 혁신적이고 편리한 습관을 이루어줄 수 있는 서비스를 기대하기 때문이다. 흔하고 '뻔한' 방식이 아닌 '엣지' 있게 사업을 영속적으로 진행해나갈 수 있는 차별화 전략이 마련되어야 한다. 새벽 배송의 시작을 연 마켓컬리가 그랬듯 보다 혁신적이고 발 빠른 사고를 바탕으로 차별화된 서비스에 대한 고민이 필요하다. 결국 고객의 마지막 순간과 소비자의 현관문을 잡는 자가 시장을 잡을 것이다.

Goodness and Fairness

페어 플레이어

공평하고 올바른 것에 대한 추구가 강해진다. 직장에서 내 노력의 결과를 팀장님께 돌리는 것은 공정하지 않다. 아무리 막내라도 자신의 기여는 합당하게 인정받아야 한다. 가사 노동은 구성원 모두에게 공평하게 분배돼야 하고, 학생들은 주관식보다 객관식 시험, 조별 과제보다 개인 과제를 선호한다. 구매를 할 때도 상품 자체뿐만 아니라 그 브랜드의 올바른 '선한 영향력'을 중시한다. 개인성이 화두인 사회에서 자란 젊은 페어 플레이어들은 다양한 매체를 통해 자신의 작은 노력으로 사회를 변화시키길 원한다. 이슈가 있을 때마다 불붙는 불매운동은 단순한 열기가 아니라 이러한 공평성·선함·효능감에 대한 열망이 표현된 것이다.

한국 사회에서 공정성에 대한 열망이 커지는 원인을 꼽자면 첫째, 한국 사회의 평등지향성이 높아지며 차별성에 대한 인식이 더욱 커졌기 때문이다. 둘째, 경제적 풍요 속에 성장했지만 저성장 시대의 좌절감도 경험하고 있는, 치열한 경쟁이 생활화된 밀레니얼 세대의 특성 때문이다. 셋째, 실시간 쌍방향 커뮤니케이션을 지원하는 정보 통신 기술의 영향력으로 자기 목소리를 충분히 낼 수 있는 페어 플레이어 세대의 효능감이 높아졌기 때문이다. 공정함에 대한 요구가 높아진 시대, 페어 플레이어 소비자는 구매 행위를 일종의 '화폐투표'로 활용한다. 이에 기업은 단순히 제품을 판매하는 것이 아니라 제품의 소비가 불러올 환경과 사회에 대한 영향력까지도 고려해야 한다. 대한민국 역사상 가장 공정을 추구하는 세대가 일어서고 있다. 공정을 구求하는 한국의 젊은 페어 플레이어들이 흔들리는 이 땅의 공정성을 구救할 수 있기를 기대한다.

"이번에 우리 회사 임원들 연봉은 몇 퍼센트나 올랐나요? 우리는 얼마인데……."

어느 회사의 인사 담당자가 최근 젊은 직원에게 이와 같은 질문을 직접 받았다고 한다. 요즘 젊은 직장인들은 연봉 계약을 갱신할 때 동기나 직속상사의 연봉 인상률보다도 '상무님 연봉 인상률'을 궁금해한다고 한다. 오랜 기간 인사 업무를 담당했다는 인사 담당자는 서울대 소비트렌드분석센터와의 인터뷰에서, 이 질문을 받고 깜짝 놀랐다고 고백했다. 이 당돌한 질문에는 요즘 젊은 세대 직장인의 가치관이 담겨 있다. 상무님 연봉 인상률이 궁금한 기저에는 "우리 회사 평가 시스템은 공정한가?"에 대한 의심이 은근히 깔려 있는 것이다. 나와 임원의 연봉 인상률을 비교하면서, "저 임원은 과연 연봉만큼 회사에 기여하고 있는가?"를 생각해볼 수도 있고 혹은 "우리 회사는 나를 내가 기여한 만큼 공정하게 대우하고 있는가?"를 고민해볼 수도 있다.

"뒷문으로 승차해도 괜찮습니다!"

아침 등교 시간 서울대입구역에서 서울대 내부로 진입하는 셔틀버스의 줄은 언제나 길다. 버스기사가 승차 시간을 줄이고자 학생들에게 일부는 뒷문으로 타도 괜찮다고 외치지만, 어느 누구도 열린 뒷문으로 오르지 않는다고 한다. 똑같이 줄을 섰는데 누군가가 뒷문으로 승차해 좋은 자리에 앉는 것은 '극혐(극도로 혐오한다는 의미)'이기 때문이다. 줄 중간에 아는 친구를 만나 뒷사람의 양해를 구하고 그 친구와 함께 중간에 서는 일도 학생들에게는 있을 수 없는 일이다. 요즘 젊은이들은 '새치기'에 극도로 민감하다.

이런 현상은 단지 위 인터뷰의 젊은 직원이나 줄 서는 대학생에게만 국한된 일이 아니다. 유명 오디션 프로그램의 순위 조작 논란, 모 여고의 시험지 유출 논란, 교수 자녀의 논문 특혜 논란, 평창 동계올림픽 여자 아이스하키 남북 단일팀 논란 등의 사례에서 보듯 요즘 젊은 세대가 분노하는 경우는 모두 '공정성'이 훼손됐다고 여길 때다.

사전적 의미에서 '공정성fairness'이란 특정 제도나 시스템을 적용하는 과정에서 적용받는 대상의 특성에 따라 편파적이거나 차별적으로 행하지 않는 정도를 의미한다. 상무님과 나의 연봉 인상률이 다른 것이 공정하지 못하다고 느끼는 이유는 "업적이 아니라 직위에 따라 인상률이 결정된 것은 아닌가?" 하는 의구심을 가졌기 때문일 것이다. 유사한 개념으로 혼용되는 '평등equality' 개념은 다소 구조적이고 결과적인 측면과 관련된 반면, '공정성'은 경쟁 상태에서 규칙을 적용하는 것과 더 관련이 있다.[1] 마트 계산대에 줄을 서서 차례를 기다리고 있는데 새치기를 한 누군가가 먼저 계산하는 특혜를 받으면 "공정성이 침해됐다"는 기분이 드는 것과 같다.

MIT의 리처드 라슨Richard Larson 교수에 따르면 공정함은 사회 시스템을 안정적으로 유지하는 데 필수적인 요소인 동시에 인간이라면 누구나 가지고 있는 본능에 가깝다.[2] 실제로 패스트푸드점에서 시행된 한 실험에 의하면 소비자들은 3~4개로 줄을 나누어 서서 서비스를 신속하게 받는 것보다 조금 늦더라도 한 줄 서기를 더 선호하는 것으로 나타났다. 좀 더 기다리는 한이 있더라도 나보다 더 늦게 온 사람이 먼저 서비스를 받는 것을 용납하지 못하기 때문이다. 내가 입을 손해보다 더 중요한 것이 바로 공정하지 못한 과정과 납득이 불가한 상황인 것이다. 실제로 학생들에게 물어보면 남의 눈치 때문에 뒷문으로 타지 않는 것이 아니라, 스스로가 그런 행위를 한다는 사실을 참을 수 없기 때문이라고 대답한다.

사회구조적 이슈로만 여겨졌던 공정함에 대한 열망은 이제 사회 전반에서 새로운 생활양식을 창출하고 있다. 가사 노동은 구성원 모두에게 공평하게 분배되어야 하고 학생들은 주관식보다 객관식 시험, 조별 과제보다 개인 과제를 선호한다. 직장에서는 팀장님을 서포트하기보다 나 자신의 성과로 평가받길 원하며, 회사 대표와 팀 막내가 서로 반말로 의사소통하기도 한다. 소비할 때도 상품 자체뿐만 아니라 그 브랜드의 올바른 '선한 영향력'이 구매의 중요한 기준이 된다. 이처럼 일상의 모든 영역에서 공정함을 구하는 소비자들을 『트렌드 코리아 2020』에서는 '페어 플레이어'라고 부르고자 한다.

경쟁과 성장의 가치를 외치며 앞만 보고 달려왔던 한국 사회에 드디어 공정성이란 가치가 뿌리내리고 만개할 준비를 하고 있다. 이제 2020년 한국 사회와 소비 시장에 공정성이 미치는 영향력과 그로 인한 페어 플레이어들의 라이프스타일 변화 양상을 하나씩 살펴본다.

세상의 중심에서 '공정성'을 외치다

공정성 원칙1: 기능 중심의 수평적 관계를 지향한다

"상무님이요? 별로 어렵지 않아요. 솔직히 직속상사보다 편해요. 상무님은 언제 바뀔지 모르잖아요. 일부러 잘 보이려고 굽실굽실할 필요는 없는 것 같아요."

다소 충격적으로 들리겠지만 현재 회사를 다니고 있는 젊은 직장인이라면 내심 공감할지도 모른다. 확실히 요즘 젊은이들은 기성세대에 비해 '임원 무서운 줄'을 모른다. 상사 앞이라고 해서 겁을 먹지 않고 무리하게 깍듯하지도 않다. 마치 이웃집 아저씨를 대하듯 당당하고 편안하다. 서구 국가나 외국계 기업에서나 볼 법한 모습으로 소위 쿨cool내가 진동한다. 하지만 조금만 깊이 들여다보면 그렇게 이상한 변화도 아니다. "상무님이나 나나 뭐가 그렇게 다른가?" 상무님 앞에서 당당한 태도를 취한다고 해서 상무님을 존경하지 않는 것도 아닌데 말이다. 그저 상무님은 나보다 회사에서 책임지는 일이 더 많기 때문에 월급을 더 많이 받는 것뿐이다. 따라서 마치 하인이라도 된 듯 필요 이상으로 비굴하게 굴거나 굽실거릴 이유가 없는 것이다.

이와 같은 '공정한 관계'에 대한 열망이 사회 전반에 걸쳐 확대되고 있다. 나이나 연공서열과 같은 위계적 관계가 이제는 능력 기반의 수평적 관계로 대체된다. 관계에 대해 필요 이상의 의미를 부여하지도 않는다. 조직에서 가장 막내라도 그 상황에 꼭 필요한 능력을 지니고 있다면 남들보다 우대받는 것이 당연하다. 철저한 기능 중심적 사고인 셈이다. 이러한 사고방식의 변화는 업무를 진행하는 과정에서도 변화를 이끌어내고 있다. 가령 상사라고 해서 직원들에게 일방적으로 업무 지시를 내리는 것은 곤란하다. "너에게 이 일이 떨어졌으니 찍소리 하지 말고 해라"는 식의 커뮤니케이션은 특히 최악이다. "왜 네가 이 일을 맡아야 하는지, 이 일에서 너의 기여가 어떤 형태로 나타나는지"를 납득 가능하도록 설명할 수 있어야 한다. 막내라는 이유로 그동안 당연하게 주어졌던 업무들도 더 이상 막무가내로 지시할 수 없는 분위기다. 회의를 준비하기 위해 자료를 출력하거나 정리하는 것 정도의 부탁은 충분히 용인될 수 있지만, 커피 심부름과 같은 업무 외적인 부탁은 이제 구시대의 유물이 되고 있다.

최근에는 국내의 대기업들이 이러한 변화를 적극적으로 수용하고 나섰다. 나이에 따른 위계질서를 강조하던 한국의 조직 문화가 위계 대신 동등한 관계를 중심으로 재편성되고 있는 것이다. LG그룹·SK그룹 등은 그동안 사원-대리-과장-차장-부장-임원으로 이어진 위계적 직급 구조 자체를 없애는 등 대대적인 조직 문화 개편에 나섰다.[3] 기업 내 불고 있는 '호칭 파괴' 바람도 이와 맥락을 같이한다. 호칭만으로 그 사람의 나이나 근속연수를 알 수 없도록 매니저·프로·플래너 등 새로운 호칭 체계를 접목한 것이다. 2000년 '님' 문화를 대기업 최초로 시행한 CJ를 비롯해, 아모레퍼시픽·제일기획·SK텔레콤·삼성전자·LG전자, 그리고 최근에는 현대기아차까지 대기업들이 이러한 흐름에 동참하고 있다.[4] 퍼시스·SK디앤디·카카오는 직급 폐지 후 영어 이름을 사용하며 심지어 몇몇 스타트업에서는 사장을 포함한 전 직원이 서로 반말로 소통한다.[5]

회사 구성원 사이의 수평적 관계는 회사 내 공간 구조를 기획할 때도 반영된다. 과거 임원들의 자리는 사무실 안쪽이나 창가 가장자리 등 전망이 좋은 곳에 위치하고, 신입사원의 자리는 사람들이 많이 다니는 복도 쪽으로 배치하는 것이 일반적이었다. 책상 가구도 위계가 높을수록 크기가 컸다. 하지만 최근 많은 기업들이 이러한 위계에 따른 공간 구성을 새롭게 혁신하고 있다. 가구 전문 기업 퍼시스는

출처: 퍼시스

▶▶▶ 사무실 환경도 조직의 수평적, 개방적 구조를 반영하는 추세다. 임원들의 방을 없앤다거나 지정석 없이 자기가 앉고 싶은 자리에 앉아서 일하는 자율좌석제를 도입하는 회사들이 늘고 있다. 직급과 상관없이 모두가 동일한 크기와 스펙의 '유니버설' 가구를 사용하기도 한다.

2019년 6월 자율좌석제를 시행하며 새로운 사무 환경 문화를 시험하는 중이다. 자신의 자리를 별도로 지정하지 않고, 매일 업무 상황에 따라 본인이 원하는 환경에서 일할 수 있도록 배려한다. 혼자서 작업할 수 있는 1~2인실은 물론이고, 카페·라운지·휴식 공간 등에서 일하는 것도 가능하다. 특히 독일 레드닷·독일 iF·미국 IDEA 등 세계 3대 디자인 어워드를 석권한 '플레이웍스'는 업무 효율을 높일 수 있도록 1인용 독립 소파를 지원하고 회사 임원이 독차지하던 창가 좌석도 일반 직원들이 사용할 수 있도록 변화를 선도하고 있다.[6] 팀장이나 팀원 등의 직급이나 직위에 상관없이 모두가 동일한 스펙의 가구, 즉 '유니버설 가구'를 사용하는 것도 주목할 만하다.

공정성 원칙2: 성 역할은 차별이 아닌 차이에 기반한다

최근 한국 사회에서 나이에 따른 세대 갈등보다 더 심각한 것이 성별에 따른 남녀 갈등이다. 여성은 여성이란 이유로 차별받았던 경험을, 남성은 남성이란 이유로 역차별을 받았던 경험을 내세우며 서로 날 선 평행선을 달린다.[7] 다행스러운 점은 극단적 대립만 내세우는 것이 아니라 성 역할 측면에서 남성과 여성의 차별을 없애고 서로의 차이를 인정하는 방향으로 우리 사회가 진일보하고 있다는 사실이다.

우선 가정에서 남편과 아내의 관계가 동등하게 진화하기 시작했다. 대표적으로 결혼을 앞둔 젊은 커플들 사이에 유행하는 현상이 바로 '반반혼수'다. 남성은 집을 마련하고 여성은 가구와 가전을 준비하는 식의 결혼 준비 모습은 이제 대단히 전근대적인 방식이 됐다. 요즘 세대는 성별과 상관없이 결혼에 대한 경제적 부담을 동등하게 지려고 노력한다. 물론 정확히 5 : 5로 부담하자는 의미는 아니다. 남자든 여자든 경제적으로 더 준비된 사람이 결혼에 대한 금전적 부담을 더 지는 형태로 각자 커플의 상황에 맞춰 합의해나간다.

부부 사이의 가사 역할 분담도 변화하고 있다. 아빠는 경제활동을 하고 엄마는 아이를 돌보는 식의 정형화된 역할 분담에서 벗어나 각 가정의 상황에 맞춰 역할을 나눈다. 이러한 변화는 느리지만 서서히 가정의 문화 자체를 바꿔놓고 있다. 가령 요즘 젊은 부부들은 자녀 교육과 관련해서 '공동 의사결정'을 내린다. 한 어린이 교육 전문기업에 따르면, 요즘 엄마들을 대상으로 자녀 교육 상담을 진행하면 "아이 아빠와 상의하고 올게요"란 대답을 가장 많이 듣는다고 한다. 요즘 부부들에게 자녀 교육은 엄마만의 몫이 아닌 공동의 책임이기 때문이다. 요리·설거지 등 주방 일을 남편이 담당하는 경우도 부쩍 늘었다. 주거 인테리어 회사에 따르면 요즘 젊은 주부들이 주방 리모델링을 할 때, "남편이 주로 사용하니까 싱크대 높이를 남편 키에 맞춰 높여달라"고 요구하는 경우가 의외로 많다고 한다.

남녀의 공정한 역할 분담은 사실 서구 사회에서는 익숙한 문화다. 코펜하겐에 위치한 유엔시티UN City에는 호텔급 환경을 갖춘 수유실이 설치되어 있다. 그런데 이곳 수유실의 특이한 점이 있다면 수유실에 남성들의 출입이 잦다는 점이다. 직장에서 일하고 있는 아내가 모유수유를 할 수 있도록 육아휴직 중인 남편이 아기를 데리고 회사 수유실을 방문하기 때문이다. 실제로 유럽의 많은 국가들은 남성의 육아휴직을 여성과 동등하게 보장하고 아빠와 엄마의 육아 돌봄을 공평하게 분담하는 사회적 분위기가 조성되어 있다.

해외시장에서는 여성과 남성의 업무 분장도 비교적 공정하게 진행한다. 예를 들어, 창고에서 짐을 옮기는 등의 물리적인 힘이 필요한 업무는 대부분 남성의 일로 여기는 것이 한국의 보편적 정서다. 중장비로 나무 팔레트를 옮기거나 무거운 박스를 나르는 등 창고 장비를 운용하는 업무 역시 여성보다 남성에게 더 잘 맞는 일이라는 인식이 퍼져 있다. 그런데 미국 아마존은 이러한 성 역할의 고정관념을 과감히 깨고 나섰다. 창고 관련 업무 분장 시, 동의한 사람에 한해 여성에게도 박스와 팔레트 운반 및 창고 장비 운용 업무를 맡기고 남성들 역시 여성들이 주로 처리하던 업무를 담당할 수 있다.

공정성 원칙3: 계약과 매뉴얼을 중시한다

"요즘 젊은 직원들은 회사 엘리베이터에서 만나도 인사를 잘 안하고 핸드폰만 들여다보고 있어요. 내가 신입일 땐 선배에게 90도로 허리를 굽혀서 폴더폰 인사를 했는데……."

요즘 기업의 선배들이 흔히 하는 볼멘소리다. 심지어 엘리베이터 안에서 선배를 대놓고 모른 척하는 후배들도 있다. 하지만 이들의 행동에는 나름의 이유가 있다. 이들에게 엘리베이터는 아직 회사가 아니며 사무실 책상 앞에서 귀에 꽂은 이어폰을 빼는 순간 비로소 직장 라이프가 시작되기 때문이다. 이어폰은 단지 음악을 듣는 도구가 아니다. 외부로부터 '아직 개인인 나'를 지켜주는 방패다. 근로계약서에 업무 시간이 오전 9시부터 오후 6시까지로 명시되어 있다면 딱 9시 정각부터 업무를 시작하면 된다. 30분 일찍 나와 업무를 준비하라는 상사의 조언은 이들에게 그저 잔소리일 뿐이다.

요즘 직장인들에게는 계약서에 적혀 있는 사실만이 공정성의 기준이다. 따라서 계약서에 기반하지 않은 과도한 책임감을 요구하는 것은 공정성에 어긋난다. 점심시간을 온전히 보장받는 것도 계약 측면에서 보호받아야 하는 나만의 권리다. 상사가 함께 점심을 먹자고 해도 거절하고 혼자만의 점심시간을 즐기는 것도 바로 이 때문이다.

공정성을 요구하는 직장인들의 행태가 기성세대의 눈에 다소 이기적으로 보인다고 해서 그들의 업무 몰입도가 떨어지는 것은 아니다. 필요한 경우라면 야근에 주말 특근까지 하며 본인의 업무에 최선을 다한다. 굳이 과거와 다른 점을 비교하자면, 본인이 한 달간 수행한 야근 시간을 자투리까지 모아 그 시간에 해당되는 만큼의 '특별휴가'를 당당하게 요구한다는 점이다. 회사를 위해 마냥 희생만 하기보다는 자신이 투입한 노력만큼 그 대가도 확실히 요청한다. 기성세대에게는 다소 이해가 되지 않는 행동일 수 있지만 근로계약서에 적혀있는 내용을 근간으로 요구하는 사항이기 때문에 딱히 거절하기도 어렵다. 오히려 회사를 위해 본인이 투자한 노력에 대해 정당한 대가를 인정받을 수 있어, 야근이나 특근으로 인한 업무 스트레스가 감소하고 그에 따라 일의 효율성이 더 높아지기도 한다.

공정성 원칙4: 평가 시스템은 만인에게 평등해야 한다

"팀플 없는 수업 좀 추천해주세요!"

요즘 대학생들의 강의평가·추천 사이트에 자주 올라오는 질문이다. 예전에는 학점이 후한 과목이나 과제가 적은 과목에 대한 추천을 부탁했다면, 요즘은 조별 과제가 없는 과목을 알고 싶어한다. 요즘 학생들이 극도로 혐오하는 것이 바로 '팀플(team project, 팀 과제)'이다. 예전 학생들은 시험보다는 과제, 특히 팀 과제를 선호했다. 사실 팀 과제에는 장점이 많다. 팀을 중심으로 협업하며 과제를 수행하는 팀플은 구성원들과 다양한 아이디어를 교환하며 사고 과정을 발전시킬 수 있기 때문이다. 실제로 사회에 나가면 팀 단위로 업무를 수행하는 경우가 많기 때문에 일종의 단체 생활에 대한 선행 학습이 될 수 있다. 그런데 교과과정에서 팀플이 점차 강조되고 있는 현실과는 달리, 대학생들의 팀플 기피 현상은 매년 더 심해지고 있다.

학생들이 팀 과제를 싫어하는 가장 근본적인 이유는 팀 내에 항상 존재하는 '무임승차자free-rider' 때문이다. 팀은 일종의 운명공동체이기 때문에 팀 내부에서 과제에 열심히 참여하지 않는 사람도 다른 팀원들과 동일한 학점을 부여받는다. 그런데 요즘 대학생들에게는 이러한 과정 자체가 너무 불공정하게 느껴지는 것이다. 이들이 원하는 것은 자신이 투입한 능력과 노력에 대한 정당한 평가다. 명확한 평가 기준이 존재하지 않고, 나의 공로가 사실 그대로 인정받지 못하면 억울한 감정부터 든다. 이 때문에 최근 대학생들은 조별 과제보다 개인 과제를, 주관식 시험보다 객관식 시험을 더 선호한다. 만약 꼭 팀으로 과제를 수행해야 한다면 그 안에서 나름대로 객관성을 확보하려고 노력한다. 가령 팀별로 수행한 과제를 발표할 때도 발언에 능숙한 '대표선수' 한 명을 내세우는 것이 아니라, 모든 팀원이 각자 본인이 작성한 페이지를 발표하는 형태로 과제를 수행한다. 팀을 구성하는 방식도 많이 변했다. 과거에는 보통 친한 친구를 중심으로 팀을 구성했다면 요즘엔 선생님에게 "랜덤으로 팀을 짜달라"고 요청한다. 우연에 맡기는 것이 차라리 모든 사람들에게 공평하다고 생각하기 때문이다.

공정성을 확보하기 위해 무엇보다 중요한 것은 주관적 요소가 개입되지 않은 객관적 평가가 가능한지 여부다. 여기서 중요한 사항은 "특정한 대상에게 특혜를 주지 않고 누구에게나 공정한 평가 시스템을 적용할 수 있는가?" 하는 점이다. 축구·야구·피겨스케이팅처럼 심판이 존재하는 경기보다 달리기·수영·컬링과 같은 기록 경기를 더 마음 편하게 관람하는 것도 이와 유사한 맥락이다. 최근 축구·야구 등 심판 경기에 비디오 판독 시스템을 거부감 없이 받아들이는 경향도 이런 트렌드 변화와 관련이 깊다.

지배형 리더와 서번트 리더의 비교

	지배형 리더	서번트 리더
동기부여	더 큰 권력을 누리고 싶다	지위와 상관없이 남에게 봉사하고 싶다
중시하는 것	경쟁에서 이겨 자신이 칭송받는 것	협력하여 목표를 달성하고 모두가 윈윈하는 것
부하에게 영향력을 발휘하는 방법	권력을 사용하여 부하가 두려워하게 만듦	신뢰 관계를 쌓고 부하의 자주성을 중시
커뮤니케이션 방법	부하에게 설명하고 명령	부하의 이야기를 신뢰
업무 수행 방법	자신의 능력을 갈고 닦아 그 자신감을 근거로 지시	코칭, 멘토링을 통해 부하와 함께 배움
성장에 대한 생각	사내에서 이익을 챙겨 자신의 지위를 높이며 성장하는 것	개인의 동기부여를 중시하고 조직의 성장과 조화시킴
책임에 대한 생각	실패할 경우 담당자에게 벌을 주기 위한 것	책임을 명확히 하고 실패로부터 배우는 환경을 만듦

출처: Ann McGee-Cooper, Gray Looper(2001), *The Essentials of Servant-Leadership: Principles in Practices*, Pegasus Communication; 야마구치 슈, 『쇠퇴하는 아저씨 사회의 처방전』, 이연희 옮김, 한스미디어, 2019.

회사에서도 객관적 평가가 점차 중요해지고 있다. 최근 많은 기업들이 상급자가 부하직원을 일방적으로 평가하는 인사 평가 방식 대신, 모든 팀원이 직급에 상관없이 서로를 평가하는 '다면 평가 제도'를 시행하고 있다. 업무를 보고할 때에 자신이 노력해 작성한 보고서를 상사가 본인이 한 것처럼 대신 보고하는 것 역시 납득할 수 없는 일이다. 실무에 무능하면서 아부만 잘하는 무임승차형 상사야말로 이들에게 '극혐'의 대상이다. 이들이 원하는 것은 '내가 한 일을 내가 했다고 말할 수 있는 공정성'이다. 이 때문에 권위에 기대 부하직원을 채찍질하는 '지배형 리더'의 인기는 저물고, 본인의 능력을 바탕으로 조직 구성원의 잠재 능력을 이끌어내는 '서번트 리더'의 인기가 부상하고 있다.

공정성 원칙5: 사회에 미치는 '선한 영향력'은 기본 요소다

전술한 공정성의 네 가지 특징이 다소 개인적 차원의 공정성에 집중했다면, 공정성의 마지막 속성은 나 이외의 타인과 사회에 미치는 선한 영향력을 고려한다는 점에서 다소 '공익적'이다. 공정성을 논할 때, 엄청난 차원의 대의大義는 아니더라도, 최소한 그것이 사회에 미치는 영향력 정도는 고려해야 한다.

기업의 다양한 활동들이 사회에 큰 영향력을 발휘하면서 공정하지 못한 기업을 향한 소비자의 응징은 무서울 정도다. 2019년 6월 배달의민족은 '쏜다 쿠폰' 이벤트를 진행하면서 공정성 논란을 불러일으켰다. 그동안 열심히 서비스를 이용한 충성 고객에게는 1천 원짜리 쿠폰 2장을 제공한 데 반해 일부 연예인과 SNS 인플루언서 등 유명 인사에게는 1만 원짜리 할인쿠폰을 뭉치로 제공한 것이 밝혀진 것이다.[8] 다행히 기업 측의 발 빠른 사과로 큰 위기 없이 사건이 정리되긴 했지만, 소비자에게 공정성을 인정받지 못한 마케팅 활동은 도리어 기업에게 위기를 불러올 수 있음을 보여주는 사례가 됐다.

반면, 기업이 사회에 선하고 착한 영향력을 행사할 때는 소비자의 후한 점수가 뒤따른다. 대표적으로 '저소득층 아동들에게 식사를 제공해주는 가게'처럼 선행을 하는 업체에게는 소비자가 직접 착한 가게 목록을 만들어 SNS에 배포하는 등 '팔아주기 운동'을 벌이기도 한다. 2019년 4월, 강원도 동해안 일대에 대형 산불이 발생하자 전국 소방대원들이 진화를 위해 달려갔는데 그중에서도 무려 570킬로미터의 거리를 달려 출동한 해남소방서에 감사의 마음을 표시하고자 닭갈비 택배를 보낸 업체가 있었다. 춘천에 위치한 이 업체의 사장은 평소 소방대원들의 열악한 근무 환경을 안타깝게 생각하던 차에 소식을 전해 듣고 작은 성의를 표시하고자 한 것이다. 택배를 받고 감동한 소방관들이 소식을 SNS에 올리면서 이 미담이 인터넷을 통해 알려지자, 누리꾼들이 "이 착한 업체를 주문으로 혼쭐내주자"며 SNS를 중심으로 팔아주기 운동을 벌이기도 했다.[9] 인터넷과 SNS를 통해 업체들의 '악행'과 '선행'이 낱낱이 밝혀지는 가운데 누리꾼 소비자들의 '권선징악' 활동도 더욱 거세지고 있는 모양새다.

기업의 사회적 책임을 의미하는 CSR 활동은 단순히 사회문제를 소극적으로 지원하는 차원을 넘어 능동적 해결사 역할을 자처하는 형태로 진화하고 있다. 과거의 기업 CSR 활동은 그저 "우리가 이런 착한 행동을 하고 있어요"의 보여주기식 마케팅인 경우가 많았다. 하지만 최근에는 소비자의 구매를 이끌어내는 것과 직접 관련이 없는 영역에서까지 훨씬 더 공격적으로 진행된다. 화장품 브랜드 러쉬는 2019년 9월 진행된 '글로벌 기후파업Global Climate Strike' 기간 동안 2~3시간가량 오프라인 매장 문을 닫고 24시간 온라인 판매를 중지하는 자체적인 '기후파업'을 진행했다.[10] 이윤 창출을 목적으로 하는 기업이 스스로 상당 금액의 이윤을 포기하면서까지 사회 전반에 선하고 공정한 영향력을 확대하고자 한 것이다.

시청률을 확보하기 위해 자극적인 소재로 승부하던 방송가에서도 사회에 대한 '공공성'을 강조하는 프로그램이 등장하며 눈길을 끌고 있다. MBC의 〈같이펀딩〉 프로그램은 혼자서는 실현하기 어려운 다양한 분야의 가치 있는 아이디어를 크라우드 펀딩 형식으로 시청자들과 함께 실천하는 예능이다. 여러 펀딩 아이템 중에서도 유독 화제

출처: MBC

▶▶▶ 공공성을 강조한 예능 프로그램 〈같이펀딩〉에서 배우 유준상이 제안한 태극기함 펀딩의 모금 목표액이 순식간에 달성되면서 '선한 영향력'에 동참하고자 하는 사람들의 열망을 보여줬다.

가 된 것은 '태극기함'이었다. "어느 순간부터 국경일에 태극기를 안 다는 집이 많아져 안타까웠다"라는 배우 유준상 씨의 제안에 많은 시청자들이 동참하며 펀딩이 순식간에 조기 마감되기도 했다. 의미 있는 물건을 구매하고 다시 그 수익금을 가치 있는 곳에 사용하는 크라우드 펀딩의 선한 취지에 공감하는 소비자들이 증가하면서 시청률도 덩달아 상승 중이다.

공정성이 중요하게 대두되는 배경

한국인의 평등 의식

세계적인 공항으로 명성이 자자한 한국의 인천공항에는 없는 것이 하나 있다. 바로 여느 국제공항이라면 으레 존재하는 '패스트트랙fast track'이다. 런던의 히드로 국제공항, 파리의 샤를 드골 공항 등 세계 대부분의 공항에서는 일등석 승객의 빠른 입·출국을 돕는 패스트트랙 제도를 운영하고 있다. 하지만 한국에서는 대중에게 위화감을 조성한다는 이유로 패스트트랙 제도를 운영하려는 시도가 번번이 실패했다.[11]

이런 사례를 언급하지 않더라도 한국인이 평등 의식이 강하다는 점은 많은 사람들이 공감하는 바다. 왜 한국인은 평등 의식이 이다지도 높을까? 높은 인구밀도 탓에 사회적 비교를 하지 않을 수 없고, 지난 100년간 사회구조가 격변을 겪었기에 지위와 성취의 상대적 변화가 극심했기 때문일 것이다. 혹자는 한국 사회 내부에 퍼져 있는 부의 불평등성과 그로 인한 계급 불평등성의 심화 때문이라고 지적한다. 물론 완전히 틀린 말은 아니지만 우리 사회에 그대로 적용하기에는 다소 무리가 있다. 한국 사회 내의 불평등성이 과거에 비해 점차적으로 개선되어왔다는 주장도 있기 때문이다. 실제로 정인관·박현준은 2019년 발표한 논문에서 한국 사회에서 교육에 대한 투자와 기회 증가로 부모의 계급이 자녀의 계급에 미치는 상관관계가 점차 감소해왔음을 밝히기도 했다.[12] 1950~1984년 **코호트**를 거치며 부모 계급과 자녀 계급 사이의 사회적 지위 이동이 훨씬 활발하게 이루어졌다는 것이다.

문제는 객관적인 격차가 아니다. 객관적인 부의 격차가 점차 개선됨에도 불구하고, 사람들이 '체감하는' 공정성 결핍은 왜 점점 더 강해지는가에 좀 더 집중할 필요가 있다. 이에 대해 우리 사회의 불평

코호트 Cohort
코호트란 '연령'을 기반으로 특정한 '사회적 경험'을 공유하는 사람들의 집체를 의미한다. 각각의 코호트는 특정한 역사적 상황에서 그들만의 공통된 사회적 경험을 공유하기 때문에 다른 코호트 집단과 가치관, 견해 등에서 차이를 보일 수 있는데, 이를 '코호트 효과'라 부른다. '연령 증가'로 인해 나타나는 일반적인 종단 효과와는 다르다.

등성이 낮아졌기 때문에 공정성에 대한 사람들의 열망이 오히려 증가한 것이라는 역설적인 주장도 있다. 19세기 전반에 활약한 프랑스의 정치사상가 토크빌에 따르면 사회적 신분 차이가 정해져 있던 봉건시대에는 서로의 처지를 비교조차 하지 않기 때문에 차별에 대한 고민이 없었다.[13] 반면 사회제도의 발달로 신분 차별이 없어지면 표면상으로는 누구나 상위층에 속할 기회를 갖게 되면서 공정성 문제가 발생하기 시작한다는 것이다.

토크빌의 지적은 우리가 공정한 사회를 추구할 때 직면할 수밖에 없는 본질적인 모순을 들춘다. 만약 우리 사회가 완전하게 공정하다면, 빈민이나 실패자 등 하위계급에 놓인 사람들이 자신의 처지를 사회 탓으로 돌릴 명분이 없어진다. 사회 시스템이 불공정해서가 아니라, 나 자신의 재능과 노력이 남들보다 열등하기 때문으로밖에 해석되지 않기 때문이다. 이때 "우리 사회에서는 공정한 평가 기준이 있지만, 그것을 적용하는 과정이 공정하지 않다"라고 믿는다면 우리는 자신의 열등성을 부정할 수 있다. 평등을 추구할수록 공정성에 대한 욕구가 더욱더 커지는 이유는 바로 이 때문이다.

젊은 세대의 코호트적 특성

한국의 사회구조적 특성 이외에, 특히 젊은 세대들이 기성세대에 비해 공정성에 더 예민하게 반응한다는 주장도 있다. 1980년대 초반부터 1990년대 후반 사이 태어난 밀레니얼 세대는 이념 대립이 마무리된 시대에 성장하며 경제적인 풍요와 양질의 교육 기회를 누렸다. 대신 이들은 자유무역과 세계화가 정점으로 치닫는 치열한 경쟁을 목

평등을 추구할수록 공정성에 대한 욕구는 더 커진다.
무한 경쟁에 내몰리는 밀레니얼 세대에게 공정함은 더욱 절실한 이슈다.
경기의 규칙을 지키지 않는 자와 무임승차자들은 그들에게 '극혐' 대상이다.

전통적 위계 조직과 네트워크의 특징 비교

전통적 위계 조직	네트워크
통제와 계획	자율, 출현적 속성
개인 노력 강화	연결과 연계
프로그램 만들기	참여, 촉진을 위한 플랫폼
정보와 학습 독점	정보와 학습의 개방
집중적 의사결정	공동 결정
개별 전문가	집합 지성
구체적 성과	사회적 영향력

출처: 이정동 외, 『공존과 지속』, 민음사, 2019.

도했다. 특히 2008년 금융위기와 이후 저성장·저금리 시대를 경험하면서 '처음으로 부모보다 가난한 세대'란 수식어가 붙기도 했다.[14]

경쟁은 한국 젊은 세대의 삶을 지배하는 주요 핵심어다. 10대의 치열한 입시 경쟁, 20대의 무한한 취업 경쟁을 이겨내면, 30대 이후에는 회사에서 살아남기 위한 승진 경쟁을 지속해야 한다. 무한한 업적주의 시대를 살아남기 위해 오늘날의 젊은 세대에게 가장 중요한 가치는 다름 아닌 공정성을 담보한 경쟁의 규칙이다.[15] 스스로 노력을 통해 성과를 내는 것은 나의 문제이지만, 노력과 상관없이 특정인에게 주어지는 혜택은 사회적 차원의 공정성 문제이기 때문이다. 따라서 이들은 부모의 든든한 자본과 인맥으로 불공정을 일삼는 무임승차자에게 가장 크게 분노한다.

요즘 학생들이 수능 위주의 정시는 찬성하지만 학생부 종합전형은 싫어하고, 주관식 시험보다 객관식 시험을 선호하는 것도 바로 이러한 이유 때문이다. 집안의 든든한 배경이나 서포트 없이 자신만의 성실한 노력으로 그나마 공정하게 도전해볼 수 있는 시험이 표준화된 오지선다뿐이기 때문이다. 공기업은 물론 국내 사기업에서도 직원을 뽑을 때 국가직무능력표준NCS 시험을 적용하는 사례가 점차 증가하고 있는 것도 젊은 페어 플레이어들의 공정성에 대한 목마름을 반영한 것이라 할 수 있다.

기술 혁신에 따른 트렌드 효과

공정성에 대한 열망은 기술 혁신으로 인한 사회변동에 따른 결과란 주장도 제기된다. 한국 사회만의 특성도, 젊은 세대만 공유하는 특성도 아닌, 전 세계에서 거의 유사하게 발생하는 일종의 동시대적 변화라는 것이다. 실시간 쌍방향 커뮤니케이션을 지원하는 정보 통신 기술은 전통적 위계 조직을 네트워크로 바꿔 놓으면서 사람들의 일상적인 사고방식에까지 영향을 미친다. 과거 위계적 조직이 힘을 발휘하던 사회에서는 특정 집단이 정보를 독점하며 개인을 통제해왔다면 인터넷과 SNS를 통한 커뮤니케이션이 대중화된 네트워크 시대에는 일반 소비자들이 스스로 정보를 생산하고 확산시켜나간다. 정보 공개가 일상화되고 일반인들의 전문성이 증가하면서 진실에 입각한 의사결정, 즉 공정성에 대한 니즈가 더욱 커진다.

고객에게 불친절한 음식점에는 '별점'으로 점수를 매긴다. 직장인들은 회사에 대해 말 못할 불만을 '블라인드' 앱에 게시한다. 대학원생들은 그동안 무소불위의 권력을 행사하던 교수님을 '김박사넷'에서 익명으로 평가하며 폐쇄적으로 유통되던 정보를 일반 대중에게 공개한다. 대중들이 공개한 작은 정보들은 다시 다른 사람의 의사결정에 결정적인 영향을 행사하게 되고, 더 나아가 사회 전반의 분위기 반전이란 결과까지 이끌어낼 수 있다.

이러한 변화는 일반 개인들에게 "내 작은 노력으로도 사회를 바꿀 수 있다"는 일종의 '효능감'을 제공한다. 한 사람의 개인은 무력하지만 개인이 모여 큰 목소리를 내면 사회 전체를 긍정적으로 바꿀 수 있다는 자신감을 갖게 되는 것이다. 네트워크 시대의 소비자들은 자연스럽게 사회의 긍정적인 변화를 기대하게 된다. '사회적 책임을 다하는 기업'의 제품을 구매하는 일이, 과거에는 단지 자기만족에 그쳤다면 이제는 세상에 선한 영향력을 행사하는 가장 손쉬운 방법이 되었다. 일상 속 작은 구매가 나만의 만족을 넘어 긍정적인 사회의 출현을 앞당기고, 나아가 전 지구적 차원의 긍정적 변화에 기여한다는 점에서 소비자의 '지구인 정체성'이 발현되는 것이다.

시사점

공정함의 이면에 숨은 부정적 요인도 함께 봐야

공정함에 대한 페어 플레이어들의 열망은 향후 우리 사회에 어떤 변화를 이끌어낼 수 있을까? 우선 조직적 차원에서의 혁신이 발생할 수 있다. 구성원이 '공정하다'고 느끼는 형태로 기업의 조직 구성 형태가 빠른 속도로 재편성될 것이다. 연공서열에 따른 수직적 위계 조직 대신 업무 전문성을 바탕으로 일하면서 의사결정 속도와 업무 효율성도 높아질 것이다. 또한 연차가 쌓일수록 직급과 연봉이 올라가는 형식이 아니라 성과와 능력에 따른 연봉 책정으로 시스템이 혁신하면서, 젊은 세대가 사회 활동에 더욱 의욕적으로 참여할 수 있는 기반이 마련될 것으로 보인다.

소비자의 기업 활동에 대한 간섭은 향후 훨씬 더 강력해질 것이다. 1995년 노벨 경제학상을 수상한 폴 새뮤얼슨Paul Samuelson은 소비자의 구매 행위를 일종의 '화폐투표'와 같다고 설명한 바 있다. 마치 국민들이 선거를 통해 바람직한 정치사회를 구현하듯, 소비자는 선한 기업이 생산하는 제품과 서비스를 반복적으로 구매함으로써 사회적 정의를 구현한다는 것이다. 전반적인 브랜드 로열티가 떨어지는 시대에, 선한 기업에 대한 페어 플레이어 소비자들의 선호가 일종의 '팬덤'을 형성하고 있다는 점도 주목해야 한다.

기업들이 신경 써야 하는 부분도 더 많아질 것이다. 그동안 성분이나 디자인 등 일반적인 제품 차원에서만 속성 차별화를 시도했다면 이제는 제품과 서비스를 판매할 때 발생하는 환경과 사회에 대한 영향력까지 고려해야 하는 시대가 됐다. 안전성은 물론, 공정 무역을 통해 수급된 원료 사용, 나아가 그 원료가 생산되는 과정에서의 공정성까지도 세세하게 점검하는 시대가 다가온 것이다.

한편 공정함 뒤에 숨어 있는 부정적 측면도 간과해선 안 된다. 예를 들어, 전통적인 위계 조직과 달리 수평적 네트워크 조직은 사고가 발생했을 때 이를 책임질 사람이 부재하다는 필연적인 문제를 갖고 있다. 실제로 요즘 직장인들을 두고 소통은 수평적이길 원하지만 책임은 수직적이길 원하고, 업무에 대한 욕심은 많은데 정작 수행하는 방식은 잘 모른다는 비판적인 목소리도 높다. 전문성과 책임감을 보강할 수 있는 조직적 방안을 찾아야 한다.

공정성에 대한 사회적 요구가 높다고 해서 조직 문화는 그대로 둔 채, 제도만 표피적으로 도입하는 것도 지양해야 한다. 호칭 파괴나 조직 혁신도 기업 문화가 뒷받침되지 않는다면 생색내기에 지나지 않는다. 2018년 취업포털 사람인이 전국 962개 기업을 대상으로 조사한 결과에 따르면 호칭 파괴 제도를 도입한 기업 중 기존 직급 체계로 회귀한 기업이 약 88.3%에 달했다.[16] 제도와 문화가 함께 발전해야만 진정한 공정성을 실천할 수 있음을 보여주는 결과다.

앞으로는 대한민국 사회의 중심에서 공정성을 외치는 페어 플레이어들의 목소리에 더 귀 기울여야 할 것이다. 실상 그들이 조직과 사회에 대한 불만을 발언하지 않는다면, 우리가 가진 문제를 파악하기도 어렵다. 불공정하다고 느끼는 사항을 시시콜콜 말할 수 있는 발언의 장場을 제공함으로써 향후 발생 가능성이 있는 문제를 미연에 방지하고, 예상하지 못했던 기회를 새롭게 발견할 수도 있다. 2020년, 대한민국 역사상 가장 공정을 추구하는 세대가 일어서고 있다. 공정을 구求하는 한국의 젊은 페어 플레이어들이 흔들리는 이 땅의 공정성을 구救할 수 있기를 기대한다.

Here and Now: the 'Streaming Life'

스트리밍 라이프

다운로드에서 스트리밍으로, 단지 음악을 듣는 방식을 넘어 삶의 방식이 바뀐다. '스트리밍streaming'이란 네트워크를 통해 음성이나 영상을 물 흐르듯 재생하는 기술을 일컫는데, 굳이 내려받아 소유하지 않아도 경험할 수 있다는 장점이 있다. 스트리밍에 익숙한 소비자들은 삶의 모든 면에 스트리밍을 적용하고 싶어 한다. 첫째, 거주하는 공간을 스트리밍함으로써 자신의 로망을 실현하고 총체적 라이프스타일을 디자인한다. 내가 살고 싶은 동네에서 살고 싶은 기간 동안 다양한 컨셉의 공간을 이용함으로써 다양한 라이프스타일을 경험해보는 것이다. 둘째, 전문가의 추천을 구독하는 방식으로 취미나 여가 활동도 스트리밍한다. 나의 취향에 맞는 스타일을 추천받고, 내 피부에 맞는 화장품을 정기적으로 배달받는다. 마지막으로, 빌려서 경험한다. 다양한 선택지 중 무엇을 살까 고민할 필요 없이 다양한 선택지를 모두 빌려서 써보는 것이다. 타보고 싶었던 자동차뿐만 아니라 고가의 가방이나 가구까지 품목에 제한은 없다.

스트리밍 라이프의 확산 배경으로는 욕망은 부풀었는데 충족할 자원은 부족한 젊은 세대가 정주하지 않고 부유하는 노마드 라이프를 실현하고 있는 점을 들 수 있다. 기술의 발전이 상품·서비스·공간·경험 등을 소유하는 삶에서 스트리밍하는 삶으로의 이행을 가속화하는 것도 배경 중의 하나다. 스트리밍하듯 가볍지만 그 어느 때보다 풍부한 일상의 장면들을 채집하고 있는 현대인의 요구에 맞추기 위해서는 새로운 시장의 문법이 필요하다. 상품과 서비스가 한 번의 구매로 끝나지 않고 스트리밍되는 시대로 접어들면서 기업들에게 고객의 '구매 여정' 전체를 관리하는 관계 중심적 접근이 더욱 중요해질 전망이다.

벽장을 가득 메운 LP·CD·카세트테이프가 취향의 척도이던 시절이 있었다. 음악을 듣기 위해 음원 파일을 다운로드 받아 MP3 플레이어에 가득 넣어두고 주기적으로 리스트를 업데이트하던 시절도 있었다. 하지만 이제 카세트테이프·CD·음원 파일은 추억이 됐다. 휴대폰만 있으면 언제 어디서나 서비스에 접속해 원하는 음악을 감상할 수 있다. 음악뿐만 아니라 영화나 드라마 등 대부분의 콘텐츠들이 스트리밍 서비스로 탈바꿈된 지 오래다. 현대사회에서 콘텐츠는 흘러갈 뿐 저장되지 않는다.

스트리밍streaming이란 '흐른다'는 뜻으로, 인터넷에서 음악·드라마·영화·소설 등을 다운로드하지 않고 실시간으로 재생하는 콘텐츠 전송 방식을 말한다. 1995년에 리얼네트워크사가 개발한 리얼오디오에서 처음으로 선보인 개념이다. 콘텐츠를 소유하지 않아도 내가 원하는 순간에 필요한 서비스에 접속하고 소비할 수 있다는 것이 핵심이다. 데이터가 마치 물 흐르는 것처럼 재생된다고 하여 스트리밍이라고 불린다. 음원 서비스는 일상생활에서 가장 흔하게 사용되는 스트리밍 서비스지만 최근에는 영상 콘텐츠가 광범위하게 유통되며 넷플릭스·애플TV·왓차플레이·웨이브 등 다양한 **OTT 서비스**들이 콘텐츠 스트리밍을 제공하고 있다.

주목할 점은 콘텐츠에서 시작된 스트리밍이 이제 삶의 전반으로 확대되고 있다는 것이다. 한번 사면 10년은 사용했던

OTT 서비스

OTTOver The Top는 인터넷을 통해 볼 수 있는 TV 서비스를 일컫는 말이다. OTT는 전파나 케이블이 아닌 범용 인터넷망으로 영상 콘텐츠를 제공한다. 여기서 'Top'은 TV에 연결되는 셋톱박스를 의미하지만, 넓게는 셋톱박스가 있고 없음을 떠나 인터넷 기반의 동영상 서비스 모두를 포괄하는 의미로 쓰인다.[1]

가전제품·소파·침대 등의 내구재를 수시로 바꿀 수 있고, 나의 취향을 담은 상품들이 정기적으로 배달된다. 더 나아가 업무공간이나 주거공간조차 스트리밍으로 사용하는 사람들도 증가하고 있다. 의·식·주·여가를 소비하는 패러다임이 소유에서 사용으로 변하고 있는 것이다. 이제 누가 더 많이 소유하고 있는가가 아니라, 누가 더 많은 경험을 해보았는가가 인생의 풍요로움을 평가하는 새로운 척도가 된다.

『트렌드 코리아 2020』에서는 소유권을 갖는 오너십 라이프에서 사용권을 갖는 스트리밍 라이프로의 변화 양상에 주목하고자 한다. 스트리밍 라이프는 물건을 소유하지 않고 빌려 쓰는 렌탈이나 일정 기간 동안 돈을 지불하고 재화와 서비스를 추천받는 구독 멤버십 등 다양한 방식을 포괄한다. 핵심은 제품을 소유하는 것이 아니라 스트리밍함으로써 다양한 경험이 가능하다는 것이다. 과거 음악애호가들이 LP판으로 벽장을 가득 채웠듯이, 스트리밍 소비자들은 이제 물 흐르는 듯한 경험으로 자신의 인생을 채운다. 얼마나 많은 것을 가졌는가는 중요하지 않다. 스트리밍 라이프의 등장은 소유에서 사용으로의 새로운 패러다임을 제안한다.

소유에서 스트리밍으로

제레미 리프킨은 『소유의 종말』이라는 책에서 소유의 시대가 가고 접속의 시대가 도래할 것이라고 예측했다. 물건이나 자본을 직접 소유하고 관리하는 것이 아니라 필요할 때만 요청해서 사용한다는 것이다. 이러한 의미에서 제레미 리프킨은 소유의 반대말은 무소유가 아니고 '접속'이라고 정의한다. 그래서 원서 제목도 '접속의 시대The Age of Access'다.

이 책이 출간된 지 20년이 지난 지금, 제레미 리프킨이 말한 접속과 경험의 시대가 본격적으로 펼쳐지고 있다. 전통적인 소유 라이프 관점에서는 교환가치가 중요했다. 내가 지불한 금액만큼의 가치가 있어야 구매가 발생하기 때문이다. 또한 물건을 소유한다는 것 자체가 재산을 의미하기 때문에 소유권이 중요했다. 이 때문에 한번 소유하면 제품의 수명주기가 끝날 때까지 소비하게 된다는 특징이 있다.

반면 스트리밍 라이프는 경험가치가 중요하다. 스트리밍 라이프에서는 한번 써보는 것, 체험하고 느껴봄으로써 경험을 풍부하게 축적해나가는 여정이 핵심이기 때문이다. 따라서 자산으로서의 물건은

소유 라이프 vs 스트리밍 라이프

	소유 라이프	스트리밍 라이프
핵심 가치	교환가치	경험 및 서비스의 가치
경제활동의 목표	자산의 증식	경험의 축적
중요한 권리	소유권, 재산권	접속권, 사용권
소비 기준	성능, 기능	차별화, 취향
소비 기간	제품 수명주기	스트리밍 기간
접근 방식	표준화	맞춤화, 개인화

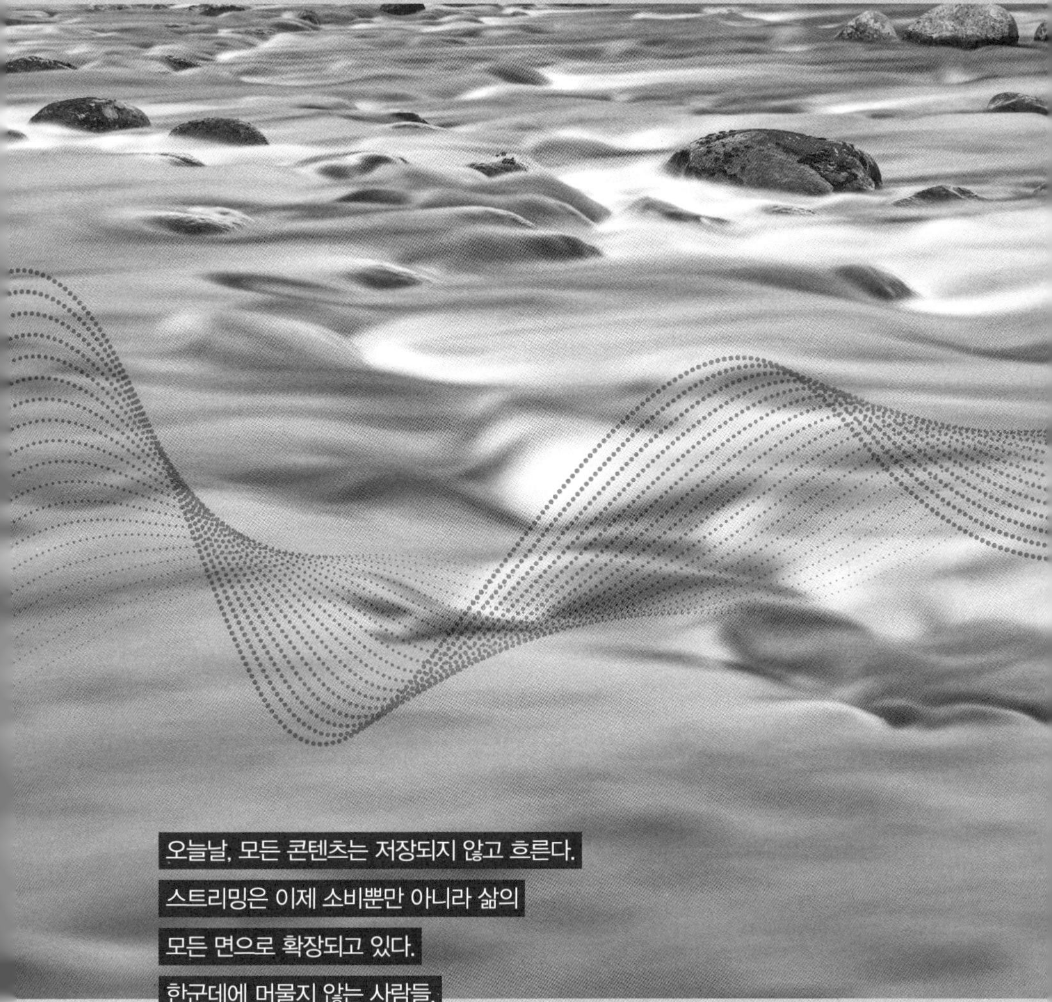

오늘날, 모든 콘텐츠는 저장되지 않고 흐른다.
스트리밍은 이제 소비뿐만 아니라 삶의
모든 면으로 확장되고 있다.
한군데에 머물지 않는 사람들,
이들은 소유 대신 스트리밍을 통해 더욱 풍요로운 삶을
경험하고 싶어 한다.

중요하지 않다. 다양한 경험을 누릴 수 있는 접속권 혹은 사용권이 중요하다. 소유 라이프에서는 제품의 수명주기가 끝날 때까지 소비가 가능했다면 스트리밍 라이프에서 소비 기간은 사용권이 종료되면서 소멸된다. 소비가 특정 시간에 한정되기 때문에 스트리밍 소비자들은 예전보다 더욱 나만의 취향, 나만의 라이프스타일을 표현할 수 있는 맞춤 서비스를 선호하는 특징이 있다.

따라서 스트리밍 라이프 시대에는 내가 스트리밍하는 물건·서비스·콘텐츠에 대한 '여정'이 나의 취향을 보여주는 바로미터가 된다. 이제 스트리밍을 통해 경험을 수집하고 경험으로 나의 정체성을 보여주는 스트리밍 소비자들의 경험 여정을 살펴보고, 스트리밍 라이프의 등장 배경과 시사점을 짚어본다.

스트리밍 라이프의 여러 모습

#라이프백패커: 공간을 구독하는 라이프스타일 스트리밍

미국 디지털 미디어 〈리파이너리29Refinery29〉의 인기 콘텐츠 중 하나는 미국에서 가장 힙한 젊은 소비자들의 라이프스타일을 보여주는 '스윗디그스Sweet Digs'다. 5~8분 정도의 짧은 동영상 콘텐츠로, 뉴욕·LA 등 미국의 젊은이들이 가장 살고 싶어 하는 도시에 거주하는 사람들의 이야기를 소개한다. 출연자들은 대부분 월세 3천 달러짜리 브루클린 아파트에 살면서 최소한의 소유물로 미니멀리즘을 지향하거나 7,500달러(약 900만 원)의 월세를 하우스메이트와 나눠서 낼지언

출처: Sweet Digs 유튜브 채널

▶▶▶ "뉴욕 브루클린에 살아요." 생의 한순간이나마 뉴욕이나 LA에서 살아보고 싶은 젊은이들은 비싼 월세를 마다하지 않는다. 이들에게는 주거도 경험할 수 있는 다양한 스트리밍 서비스 중 하나일 뿐이다.

정 도시를 떠나지 못하는 사람들이다.[2] 이들이 살인적인 집값을 부담하면서도 브루클린이나 LA를 포기하지 못하는 이유는 그곳에서만 누릴 수 있는 문화적 다양성이 있기 때문이다. 브루클린에서만 통용되는 정보가 있고, 브루클린에서만 만날 수 있는 사람들과 그들과의 교류로 자연스럽게 체득하는 영감이 있다. 다른 곳에서는 느낄 수 없는 가치관과 라이프스타일이 있는 것이다. 그러니까 이들에게 집은 소유물도 아니고, 정착지도 아니다. 집은 나의 스토리를 타인과 공유하고 새로운 경험들로 일상의 에피소드를 채워나가기 위한 플랫폼일 뿐이다.

'내 집 마련'이 전 국민의 꿈인 대한민국에서도 이제 체험형 주거공간에 대한 관심이 높아지고 있다. 대표적으로 공용공간을 넓히고 개인공간을 최소화하는 공유주택이나 공유오피스 등이 라이프스타일 스트리밍을 가능하게 하는 무소유 시대의 새로운 비즈니스다. 사용권을 구매하면 커뮤니티 멤버로서 공간 안에서 일어나는 다양한 문화를 경험할 수 있고 심지어 여러 나라를 자유롭게 돌아다니며 공간을 이용할 수도 있다. 기존의 '매매'나 '임대' 개념이 아니라 '사용'의 개념이기 때문에 사용권이 끝나면 써보고 싶은 다른 공간을 구독하면 그만이다. 주택을 소유의 대상이자 자산 증식의 수단으로 여기는 한국에서는 집을 넷플릭스처럼 구독한다는 것이 생소한 개념일 것이다. 하지만 미국과 유럽 등 서구에서는 물론이고 중국이나 일본 등 아시아에서도, 공간을 소유하지 않거나 소유하지 못하는 젊은 세대를 중심으로 정주하지 않고 유동하는 공간 소비 현상이 빠르게 확산되고 있다. 사는 공간을 구독하는 신개념 생활 방식을 지원하는 비즈니스들이 시장에 등장하면서 라이프스타일 스트리밍 양상은 더욱 다양해지는 추세다.

라이프스타일을 스트리밍하는 공유공간의 특징 중 하나는 살아보고 싶은 동네, 출근하고 싶은 상권에 집중한다는 점이다. 전 세계 공유오피스의 붐을 이끌었다고 해도 과언이 아닌 위워크의 한국 지점은 대부분 종로·강남·역삼 등에 몰려 있다. 2017년 3개 지점으로 시작한 코오롱하우스비전의 셰어하우스 브랜드 '커먼타운'은 2019년 5월 기준 33개까지 늘었는데, 압구정·청담동·삼성동 등 주로 강남이 중심이다. SK 디앤디D&D가 운영하는 소셜 아파트먼트 '테이블t'able'은 대한민국에서 가장 높은 임대료를 자랑하는 강남역 4번 출구에 위치해 있다. 하루를 일하더라도 있어 보이게, 한 달을 살더라도 힙한 동네에서 거주해보고 싶은 도심 생활자들의 로망을 자극한 것이다. 도심지에 집이나 사무실을 소유할 수는 없지만 공간을 스트리밍하면 그 로망은 실현된 것이나 마찬가지다.

이 밖에도 공유공간은 혼자 거주할 때 실현 불가능한 공용공간들을 이용할 수 있다는 장점이 있다. 월정액으로 다양한 자동차를 타보듯이 집 안에 서로 다른 컨셉의 거실을 3~4개 갖는 셈이다. 따라서 많은 주거 공유 서비스들은 사람들의 선망의 대상이 될 수 있는 멋진 공용공간을 만들거나 컨셉형 공용공간을 강조한다. 소셜 아파트먼트 '테이블'은 1인 가구가 로망하는 카페 같은 거실 공간을 운영하고 있다. 또한 명상, 요가 등을 수강할 수 있는 회원 전용 액티비티룸을 제공한다. 내 집 안에 언제든 이용 가능한 나만의 요가룸이 있는 셈이다. 공유 브랜드인 위리브WeLive는 게임이 가능한 엔터테인먼트 공간, 바비큐가 가능한 옥상 테라스 등으로 기능을 분리한다. 이러한 시설은 나만 쓸 수 있는 공간은 아니지만 나도 쓸 수 있는 공간이다. 결국 어떠한 컨셉의 공간을 선택하느냐에 따라 일상이 달라질 수 있다는 얘기다.

공간만이 아니라 공간을 채우는 아이템도 스트리밍의 대상이 될 수 있다. 2019년 12월 성수동에 오픈하는 공동주거 '에피소드'는 '집'이라는 주거뿐만 아니라, 1인 가구의 로망인 디자인이 차별화된 감각적인 가구 역시 취향에 맞춰 스트리밍하는 서비스를 선보인다. 이사를 다닐 때마다 가지고 다니기 부담스러운 침대, 소파 같은 대형 가구를 직접 소유할 필요가 없도록 한 것이다. 그렇다고 해서 모든 공간에 동일한 가구가 빌트인된 천편일률적인 주거공간도 아니다. '에피소드'에 거주하는 동안은 소유하지 않아도 나만의 취향을 담은 라이프를 실현할 수 있다. 이처럼 주거공간이 단순히 잠을 자는 곳이 아니라 거주하는 사람의 라이프스타일을 스트리밍하는 공간으로 기능이 바뀌고 있다.

공간이 라이프스타일을 입기 시작하면서 거주자가 방을 고르는 기준과 기간도 변하고 있다. 전통적인 관점에서 집의 가격을 정하는 중요 요인은 방의 크기·방향·구조 등이었다. 물론 공간 스트리밍에서도 이러한 기준들이 중요하지만 거주자들은 기능과 디자인 측면에서 자신에게 맞는 라이프스타일과 취향을 먼저 고려한다. 예를 들어, '트리하우스'는 고양이와 함께 사는 사람들을 위해 캣타워와 캣워크를 설치한 캣라이프 컨셉, 노마드족을 위해 모듈러 수납공간을 넣은

출처: ourtable.co.kr

▶▶▶ 주거 스트리밍을 통해 이제 집도 다양하게 경험해볼 수 있다. 신개념 공유주택은 젊은이들이 선호하는 도심 지역에 있으며 세련된 공간디자인으로 '주거 구독'의 새로운 서비스를 선보였다.

노마드 컨셉, 다른 기능을 최소화하고 욕조를 제공한 미니멀 컨셉 등 여섯 가지 라이프스타일의 개인공간을 제공한다.[3]

계약 기간도 짧아진다. 공간을 구독하는 사람들은 단기 계약을 선호하고 언제든 계약을 해지할 수 있기를 바란다. 영국의 주거 서비스 '더 컬렉티브 올드 오크The Collective Old Oak'는 4개월 단기 계약이 가능하며, 네덜란드 '조쿠Zoku'는 호텔처럼 하루도 이용이 가능하다.

라이프스타일을 스트리밍하는 신인류는 거주지의 경계도 허물고 있다. 독일의 임대주거 서비스 '고쿼터스Goquaters'는 '하나의 커뮤니티-다양한 장소(One Community-Multiple Locations)'를 지향한다. 글로벌 회원 네트워크를 구축하여 고쿼터스의 회원사가 있는 곳이면 어디든 거주할 수 있다. 2019년 4월 시험 서비스를 시작한 일본의 '어드레스ADDress'는 다거점 코리빙 서비스다. 연간 회원은 월 4만 엔(약 48만 원), 월 회원은 5만 엔의 이용료를 내면 일본 각 지역의 거점을 정액제로 이용할 수 있다. 실제로 최근 일본에서는 **아도레스 호퍼**라는 신조어가 생겨났을 정도로 다양한 장소를 옮겨 다니면서 거주하는 사람들이 늘어나는 추세다. 다양한 나라에 거점을 확보하고 있는 위워크도 전 세계 어디든 사무실이 될 수 있다는 점을 강조한다. 위워크 회원이면 칠레·아르헨티나·호주 등에도 내 사무실이 있는 셈이다.

아도레스(어드레스) 호퍼

어드레스address(주소)의 일본식 발음인 '아도레스'에 메뚜기처럼 이곳저곳을 뛰어다니는 사람을 뜻하는 '호퍼hopper'를 합쳐 만든 말이다. 단어에서 유추할 수 있듯이 주소를 바꿔가면서 사는 사람을 뜻한다. 짧게는 하루, 길게는 수개월을 주기로 주거지를 지속적으로 바꿔가는 삶이다. 이런 사람이 얼마나 될까 싶지만 벌써 이들을 겨냥한 전문 부동산 중개 업체나 관련 서비스 업체 등이 생겨나는 등 아도레스 호퍼 시장이 형성되고 있다.[4]

#취향컬렉터: 집으로 배달되는 전문가의 취향, 추천 스트리밍

경험 컬렉팅의 두 번째 방법은 전문가의 추천을 받는 것이다. 제품을 선택하고 빌리는 과정에서 소비자는 자신의 취향에 맞는 인테리어나 나에게 어울리는 옷처럼 전문가 추천에 대한 목마름이 생기기 마련이다. 스트리밍 소비자들은 남들과 다른, 좀 더 특화된 나만의 취향을 원한다. 전문가가 큐레이션한 스타일을 선택하거나 정기적으로 배송되는 스트리밍 서비스들이 등장하면서 특별한 경험을 원하는 소비자의 눈길을 사로잡고 있다. 나만을 위한 인테리어 컨설턴트, 퍼스널 쇼퍼, 소믈리에가 나의 취향에 맞춘 제품을 추천하고 집으로 배달까지 해주는 신개념 스트리밍이다.

미국 스타트업 '후치Hooch'는 매달 9.99달러를 내면 수백 개의 맨해튼 술집에서 매일 칵테일 한 잔을 마실 수 있다. 비슷한 서비스로 국내에는 '데일리샷'이 있다. 한 달에 9,900원의 비용으로 제휴 술집에서 매일 술 한 잔을 무료로 마실 수 있는 이 서비스는 출시된 지 1년 만에 누적 회원 수 5천 명을 돌파했다.[5] 집으로 배달되는 술 추천 스트리밍 업체도 증가하는 추세다. 2018년 6월 설립된 '퍼플독'은 소믈리에 등 와인 전문가들이 고객 취향에 맞춰 선별한 와인을 매달 한 차례 배송한다. 와인 라벨과 원산지, 음용 방법, 관련 스토리 등을 담은 콘텐츠도 함께 보내준다.[6] '술담화'는 전통주를 경험해볼 수 있는 서비스다. 월 3만9천 원에 한 달에 한 번씩 전통주 두 병을 골라 보내주는데, 론칭 7개월 만에 구독자 수가 1천 명이 넘었다. 술담화는 단순히 술을 파는 것에서 더 나아가 온라인으로 유통 가능한 900여 종의 전통주 중에서 소비자의 취향과 계절에 어울리는 술을

추천해주고 이와 함께 술에 대한 정보, 어울리는 음식, 술에 얽힌 역사 등 다채로운 정보도 제공한다.[7]

집 안의 분위기 전환을 위한 인테리어 취향 스트리밍도 인기다. '오픈갤러리'는 매월 최저 3만9천 원에서 최대 40만 원의 비용으로 3개월에 한 번씩 그림을 바꿔준다. 전문 큐레이터가 국내 미술계에서 인정받는 작가들의 원화를 고르고 직접 그림 추천 제안서를 보내주는데, 대여비는 원화 가격의 1~3% 정도다.[8] 이와 유사한 그림 스트리밍 서비스인 '핀즐'은 큐레이터가 매달 선정한 아티스트의 작품을 집에 걸어 감상할 수 있도록 A1 사이즈의 대형 아트 프린트를 제공한다.[9] 전문 플로리스트의 손길로 집을 꾸밀 수 있는 꽃 스트리밍 서비스도 성장세다. 국내 최초로 꽃 구독 서비스를 론칭한 '꾸까'를 비롯해 '꽃사가', '데일로즈', '어니스트플라워', '두시', '플로잉3' 등 소규모 스타트업을 중심으로 시장이 커지고 있다.

취향에 적합한 가구 인테리어를 전문가의 추천에 기반해 스트리밍하는 서비스도 있다. 가정용과 사무용 가구 렌탈 서비스로 시작한 미국의 브룩BROOK은 개별 아이템 스트리밍에서 더 나아가 인테리어 전문가들이 공간별, 스타일별 컬렉션 형태로 가구를 조합해준다. 동부에서만 6개의 거점지역을 운영 중이며 서부 3개, 중부 2개의 지점으로 확대하고 있다. 국내에서도 홈퍼니싱 서비스 '미스터공간'이 유사한 컨셉의 서비스를 운영 중이다. 미스터공간은 소파·침대·식탁 등의 개별 아이템이 아니라 주방·거실·서재 등 공간에 맞는 스타일을 추천해준다. 인테리어 전문가의 취향이 배달되어 우리집 거실을 채우는 것이다.

추천 스트리밍은 가볍게 써보고 싶은 제품들이 많기 때문에 내구재보다 비내구재 카테고리에서 더 활성화되는 추세다. 뷰티 관련 분야가 대표적이다. 실제로 현대 여성들이 매일의 컨디션에 따라 달라지는 피부 상태를 하나의 화장품으로 관리하기란 쉽지 않다. 애경산업 '플로우'는 이러한 고민을 해결하기 위해 뷰티 전문 에디터들과 협업을 통해 온라인 큐레이션 서비스를 제공한다. 개인의 취향과 피부 상태에 맞는 화장품을 추천해주고 2주에 1회씩 정기 배송해준다.[10]

#신新렌탈족: 빌려서 경험하는 나만의 취사선택 스트리밍

경험을 손쉽게 수집하는 또 하나의 방법은 빌리는 것이다. 예쁘고 힙한 디자인은 끊임없이 나오는데 우리집 소파는 너무 새것 같아서 바꿀 수 없거나, 큰 결심으로 새 차를 구매했는데 바로 새로운 모델이 나온다는 소식에 좌절한 경험들을 떠올려보자. 소유하기 위해 상당한 비용과 노력을 들였지만 얼마 지나지 않아 그보다 더 나은 제품은 끊임없이 나오기 마련이다. 이러한 상황에서 스트리밍 소비자들은 경험을 빌린다. 평소 써보고 싶었던 제품들을 구매하지 않고 단기간 렌탈하며 렌탈 기간이 끝나면 또 다른 제품으로 스트리밍하는 것이다.

렌탈은 사실 오래된 비즈니스 모델이다. 보통 월정액을 내고 정수기나 안마기 등의 제품을 사용하는 것을 떠올린다. 하지만 스트리밍 소비자들이 즐기는 렌탈은 기존의 렌탈과는 양상이 다르다. 기존 렌탈은 약정 기간이 길고, 빌릴 수 있는 품목에 한계가 있었다. 하지만

신新렌탈족들은 긴 약정을 선호하지 않는다. 이 때문에 최근 시장의 흐름도 약정 기간이 비교적 자유롭고, 품목이 다양한 방향으로 변하고 있다.

빌릴 수 있는 물건의 한계도 사라지고 있다. 특히 한 물건을 10년 이상 오래 사용하는 것이 미덕이었던 내구소비재들이 빠르게 구독형 렌탈 품목으로 편입되는 추세다. 자동차가 대표적이다. 볼보는 2017년 9월 미국에서 '케어바이볼보Care by Volvo'라는 서비스를 론칭하면서 "이 차를 사지 마세요"라는 다소 도발적인 문구를 광고 전면에 내세웠다. 케어바이볼보는 소형 SUV 모델 XC40 등 4종 차량을 월 750~850달러로 이용할 수 있는 서비스로, 별도 계약금이나 등록비가 필요 없다. 볼보는 2025년까지 생산하는 차량의 절반을 이와 같은 구독 서비스로 선보일 계획이다.[11]

국내에서도 비슷한 형식의 차량 구독형 렌트 서비스가 속속 등장하는 추세다. 현대자동차의 '현대 셀렉션'은 월 72만 원으로 쏘나타·투싼·벨로스터를 바꿔 탈 수 있는 프로그램이다. 대형 SUV 팰리세이드와 그랜드스타렉스 리무진, 코나 일렉트릭 중 한 가지 차량을 매월 한 번씩 48시간 타볼 수 있다. 기아자동차에서 선보인 '기아 플렉스 프리미엄'은 월 129만 원을 지불하면 K9·스팅어·카니발 하이리무진을 매월 1회씩 교체해 탈 수 있다. 니로EV 역시 월 1회 72시간 대여가 가능하다.[12] 이러한 프로그램들은 짧은 시간 동안 다양한 차를 경험해볼 수 있다는 측면에서 소비자의 눈길을 끈다. 필요에 의한 렌탈이 아니라 호기심에 의한 렌탈인 셈이다.

하이엔드급의 고급 차량을 경험해보고 싶은 소비자를 위한 스트

출처: 현대자동차

▶▶▶ 월정액을 내고 여러 자동차 모델을 타볼 수 있는 자동차 구독 서비스는 특히 30대 소비자들 사이에서 자동차 구매의 주요 패턴으로 떠오르고 있다.

리밍 서비스도 있다. 제네시스가 출시한 '제네시스 스펙트럼'은 고급 세단을 경험해볼 수 있다는 장점을 내세운다. 월 145만 원으로 중형 세단 G70과 준대형 세단 G80, G80스포츠 등 3개 모델을 매월 최대 2회씩 바꿔 탈 수 있다. 완성차 업체뿐 아니라 차량 공유 업체가 선보인 서비스도 인기다. 쏘카의 '쏘카 페어링'을 이용하면 투싼, 그랜저 등 국산차는 물론이고 벤츠 GLA, BMW 3시리즈, 지프 레니게이드, 미니 5도어 등 수입차까지 총 14종을 탈 수 있다. 월 대여료도 47만 9천 원에서 119만 원까지 다양하게 선택이 가능하다.[13]

자동차 말고도 사실상 거의 모든 '탈것'에 스트리밍 서비스가 도입되고 있는 추세다. 우버가 내놓은 '우버콥터Uber Copter'는 명칭에서 알 수 있듯이 헬리콥터를 빌려주는 서비스다. 미국 뉴욕 맨해튼과 존 F. 케네디 국제공항을 8분 만에 이동할 수 있는 새로운 서비스로 편도 200달러에 이용이 가능하다.[14] 우버가 생각하는 탈것에는 잠수함까지 포함된다. 우버는 호주에서 세계 최초로 잠수함 공유 서비스 '스쿠버scUber'를 약 한 달 정도 선보였는데 이 미니 잠수정을 탄 사람들은 산호초로 유명한 케이언즈, 그레이트 배리어 리프를 해저에서 감상할 수 있다. 우버는 잠수함 서비스를 론칭하면서 "우버를 통해 다른 지역으로 이동할 때 세계에서 가장 멋진 산호초를 보게 될 것"이라고 공언했다.[15] 필요한 수단을 제공하는 서비스에서 잊지 못할 감동을 선사하는 경험 스트리밍 서비스로의 확장을 예언한 것이다.

품목의 제한을 두지 않고 필요한 것은 무엇이든 빌릴 수 있는 스트리밍 플랫폼도 있다. 미국 샌프란시스코에서 시작한 스타트업 '옴니Omni'는 드론 · 액션카메라 · 텐트 · 잔디깎이 · 차량용 대형 청소기 등 자주 사용하지도 않고 가격이 부담스러워 구매하기 망설여지는 모든 아이템들을 빌려준다. 초창기에는 자신이 필요 없는 것을 타인에게 빌려줄 수 있도록 소비자와 소비자를 연결하는 플랫폼이었지만 최근에는 지역 기반 소상공인들이 제품을 빌려주는 역할을 담당한다. 창업자 톰 매클라우드는 옴니가 지향하는 가치가 바로 '접속경제Access Economy'라고 강조한다. 사람들이 그동안 경험하고 싶었지만 구매할 수 없었던 제품들에 대한 접근 권한을 제공한다는 의미다.[16]

스트리밍 라이프의 배경

지금까지 살펴본 바와 같이 생활에 필요한 모든 물건이나 서비스는 물론이고 공간까지 스트리밍하는 비즈니스가 급격하게 성장하고 있다. 〈하버드 비즈니스 리뷰〉는 미국에서 스트리밍 형태로 서비스를 이용하는 소비자들이 2017년 기준으로 1,100만 명을 넘어섰으며, 전체 전자상거래 중 15% 정도를 차지한다고 분석했다.[17] 맥킨지도 스트리밍 서비스가 지난 5년간 매년 100%씩 성장했다고 지적한 바 있다. 그렇다면 스트리밍 라이프는 왜 이토록 확산되고 있을까?

늘어나는 욕망, 줄어드는 자원

스트리밍 라이프를 즐기는 신인류는 대부분 밀레니얼 세대다. 이들 세대가 스트리밍 서비스를 선택할 수밖에 없는 첫 번째 이유는 소유에 필요한 자산이 부족하기 때문이다. 역사상 최초로 부모 세대보다 가난할 것으로 예상되는 밀레니얼 세대는 자신들의 소유욕을 채워줄 소득이 충분하지 않다. 소유는 사고 나서의 유지 비용도 필요하고 이를 위한 시간과 노력도 별도로 든다. 그래서 이들은 소유하는 대신 합리적인 가격으로 얻을 수 있는 다양한 경험에 눈길을 돌린다.

소유를 포기한다고 해서 욕망이 줄어드는 것은 아니다. 어렸을 때부터 고급 경험을 많이 했던 밀레니얼 세대는 취향의 수준이 높다. 다양한 경험을 해보고 싶다는 양적 욕구와 더 좋은 경험을 열망하는 질적 욕구가 모두 충족되길 원한다. 현대자동차가 제공하는 현대 셀렉션과 제네시스 구독 프로그램의 회원 분포를 보면 30대의 비중이 가장 높다. 전술한 현대 셀렉션 이용자 중 40%, 제네시스 스펙트럼은 49.7%가 30대다.[18] 갖고 싶은 욕망은 크지만 모두 가질 수 없기 때문에 스트리밍이 현실적인 타협점이 되고 있다는 사실을 짐작할 수 있다. 나아가 스트리밍은 다양한 경험을 체화할 수 있는 수단이 된다. SNS를 통해 경험과 취향을 자랑할 수 있는 환경에서 값비싼 제품 하나를 소유하는 것보다 매일 다른 경험으로 채워진 일상을 인증하는 것이 더 효율적이다. 소유보다 경험의 트렌드가 자동차로도 확산되고 있는 배경이다.

삶을 유영하는 노마드 가치관

스트리밍 라이프의 배경에는 정주하지 않고 유동하는 노마드nomad, 즉 유목민의 가치관이 자리한다. 프랑스 철학자 들뢰즈와 정신분석학자 가타리는 1980년에 출간한 『천 개의 고원』에서 홈 파인 공간과 매끈한 공간의 개념을 제시한 바 있다. 홈 파인 공간이 정주의 공간이라면 매끈한 공간은 경계가 없는 유목의 공간이다. 들뢰즈와 가타리는 유목의 개념이 적용되는 공간을 **노모스**라고 칭했는데, 자유롭게 경계를 허무는 현대인의 삶은 노모스에 더 가깝다. 어디서나 서비스에 접속할 수 있되 언제든 다른 스트리밍으로 갈아탈 수 있어야 한다. 시공간의 경계를 허무는 자유로운 라이프스타일은 스트리밍 라이프로의 전환을 더 가속화한다.[19]

유목적 삶의 관점에서 일하는 방식이나 형태가 바뀌고 있다는 점도 주목해야 한다. 인터넷 환경이 빠르게 개선되면서 시공간의 제약 없이 일할 수 있는 시대가 되었다. 한 공간에 모여 있지 않아도 된다는 뜻이다. 프리랜서 직군이 증가하면서

노모스nomos

노모스는 유목적 삶을 실현하는 해방의 공간을 일컫는 들뢰즈와 가타리의 용어다. 들뢰즈와 가타리는 공간을 '홈 파인 공간'과 '매끈한 공간'으로 분류하는데, 전자가 국가권력에 의해 통제되는 정주의 공간이라면, 후자는 명확한 경계 없이 구역으로 한정되지 않는 유목의 공간이다. 이 매끈한 공간Espace lisse 개념이 적용되는 공간을 노모스라고 부른다. 노모스의 어원은 '방목하다'는 의미의 'nemo-'에서 왔는데, 이 어근은 후에 노마드Nomad(유목)의 유래가 된다.[20]

다양한 거점으로 이동하는 주거 스트리밍이 성장하는 측면도 있다. 디지털 유목민이라는 Z세대는 평생 17개의 직장과 5개의 직업, 15번의 거주지를 갖는다는 조사 결과도 있다.[21] 노마드적 가치관이 일부의 특이한 취향이 아니라 현대인을 정의하는 중요한 키워드가 되고 있는 것이다.

스트리밍을 가능하게 하는 플랫폼 경제

스트리밍을 가능하게 하는 플랫폼의 발달은 기술적 측면에서 중요한 배경이다. 이전에는 빌려서 쓸 수 있는 물품과 브랜드에 한계가 있었지만 온라인을 기반으로 한 플랫폼이 형성되면서 의·식·주·여가 등 생활에 필요한 모든 서비스와 제품을 빌리거나 구독할 수 있게 됐다. 또한 공급자와 소비자, 소비자와 소비자를 이어주는 플랫폼이 다양해지면서 스트리밍 시장의 플레이어들이 많아진 것도 스트리밍 라이프가 확산되는 요인이다. 여기에 온라인상거래·빅데이터·클라우드 기술이 하루가 다르게 발전하면서 맞춤형 스트리밍 라이프 성장의 기폭제가 되고 있다.

특히 스트리밍은 소유권이 아닌 사용권을 구매한다는 측면에서 개별 소비자의 사용 패턴을 추적할 수 있다. 이러한 데이터를 바탕으로 소비 성향을 분석해 상품이나 서비스 추천이 가능하다. 기술적으로 나에게 맞는 상품이나 취향을 추천해주는 시스템의 구축은 소비자와 서비스 제공자 모두에게 매력적이다. 많은 스트리밍 서비스 업체들이 데이터를 모으고 가공하는 디지털 인텔리전스에 투자를 아끼지 않는 이유다(2020 전망편, '초개인화 기술' 키워드 참조).

시사점

관계를 파는 시대

소유보다 경험을 선호하는 세대가 소비 시장에 편입될수록 스트리밍이 가능한 대상과 형태는 계속 확장될 것이다. 자동차·가구·옷에서 더 나아가 가족과 친구를 빼고 모든 것을 스트리밍하는 일상이 먼 미래의 이야기가 아니다. 집까지 스트리밍하는 시대에서 지속가능한 비즈니스를 위해서는 기존의 틀을 깨는 새로운 사고의 문법이 필요하다.

무엇보다 판매 중심에서 고객 관리 중심으로의 사고 전환이 중요하다. 소유 라이프에서는 소비자가 제품을 구입하면 이후의 관리는 일차적으로 소비자의 몫이었다. 하지만 스트리밍 라이프에서는 소비자가 서비스에 접속하고 있는 기간 동안 어떠한 일이 발생하고 있는지 지속적으로 관심을 가져야 한다. 스트리밍은 기업과 소비자 간의 '관계'에 기반하기 때문이다. 소비자가 스트리밍되는 제품이나 서비스에 만족하지 못할 경우 언제든 관계는 종료될 수 있다. 전문가들은 사용자의 스트리밍 서비스 구입은 시작에 불과하다고 지적한다. 구입 후 사용자의 만족도를 관리함으로써 기업과 사용자 간의 지속적인 관계가 유지되어야 한다는 것이다.[22]

관계라는 측면에서 공간 스트리밍 서비스들은 단순히 공간을 대여해주는 역할에서 더 나아가 공간을 사용하는 사람들의 '성장'을 돕기도 한다. 공유오피스 패스트파이브에서 운영하는 공유주택 서비스 '라이프 온투게더'는 거주자가 그곳에 사는 동안 작은 것이라도 생활에 도움이 되는 습관을 체득하기를 지향한다. 예를 들어, 일찍 일어나는 습관을 갖도록 거주자들끼리 도와주거나 하루에 한 장 이상 독서한 모습을 인증하는 식이다. 앞으로 제품이나 서비스 스트리밍에서도 기업과 관계를 맺은 소비자의 삶 전체를 총체적으로 고민하는 전략이 필요할 것이다.

두 번째로 스트리밍이 가능한 대상이 고가의 내구소비재로 확산되고 있다는 점에서 제품의 품질 관리가 중요하다. 스트리밍된 제품들이 다시 돌아왔을 때 훼손되지 않은 상태여야 한다는 것이다. 스트리밍 서비스를 제공하는 업체가 적절한 매뉴얼과 원칙을 마련하는 것이 필요하겠지만 그에 앞서 스트리밍 서비스를 즐기는 소비자의 매너도 필요한 부분이다. 과거 까사미아는 롯데렌탈 플랫폼인 '묘미'를 통해 가구 렌탈을 시도했다가 중단한 바 있다.[23] 돌아온 가구들이 다시 렌탈할 수 없을 만큼 손상된 케이스가 많았기 때문이다.

세 번째로 불특정 다수의 소비자가 아닌 개별 소비자를 위한 큐레이션에 역량을 집중해야 한다. 소유 중심의 경제에서 제품을 생산한 기업은 최종 고객에 대해 알기 어려웠다. 대부분 유통 회사들이 고객데이터를 갖고 있기 때문이다. 그러나 스트리밍 라이프 시대에 서비스 사업자는 자신의 고객이 누구인지 정확히 알 수 있다. 제품이나 서비스를 스트리밍한 소비자의 소비 패턴을 추적할 수 있다는 뜻이다. 장기적으로 소비 패턴 데이터를 기반으로 한 맞춤 서비스가 차별화 전략이 되어야 한다. 맥킨지 보고서에 따르면 소비자별로 최적화된 상품과 서비스를 추천하는 구독 서비스의 재등록 비율은 32%인 반면, 모든 소비자에게 같은 상품과 서비스를 보여주는 구독 서비스의 재등록 비율은 절반에도 미치지 못하는 13%였다고 한다.[24] 이처럼 잘 기획된 큐레이션은 소비자가 스트리밍 서비스에서 이탈하지 못하도록 잡아두는 효과적인 전략이 될 것이다.

소비자 이동에 '쿨'하게 대처하기

마지막으로 이별에 품위 있게 대처해야 한다. 마음이 떠난 연인은 쿨하게 보내줘야 아름다운 기억으로 남을 수 있다. 아름다운 이별이라야 떠난 연인이 다시 돌아오지 않을까, 기대라도 해볼 수 있는 법이다. 스트리밍을 중단하고 싶은 소비자를 불편하게 해서는 안 된다. 절차를 복잡하게 만들거나 계약 취소를 번거롭게 하는 것은 브랜드에 대한 기억만 나빠질 뿐이다. 언제든지 떠날 수 있어야 언제든지 돌아올 수 있다. 비슷한 맥락에서 다시 돌아온 소비자를 반기는 방법에 대한 고민도 필요할 것이다. 돌아온 고객을 신규 고객처럼 대우하기보다는 잊지 않고 소비자를 기다리고 있었다는 메시지를 주어야 한다.[25]

향후 스트리밍 라이프 시장은 더욱 크게 성장할 전망이다. 구독경제를 처음 언급한 기업 주오라Zuora에 따르면, 구독 기반 산업의 매출은 스탠다드앤드푸어스500 기업 매출보다 약 8배, 미국 소매업 매출보다 약 5배 빠르게 성장하고 있다고 한다.[26] 스트리밍 서비스가 회원이나 멤버십 형태로 운영되기 때문에 기업 입장에서도 안정적으로 수익을 창출할 수 있는 모델이기 때문이다. 국내에서도 렌탈 전문 기업들이 강력한 플레이어로 성장하는 추세다. 최근 코웨이는 2011년 매트리스 렌탈을 시작한 지 약 8년 만에 매트리스 시장 2위에 올랐다. 스트리밍이 소비자의 입장에서뿐만 아니라 기업의 입장에서도 피할 수 없는 변화의 물결이 되었음을 보여주는 사례다.

인생이라는 크고 긴 책장에 스트리밍으로 모은 경험의 장서를 채우는 현대인들의 여정이 본격적으로 시작되고 있다. 2020년은 스트리밍 라이프라는 새로운 패러다임의 바다를 유영하는 소비자에게 흥미로운 길을 안내하는 다양한 서비스가 등장하는 한 해가 되기를 기대한다.

Technology of Hyper-personalization

초개인화 기술

실시간으로 소비자의 상황과 맥락을 파악하고 이해하여, 궁극적으로 고객의 니즈를 예측해 서비스와 상품을 제공하는 기술을 '초개인화 기술'이라고 한다. 초개인화 기술은 빅데이터를 기반으로 각 개인의 프로파일을 개발한 후, 해당 프로파일에 관련 콘텐츠를 입력하고, 제품을 권장하는 등 다양한 목적으로 활용될 수 있다. 이 기술의 특징은 모든 개인을 상황별로 구체화하고 더 자세히 접근하는 것이다. 궁극적으로는 회사가 개별 소비자에게 얼마나 세심하게 맞출 수 있는지가 핵심이다. 초개인화 역량은 제품과 서비스의 전체 제조 과정에서 소비자의 데이터를 얼마나 갖고 있는가, 그 데이터를 얼마나 정교하게 분석하는가에 따라 기업과 소비자의 친밀한 상호작용을 현실적으로 가능하게 할 것이다.

"아마존은 0.1명 규모로 세그먼트를 한다"는 말처럼 디지털 세계의 소비자는 한 명의 고객이 아니다. 한 명이 갖고 있는 다양한 특징을 드러내는, 개인화를 위해 기업은 고객 접점에서 분석 가능한 모든 데이터를 수집하고, 이를 AI 알고리즘을 통해 분석한 후, 다양한 미디어를 통해 상호 커뮤니케이션할 수 있어야 한다. 초개인화 기술은 궁극적으로 개개인의 고유한 니즈를 예측해 서비스와 상품을 제공하는 것이 목표다. 하지만 소비자 입장에서 기업이 자신의 정보를 꿰뚫고 있다는 사실은 불쾌감을 넘어 두려움으로 다가온다. 국가 정책적으로도 개인 정보 보호 · 산업 육성 · 소비자 편의의 균형을 맞추는 혜안이 필요하다. 2020년 초개인화된 시장을 긍정적으로 혁신해나갈 수 있는 새로운 기술과 그를 뒷받침하는 담론들이 풍성하게 펼쳐지기를 기대한다.

직장인 A는 새 신발을 사기 위해 매장을 찾았다. 신발 전문점은 어젯밤 그가 인스타그램에서 '좋아요'를 누른 브랜드들을 정확히 알고 있다. 입장과 동시에 핸드폰이 울리며 그에게 해당 브랜드의 할인코드가 문자로 전달된다. 쇼핑을 하는 동안에도 그가 요즘 관심 있는 스타일 쪽으로 디지털 팻말이 계속 진행 방향을 유도한다. 마치 '이상한 나라의 앨리스'처럼 화살표가 쇼핑의 발걸음을 이끄는 것이다. 그가 아이템 앞에 다가가 구매를 고민하는 순간 오늘의 특가 이벤트가 뜨고, 제품을 요리조리 만져볼 때면 어디선가 직원이 그에게 필요한 모든 정보를 가지고 나타난다. 할인쿠폰이나 별다른 흥정 없이도 그에게 맞춰 제시된 가격으로 원하는 상품을 구매할 수 있다.

직장인 B는 퇴근 후 침대에 누워 모바일 쇼핑 삼매경에 빠졌다. 마음에 쏙 드는 신발을 발견하자마자 충동적으로 구매 버튼을 누른다. 그 순간 경고 알람이 울리며 월급 관리 앱이 작동하고 그녀의 수입에 맞는 적정 소비 가격의 제품을 추천해준다.

먼 미래 이야기가 아니다. 이 장면들은 빠르게 변화하고 있는 소비트렌드에 대응하기 위해 기업들이 현재진행형으로 준비하고 있는 미래다. 자칫 두렵게 보일 수도 있는 이러한 쇼핑 상황은 디지털 세계 속에 축적되고 있는 정보의 속도만큼이나 빠르게 현실로 다가오고 있다. 특히 빠른 트렌드 변화로 많은 기업들이 브랜드 평판 관리와 정체성 유지에 어려움을 겪는 가운데, 소비자의 취향에 제품과 서비스를 맞추는 개인화 서비스는 소비자와의 관계를 섬세하게 조정해주는 도구가 되고 있다. 소비자도 개인화 추세를 받아들이는 추세다. 〈포브스〉에 따르면, 86%의 소비자들이 개인화 서비스가 구매에 어느 정도 영향을 미친다고 답했으며 그중 25%는 개인화가 그들의 구매 결정에 "중대한 영향을 끼친다"고 응답했다.[1]

제품에 이니셜을 새겨주는 개인화는 잊어라. 개인화의 미래는 데이터와 알고리즘을 통해 한 명의 개인을 더욱 자세하게 그려내는 데 달려 있다. SNS와 디지털 채널이 진화하며 고객 관련 자료를 수집할 기회가 크게 많아졌다. 예전 기업에서 '개인화'란 이름·성별·연령 같은 개인 신상 정보와 구매 내역 같은 거래 정보를 통합하는 것이었다. 고객 커뮤니케이션은 이렇게 통합한 고객 정보를 기반으로 보내는 맞춤형 메시지 정도였다. 이러한 마케팅의 전형적 예시가 바로 개인화된 이메일 마케팅이다. 요즘 기업에서 보내는 이메일들은 대부분 "○○님, XX에서 구매하신 내역입니다"와 같이 소비자의 이름을 구체적으로 넣는 경우가 많다. 불특정 다수를 칭하는 '고객님'보다 이름을 불러주는 것이 친근함을 강조할 수 있기 때문이다. 하지만 이제는 소비자의 취향과 니즈를 파악하는 것에서 한 걸음 더 나아가, 향후 필요한 상품을 예측해 실시간으로 소비자와 소통하는 수준으로 진화하고 있다.

아마존 창업자 제프 베이조스Jeff Bezos는 '고객경험'을 중시하는 것으로 유명하다. 고객경험 전략의 첫 번째는 '사람이 인간으로서 가지고 있는 본능에 응답하는 것'이다. 두 번째는 '기술의 진화로 일어나는 문제와 스트레스를 해결하는 것'이며, 세 번째는 사용자 한 명 한 명에 맞춘 권유와 추천으로 '빅데이터×AI'가 실시간으로 일대일 마케팅을 실행하는 것이다. 마지막 단계는 '고객이 거래하고 있다고 느끼지 않게 하는 것'이다. 고객이 자신의 필요로 물건을 구비한다고 느껴야지 '소비'한다는 생각이 들게끔 만들지 말라는 전략이다.[2] 구글 역시 처음부터 사용자의 가변성을 제일 우선으로 생각한다. 즉, 똑같은 고객이라도 어제의 고객과 오늘의 고객은 다르다는 점에서 출발하는 것이다. 이러한 문제의식을 바탕으로 웹 페이지 방문부터 검색과 제품 추천까지 고객의 구매 여정 전반에 걸쳐 개인화를 만들어내는 것이다.

이처럼 실시간으로 소비자의 상황과 맥락을 이해하여, 궁극적으로 고객의 니즈를 예측해 이에 정확히 맞춘 서비스와 상품을 제공하는 기술을 '초개인화 기술'이라고 한다. 초개인화 기술은 빅데이터를 기반으로 각 개인의 프로파일을 개발한 후, 해당 프로파일에 관련 콘텐츠를 입력하고, 제품을 권장하는 등 다양한 목적으로 활용될 수 있다. 이 기술의 특징은 모든 개인을 구체화하고 더 자세히 접근하는 것이다. 궁극적으로 회사가 개별 소비자에게 얼마나 세심하게 맞출 수 있는지가 핵심이다. 초개인화 역량은 제품과 서비스의 전체 제조 과정에서 소비자의 데이터를 얼마나 갖고 있는가, 그 데이터를 얼마나 정교하게 분석하는가에 달려 있다. 이처럼 소비자와의 친밀한 상호작용이 현실적으로 가능해진 것은 물론 기술 발전 때문이다. 그 기술적 단계부터 살펴보자.

초개인화 기술의 3단계

초개인화 기술이 실현되기 위해서는 일반적으로 세 가지 단계를 거쳐야 한다. ① 고객 접점에서 발생하는 모든 상황을 분석 가능한 형태로 데이터화하고, ② 해당 데이터를 AI의 알고리즘을 통해 분석하며, ③ 다양한 미디어를 통해 서로 커뮤니케이션하는 것이다.

1단계: 모든 것의 데이터화

공상과학소설 같았던 기술이 실현될 수 있는 바탕에는 센서를 통해 다양한 곳에서 무궁무진하게 쏟아지는 '데이터'가 있다. GPS · 와이파이 · 모션센서 · SMS · 캘린더 등 다양한 데이터를 수집해 사용자의 생활 패턴을 인식하고 필요한 정보를 추천할 수 있게 된 것이다. 소비자의 단순한 행동 예측뿐만 아니라 그 안에 숨어 있는 패턴을 찾아 소비자의 진정한 의도를 파악하기 위해서는 다양한 데이터가 필요하다. 위치 데이터, 구매 내역, 인구통계, 사물인터넷 기기 수집 데이터, 스마트워치 데이터, 모바일 기기 데이터 등 모든 데이터는 분석의 기본단위가 된다. 더불어 후기 리뷰와 소셜미디어의 사용자 생성 데이터도 중요한 요소다. 각 터치 포인트에서 고객 여정 전반에 걸쳐 수집된 데이터는 기업과 소비자의 모든 상호작용을 알려주고 기업이 개인화에 익숙해진 소비자의 기대치를 충족시키는 데 도움을 준다.

중국의 택시 앱인 '디디추싱'은 기사와 승객 간에 범죄 사건이 발생하며 논란을 빚었다. 승객 안전 문제가 불거지자 디디추싱은 소비자의 신뢰 회복과 내부 효율성 제고를 위해 특단의 조치를 단행했다. 매일 3천만 대에 달하는 차량의 이동 데이터와 7년간 축적된 데이터를 기반으로 기사의 운전 습관과 운전 시간 등 개인 정보를 종합하여, 호출한 승객과 맞는 기사에게 배차를 지정하는 시스템을 개발한 것이다. 이처럼 기업이 축적한 데이터베이스에 기반해 소비자의 상황에 맞는 제품을 추천해주는 서비스로 국내에서는 코웨이의 '워터맵 서비스'가 있다. 워터맵 서비스는 국내 각지의 물을 채취·분석해 수질 데이터베이스를 구축하고 이를 활용하는 것이다. 먼저 고객이 거주하는 지역, 건물의 연식, 집으로 들어오는 원수 종류 등의 정보를 기반으로 수질 환경을 분석하는데, 이와 같이 하는 이유는 보통 물맛과 수질이 지역이나 건물의 연식, 원수 종류에 따라 많은 차이를 보이기 때문이다. 예전처럼 각 가정에 동일한 필터와 정수기를 설치하는 것이 아니라 차별화된 데이터를 고려해 최종적으로 고객에게 맞는 정수기를 추천해주는 서비스다.[3]

개인화 서비스의 바람은 거의 모든 산업으로 확산되는 추세다. 소파 브랜드인 '알로소'는 신혼 가구·이사·리모델링 등 다양한 상황의 수요와 소비자 선호 패턴을 체계적으로 분석해준다. 나아가 내가 무엇을 좋아하는지 정확하게 이야기하기 어려운 소비자를 위해 생활양식을 파악하여 구체화되지 않은 자신의 취향과 라이프스타일을 찾아주는 컨설팅 프로그램 '데콜로지Decology'를 운영하고 있다. 이를 통해 가구의 구성 요소를 모듈화해 도어 형태·컬러·손잡이 등을 원하는 대로 선택하고 조합할 수 있도록 했다. 기업이 가진 모든 데이터를 활용해 고객의 생활 패턴과 취향을 반영할 수 있도록 소비자에게 맞추는 것이다.

산업혁명 이후 시작된 대량생산 방식에서 다품종 소량생산 방식을 거쳐 이제는 개인의 모든 니즈에 맞춘 생산 시스템으로의 전환이 필요해진 시점이다. 초개인화 기술이 적용되려면 다품종 소량생산 방식으로도 소비자에게 맞출 수 없다. 초개인화 기술은 생산 방식의 변화와 함께 움직인다. 모든 소비자에게 맞는 생산 라인을 갖출 수 없으니 생산 라인에서의 모듈화를 통한 제품 생산 가변화로 소비자 개인들에게 맞는 제품을 생산하는 것이다. 이는 제품 생산 방식의 가변성이 최대화되는 '초소형 모듈화' 방식과 함께 이루어질 것으로 예측된다. 즉, 작은 레고 블록처럼 최소 단위로 생산해 이를 개인의 요구에 맞춰 조립하는 방식과, 가변 생산 시스템을 통해 개별 소비자가 원하는 색상과 형태를 만들어내는 방식이다. 이제는 각각의 개인에 맞춘 생산 시스템으로 전환이 필요한 시점이다. 이러한 추세가 진전되면 모든 고객에게 획일적으로 공급되는 제품은 더 이상 설 자리가 없게 될 것이다.

2단계: AI를 통한 알고리즘 분석

"데이터를 고문한다"는 말이 있다.[4] 데이터를 다루는 사람들이 흔히 쓰는 말이다. 무작위로 수집된 방대한 데이터는 실상 알려주는 것이 별로 없다. 그것을 어떻게 분석할지가 관건이다. 데이터 분석을 통한 초개인화는 기계 학습 및 AI를 통해 가능하다. AI는 궁극적으로 초개인화를 지향한다. 빅데이터와 개인의 검색 정보 등을 토대로 알고리즘을 적용해 사용자에게 최적화된 값을 찾는 것이다. 컴퓨터를 통한 분석, 더 나아가 AI를 통한 알고리즘 분석이 수많은 개별 소비자의 검색과 구매기록 데이터를 '고문'하는 도구인 셈이다. 이를 통해 각 개인에게 최적화된 수요를 알아내고 제공하는 것이 기업의 중요한 성장 전략으로 부상하고 있다.

가트너의 보고에 따르면, 2023년까지 AI를 디지털 상거래에 활용하는 기업은 고객만족도와 수익 또는 비용절감을 25% 이상 창출해 수입을 향상할 수 있다고 한다. 『트렌드 코리아 2019』에서 언급한 '데이터 인텔리전스'를 바탕으로 비즈니스에서 초개인화를 경쟁적으로 추구하는 상황에 대비한 것이 바로 이러한 전략이다. 다시 말해, 소비자가 온라인에서 보낸 구매 시간과 장바구니나 쇼핑 위시리스트에 추가된 제품들의 과거 기록을 연구하는 빅데이터 사용이 초개인화 기술의 시작이다. 상대방의 의중을 도무지 이해하지 못하는 챗봇을 사용해본 사람이 있다면 나의 데이터가 꼭 가치 있는 정보가 되기 어렵다는 것을 느꼈을 것이다. 센서들을 통해 입수한 데이터가 소비자의 맥락을 이해하고 사용자의 상황을 인식하는 데 기여했을 때, 고도화된 개인화 기술이 비로소 성공적으로 실현될 수 있다.

개인화 작업은 AI와 실시간 데이터 활용을 통해 고객 구매 설계 프로세스를 끊임없이 변화시킬 수 있다. 이러한 단순한 개인화에서부터 소비자의 라이프사이클·시간·날씨·요일 등 외부적 변수와 구매 맥락까지 고려한다면 더 정확하게 소비자의 마음을 읽을 수 있다. 다가올 미래 모습과 기술 동향을 읽어내고 초개인화를 실현시키기 위해 AI·사물인터넷·5G·가상현실·증강현실의 이해는 필수적이다. 더 많은 데이터, 즉 관련성 높은 콘텐츠와 제품 및 서비스 정보를 추가로 확보하고 발전된 알고리즘으로 적절히 분석한 후 각 사용자에게 제공하면 소비자와 기업 간의 상호작용을 한 단계 더 발전시킬 수 있다. 이러한 초개인화 기술을 활용한 소비자의 구매 여정 설계가 가능하려면 소비자 개인을 꼼꼼히 들여다보는 수준이 아닌 마음을 털어놓고 공감을 쌓는 수준까지 나아가야 한다.[5]

3단계: 다양한 미디어를 통한 상호 커뮤니케이션

축적된 데이터와 이를 분석한 AI가 있다 해도 고객과 소통할 수 있는 수단이 없다면 기술적 활용이 제한될 수밖에 없다. 소비자와의 원활한 소통이 가능해야 기술이 제 몫을 다할 수 있다. 과거에 가장 많이 사용되었던 커뮤니케이션 방식은 우편이었다. 기술의 발달과 함께 우편에서 전화, 문자, 이메일, 이제는 다양한 SNS으로까지 이어지고 있다. 예전엔 기업이 일방적으로 정보를 제공하고 회원들의 특정 정보만을 수집했다면, 이제는 미디어의 발달로 댓글부터 소비자의 직접적인 정보 생성까지, 기업과 소비자의 쌍방향적 소통이 수월해졌다. 불특정 일반 대중에서 세분화된 소비자 중심으로 타깃 전략이 진화하며 더욱 효율적인 커뮤니케이션이 이뤄지고 있다.

상호 커뮤니케이션은 기업이 소비자를 깊이 이해하고 개인 삶의 모든 측면에 접근할 수 있도록 해주는 강력한 터치 포인트다. 중국 텐센트는 이러한 상호작용을 통한 기술의 사용 빈도와 고객 접점의 증가가 승자의 조건이라고 본다. 커뮤니케이션 앱의 사용 빈도와 고객과의 접점은 그 애착 정도를 나타내며, 이는 차세대에 벌어질 새로운 게임의 승패를 좌우하는 열쇠가 될 것이라고 예견한다.[6] 텐센트는 인터넷 포털을 비롯하여 메신저 서비스 QQ, 모바일 메신저 위챗 같은 광범위한 소비자 접점을 갖고 있다. 이와 더불어 모바일 결제 서비스인 위챗페이는 알리페이와 더불어 중국의 양대 간편 결제 서비스다. 이를 통해 자전거를 빌리고(모바이크), 택시를 부르고(디디추싱), 병원을 예약하고, 각종 공과금을 납부하는 등 거의 모든 서비스가 위챗페이와 연결되어 있다. 다양한 미디어와 채널, 플랫폼을 통해 소비자의 삶과 접점이 많아질수록, 소비자의 초상화는 더욱 생생하게 그려질 수 있다.

초개인화 기술의 지향: 맥락지향적 소비자 니즈 파악

초개인화 기술이 필요해지는 것은 앞서 말한 바와 같이 소비자 개개인의 니즈를 그가 처한 상황에 따라 차별적으로 분석해 제안하기 위함이다. 이를 위해서는 두 가지 작업, 즉 소비자의 맥락을 읽는 것과 개인과의 맥락 맞춤을 제안하는 것이 필요하다.

소비자 맥락 읽기

초개인화 기술의 적용은 기업이 소비자의 맥락을 이해하는 것부터 출발한다. 예를 들어, 누가 심야에 택시를 잡기 위해 반복적으로 택시 앱을 실행해야 했다면, 앞으로는 앱이 스스로 야근 후 사용자의 택시 호출이 반복되는 상황을 미리 알아차릴 수 있다. 이렇게 상황을 미리 인지해 사용자가 필요로 하는 순간에 택시 앱들을 선택할 수 있게 바로 띄워준다면, 앱을 열거나 콜을 하는 소비자 행동 단계를 줄일 수 있다.

초개인화 기술은 빅데이터를 기반으로 기계 학습을 사용하여 패턴을 찾아내 개개인을 더욱더 세분화된 개인으로 취급한다. 이를 위해서는 고객 상황에 대한 정확한 이해가 필수다. 또한 소비자 입장에서는 자신에게 꼭 필요한 제품을 제공받는다는 장점이 있고, 공급자도 정확한 서비스 제공을 통해 낭비되는 마케팅 비용을 줄이면서 더 큰 고객 만족도와 브랜드 로열티를 얻을 수 있다.

마이크로소프트의 연구 결과에 따르면 요즘 사용자들이 온라인 콘텐츠에 관심을 지속할 수 있는 시간은 점점 짧아지고 있다.[7] 소비자들은 보통 8초 정도의 집중력을 갖는다고 한다. 이렇게 긴 콘텐츠는 바로 외면하는 소비자들이 구매 관련 정보 검색 및 웹 서핑에는 하루 평균 3시간을 쓴다.[8] 이러한 분석 결과에 따라 개인에게 맞춰 선보인 아마존의 추천 기술과 원클릭 주문 서비스는 개인화 맞춤 전략의 시작을 열었다. 고객이 거래를 하고 있다고 느끼지 않도록 만드는 전략도 거래량을 대폭 증가시키는 촉매제로 작용한다.[9]

소비자와의 완벽한 맞춤

신한카드는 다년간 행동경제학을 기반으로 고객의 개인별 상황에 따라 맞춤 혜택을 제공하는 초개인화 프로젝트를 통해 각 소비자의 니즈에 섬세하게 대응하는 활동에 앞장서고 있다.[10] 예를 들어, 특정 개인의 아이스크림 선호도와 슈퍼마켓 소비율의 연관성을 분석하여 더위 같은 날씨 요인을 고려한 후 적시에 할인쿠폰 메시지를 발송하는 식이다. 불특정 다수에게 일괄적으로 보내는 메시지보다 약

기존 마케팅과 '초개인화' 마케팅의 개념 차이

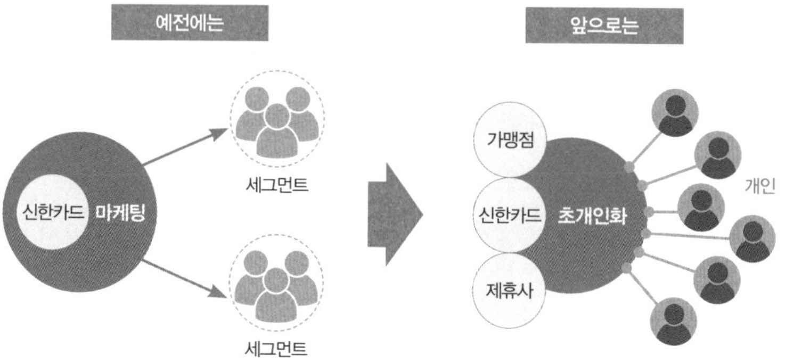

출처: 〈DBR〉, 2019년 4월호.

2~4배의 성과 차이를 보였다고 한다. 초개인화 마케팅 메시지의 차별화 성과를 확인할 수 있는 사례다.

이러한 사례는 기존의 혜택 추천 서비스를 한 단계 진화시켜 고객의 TPO Time/Place/Occasion를 반영하고 고객이 필요한 시점에 최적의 맞춤 혜택을 제공해야 할 필요성을 확인해준다. 기존에는 월 단위 또는 일 단위로 제안되었던 혜택이 이제는 날씨 및 현재 위치의 상권 정보를 실시간으로 시스템에 반영하여 고객 상황에 따라 맞춤 제공될 수 있도록 발전한 것이다. 이러한 연구 결과를 토대로 혜택을 개인이 직접 고를 수 있는 '신한카드 딥메이킹 Deep Making' 카드와 고객이 자주 이용하는 영역 5개를 스스로 파악해 맞춰주는 '신한카드 딥테이킹 Deep Taking' 카드가 출시됐다.[11] 위 그림은 초개인화 기술의 적용이 기존 방식과 어떻게 다른지 개념적으로 보여준다.

초개인화 바람은 헬스·뷰티산업 분야에서도 두드러진다. 사람에 따라 필요한 운동과 영양이 다르듯 건강과 미적 기준도 달라 초개인화의 필요성이 높기 때문이다. 모바일 홈트레이닝 서비스 업체 '건강한친구들'과 함께 제휴한 '유전자 홈트' 서비스를 예로 들 수 있다. 이 서비스는 타액을 분석해 몸 상태를 정밀 진단한 뒤 이에 맞는 운동 프로그램을 짜주는 서비스인데, 유전자 검사와 건강문진표를 토대로 모바일을 통해 개인별 맞춤 운동법과 식단을 매일 제공하고 있다.[12] 이러한 초개인화를 가능케 하는 기술이 유전자 검사다. 유전자 검사를 통한 데이터는 개인의 고유한 특성을 파악하는 데 결정적인 단서를 제공한다. 최근 유전자 검사는 중간에 병원을 통하지 않고도 소비자가 직접 검사 기업에 의뢰할 수 있도록 **DTC** 서비스의 범위를 넓혀가고 있어 앞으로 수요가 증가할 것으로 전망된다.

보스턴컨설팅그룹BCG은 기업의 개인화 기술을 통해 기업의 수익이 최소 6~10% 이상 향상될 것이라고 전망하고 있다.[13] 다음 그래프는 개인화 성숙 정도에 따라 얼마나 수익이 늘어날 수 있는지를 개념적으로 보여준다. 개인화된 메시지를 보내는 전략은 소비자의 맥락을 읽고 개인에게 맞추는 첫걸음이다. 개인화의 다음 단계는 고객 데이터를 기반으로 소비자를 그룹으로 묶고, 이러한 그룹에 맞는 메시지의 내용과 형태를 전달하는 방식이다. 현재 90%의 기업들이 이러한 단계에 와 있다. 다음 단계는, 소비자의 데이터를 좀 더 자세히 들여다봄으로써 그들

DTC Direct To Customer

소비자들이 의료기관(병원)을 거치지 않고 유전자 검사 기업에 직접 의뢰해 유전자 검사를 받는 서비스다. 2016년 개정된 생명윤리 및 안전에 관한 법률에 따라 체질량 지수, 중성지방 농도, 콜레스테롤, 카페인 대사, 혈압, 혈당, 피부 노화, 피부 탄력, 색소침착, 비타민C 농도, 탈모, 모발 굵기 등 12가지 항목만 허용하고 있다.[14]

개인화 성숙도

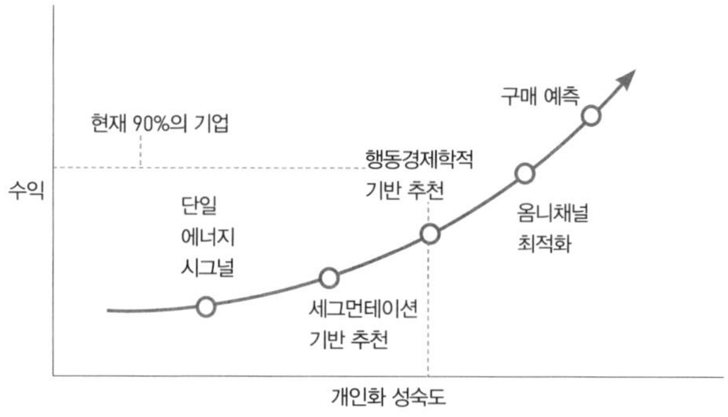

출처: "Why Hyper-Personalization is The Future of Marketing (And how to do it)", 〈Webengage〉, 2019.07.23.

의 '행동'을 이해하고 맞출 수 있는 초개인화 기술의 등장이다. 맞춤 정보는 개개인에게 맞는 메시지 형태(잡지의 지면, 텔레비전, 페이스북, 인스타그램 등)와 그들에게 최적화된 채널로 전달될 수 있어야 한다. 이러한 행동을 예측하는 개인화 추천과 초개인화 기술 발전의 궁극적인 미래는 고객이 자신도 모르는 사이에 자신이 구매할 것을 예측당하는 단계로 진화해 회사 수익 창출의 디딤돌이 될 것이다.

초개인화 기술의 추구 가치: 3A

이제 제품의 가격은 전통적인 하드웨어의 가치를 의미하는 것에서 완전히 벗어날 것이다. 제품이 곧 경험이 되고 있기 때문이다. 라이프스타일 데이터를 기반으로 사용자를 이해하고, 이를 바탕으로 개인에 적절한 상황과 최적의 타이밍에 맞춰 사용자의 소비 경험을 만들어내기 위해서는 지금까지 설명했듯이 초개인화 기술의 활용이 필수적이다. 그렇다면 초개인화의 실현을 위해서는 어떤 점에 유의해야 할까? 초개인화 기술이 추구해야 할 세 개의 'A'를 중심으로 이를 살펴보자.

추구 가치1: 사용자 인지Aware

초개인화 기술이 추구해야 할 첫 번째 가치는 개인의 상황을 인식시키는 것이다. 소비자가 현재 어떤 맥락에서 무엇을 어디에서 하고 있는지 읽어내고 인지하는 것이 개인화의 시작이다.

소비자에게 따로 진동벨이 없어도 커피가 나왔다는 상황을 '알려주는' 스타벅스 모바일 '준비 완료' 푸시 알림은 그런 대표적인 기술 중 하나다. 또한 정해진 시간에 꾸준히 약을 복용해야 하는 이들에게 복용 시간을 놓치지 않도록 맞춤 알림을 제공해주는 스마트 약통도 있다. 스마트 약통의 경우 모바일 앱과 연동되어 약을 복용할 시간이 되면 알림이 울리고, 여기에 사용자가 응답하면 약을 꺼낼 수 있도록 입구가 열린다. 약의 섭취는 물론 개폐 히스토리까지 체크 가능하도록 도와줘 특정 사용자들에게 꼭 필요한 서비스가 되고 있다.

앱 푸시나 문자메시지, 이메일처럼 기업이 자체적으로 주도권을 갖고 있는 온라인 미디어를 '오운드 미디어owned media'라고 부른다. 오운드 미디어에서 전통적인 메시지는 "최대한 많은 사람에게 알림을 보내면 그만큼 많은 사람이 볼 것"이라고 생각하기 쉽다. 하지만 다수에게 랜덤으로 메시지를 전송해 열람 횟수를 늘릴수록 스팸 메시지로 취급받는 비율 역시 높아진다. 우리가 수없이 받은 이메일이나 문자메시지 중 열어보지도 않고 삭제하는 것들이 얼마나 많은지 떠올리면 랜덤 전송의 무의미함을 쉽게 알 수 있다. 따라서 이제는 고객 개인에 맞춰, 그들이 필요로 할 만한 메시지를 담아 적절한 타이밍에 보내는 것이 중요하다. 그러기 위해서는 각각의 메시지에 대한 고객 반응을 데이터로 확보해야 한다. 이러한 방식을 통해 소비자에 대한 더욱 세밀한 정보를 얻고 상호작용도 가능해진다. 결국 사용자가 인지하게 만드는 것이 초개인화 기술을 적용할 수 있는 토대를 제공하기 때문이다.

가정에서 조명 시스템을 사물인터넷과 연결해 다양한 상황에 맞춰 활용하는 것도 좋은 예다. 침입자가 있음을 경고하는 경고등으로 기존 조명을 프로그래밍 할 수도 있고, 어린아이가 계단이나 난로 근처에 다가가면 조명을 비추어 부모에게 경고하도록 만들 수도 있다. 또한 불빛의 깜박임을 이용해 어르신들의 약 복용 시간을 알릴 수도 있다. 특히 무선 접속기를 갖춘 조명은 다른 가전제품의 에너지 소비량을 추적하여 전구 판매 회사가 주택 소유자와 전력 회사에 에너지 관리 서비스를 제안할 수도 있다. 사물인터넷 기술이 각각의 고유한 특성에 맞추어 초개인화를 가능케 해주는 것이다.[15]

추구 가치2: 사용자 지원Assist

두 번째로 소비자의 상황 또는 맥락을 이해했다면, 상황 속에서 '함께'하며 도움을 주는 기술 가치를 꼽을 수 있다. 가장 대표적인 기술로 챗봇·AI 스피커·스마트홈 등을 들 수 있다. 이미 고객 상담의 큰

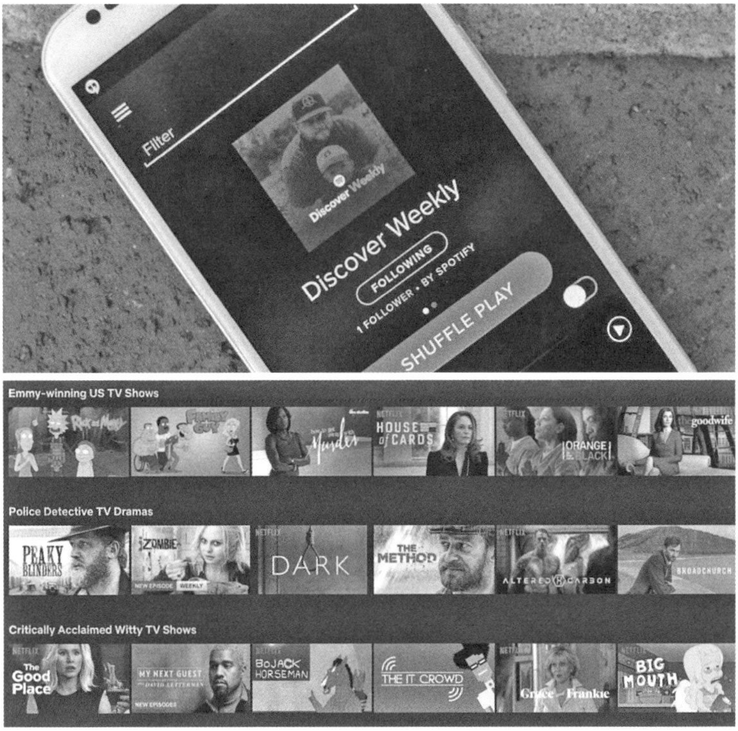

출처: 스포티파이, 넷플릭스

▶▶▶ 내가 듣고 싶은 음악, 내가 보고 싶은 영화가 무엇인지 나보다 더 잘 알고 있는 스포티파이와 넷플릭스. 빅데이터에 기반한 개인별 콘텐츠 큐레이션 서비스를 해주는 것으로 유명하다.

몫을 차지하고 있는 챗봇은 초개인화 기술과 함께 개별 소비자의 요청을 세세하게 들어주는 방식으로 진화하고 있다. AI 원천 기술을 보유·개발하고 있는 국내 스타트업 '스켈터랩스'는 데이터를 분석해 사용자가 처한 상황을 파악한다. 챗봇의 자연어 이해를 사람 수준으로 끌어올린 AI 대화 엔진에 이어 이 회사가 선보인 초개인화 엔진은 개인의 성향을 파악하는 근거 신호Signal를 개인의 삶 전체에서 얻고, 이를 AI가 추론한다. 이를테면 한 사람이 어떤 건물 안에 있다는 정보를 AI가 받으면 이를 바탕으로 그 사람이 실제로 어떤 활동을 할지도 추론하는 식이다. 더 자세하고 정확한 데이터를 활용해 개인에게 꼭 맞는 서비스를 제공할 수 있는 초개인화 기술이 점점 진화하고 있다.[16]

뮤직 스트리밍 서비스인 스포티파이는 '유어 데일리 드라이브Your Daily Drive'라는 서비스를 통해 사용자가 운전을 하면 저장된 데이터를 바탕으로 음악과 팟캐스트를 엄선해 하나의 플레이리스트로 묶어 제공한다. 운전 중 뉴스 팟캐스트를 자주 듣는 사용자의 경우, 해당 청취 시간에 별도의 조작 없이도 해당 뉴스 채널이 업데이트된 플레이리스트를 제공받을 수 있다. 이 밖에 스포티파이가 개발한 '위클리 디스커버리Weekly Discovery' 선곡 서비스는 7천만 명이 넘는 사용자 각각을 위한 음원 목록이다. 이를 통해 스포티파이 사용자들은 자신의 취향과 상황에 꼭 맞는 노래들을 들을 수 있게 되었는데, 이를 두고 "내가 좋아할 노래를 나보다 더 잘 아는 스포티파이"라는 말이 나올 정도다. 사용자 취향을 정확하게 파악하는 추천 알고리즘은 스포티파이가 경쟁이 치열한 음원 시장에서 일인자로 올라설 수 있었던 비결이다.[17]

AI 스피커 역시 사용자 지원을 위한 대표적인 기기다. 시장조사기관 스래티지애널리틱스SA는 2019년 2분기 기준으로 글로벌 AI 스피커 판매량이 전년 같은 기간보다 96% 증가한 3천만 대를 기록했다고 발표했다. 국내 AI 스피커 시장도 급성장하고 있다. 과학기술정보통신부에 따르면, 2019년 상반기 AI 스피커 누적 판매량은 412만 대로 이는 1년 전 200만 대보다 2배 이상 증가한 규모다.[18] 요즘 국내

기업들이 선보이는 '음성인식 AI 서비스'는 이름만 대면 알아서 상대에게 전화를 걸고, 키워드 몇 개만으로도 원하는 영화를 찾아주는 수준까지 발전했다. 서비스 사용자와의 대화는 클라우드에 차곡차곡 저장되어 이를 가공·분석한 '음성 빅데이터'가 AI를 더 학습시키고 새 서비스를 개발하는 데 재활용되는 구조인 셈이다. 플랫폼을 많이 사용할수록 똑똑해진다.

추구 가치3: 사용자 예측 Anticipate

마지막으로 초개인화 기술이 추구하는 가치는 데이터를 바탕으로 개인별 상황 인지나 도움을 넘어서는 '예측' 단계에 있다.

대부분의 온라인 소매업체들은 소비자 수요를 정확하게 예측하려고 노력한다. 이러한 시장에서 독보적인 기업이 아마존이다. 아마존은 비용을 절감하기 위해 기계 학습을 적극 활용하여 소비자 수요를 예측하고 있다. '기대 배송'이라는 사업 방식에 투자하여 개별 고객의 이전 구매 데이터, 카트에 추가된 항목, 아직 구매하지 않은 항목, 심지어 고객의 커서 이동 데이터까지 분석해 고객이 주문할 가능성을 예측한다. 이를 통해 아마존은 보통 2일 정도 걸리는 신속배송 비용을 그것에 3분의 1인 표준배송 가격으로 낮춰 고객에게 가장 가까운 허브로 보낼 수 있게 되었다. 고객이 실제로 상품을 주문할 때쯤 이미 물품은 배송지에서 가장 가까운 물류기지에 배송되어 기다리고 있는 것이다. 이를 통해 시간을 단축하고 비용까지 줄일 수 있다. 아마존은 과거 20년 이상의 도서 구매 이력을 바탕으로, 소비자들이 좋아할 만한 신간 소개에서부터 DVD나 특정 미니어처까지 모든 상품에 걸친 취향 예측 마케팅을 실시하고 있다.

초개인화 기술을 통해 소비자의 취향 예측에 성공한 기업으로 또 다른 온라인 동영상 서비스OTT를 제공하는 넷플릭스를 꼽을 수 있다. 넷플릭스는 다양한 프로그래밍과 사용자를 정교하게 파악하는 알고리즘을 개발하여 전 세계 각기 다른 사용자의 시청 욕망을 사로잡고 있다. 2016년부터 전 세계 130여 개국에 온라인 동영상 서비스를 하고 있으며 2019년 상반기 집계된 가입자만 해도 1억4,800만 명을 넘어서고 있다.[19] 넷플릭스는 거의 매주 이메일이나 문자로 '○○○ 님의 취향 저격 콘텐츠 등록 알림'을 보내준다. 이렇듯 타깃화된 개인 소비자들에게 초개인화된 섬세한 맞춤 서비스를 제공하는 것이 성공의 바탕이 되었다.

시사점

시장 경쟁에서 살아남기 위한 기술, 초개인화

"아마존은 0.1명 규모로 세그먼트를 한다."

안드레아스 와이겐드Andreas Weigend가 『포스트 프라이버시 경제』에서 초개인화 기술을 선도하고 있는 아마존에 대해 평가한 말이다. 시시각각 변화하는 개별 소비자의 니즈를 그때그때 반영해야 하는 초개인화 기술의 지향점을 잘 나타낸 표현이기도 하다. 초개인화 기술의 발전으로 현대인은 더 이상 하나의 대상이 아니다. 한 사람의 소비자를 넘어 기업은 '내 안의 보이지 않는 수많은 나'를 찾아낼 것이다. 고객을 더욱 풍부한 영역에서 세밀하게 관찰하기 때문에 쓸데없는 정보 탐색으로 인한 시간과 자원을 아껴주고 다양한 고객 경험을 가능케 한다. 고객과 브랜드 간의 긴밀한 커뮤니케이션을 바탕으로 개개인에 맞는 추천 기능, 일상이 더욱 편리해지는 자동화와 취향 및 주문 예측으로 사용자의 삶의 질도 향상될 수 있다.[20] 하지만 장밋빛 전망과 함께 어두운 그늘도 함께 들여다봐야 한다.

1950년대 마틴 하이데거Martin Heidegger는 다가오는 "기술 혁명의 파도는 인간을 꼼짝 못하게 넋을 빼놓고 눈을 멀게 하고 현혹해 특정한 아이디어가 어느새 유일한 사고방식인 양 받아들여지고 실행될 것"이라고 관측했다.[21] 데이터 수집과 알고리즘 분석이라는 기술 실현을 통해 초개인화가 가능해지면서 하이데거의 예측이 21세기에 와서 실현되고 있다. '멀티 페르소나' 키워드에서 설명했듯이 초개인화 큐레이션이 소비자 개인의 취향을 '반영'하는 것이 아니라, 오히려 형성해나갈 가능성이 상존하는 것도 문제다. 특히 사용자들이 자신의 취향에 대해 확신이 없을 경우 이러한 문제는 더욱 커질 우려가 있다.

실상 전 세계적으로 데이터 수집과 인공지능의 활용은 플랫폼 시장을 장악한 GAFAGoogle-Amazon-Facebook-Apple, BATHBaidu-Alibaba-Tencent-Hwawei 같은 미국과 중국의 극소수 파워 유저 기업들이 주도하고 있다. 시장조사 기관 이마켓터eMarketer가 2018년 발표한 '미국 온라인 리테일 판매 점유율 상위 10개 기업'에 따르면 아마존이 압도적인 1위를 차지하고 있다. 아마존은 미국 전체 온라인 리테일 시장의 49.1%를 점유해 2위인 이베이(6.6%)와 엄청난 격차를 기록했다.[22] 시장을 지배하는 기업들은 소비자를 더욱 세밀하게 관찰하며 더 많은 데이터를 축적할 수 있다. 당연히 소비자를 더 잘 이해하고 더욱 우수한 알고리즘을 만들게 되어 '선순환positive feedback'이 이뤄져 강자를 더욱 강자로 만들게 된다.[23] 부익부 빈익빈의 논리가 데이터와 기술 영역에도 적용돼, 데이터가 기업들에게 신처럼 시장을 내려다볼 수 있는 권력으로 활용되고 있는 셈이다. 개인의 생활에 더 깊이 침투해서 지금보다 더 정밀한 정보를 확보하고 이를 통해 현재의 지위를 더욱 공고히 할 수 있다. 이는 프라이버시 문제와 시장경제 논리가 함께 움직이고 있음을 보여준다. 결국 빅데이터와 프라이버시 문제에 대한 우려도 커질 것이다.

하지만 이런 우려는 관련 산업의 현실을 고려할 때, 오히려 사치스러운 측면도 있다. 소위 '개망신법'이라고 해서 개인정보보호법·정보통신망법·신용보호법의 '데이터 3법'의 규제 때문에 국내 데이터산업이 지속적인 정체를 겪고 있기 때문이다. 개인정보 보호와 산업 육성을 합리적으로 조정하고자 하는 3법의 개정안이 2018년 11월 국회에 상정됐지만, 여야 간 정쟁으로 상임위에서 논의조차 이루어지지 못하고 있다.[24] 충돌하는 두 가치에 대한 합리적인 조정이 절실한 시점이다.

거의 모든 필요한 데이터를 확보하고 알고리즘 분석으로 초개인화가 가능한 플랫폼을 장악한 주체가 개인과 제조업·유통업을 모두 통합하는 상황이 빠르게 다가오고 있다. 또한 무심코 클릭한 개인 정

초개인화 기술은 소비자의 취향과 니즈를 파악하는 것에서 더 나아가
개별 소비자의 맥락에 기반한 소비 예측으로 진화하고 있다.
개인의 프라이버시 보호 문제를 둘러싼 숱한 우려에도 불구하고
기업들은 생존을 위해 초개인화 전략에 더욱 힘을 쏟을 것이다.

보 동의를 통해 우리의 구매 이력이 기업 간에 사고팔리기 위해 공유되기도 한다. 초개인화 시대의 시장에서 살아남기 위해 기업들은 개인의 구매 이력 확보에 사활을 걸고 있다. 전 세계적으로 카드나 금융사의 고객 정보 유출 사고가 자주 발생하는 이유다. 이제 '자유냐 통제냐', '소유냐 공유냐', '개방이냐 폐쇄냐'와 같이 초개인화 기술에 대한 사회적 가치관이 개입되며 찬반양론도 치열해질 것이다.[25] 국가 정책적으로도 개인 정보 보호·산업 육성·소비자 편의의 균형을 맞출 수 있는 혜안이 필요한 시점이다.

소비자 입장에서도 기업이 자신의 정보를 꿰뚫어 보고 있다는 사실은 불쾌함을 넘어 두려움으로 다가온다. 조지 오웰의 소설 『1984』에서 묘사된 '빅브라더' 사회가 현실화될 수도 있기 때문이다. 하지만 숱한 걱정과 우려에도 불구하고 시장경제에서 살아남기 위한 기업들의 경쟁이 빅데이터와 AI 활용을 통한 초개인화 추세를 더욱 가속화할 것은 분명하다. 기술이 나보다 나를 더 잘 알기 시작한 시대, 2020년 초개인화된 시장을 긍정적으로 혁신해나갈 수 있는 새로운 기술과 그를 뒷받침하는 담론들이 풍성하게 펼쳐지기를 기대한다.

You're with Us, 'Fansumer'

팬슈머

주어진 대안 중에서 선택하는 것만으로는 성에 차지 않는다. 내가 직접 투자와 제조과정에 참여해 상품을, 브랜드를, 스타를 키워내고 싶다. 상품의 생애주기 전체에 직접 참여하는 소비자들. "내가 키웠다"는 뿌듯함에 적극적으로 지지하고 구매하지만 동시에 간섭과 견제도 하는 신종소비자들을 일컬어 '팬슈머fansumer'라고 명명한다. "나에 의해" 크고 작은 변화가 일어나고 있다고 믿는 이들의 움직임을 '바이미by-me' 신드롬이라고 부를 수도 있다. 소유에서 경험으로 이동한 소비의 패러다임이 이제 다시 경험에서 '관여engagement'로 발전하고 있다. 이와 같은 '관여 열기'는 선발과 양육, 기획과 제조, 유통과 홍보, 그리고 지지와 비판까지 시장의 전반적인 과정에 드리워진다. 팬슈머가 영향을 미치는 영역은 갈수록 넓어지고 있다. 좋아하고 명분 있는 사업에 투자하는 크라우드 펀딩이나 기업의 제품 개발·MD·마케팅 활동에 적극적으로 참여하는 서포터 활동은 물론이고, 연예인 팬슈머들은 기획사의 정책과 연예인의 데뷔 여부까지 관여하고 있다. 최근에는 SNS 세상의 연예인이라고 할 수 있는 인플루언서들도 팬슈머의 대상에 포함되면서 비판과 지지를 함께 받고 있다.

팬슈머의 성장은 단순한 유행이 아니다. 산업적·기술적인 기반이 갖추어진 가운데, 경제의 주축으로 진입하고 있는 밀레니얼과 X세대의 효능감이 복합적으로 작용한 필연적인 결과다. 팬슈머를 자산으로 만들어야 한다. 연예도 마케팅도 정치도 그리고 비즈니스도 팬슈머 없이는 성장하기 어렵다. 이제 "고객과 함께"로는 부족하다. "고객에 의해" 좌우되는 팬슈머의 시장에서 소비자의 열성적인 지지와 참여에 손을 먼저 내밀어야 한다.

1943년 스웨덴의 17세 소년이 펜·지갑·액자 같은 가정용품을 판매하며 시작된 한 가구 회사는 배달 중의 파손을 방지하기 위해 거실용 테이블의 다리를 분리해 배송하기 시작했다. 이 아이디어는 후일 소비자가 직접 가구를 조립하게 한다는 독특한 비즈니스 모델로 이어진다. 바로 이케아IKEA의 탄생 배경이다. 이케아 가구는 실용적인 가격과 감각 있는 디자인으로 유명해졌지만, 중요한 성공 비결이 하나 더 있었다. 소비자들이 조립형 제품을 구매해 직접 만듦으로써 완제품을 구입하는 것보다 더 높은 만족감을 얻게 됐다는 것이다. 소비자들이 조립을 불편해하기보다는, 자신의 시간과 노력이 들어간 제품에 성취감을 느끼고 각별한 애착을 갖게 되면서 이케아 브랜드에 대한 선호도까지 높아졌다. 이는 하버드대학교의 마이클 노턴Michael Norton과 댄 애리얼리Dan Ariely 교수가 실험을 통해 검증하며 더 널리 알려지게 되었다. 이른바 이케아 효과IKEA effect다.

이케아 효과가 의미하는 것은 사람들은 자신이 공을 들이고 참여한 대상에 더 애착을 갖게 된다는 것이다. 노력을 기울이는 데 대한 번거로움보다 "내가 만들었다"는 성취감이 더 크게 작용하기 때문이다. 대표적인 사례가 시청자 참여형 오디션 프로그램이다. 어느 날 하늘에서 뚝 떨어진 것 같은 스타보다 미숙하지만 내가 응원하고 투표한 신인이 성장하는 모습에 더 큰 애착을 갖고 '팬'이 되어준다. 이것은 오래된 포맷이지만, 이제 엔터테인먼트산업을 넘어 경제 전반으로 그 논리가 확산되고 있다.

'팬'은 광신자를 뜻하는 영어 단어 'fanatic'을 발음하기 쉽게 'fan'이라고 줄인 데서 유래했다고 한다. 여기에 나라를 뜻하는 접미사

팬덤과 팬슈머의 비교

	팬덤	팬슈머
대상	연예인, 브랜드	기업 제품·브랜드, 인플루언서까지 전방위적
관계	동경	상호 보완과 견제
역할	지지자	파트너
핵심 가치	후원	관여
파급력	브랜드 파워 상승	제조 생태계와 프로세스의 변화

'dom'이 결합해서 팬덤fandom이라는 용어가 만들어졌다. 팬덤은 "어떤 것, 특히 연예인에 대해 열정을 보이는 사람 또는 그 집단"을 의미하는 단어였는데, 최근에는 좋아하는 행위를 제품 구입으로 증명하는 행동 전반으로 그 의미가 넓어졌다.[1] 이제 팬덤은 다시 팬슈머fansumer로 진화하고 있다. 팬슈머란 한 대상에 일방적으로 애정을 쏟고 구매하는 것에 그치지 않고, 기획하고 투자하고 견제하는 상호작용에 방점을 두는, 매우 적극적인 팬으로서의 소비자를 지칭하는 말로 『트렌드 코리아 2020』이 제안하는 새로운 개념이다. 팬슈머는 본서의 '페어 플레이어' 키워드에서 설명했던 효능감 넘치는 젊은 세대가 경제의 생산 과정 전반에 참여하면서 생겨난 현상과도 연결된다. 위의 표는 팬덤과 팬슈머의 개념을 비교하고 있다.

팬슈머의 활동 영역은 매우 넓다. 전술한 바와 같이 데뷔 전 연예인을 육성하는 것은 말할 것도 없고, 스타트업의 아이디어 상품에 투자하고, 기업의 상품 개발 과정에 관여하고, 서포터로서 마케팅 활동에 참여하며, 연예인이나 인플루언서를 지지 혹은 비판한다. 이러한 팬슈머 활동의 동력은 바로 "이것은 나에 의해 만들어졌다"는 자부심이다. 이런 '나에 의해' 만들어졌다는 효능감에 주목해 '바이미by me 신드롬'이라고도 이름 붙일 수 있다.

소유에서 경험으로 이동한 소비 패러다임이 이제 다시 경험에서 '관여engagement'로 발전하고 있다. 이 관여에 대한 열기는 선발과 양육, 기획과 제조, 유통과 홍보, 그리고 지지와 비판까지 시장의 전반적인 과정에 드리워진다. 한 상품의 생애주기 전체에 직접 참여하는 소비자들은 내가 키웠다는 뿌듯함에 적극적으로 구매하는 동시에 간섭과 견제도 불사한다. 전에 없던 지지와 구매, 투자 방식이 확산되면서 부작용도 나타난다. 이제 적극적인 팬슈머들이 만들어가는 바이미 신드롬의 다양한 측면을 살펴본다.

바이미 신드롬의 여러 모습

1. 덕투일치, 크라우드 펀딩

이제 투자는 금융기관이나 전문투자자만 하는 일이 아니다. 누구든 관심만 있다면 소액으로도 할 수 있다. 크라우드 펀딩crowd funding 덕분이다. 크라우드 펀딩은 다수의 개인으로부터 투자받는 기업의 자금 조달 방식을 일컫는데, 2019년 상반기까지 집계된 펀딩 성공 금액이 225억 원에 육박할 정도로 규모가 커지고 있다. 2019년 상반기 결산만으로 이미 2018년 모금액 303억 원의 70% 수준을 넘어섰다.[2]

국내 크라우드 펀딩 시장 규모

(투자형 + 리워드형)

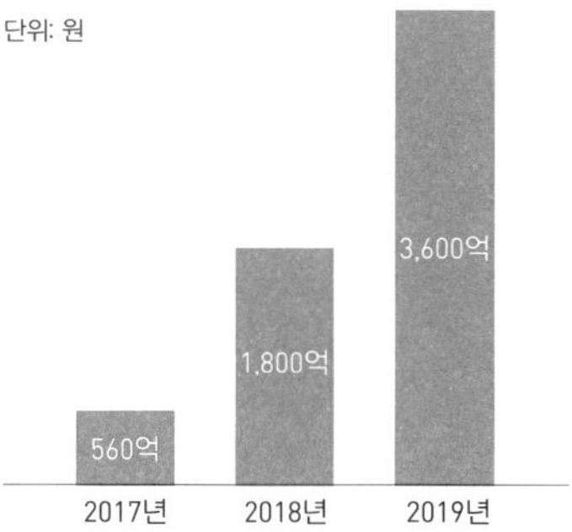

리워드형 크라우드 펀딩 프로젝트 출시 수

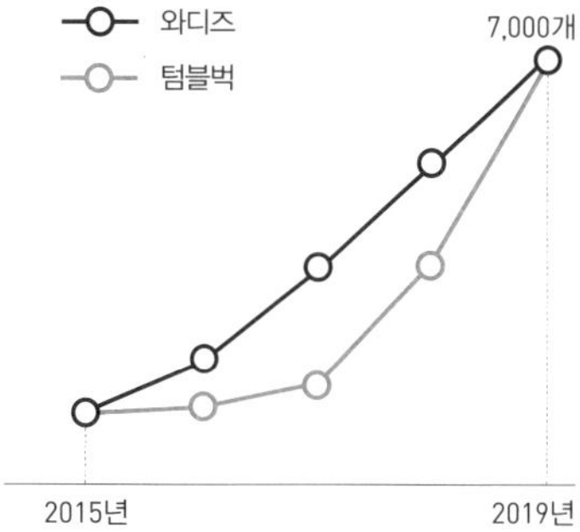

출처: 〈중앙일보〉, 2019.09.17.

크라우드 펀딩은 명분이 있거나 자신이 관심 있는 사업 아이템을 재정적으로 도와 자부심을 느끼면서도 일정한 투자 수익과 다양한 형태의 보상도 기대할 수 있는, 그야말로 명분과 실리를 모두 챙길 수 있는 새로운 투자법이다. 마치 현대판 품앗이처럼 메이커들은 자신의 아이디어를 소개해 사업 자금을 조달하고, 그 아이디어가 실현되기를 바라는 사람들은 메이커에게 투자한다. 팬슈머 사관학교라 해도 과언이 아니다. 현실에는 아직 존재하지 않는 상품, 출시된 적이 없어 본 적도 없는 상품을 만들어보라고 제작비를 보태는 행위는 주주가 되는 기쁨을 누리게 해준다. 소액주주라도 상관없다. 크라우드 펀딩에서는 모두가 소액주주이기 때문이다.

크라우드 펀딩이 단순한 소액투자와 다른 점은 투자자들이 관심 있고 지지하는 사업 아이템에 대해 투자한다는 것이다. 예컨대 소설 『82년생 김지영』을 읽고 감동한 독자라면 크라우드 펀딩을 통해 그 소설을 영화화하는 데 투자할 수 있다. 좋아하는 일을 흔히 '덕질'이라고 하는데, 거기에 '투자'한다는 의미로, 크라우드 펀딩을 일명 '덕투'라고 부르는 것도 이러한 이유에서다.

크라우드 펀딩은 크게 증권형·후원형·기부형으로 나뉜다. 증권형은 투자의 대가로 기업의 주주나 채권자가 되는 형식의 크라우드 펀딩을 말하며 수익률 집계가 가능하다. 말 그대로 투자 수익을 기대하고 재무적으로만 투자하는 것이다. 기업 입장에서는 원금과 이자를 갚아야 하는 대출보다 부담이 적기 때문에 중소기업 및 스타트업에게 유용한 자금 조달 역할을 한다. 반면 후원형은 다수의 후원자들이 특정 프로젝트에 자금을 지원하고 금전적 보상 이외의 형태로 일정 부문 보상받는 유형이다. 주로 공연·음악·영화·교육·환경 등의 분야에서 주로 활용된다. 마지막으로 기부형은 후원 형식의 펀딩과 유사하지만 후원자들에 대한 보상을 조건으로 하지 않고 순수 기부의 목적으로 지원하는 유형이다.[3]

크라우드 펀딩의 꽃은 역시 참여가 수반되면서 리워드, 특히 해당 상품으로 보상하는 후원형이다. 그래서 '보상형' 크라우드 펀딩이라고도 한다. 보상형 혹은 후원형 크라우드 펀딩에서는 제품이나 서비스를 생산해내면 투자자들에게 그에 상응하는 리워드를 줘야 한다. 투자 수익 이외에도, 투자 과정에 참여함으로써 세상에 처음 출시되는 제품을 가장 먼저 써본다는 자부심을 가질 수 있다. 신뢰를 담보로, 선先경험을 추구하는 것은 밀레니얼 세대의 특징이기도 하다. 그래서 보상형 크라우드 펀딩은 밀레니얼 세대에게 관심이 많다.

미국의 킥스타터나 인디고고와 같은 1세대 펀딩 플랫폼을 시작으로 텀블벅·굿펀딩·인큐젝터 등 팬슈머들이 후원 활동을 할 수 있는

출처 : 와디즈

▶▶▶ 크라우드 펀딩을 통한 영화 제작비 모금은 재정적인 도움은 물론이고 팬덤을 형성하는 데도 큰 도움을 준다. 일본 애니메이션 〈너의 이름은〉은 투자자들에게 80%라는 놀라운 수익률을 안겨주어 화제를 낳았고, 〈82년생 김지영〉을 비롯한 한국영화 기대작 3편도 와디즈를 통해 7억 원을 모금했다.

많은 플랫폼들이 인기를 끌고 있다. 국내의 대표적인 온라인 크라우드 펀딩 플랫폼인 와디즈의 경우 진행 프로젝트 수가 2015년 501건에서 2019년 9월 집계 4,634건으로 급증했다. 신진 스타트업 브랜드의 디딤돌 역할을 하며 매월 400개 이상의 회사가 자금을 조달하는 서비스로 성장했다. 와디즈는 20만 원대 노트북 '베이직북'에 이어, 11억 원 펀딩으로 패션잡화 부문 역대 1위 기록을 경신한 에이징CCC의 '국민 라이더 자켓', 완판 스마트 여행가방 '샤플' 등 연이은 성공 사례를 배출하고 있다. 보상형 크라우드 펀딩 전문 플랫폼인 텀블벅 역시 2018년 5,089건의 리워드형 펀딩 프로젝트를 진행했으며 2019년 연말까지 7천 건은 거뜬히 넘길 것으로 업계는 내다보고 있다.[4] 이렇게 다양한 플랫폼들을 오가며 팬슈머들은 투자하고 보상받는 새롭고 건전한 방식의 소비생활을 즐긴다.

크라우드 펀딩의 장점은 온라인망을 통해 직거래 방식으로 진행되기 때문에 보상에 비교적 합리적인 가격이 책정된다는 점과 참여가 수반되는 과정의 특성상 소비자들의 충성도가 높아져 홍보 효과도 크다는 점이다. 투자를 취미로 만들어주는 펀딩 플랫폼들의 위상은 갈수록 높아지고 있다. 취미로 시작한 투자자들에게 때로는 작지 않은 수익을 안겨주기 때문이다. 일본 애니메이션 영화 〈너의 이름은〉의 수입사 미디어 캐슬은 국내 개봉 자금 1억5천만 원을 조달하기 위해 크라우드 펀딩을 실시했는데 흥행 성적에 따라 추가 이자가 발생하는 증권형 크라우드 펀딩으로 투자자를 모았다. 관객 376만 명을 동원하며 흥행에 성공한 이 영화는 투자자들에게 기본이율 10%(연율)에 더해 추가이율 70%(연율)를 안겨주어 덕투일치의 대표적인 성공 사례로 손꼽힌다.

소위 패션계의 프로듀서 101으로 통하는 펀딩 플랫폼 '하고HAGO' 역시 소비자 참여의 폭을 적극적으로 넓힌 플랫폼이다. 신진 디자이너의 제품이 마음에 들면 펀딩을 하고 사후에 받는 구조다. '하고'는 파격적으로 원가까지 공개하며 유통 마진을 현저히 낮추었는데, 이는 유통 대기업의 가격 할인 경쟁에 불을 당기기도 했다. 소비자들의 변화에 촉각을 곤두세우고 있는 대기업들은 스마트하게 진화하고 있는 팬슈머들을 의식하지 않을 수 없게 됐다. 기존의 유통 단계에서는 작은 목소리를 내는 소비자에 불과했지만 후원과 육성의 가치를 아는 팬슈머들은 시장을 움직이는 주체로 급부상하고 있다.

소비자가 자신이 지지하는 메이커에 재정적인 서포트를 하고, 올바른 주권을 행사하는 행위는 매우 건전한 소비 문화 현상이다. 그러나 간과해서는 안 되는 점이 있다. 바로 후원의 이중성이다. 투자는 기대 심리를 부추기고, 기다리는 동안 그 기대 심리는 더욱 커지기 마련이다. 만일 본인이 예상했던 것과 다른 리워드를 받게 되면 실망을 넘어 분노까지 할 수 있는 위험이 항시 도사리고 있음을 유의해야 한다.

2. 미래형 품앗이, 개발 과정 참여와 서포터 활동

넷플릭스의 드라마 시리즈 〈기묘한 이야기〉는 시청자들이 직접 스토리 라인과 결말까지 바꾸어버리는 혁신적인 인터랙티브 콘텐츠로 팬덤을 구축했다. 공식적인 엔딩만 다섯 가지로 알려져 있으며 비공식적 엔딩은 열 가지가 넘는 탓에 팬슈머들의 참여 의지를 불태우기에 안성맞춤이다.[5] 시청자·구독자들은 지지와 환호를 보내는 팬심을 넘어 캐스팅에 관여하는 등 작품의 프로듀싱에 관여하고 있다. 그런데 기업이나 브랜드들은 이러한 소비자들의 월권을 오히려 환영하는 모양새다. 팬슈머를 활용한 팬덤 마케팅은 홍보 효과는 물론이고 브랜드 충성도를 높이는 락인 효과Lock-in Effect까지 창출하기 때문이다. 기업들은 그들의 간섭을 허용하고 추후 구매와 홍보를 보장받는다. 미래형 품앗이인 셈이다.

공연계 역시 팬슈머 잡기에 적극적으로 뛰어들고 있다. 즉흥 코믹 추리극 〈머더 미스터리〉는 관객이 던져주는 살인 사건의 배경과 도구, 범인과 희생자 등에 대한 아이디어로 즉석에서 극이 만들어지는 신선한 포맷이다. 미용실에서 일어난 살인 사건을 다룬 연극 〈쉬어

매드니스〉는 관객들이 직접 목격자가 되어 용의자 심문에 참여한다. 극이 진행되는 도중 질문을 하고, 심문이 끝나면 관객의 투표로 범인이 결정된다. 관객을 참여시킴으로써 **라포르**를 형성하고, 개입도를 높여 충성도를 고취시키는 전략은 팬슈머들의 참여와 응원 기질을 잘 활용한 좋은 사례라 할 수 있다.

스타트업 '굿즈컴퍼니'가 선보인 '우화만'이라는 앱은 소비자들이 MD로 참여하는 플랫폼이다. 특히 '아이디어' 코너에는 소비자들이 제안하는 화장품에 대한 다양한 아이디어가 1,800여 개가 넘는다. 제조사가 미처 생각하지 못한 생활 속 이야기를 담은 고객의 아이디어들은 기업이 시장성을 판단한 후 제품 출시로 이어지기도 한다. 소비자가 일종의 MD로 참여한 만큼 실제 제품 판매로 이어지면 매출의 최대 3%까지 인센티브로 제공한다. 비행기에서 주변 시선에 구애받지 않고 촉촉한 피부를 지킬 수 있도록 고안된 바르는 마스크팩 '인플라이트 릴렉싱 마스크팩'은 출시 후 2주간 목표 수량 1,500개가 완판되어 소비자 MD의 가능성을 증명했다. 뒤이어 출시된 '마더파더 타월' 역시 2주 만에 3천 개가 팔려 3차 추가 판매를 진행 중이다.[6, 7]

팬슈머들은 세상에 없는 제품을 제안하고 기획해 만들어내기도 하지만 단종되었던 제품을 부활시키기도 한다. 2003년 단종된 코카콜라의 음료 '서지 무브먼트Surge Movement'는 적극적인 팬슈머

라포르rapport

사람과 사람 사이에 생기는 공감적인 인간관계, 상호 신뢰 관계를 말하는 심리학 용어다. 프랑스어의 '가져오다', '참조하다'에서 나온 말로 친밀도가 형성되고 감정 교류가 원활한 상호 반응적인 상태를 뜻하기 때문에 심리 치료·교육·치료 상담 등에서 상담자와 피상담자 간의 신뢰 관계 구축에 많이 적용된다.

들이 3,837달러를 모아 코카콜라 본사 앞 광고판을 구매해 부활 캠페인을 벌인 끝에 재출시되었다. 우리나라에서도 단종 과자 부활 운동으로 치토스 화이트·썬칩·치킨팝 등이 최근 재출시됐다. 이처럼 오래전 단종된 제품을 부활시키는 의사결정에 영향을 주는 팬슈머는 이제 소비자를 넘어 기업의 파트너 역할을 하고 있다.

팬슈머는 기업의 서포터 활동에도 적극적이다. 팬슈머의 중요성을 일찌감치 깨달은 기업은 중국의 샤오미다. 샤오미는 열혈 팬덤 '미펀'을 이용해 고객충성도를 높이는 전략을 구사하고 있다. 미펀은 샤오미가 만들어내는 모든 제품과 콘텐츠를 평가하지만 샤오미로부터 금전적인 지원을 받지는 않는다. 샤오미의 제품에 열광하는 미펀은 스스로 제품을 구입해 후기를 작성하는 마케터 역할을 자처한다. 이들은 자신들이 샤오미의 기업 활동을 지지하는 것을 증명하기 위해 제품을 구입하고 자신의 노력을 투자해 샤오미를 홍보한다. 지난 2015년에 열렸던 미펀제에서 12시간 동안 스마트폰 212만 대가 판매된 사건은 당시로서는 놀라운 일이었다. 샤오미가 미펀들과의 소통 창구를 위해 자체 개발 커스텀롬 'MIUI'를 만들자 매일 20만 개가 넘는 포스팅과 1억 개가 넘는 댓글이 달리는 등 전폭적인 성원이 쏟아지고 있다. 기업들이 부러워하는 팬덤 마케팅의 전형적인 모습은 바로 미펀이 아닐까?

우리나라에서도 팬슈머 서포터를 지원하려는 노력이 이어지고 있다. 치믈리에 시험, 배민신춘문예 등 톡톡 튀는 고객 참여 이벤트를 지속적으로 운영하며 꾸준히 팬덤을 형성하고 있는 배달의민족은 몇 년째 별도의 팬클럽 '배짱이'를 운영하고 있다. 편의점 CU도 팬슈머 서포터를 육성한다. 밀착형 서포터즈 'CU덕후' 프로그램을 운영하며 그들의 활동을 지원하는 것이다. 2017년 SNS 홍보대사 프로그램으로 시작된 CU덕후는 CU의 신상품들이 출시되기 전 미리 체험하고 솔직 담백한 의견을 담은 콘텐츠를 선보여왔다. 우수 활동자에게는 별도의 리워드가 지급되며 이미 500여 명의 덕후들을 배출했다. 실제로 이들의 콘텐츠는 SNS에서 수백만 건의 공감을 이끌어내며 입소문을 내는 데 큰 역할을 하고 있다. 나아가 CU는 이들의 아이디어와 콘텐츠를 제품 개발과 마케팅 등에 적극 활용하기도 한다. 최근에는 보다 전문성 있는 콘텐츠 제작 능력을 지닌 크리에이터들을 영입하기 위해 '임직원 CU덕후' 프로그램을 추가로 개설했다.

농심도 펀스터즈라는 대학생 서포터즈 조직을 운영하고 있다. '펀스터즈'는 펀fun과 서포터즈supporters의 합성어로 재미있는 마케팅 미션을 수행하는 농심의 대표적인 대학생 참여 프로그램이다. 대학생들이 직접 굿즈를 기획하고 제작해 홍보하도록 일련의 프로세스를 만들어 예비 마케터 육성 프로그램으로 활용하고 있다. 2018년에는 너구리와 짜파게티 귀걸이 굿즈를 기획해 온라인 커뮤니티상에서 큰 화제를 낳았다. 이 밖에도 새우깡을 소재로 제작한 영상은 조회 수

출처: 각사 블로그

▶▶▶ 기업들도 '팬슈머' 키우기에 나섰다. 이들은 SNS 입소문을 통해 신제품을 홍보하고 제품 아이디어와 의견을 내는 등 기업과의 교류가 활발하다.

400만 뷰를 올리며 마케터 역할을 톡톡히 해내기도 했다.

3. 팬심을 넘어선 이유 있는 간섭, 연예산업의 팬슈머

팬슈머의 역할이 가장 두드러지게 나타나는 영역은 역시 팬의 열정으로 움직이는 원조 비즈니스, 엔터테인먼트산업이다. 그중에서도 최고 레벨을 자랑하는 아이돌산업의 경우 두드러지는 사례를 자주 보여준다. 구매력을 수반한 충성도 높은 '양육형 팬덤'으로의 진화는 팬들에게 권리 그 이상의 특권의식을 갖게 했다. 강성 팬슈머들은 스타를 육성하는 것에서 더 나아가 강력하게 자기주장을 펼친다. 키우고 서포트한 만큼 그 권리를 팬들도 함께 가지고 있다는 것이다.

SM엔터테인먼트는 엑소의 일본 공연 문제로 한 차례 홍역을 치렀다. 2011년 후쿠시마 원전 사고 발생 지역과 가깝고 수산물 수입 금지 조치까지 취해진 미야기현의 공연장이 투어 장소에 포함된 것이다. 이 사실을 발견한 엑소엘(엑소의 팬클럽)의 일부가 멤버들을 보내지 말라고 반발하며 "멤버들의 건강에 해를 끼칠 수 있는 일정을 강행하는 것은 아이돌 그룹을 소속사의 전유물로 보는 행위"라고 조목조목 따지며 항의했다.[8]

그런가 하면 아이돌 선발 오디션 프로그램 〈프로듀스×101〉은 투표 조작 사건이 불거지면서 탈락자들의 팬 260명이 제작진을 고소·고발하는 일이 발생했다. 이 사건으로 검찰이 수사에 착수했고, 팬들은 탈락자들로 구성된 가상의 그룹을 만들어 '바이나인BY9·Be Your 9'이라는 팀명에 로고까지 직접 제작, 1억 원을 모금한 후 자체 홍보하는 열성을 보였다. 자신들이 키우고 싶은 아이돌이 부당한 이유로 당선이 되지 못하자 아예 직접 데뷔 기회를 만들어준 것이다. 이처럼 팬슈머들의 적극성은 혀를 내두를 정도로 대담해지고 있다.

팬심의 이유 있는 간섭으로 가수들의 무대 완성도가 오히려 높아진 사례도 있다. 마마무의 팬클럽 '무무'는 '2018년 포시즌 콘서트'를 앞두고, 콘서트 연기를 요구하는 성명서를 발표했다. 지난 공연 포스터가 재사용되고, 콘서트 준비 기간이 빠듯한 마마무의 일정 등이 이유였다. 무무의 애정 어린 간섭으로 결국 마마무의 콘서트가 연기되었고, 그만큼 무대 완성도도 높아졌다. 이처럼 팬들의 이유 있는 간섭은 단순히 가수를 좋아하고 응원하는 것을 넘어, 소비자로서 양질의 콘텐츠를 위한 권리 행사의 한 방안이 되고 있다.

『팬덤 3.0』의 신윤희 저자는 오늘날의 아이돌 팬덤은 과거처럼 무작정 동경하고 무한한 애정을 주는 '빠순이'들이 아닌, 거래하고 관리하는 애정의 팬덤이라고 요약했다. 그들은 〈프로듀스×101〉의 센터 출신 강다니엘의 솔로앨범이 나오자마자 46만 장이 넘게 구매해 주었을 뿐 아니라 일부 팬들은 그의 선한 이미지를 위해 컴백에 맞춰 1,210,725원(12월 10일 강다니엘 생일과 7월 25일 컴백일을 조합한 숫자)을 한국백혈병어린이재단에 전달하기도 했다.[9]

하지만 팬슈머들이 맹목적으로 퍼주기만 하지는 않는다. 자신이 애정을 쏟아부은 대상이 잘못했을 때 이들의 냉철한 지적은 차갑기가 이를 데 없다. 강다니엘의 솔로앨범 퀄리티가 기대에 못 미치자 냉담한 비판과 함께 퀄리티 저하의 이유를 분석했고, 개선의 기미가 보이지 않는다고 판단한 일부 팬슈머들은 팬클럽 탈퇴를 택했다. 그들은 일반 팬이 아니라 스스로를 프로듀서이자 홍보가로서 인식하고

팬슈머는 그들이 아끼고 사랑하는 대상에 대해
무조건적인 지지만을 보내지 않는다.
구매력을 수반한, 충성도 높은 팬덤인 '양육형 팬덤'으로의
진화는 팬들에게 일종의 '특권의식'을 준다.
따라서 무언가 잘못됐을 때 비난을 넘어 '탈덕'으로까지 이어지는
팬슈머들의 'By Me(나에 의한)' 신드롬을 경계해야 할 것이다.

있기에 아이돌이 그 수준의 퀄리티를 만족시키지 못한다면 지원해준 만큼 쓴소리를 남기고 냉담하게 돌아선다.

4. 인플루언서에 대한 지지와 비판

팬슈머와 팬의 관계는 영향력이 부쩍 커지고 있는 SNS 세상의 연예인, 인플루언서들과의 관계에서도 나타난다. 인플루언서 역시 팬심을 자극하고 축적된 팬심을 비즈니스로 활용하는 사람들이다. 소비자들은 실제로 자신이 팔로우하는 인플루언서가 입고 들고 먹고 하는 것에 호응하며 함께 즐긴다. 하지만 그들이 팔로워들을 기만하거나 무시하는 사건이 벌어지면 응징해 마지않는다.

81만 명의 팔로워를 보유한 임블리의 호박즙 곰팡이 사태는 이러한 팬슈머들의 파워를 입증했다. 불리한 댓글을 삭제해버리거나 불만이나 문의 사항에 제대로 응대하지 않는 사태가 이어지자 '임블리빠에서 변질된 VVIP'라는 글을 계정 소개글로 등록한 안티계정까지 개설되었다. 청담언니로 불리는 유튜버 '치유' 역시 자체 제작했다고 광고한 상품이 유명 브랜드를 카피한 제품이라는 의혹이 제기돼 논란을 빚으며 역시 '까계정'이라고 불리는 안티계정이 개설됐다. 이처럼 누가 시키지 않아도 자진해서 감시 활동에 적극적인 팬슈머의 안티계정이 심심찮게 늘고 있다. 친근감이 순식간에 배신감으로 돌아서면, 팬덤도 안티로 돌변한다.

물론 좋은 사례도 많다. 인플루언서들이 마케팅 커뮤니케이터만 있는 것은 아니다. 선한 영향력을 행사하는 인플루언서들을 향한 팬슈머들의 마음은 작은 영웅을 대하듯 순수하다. 희귀 난치병인 제

2형 뮤코지질증Mucolipidosis II을 앓고 있는 윤서의 엄마 박솔지 씨는 시한부 인생을 살고 있는 딸아이와의 한정된 시간을 기록하고 싶어 SNS에 공개 성장일기를 쓰면서 투병 이야기를 나누는 인플루언서가 되었다. 8년차 난소암 환자인 유튜버 '뽀삐' 역시 암 환자에 대한 편견과 비뚤어진 시각을 바로잡아주는 좋은 영향력을 행사하는 인플루언서다. 소위 '암밍아웃'을 한 뽀삐는 살아 있는 동안 더 즐겁게 노는 모습을 남기고 싶어 유튜브를 시작했다고 한다. 이외에도 유방암 유튜버 '비타황도', 혈액암 투병을 공개한 뷰티 인플루언서 '새벽'도 활발하게 활동하고 있다. 그들의 SNS를 지켜보는 환자들은 실제로 "힘이 난다", "아픈 걸 잊는다" 등의 댓글들로 반응하고, 팬들 역시 그들의 투병기에 뜨거운 박수를 보낸다.

인플루언서를 섭외하기에 바빴던 기업들은 최근 기업발 인플루언서 육성에 박차를 가하고 있다. 자동차 업계 최초로 전문 크리에이터 육성 프로그램을 시작한 기아자동차는 총 2천만 원에 달하는 활동비를 지급하고 있으며, 여행 콘텐츠 제작자를 위한 인턴십 프로그램을 운영하는 한화그룹 역시 2박 3일간의 국내여행과 4박 5일간의 해외여행을 지원하며 인플루언서를 양성한다.[10] 기업들이 인플루언서에 공을 들이는 이유는 기업의 시각이 아닌 일반 소비자 중 한 명인 인플루언서의 시각으로 만들어진 콘텐츠가 마케팅에 큰 도움이 될 뿐 아니라 이러한 지원을 계기로 조직적인 팬슈머들을 얻을 수 있기 때문이다. 지원을 받는 인플루언서 자체가 기업에게는 중요한 팬슈머이며, 그들을 팔로우하는 사람들은 그 인플루언서들의 팬슈머이므로 이들과도 끈끈한 애착 관계를 맺을 수 있다.

팬슈머의 성장 요인과 배경

팬슈머의 성장은 단순한 유행이 아니다. 산업적·기술적인 기반이 갖추어진 가운데, 경제의 주축으로 진입하고 있는 밀레니얼과 Z세대의 특성이 복합적으로 작용한 필연적인 결과라고 할 수 있다.

먼저 비약적으로 발전한 아이돌산업이 주 배경 요인이다. 한국의 대중문화 전성기 때의 핵심 멤버들인, 소위 말해 '좀 놀아본' X세대가 양육형 팬덤 문화를 이끌고 있다. 경제력을 갖춘 이모나 고모뻘의 3040 팬들은 조직적이고 통 큰 지원을 하며 아이돌들을 움직인다. 과도한 스케줄에 시달리는 스타를 보호하기 위해 확정된 콘서트를 취소시키는가 하면 손익분기점을 넘기기 힘들 것 같았던 여성주의 영화를 N차 관람과 영혼 보내기(관람이 힘들 땐 표만 사서 몸 대신 영혼을 보내는 것) 방법을 동원해 소소하나마 흥행으로 이끈다. 연대 의식이 강해진 팬클럽은 사회적으로 의미 있는 일에 동참하고, 기부에도 적극적이다. 이러한 경험은 비단 연예인이나 문화 상품에 대한 관여에 그치지 않고, 다른 산업이나 인플루언서에 대한 참여와 투자로 자연스럽게 연결되는 것이다.

두 번째, 기술적 기반으로서 모바일 미디어 환경의 변화를 들 수 있다. 소셜미디어에 의해 매개된 대중들은 관여, 즉 인게이지먼트engagement를 통해 사고하고 행동하며 브랜드와 기업, 나아가 사회와 관계를 맺는다. '고객참여'에서 더 나아가 '고객충성도'로 풀이될 수 있는 인게이지먼트는 소비자가 특정 브랜드에 대해 느끼는 친밀감, 영향력 등의 정도를 말한다. 소셜미디어상에서는 좋아요 버튼과 같은 '활성 반응'과 리그램이나 리트윗 등의 공유 그리고 댓글의 형태로 나타난다. 모바일은 언제든 올라타기만 하면 출발하는 열차처럼 쉽게 참여할 수 있고, 개인이 무리가 되어 영향력을 행사하는 상황을 실시간으로 모니터링할 수도 있다. 모바일 기술의 발전이 더 많은 팬슈머들을 만들고 있는 것이다. 아무리 산업이 형성되고 기술이 뒷받침되더라도, 그것을 적극적으로 활용하는 소비자군群이 없다면 트렌드는 형성되기 어려울 것이다.

세 번째 배경으로는 명분 있는 소신소비를 즐기는 밀레니얼 세대들의 특성을 꼽을 수 있다. 사회적으로 의미 있는 소비를 원하고, 힘을 합쳐 자정·정화를 하려는 노력과 움직임은 밀레니얼 소비자들의 특징이다. 취향소비를 지향하지만 취향이 명분을 앞서지는 않는다. 개인은 힘이 약하지만 함께하면 추진력이 생긴다. 밀레니얼들은 자신들의 소신을 펼치기 위해 수시로 헤쳐 모인다. 취향을 매개로 살롱 문화를 즐기거나 관심사를 나누고 함께 배우기 위해 클래스에 참여한다. 좋은 취지의 캠페인에 자신의 한 표를 기꺼이 던지고 나아가 주변 지인들에게까지 전파하고 참여시키는 활동, 이것이 바로 소신소비를 하며 자주적으로 움직이는 밀레니얼 세대의 모습이다.

팬슈머 활동의 시작은 동참이다. 팬슈머들의 응집력은 작은 연대의식에서 비롯된다. 여기에 정보 수집에 능하고 자발성에 전문성까지 겸비한 밀레니얼들이 스마트한 소비자로 진화하게 된 것이다. 과거에는 도덕적으로 문제가 있는 기업의 물건을 사지 않는 '보이콧'이 소비자들이 할 수 있는 가장 강한 집단 활동이었다. 그러나 아이돌 산업이 발전함과 동시에 더욱 치열해진 무한 경쟁의 구도 속에서 승패의 키를 잡은 건 일반 시청자들이었다. 평범한 개인들의 선택이 슈퍼스타를 만들 수 있다는 경험을 반복하며 소비자들은 스스로 강해지기 시작했다. 참여를 통해 영향력을 행사해본 소비자들은 자신의 작은 참여가 세상을 바꾸는 데 일조한다는 것을 믿게 되었다. 집단지성의 힘과 연대 의식의 확산이 자기효능감을 높여주며 팬슈머들은 후원 활동에 더욱 빠져들게 된다.

때마침 정책도 뒷받침됐다. 2019년 초 정부는 크라우드 펀딩의 모집 한도를 확대하고 적격투자자의 인정 범위를 확대했다. 크라우드 펀딩이 몇 년째 지속되는 경기 침체 속 스타트업들의 자금 조달을 넘어 침체된 산업의 동력 생산에 마중물 역할을 하고 있기 때문이다. 트렌드의 변화에 발맞춘 적절한 정책 변화와 규제 완화가 얼마나 중요한지 새삼 절감할 수 있다.

시사점

팬슈머를 자산으로 만들라

함께라면 더 좋은 결과를 만들 수 있다는 인식이 확산되고 있다. 독일의 한 축구 선수가 비영리 구호단체와 연대하여 설립한 자선단체 비바 콘 아구아Viva con Agua는 개발도상국의 수질 및 식수 공급 개선을 위해 유리병에 담은 식수를 판매한다. 페트병을 사용하지 않기 위해 유리병의 심플한 디자인을 강조하는 비바 콘 아구아는 브랜드의 공익적인 취지 덕분에 많은 지지를 받는 식수 브랜드로 자리 잡았다.

설립자인 축구 선수의 소속팀인 FC 상 파울리도 매년 일정 수익을 이 단체로 기부하는데, 팬덤이 강한 상 파울리 팬들에게 강력한 지지를 받고 있으며, 연고지인 함부르크 지역에서는 트렌디한 파티나 술집 및 식당들에서 이 브랜드의 물을 식수로 제공하는 자발적인 참여가 이루어지고 있다고 한다.

지속가능한 팬덤의 소유 여부가 기업의 경쟁력이 되었다. 기업 입장에서 팬슈머들의 이러한 자발성은 기업 운영의 큰 자산이다. 고객을 거래 대상이 아닌 지지자이자 파트너로 만들기 위해서는 팬덤을 조직하고 유지하고 관리하기 위한 정교한 로열티 프로그램이 필요하다. 구독하기·댓글 달기·공유하기·방문하기·구매하기 등 인게이지먼트 구축을 위해 사용되고 있는 실천 방법들이 가공되면 초개인화 데이터를 축적할 수 있는 기회를 마련할 수도 있다. 팬슈머는 이제 여러 측면에서 기업의 자산이 되고 있다.

크라우드 펀딩은 가능성을 사고파는 가상의 무대이자, 개발자와 후원자가 소통하며 세상에 없던 아이디어를 현실화하는 작업이며, 팬슈머들의 주 무대라 할 수 있다. 따라서 크라우드 펀딩을 소비자 수요 예측의 창구로 활용하기 시작한 기업들이 늘고 있다. 펀딩에 참여한 고객의 의견을 듣고 제품을 개선해 출시하는 과정을 거치면 홍보 효과까지 덤으로 따라온다. 다른 유통 플랫폼에 비해 비교적 적은 수수료로 유통비용 절감과 소비자 가격을 다운시킬 수도 있다.

건전한 공동 소비의식이 확산되어 공생하는 문화가 사회 전체에 뿌리내려야 할 것이다. 사회적 공익 활동에 십시일반으로 돈 내기를 마다하지 않는 팬슈머들은 보람이라는 무형적인 보상에 매료되어 가고 있다. 상호작용적이고 공동 가치를 창출하는 소비자-브랜드 관계를 기존의 개념보다 복합적이고 포괄적으로 설명할 수 있으려면 소비자가 얼마나 관여하고 집중하며 몰입했는지 측정할 수 있는 시스템이 필요하다.

소비자들 또한 후원은 공동구매와 개념이 다르다는 사실을 이해해야 한다. 후원에는 권리만큼 책임감도 따른다. 금액을 투자하면 주인 의식이 생기는 것처럼 문제가 있을 시 책임도 함께 질 각오가 되어 있어야 한다. 크라우드 펀딩에 참여한 사람들이 늘면서 이들의 투자 피해도 잇달아 발생하고 있는 것이 현실이다. 투자금 모집에 성공한 뒤 갑자기 부도를 내거나 파산해버리는 일도 늘고 있다. 최근에는 한 플랫폼 업체가 법무법인을 주선해 회사와 투자자들 사이에 갈등을 조정해주는 시스템을 도입하기도 했다. 크라우드 펀딩은 분명 생동감 넘치는 유망 분야이지만, 아직 제도와 관련 정책이 마련되어야 하는 불완전한 시장이기도 하다.

연예도 마케팅도 정치도 그리고 비즈니스도 팬슈머 없이는 성장하기 어렵다. 상생 관계에 있는 팬슈머의 바이미 신드롬을 동력 삼아 함께 더 나은 세상을 만드는 선순환 구조를 만들어야 한다. 이제 "고객과 함께"로는 부족하다. "고객에 의해" 좌우되는 팬슈머 시장에서 소비자의 열성적인 지지와 참여에 손을 먼저 내밀어야 한다. 2020년, 더욱 적극적으로 변화하고 있는 팬슈머들의 활약이 기대된다.

Make or Break, Specialize or Die

특화생존

특화해야 살아남는다. 누구에게나 보편적으로 괜찮은 것보다, 선택된 소수의 확실한 만족이 더 중요해졌다. 온라인 유통의 발달로 롱테일 경제가 활성화하고 과당 경쟁으로 제품 간의 차별점을 찾기 어려워진 가운데, 소비자의 니즈가 극도로 개인화하면서 표준화된 대중mass시장적 접근으로는 더 이상 소비자의 선택을 받을 수 없게 됐다. 이러한 빠른 변화와 격화되는 경쟁 속에서 기업은 '적자생존適者生存'에만 안주할 수 없게 됐다. 진화의 다음 단계인 '특화생존特化生存' 전략이 요구되는 시점이다.

오로지 신데렐라 한 사람에게만 맞았던 유리구두처럼 단 한 사람의 소비자에게 정확히 들어맞는 확실한 시장을 만들어내기 위해서는 타깃팅할 그룹을 세밀하게 관찰하고, 그 안에서 다시 세분되는 초超타깃팅을 실시한 후, 각 그룹을 만족시킬 특화 전략을 수립해야 한다. 특화를 위해서는 이처럼 타당하고 정밀한 쪼개기segmentation 전략이 중요한데, 이를 위해서는 ① 핀셋처럼 '고객의 특성'을 관찰해 특화하고 싶은 마켓을 골라내고, ② 현미경처럼 산재散在하는 '고객의 니즈'를 파악해 그중의 하나에 초점을 맞추거나, ③ 컴퍼스처럼 지도 위에 동심원을 그려 해당 '지역 상권'의 특성에 집중하고, ④ 낚싯대처럼 자사가 가지고 있는 '하나의 역량'에 힘을 모아야 한다.

지금은 그냥 고객만족이 아니라 '초'고객만족의 시대다. 우리 회사와 제품에 관심이 있을지 없을지 모르는 불특정 다수보다 확실하게 관심 있는 특정 고객에 올인하는 전략이 더 유효하다. 니치niche한 것이 리치rich한 것이 된다. 좁히고, 줄이고, 날을 세워라. 2020년에는 애자일agile 방법론으로 무장하고 초타깃팅과 마이크로 매니징으로 엣지를 살린 초정밀 특화 전략들의 향연이 펼쳐질 것이다.

"콘도 회원권을 소유하고 여행과 운동을 좋아하는 32세 전문직 여성. 33세나 31세는 안 됨."

운동복의 샤넬이라 불리는 캐나다의 요가복 룰루레몬의 창업자 데니스 칩 윌슨이 말하는 타깃 고객들의 프로필이다. 100달러가 넘는 요가 팬츠를 입고 운동하는 전문직 여성 '슈퍼걸'을 정의하는 이 문장은 집요하리만큼 세밀한 룰루레몬의 타깃팅 철학을 잘 보여준다. 일상복처럼 입을 수 있는 운동복을 뜻하는 '애슬레저athleisure' 패션트렌드의 선두 기업이라고 할 수 있는 룰루레몬의 철저한 특화 철학이 돋보이는 말이 아닐 수 없다. 물론 31세나 33세 여성도 당연히 고객의 범주에 포함되겠지만, 룰루레몬은 누구에게 집중해야 할지 정확히 알고 있었다. 이처럼 집요한 미시微視 타깃팅 전략에 힘입은 덕일까? 2013년 세계 스포츠용품 시장에서 매출 순위 11위였던 룰루레몬은 2018년에는 5위 브랜드로 도약했다.[1] 자사의 강점을 살려 특정 타깃에 집중한 특화의 힘을 여실히 보여준 결과다.

다트 게임에는 점수를 부여하는 일정한 규칙이 있다. 정중앙의 작은 빨간 부분 즉 싱글불Single Bull을 맞추면 50점이지만, 바로 옆의 일반 영역Single은 1에서 20까지의 기본 점수를 얻을 수 있을 뿐이다. 이런 싱글불처럼 과녁의 한복판을 불스아이Bullseye라고 하는데, 여기에 정확히 맞추느냐 아니냐의 미세한 차이가 최고 50배의 엄청난 차이를 만들어내는 것이다. 위의 사례를 다트로 비유하자면, 룰루레몬은 시장의 불스아이를 정확히 맞춰 큰 성공을 거둔 것이라고 설명할 수 있다.

비즈니스의 성공은 시장의 니즈와 자사의 역량이 교차하는 바로 그곳, 불스아이에 명중하는 상품과 서비스를 만들어내는 일에 달려 있다. 이렇게 좁지만 중요한 영역인 불스아이에 초점을 맞추는 일을 '타깃팅'이라고 하며, 보다 정밀한 타깃팅을 위해 반드시 필요한 것이 바로 '특화 전략'이다. 소비자의 니즈가 갈수록 파편화되는 변화의 소용돌이 속에서 기업들은 더 쪼개고, 나누고, 집중하는 데 여념이 없다. 특화는 이제 차별화의 포인트 정도가 아니라 생존의 조건이 되고 있다. 적자생존適者生存 에서 더 진화한 개념인 '특화생존特化生存' 은 격화되는 경쟁 속에서 살아남기 위해 반드시 필요한 기업 경영의 새로운 처방전이다. 이처럼 특화가 생존의 조건이 되고 있는 유형·배경·사례·방법론에 대한 종합적인 체크리스트를 만들어보자.

특화 전략

온라인 유통의 발달로 롱테일 경제가 활성화되고 경쟁 과다로 제품 간의 차별점을 찾기도 어려워졌다. 게다가 소비자의 니즈까지 극도로 개인화하면서 모두를 위한 표준화된 대중mass시장적 접근으로는 경쟁의 우위를 점하기 힘든 상황이다. 이제는 모든 소비자에게 '오직 나만을 위한 것'이라는 확신을 줄 수 있는 특화 전략이 필요하다. 특화는 대체로 '차별화', '전문화' 같은 단어와 구분 없이 혼용된다. 하지만 차별화와 전문화가 경쟁사나 자기 회사의 역량에 초점을 맞춘 경영 '전략'이라고 한다면 특화는 보다 소비자지향적이고 디테일한

특화의 개념 차이

	차별화	전문화	특화
의미	경쟁사와는 다른 정체성 새롭고 독특함	전문 인력 및 원천 기술, 타의 추종을 불허하는 전문성	명확한 타깃팅, 선택과 집중
기반	경쟁자	기술	고객 니즈
소구점	독창성	신뢰	만족
핵심 가치	역발상	프로페셔널리즘	마이크로 매니징

운영 '전술'의 의미가 강하다.

표에서 보듯이, 특화는 경쟁자나 기술에서 출발하는 것이 아니라, 고객에 대한 이해로부터 시작된다. 차별화와 전문화만으로는 부족하다. 특별해야 살아남는다. 오로지 신데렐라 한 사람에게만 맞았던 유리구두처럼 단 한 사람의 소비자에게 정확히 들어맞는 확실한 제품을, 서비스를, 시장을 만들어야 한다. 그러기 위해서는 타깃팅할 그룹을 세밀하게 들여다보고, 그 안에서 다시 세분되는 초타깃팅을 감행한 다음, 각 그룹을 만족시킬 특화 전략을 수립해야 한다. 특화를 위해서는 결국 타당하고 정밀한 쪼개기segmentation 전략이 중요한데, 이를 위해서는 네 가지 도구가 필요하다. 핀셋, 현미경, 컴퍼스, 그리고 낚싯대가 바로 그것이다. 핀셋은 '고객의 특성'을 관찰해 특화하고 싶은 마켓을 골라내기 위해 사용하고, 현미경은 산재散在하는 '고객의 니즈'를 파악해 그중의 하나를 집중적으로 만족시키기 위해 사용하며, 컴퍼스는 지도 위에 동심원을 그려 해당 '지역'의 특성에 집중하기 위해, 낚싯대는 자사가 가지고 있는 '하나의 역량'에 집중해 미끼를 제공하고 원하는 고객들이 모여들도록 하는 데 사용한다.

1. 핀셋 전략: 고객 특성 특화

조그만 동네 가게로 시작해 디즈니월드에 입점한 레프티스Lefty's는 이름에서 유추할 수 있듯 왼손잡이만을 위한 물건을 판매하는 소매업체다. 일반적으로 사업을 시작할 때 시장 규모를 파악하고 더 큰 시장부터 시작하는 것과 반대로 레프티스는 전체 인구 중 10~15%에 불과한 왼손잡이들만을 위한 시장을 공략했다. 크지는 않지만 분명히 존재하는 시장의 한 부분을 정확하게 공략해서 성공한 사례다. 2017년 출시한 '베지밀 5060 시니어 두유'는 출시 2년 만에 판매량 1천만 개를 돌파했다. 이는 50~69세에 해당하는 총 인구 1,362만 명의 약 73%에 해당하는 수치다.[2] 중장년층의 신체 활력과 건강 증진에 필요한 영양 성분을 강화한 건강음료임을 강조하기 위해 네이밍에 '5060 시니어'를 넣어 타깃을 특화했다.[3] 두유 하나에도 연령을 고려해 맞춤형 영양 설계는 물론 타깃이 선호하는 맛을 찾아내는 데 심혈을 기울인 것이 성공 요인으로 꼽힌다.

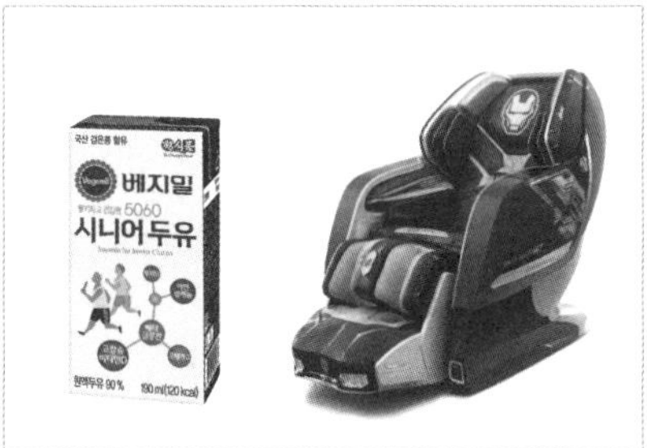

출처: 정식품, 바디프랜드

▶▶▶ 5060 세대만을 특화 겨냥해 성공을 거둔 시니어 두유. 노년층이 아닌 수능생과 젊은 층을 역발상으로 공략한 안마의자도 좋은 반응을 얻었다.

안마의자 전문 업체 바디프랜드는 부모님 세대를 위한 효도선물로 여겨지던 안마의자의 타깃을 다른 방향으로 쪼개 수험생용 안마의자를 내놓았다. 키 173cm 미만의 성인들에게는 기존의 안마의자가 체형에 맞지 않아 효과가 덜하다는 피드백을 반영해 중고등학생·수험생 그리고 체구가 작은 성인 남녀를 대상으로 콤팩트 안마의자를 만든 전략이 주효했다. 그간 확고한 2위 자리를 지키던 50대를 제치고 30대가 구매 연령 순위 2위에 오른 것이다.

여행이 국민 취미가 된 가운데 관련 업계도 타깃 특화 상품에 열을 올리고 있다. 떠나는 휴가가 아닌 머무는 휴가인 **스테이케이션**을 즐기는 MZ세대(밀레니얼과 Z세대의 통칭)의 성향, 호텔 대신 로컬의 경험을 극대화시켜주는 에어비앤비를 선호하는 경향 등 급속하게 변화하는 여행 트렌드에 따라 보다 디테일한 세그먼테이션이 이루어지고 있다. 제주신라호텔이 혼자 여행하는 '혼행족'을 위해 1인 전용 패키지를 내놓은 것이 대표적인 예다. 이 상품은 특히 여름 성수기에 선을 보여 타깃 특화 상품이 더 이상 니치 상품이 아니라 주력으로 자리 잡고 있음을 보여주었다. 제주신라호텔은 이외에도 엄마들이 잠시라도 '육아 퇴근'을 느낄 수 있도록 해주거나, 수영장에서 진행하는 소수의 요가 프로그램 등 다양한 특화 상품을 내

스테이케이션stay-cation
'머물다'라는 뜻의 'stay'와 여행이나 휴가를 의미하는 'vacation'의 합성어로 멀리 가지 않고 집이나 근방에서 휴가를 보내는 것을 뜻한다. 가까운 호텔 또는 리조트에 머물며 여행을 즐기는 새로운 트렌드로 건강하고 여유로운 삶을 즐기는 '슬로 라이프'와 소소한 것에서 행복을 찾는 '소확행'이 여행 분야로까지 확산된 것이라 볼 수 있다. 호텔 안에만 머물며 바캉스를 즐기는 '호캉스'도 비슷한 맥락이다. 떠나는 휴가가 아닌 머무는 휴가로서 일상과 다르지 않은 삶을 사는 것이 컨셉이다. 많은 경험보다는 휴식·여유·사색에 방점이 찍혀 있다.

놓았다. 롯데호텔제주 역시 '엄마와 딸'의 특별한 여행을 위한 모녀 패키지를 선보였고, 대명호텔앤리조트도 추석을 맞아 '디어 맘Dear. Mom 패키지'를 출시했다. 이처럼 단순히 여성 고객이라는 구분에서 머물지 않고 엄마·모녀·임산부·예비신부 등 다양한 세그먼트로 고객을 세분화하는 것이 주효한 전략이 되고 있다.

2. 현미경 전략: 고객 니즈 특화

맞벌이면서 아이는 낳지 않는(Double Income No Kids) 딩크DINK족을 넘어 요즘은 아이 대신 반려동물을 키우며 사는 맞벌이 부부를 뜻하는 '딩펫족'도 생겼다. 1990년대 이후 여피족yuppies, 노마드족Nomads 등 수많은 족들이 탄생했다. 이제 비슷한 가치관을 가졌거나 유사한 생활 패턴을 보이는 사람들을 묶어 '○○족'으로 표현하는 것은 매우 흔한 일이 되었다. 욜로족, 카공족(카페에서 공부하는 사람들), 코피스족(카페에서 커피를 마시며 업무를 보는 사람), 촬영족 등 다양한 유행어로 번지고 있다. 바로 여기에 특화의 힌트가 있다. 같은 족으로 묶인 이들이 추구하는 지향점, 그들만의 니즈에 귀 기울이는 것이 바로 현미경 전략의 시작이다.

2005년 세계 최초로 '샌프란시스코 코워킹스페이스San Francisco Coworking Space'가 문을 연 이래 해외는 물론 국내에도 공유오피스가 급부상하고 있다. 2015년 패스트파이브 1호점이 국내 공유오피스 시장의 개막을 알린 이후, 우후죽순 생겨나는 공유오피스들로 브랜드가 난립하는 양상까지 보이고 있다. 최근에는 특정한 직업군을 대상으로 전문화된 작업공간을 제공하는 주제 특화형 코워킹스페이스가 인기다. 미국이나 유럽에서는 이미 건축에 특화된 트레이드크래프트 인더스트리스Tradecraft Industries, 미디어산업에 특화된 오레가Orega, 법률 특화 공유오피스인 로펌 스위트Law Firm Suites를 비롯해 F&B에 특화된 카르마 키친Karma Kitchen 등 유사한 니즈를 갖고 있는 직업군과 관심군으로 타깃을 세분화한 주제형 공유오피스가 성업 중이다. 우리나라에도 패션의 중심지 동대문의 지역성을 고려해 패션산업 위주의 회사들이 입점한 무신사 스튜디오, 현대카드에서 운영하는 핀테크 스타트업 위주의 공유오피스 핀베타Finß, F&B 스타트업을 위해 특화된 위쿡WeCook 등 주제 특화형 코워킹스페이스가 등장하고 있다. 스타트업이라고 해서 모두가 책상 한 칸에 랩탑 하나로 창업할 수 있는 것은 아니다. 어느 업종은 쇼룸공간이 더 필요하고 어떤 업종은 작업대가, 또 어느 스타트업은 촬영 스튜디오가 필요할 것이다. 현재 난립되어 있는 수많은 공유오피스들은 타깃 집중 공략을 위한 특화 전략을 펼치는 게 불가피할 것으로 보인다.

특화 전략은 시간 세분화 방식으로도 나타난다. 개국 3주년을 맞

출처: 무신사, 현대카드

▶▶▶ 특정 산업군을 위한 공유오피스도 인기다. 패션에 특화된 무신사 스튜디오와 핀테크 쪽에 포커스를 둔 현대카드 핀베타.

으며 채널 경쟁력을 높이기 위해 공격적인 투자와 T커머스(TV를 이용한 커머스)에 박차를 가하고 있는 신세계TV쇼핑은 타방송사와는 다른 타깃 특화 전략을 수립했다. T커머스의 일환으로 첫선을 보인 모바일 전용 방송의 타깃은 '런치 쇼핑족'이었다. 30분 내외의 짧은 방송 분량에 30대 직장인들의 관심도가 높은 상품을 앞세워 방송 한 달여 만에 누적 시청고객이 10만 명을 넘어섰다. 실제로 고객들의 모바일 앱 이용 시간대를 분석한 결과, 출근 시간대인 오전 8시부터 9시 사이 30대 직장인 고객 방문율이 9.2%로 전체 시간대 중 가장 높을 뿐 아니라 시간별 평균 방문 비중도 2배가량 높은 것으로 나타났다. 이 점에 주목해 직장인들의 출근길 시간대인 오전 8시 30분에 모바일 앱 전용 라이브 방송을 진행한 것이다. 신세계TV쇼핑은 이러한 기민함과 트렌디함을 무기로 3조 원 규모에 바짝 다가선 T커머스 시장의 선두 자리를 넘보고 있다.

최근 소비자들의 공정성에 대한 인식이 높아지면서(2020 전망편, '페어 플레이어' 키워드 참조) 이와 관련된 니즈가 여러 분야에서 나타나고 있다. 특화 여행의 하나로 떠오르고 있는 **공정여행**도 그중 하나다. 공정여행의 가치를 내건 여행사 트래블러스맵은 환경 파괴와 물가상승 등 오버투어리즘의 악영향을 줄이기 위해 소규모로 도보나 대중교통을 이용하며 현

공정여행

현지의 환경을 해치지 않으면서도 현지인에게 혜택이 돌아가는 지속가능한 여행을 뜻한다. 1980년대에 유럽 일부 국가와 미국 등 선진국을 중심으로 시작되었다. 여행자와 여행대상국의 국민들이 평등한 관계를 맺으며 자연과 지역민에게 도움이 되는 동시에 여행자도 배우고 느낄 수 있는 여행으로 '착한 여행' 혹은 '책임여행'으로도 불린다. 여행지에 한발 깊숙이 다가감으로써 대형 패키지 투어에서 알지 못했던 그 지역의 진정한 매력을 만끽할 수 있는 것이 특장점이다.

출처: SSG PLAY

▶▶▶ 알고 보니 출근 시간대가 모바일족이 쇼핑을 가장 많이 하는 시간대였다! 아침 시간에 특화한 쇼핑 방송이 성공을 거둔 이유다.

지인들의 터전을 훼손하지 않는 지속가능한 공정여행 상품을 제공한다. 이 업체에서 제공하는 공정여행 상품은 지역민이 운영하는 식당·숙소·체험 프로그램 등 지역 자본을 적극 활용해 원주민의 소득 창출에 기여하는 것을 목표로 한다. 또한 관광지가 훼손되지 않도록 최대 15명의 소규모 인원을 유지하며 되도록 대중교통·자전거·도보 등 친환경 교통수단을 이용한다. 일반적인 상품들과 비교했을 때 다소 불편할 수 있지만 공정여행의 취지에 공감하는 의식 있는 소비자들에게 큰 호응을 얻으며 유경험자들의 재구매로 이어지고 있다.

이보다 더 마이크로한 관점에서 상품을 개선하거나 보완해 특화 상품을 만들기도 한다. 한국 쓰리엠은 반려동물 천만 가구 시대를 맞은 국내 시장을 겨냥해 펫 전용 테이프클리너를 출시했다. 한국의 반려동물들이 대부분 밝은색 털이라는 점에 착안해 회색으로 만든 클리너로 롤링 시 눈에 더 잘 띄고 접착력까지 뛰어나다. 속옷도 특정 대상을 겨냥한 별도의 특화 상품으로 출시되고 있다. 신세계가 만든 란제리 편집숍 엘라코닉에서는 골프를 칠 때 입는 여성용 속옷을 따로 판매한다. 코오롱FnC 역시 미세먼지 문제로 필수 아이템이 된 마스크 시장에 골프 전용 마스크를 출시함으로써 건강과 패션을 생각하는 골퍼들에게 맞춤 상품을 제공했다.[4] 골프라는 특정 스포츠에 적합한 상품을 구비해 세부 소비자의 니즈를 명확하게 해결해주는 것이다.

3. 컴퍼스 전략: 상권 특화

오프라인에서 상점이 고객을 모을 수 있는 구역인 상권을 분석할 때에는 통상 인구분포·통행량·교통의 입지 조건과 구성 점포별 특성 및 현황을 파악하고, 이를 통해 상권의 크기를 결정했다. 그런데 이 전통적인 상권 분석 방법이 변하고 있다. 목표 지점에 컴퍼스를 대고 빙 둘렀을 때와 같이 원 안에 들어오는 지역만을 대상으로 삼는 '컴퍼스 상권'이 부상하고 있는 것이다. 최근 컴퍼스 지름의 길이는 갈수록 짧아지고 있다. 슬리퍼 신고 다녀올 수 있는 자기 집 주변의 '슬세권'이 뜨고 있는 것과 맥을 같이 하는 트렌드다(2020 전망편, '라스트 핏 이코노미' 키워드 참조).

상권에 따른 특화 전략은 서비스 시간의 차별화로 나타나고 있다. 지역과 상관없이 일률적으로 오전 9시에서 오후 4시까지 영업하던 은행들이 지역 특성에 맞는 탄력적인 영업 시간을 도입한 것이다. 이는 특히 모바일 뱅킹 활성화와 인터넷전문은행 등 비대면 뱅킹 문화가 확산되면서 은행에 닥친 위기를 타개하는 방책이 되기도 한다. KEB하나은행은 외국인 근로자 밀집 지역인 광주 광산지점에 평일 은행 방문이 어려운 외국인 근로자와 다문화 가정 고객을 위해 일요일에도 운영하는 특화 지점을 열었다. 신한은행 역시 서울 대림동과 의정부를 비롯해 전국 다섯 지역에 외국인 특화 지점을 운영하며 이들과의 원활한 의사소통을 위해 베트남어·태국어·러시아어에 능통한 직원을 배치했다. KB국민은행은 근무 시간 중 은행 방문이 어려운 직장인 또는 사업자 고객을 위해 오후 5시, 6시, 7시까지 각각 문을 여는 상권 특화 지점을 늘려나가고 있다.

아모레는 밀레니얼 팬덤 육성을 위해 아모레퍼시픽 체험형 매장으로 'AMORE성수'를 오픈했다. 성수동 지명 그 자체에서 착안한 '바르는 성수(성수토너)', '먹는 성수(샘물성수)' 등 해당 지역에서만 만날 수 있는 아이템을 제작해 지역의 특성과 더불어 브랜드를 어필하고 있다. 이와 같이 소비자들의 구성 성분을 면밀히 파헤치고, 특정 연령대와 특정 스타일의 소비층을 겨냥한 특화 매장 전략은 최근 극심한 위기를 겪고 있다는 오프라인 매장들에게 자연스러운 돌파구가 되고 있다.

전국에 많은 매장을 가지고 있는 프랜차이즈 혹은 유통사들에게 상권 특화는 특히 더 중요한 의미를 지닌다. 예전에는 '표준화'를 통해 전국 어디에서나 동일한 수준의 상품과 서비스를 저렴하게 이용할 수 있는 것이 미덕이었다면, 이제는 해당 상권에 가장 적합한 상품과 서비스를 제공할 수 있도록 다양한 변주를 할 수 있는 '적응력'이 더 중요하기 때문이다. 최근 획일적인 지점들을 지역 특성에 맞게 특화시키려는 노력이 꾸준히 이어지고 있다.

예를 들어, 롯데마트는 배달음식 일상화와 같은 트렌드 변화로 마트 실적이 부진해지자 더 이상의 신규 출점은 어렵다는 판단하에 상권의 주 고객에 따라 매장 형태와 상품을 달리한다. 이 중 최근 개점한 '롯데마트 그로서란트 서초'는 고임금 근로자가 많고 20대 인구 선택된 소수에게 확실한 만족을 제공하라.
'불스아이'를 맞추지 못하면 살아남기 어렵다.
적자생존의 진화, 이젠 '특화생존'이다.

가 전국 평균보다 높은 지역이라는 지역적 특성을 고려해 식재료를 구입한 후 바로 요리해서 즐길 수 있는 차별화된 매장을 구성해 좋은 반응을 얻고 있다. 송도와 송파점 역시 상대적으로 소득 수준이 높고 아이를 가진 3040 가족 고객이 많은 상권의 특성상 친환경 유기농 상품 중심의 '롯데마트 해빗'을 오픈했다. 경기 양평점은 전국 평균보다 2030 인구가 높은 지역 특성을 고려해 자연·휴식·힐링에 대한 니즈를 반영한 '롯데마트 어반 포레스트'를 출점하고 상대적으로 소득이 높은 30대 여성을 주요 타깃으로 설정하고 있다.

전국 어디서나 같은 모습을 보여주던 편의점도 획일성에서 벗어나는 조짐이다. CU 덕성여대점은 주 고객이 여대생이라는 점에 착안해 편하게 옷을 갈아입고 화장을 고칠 수 있는 파우더룸과 탈의실을 만들어 재단장했다. 실제로 리뉴얼 후 30% 이상 고객이 늘었다. 그런가 하면 거리 공연이 많은 대학로 특성을 고려한 마로니에점은 앰프와 마이크 등 공연 장비를 갖춘 간이무대를 뮤지션들에게 제공하는 기발함을 선보였다. 상권에 따라 다른 공간과 서비스를 구축해 제공하는 아주 좋은 특화 사례라 할 수 있다.

메가박스 삼천포점은 바다가 보이는 영화관으로 화제다. 리조트 내에서 운영하는 영화관으로 휴식과 레저를 즐기기 위해 여행 온 관광객을 대상으로 유리벽 전체로 바다가 보이는 영화관을 조성한 것이다. 영화관 안에 창문이 있으면 안 된다는 고정관념을 깨고 영화보다 더 영화 같은 풍광을 감상할 수 있다는, 삼천포가 아니면 절대 안 되는 경험으로 사람들을 모으고 있다. 메가박스 일산 백석점의 경우는 가족이 함께 캠핑하며 보는 영화관으로 옥상 공원에 마련된 도심

출처: CJONE

▶▶▶ 직장인 손님이 많은 빕스 명동점에 특화된 무한 맥주 서비스. 이제 프랜차이즈 매장도 지역별 특화 서비스에 공을 들이고 있다.

속 캠핑을 컨셉으로 잡았다. 가족 단위 고객이 편안하게 영화를 즐길 수 있도록 텐트와 캠핑 의자를 이용할 수 있으며, 개인 이어폰 또는 헤드셋이 제공될 뿐 아니라 바비큐 등 다양한 그릴음식을 판매해 인근 가족 단위 관람객들에게 큰 호응을 얻고 있다.

혼밥 트렌드의 강세 속에 패밀리 레스토랑이 설 곳을 잃자 CJ푸드빌의 빕스VIPS는 천편일률적이던 매장을 정리하고 상권 특화 매장을 오픈하며 체질 개선 중이다. 오피스 상권에 위치한 빕스에는 샐러드 특화 매장을 만들어 고메샐러드나 샐러드 투고 서비스를 제공한다. 명동중앙점의 경우에는 주요 방문객 연령대가 20~30대 대학생과 직장인이라는 점에 착안해 마니아적인 메뉴로 수제 맥주를 선택했다. 수제 맥주 특화 매장 '빕스 앤 비어바이트'에서는 팔찌 형태의 탭 밴드Tap Band를 차고 탭테이션에 팔찌를 대면 원하는 만큼 직접 맥주를 따라 마실 수 있는 체험과 재미 요소까지 더했다. 실제로 특화 매장으로 재개장한 후 빕스 매출은 6배가량 증가했다.[5] 피자 전문점 피자헛 역시 1~2인 가구와 젊은 층을 공략하기 위해 '패스트 캐주얼 다이닝FCD' 매장을 운영 중이다. FCD 매장은 주거 밀집 지역에 위치하기 때문에 혼밥족이 부담 없이 식사를 해결할 수 있도록 4천~6천 원대 1인용 피자 메뉴를 판매하는 것이 특징이다. FCD 매장에서만 맛볼 수 있는 소형 피자를 갖추고 가심비 높은 혼밥용 매장으로 재단장하자 주문 건수가 일반 매장 대비 1.7배가 늘었다.[6]

4. 낚싯대 전략: 자사 역량 집중 특화

펌은 물론 염색과 커트도 안 된다. 오로지 드라이만 해준다. 드라이에만 특화해 미국에서 이미 100개가 넘는 지점을 운영하고 있는 헤어숍 드라이바DryBar의 이야기다. '한 종목만, 대신 최고로' 보여주겠다는 드라이바는 머리를 감기고 말려주는 서비스를 제공하는 샴푸-블로Shampoo-Blow 매장의 선두 주자로 대도시 주변에서 일하는 여성을 타깃으로 한다. 단지 머리를 감기고 말려주는 것뿐임에도 예약을 잡기가 힘들 정도로 인기가 높아 특화 서비스 분야의 성공 사례로 꼽힌다.

마치 갤러리 같은 쇼룸으로 전 세계인들의 이목을 집중시킨 안경 브랜드 젠틀몬스터는 실험적이고 파격적인 디자인 DNA를 공간 디자인으로 풀어내는 데 특출하다. 2011년 5명으로 시작한 국내 토종 아이웨어 브랜드가 해외 법인 6개를 거느린 글로벌 브랜드로 성장해 럭셔리 그룹인 루이비통 모에헤네시LVMH로부터 투자를 이끌어내기도 했는데, 가장 큰 요인은 쇼룸 특화였다. 이곳의 매장은 물건을 판매하는 채널 이상으로 회사의 가치·메시지·감성을 전달하는 창구 역할을 톡톡히 하고 있다. 공간디자인 특화를 위해 얼마나 집중적으로 투자하고 관리하는가 하면 본사 상주 직원 150여 명 중 무려 80여 명이 공간팀에 소속되어 있을 정도다. 이와 같은 공간디자인에 대한 집착은 젠틀몬스터가 글로벌 브랜드로 성장하는 데 가장 중요한 요인이 되었다.

또 다른 역량 특화 기업으로 배달의민족을 꼽을 수 있다. 이 업체는 익살맞은 유머 코드로 '배민다움'을 전파하며 유머에 특화된 브랜드로 시장을 압도했다. 배민의 유머러스함은 일종의 특화 전술이다. 누구나 참여할 수 있는 배민신춘문예부터 디자인 소품숍 텐바이텐과 진행한 배민문방구, 패션 디자이너 계한희와 진행한 배민의류, 세븐일레븐과 함께한 '주문하신 컵커피'까지 다양한 브랜드와 컬래버레이션을 진행할 때마다 센스 넘치는 언어유희와 재치 있는 디자인을 선보였다. 자유분방함 속에서도 흐트러지지 않는 배민만의 유머 코드와 일관된 배민스러운 디자인은 인지도와 매출 면에서 업계 최고의 자리를 지키는 데 가장 큰 영향을 끼친 일등공신이었다.

'깨끗하고, 맛있는 물'을 제공하기 위해 물맛 연구소까지 개소한 코웨이의 특화 서비스도 주목할 만하다. 이 연구소는 정수기 물맛의 기준을 새롭게 정립하기 위한 목적으로 정수의 '안정성'을 넘어 '미각'에서도 한 단계 도약하기 위해 설립됐다. 2009년부터 물맛에 대한 연구를 시작한 코웨이는 물맛 관능평가실 및 관능평가 전문 통계 프로그램을 도입하고, 물맛 전문 패널을 양성하는 등 물맛 연구 수준을 지속적으로 높이고 있다. 물맛 연구소에는 한국국제소믈리에

협회, 한국수자원공사 공인 워터소믈리에, 미국수질협회WQA 공인 물 전문가Certified Water Specialist 등 관련 전문 기술을 보유한 코웨이 연구원 45명이 소속되어 활동할 예정이라고 한다.

특화생존의 시대적 배경

국내 아웃도어 인구가 증가하면서 아웃도어 의류 시장이 커다란 변화를 보이고 있는 가운데, 전통적인 유통의 두 강자, 서울의 남대문 시장과 동대문 시장의 엇갈린 실적이 눈길을 끈다. 남대문 시장에는 아웃도어 의류와 캠핑 용품을 취급하는 가게들이 늘어났고, 반면 동대문 시장은 클라이밍 전문 장비에 주력했다. 결과는 어떻게 되었을까? 일반 손님들로 장사를 이어가던 남대문에는 현재 관련 매장 3곳만이 명맥을 유지하고 있는 반면, 객단가가 높은 마니아와 단골손님을 확보한 동대문에는 30여 곳이 성업 중이다.[7] 크고 넓은 시장을 겨냥했던 남대문 시장보다, 전문 장비에 특화한 동대문 시장이 더 성장하고 있다는 사실은 특화의 중요성을 여실히 보여준다.

이미 시장에는 없는 게 없다. 특이한 것, 귀한 것, 가성비 높은 것, 가심비 높은 것까지 모든 것이 넘쳐난다. 그렇다 보니 구색을 갖추지 못하면 모자란 것 같아 조바심이 나고 탄탄한 라인업을 세워 경쟁력을 과시하려 하는 것도 당연한 생각이다. 그러나 국민소득 3만 달러 시대를 살고 있는 오늘날, 한국 소비자들의 정보력과 경험치는 높고 취향은 마니아적이다. 이 말은 거의 모든 상품들을 진열한 백화점

보다는 나만의 희귀한 레어템을 접할 수 있는 전문점이 좋고, 하나를 깊이 파는 디깅 수준의 취향을 가진 소비자에게는 특화된 상품과 서비스로 무장해야 한다는 의미다.

특화 전략은 기술의 발전과도 무관하지 않다. 연령·라이프스타일·구매력 등에 따라 소비 패턴이 다양해지고 있는 흐름 속에서 구체적인 고객 페르소나 정립이 중요해지고 있다(2020 전망편, '멀티 페르소나' 키워드 참조). UX디자인에서 주로 사용하는 방법론인 페르소나는 서비스를 사용하는 대표인물을 가상으로 설정한 후 그 가상의 인물 입장에서 서비스를 간접 체험해보는 것이다.[8] 그런데 과거 주먹구구식으로 스토리텔링에 의존하던 것과 달리 요즘은 기술의 발달로 우리가 설정하는 가상 인물들의 라이프스타일과 소비 패턴을 추측할 수 있는 수많은 자료들을 수집할 수 있게 되었다. 3D프린터·빅데이터·인공지능 등 첨단 기술의 발전으로 디테일하게 가상의 니즈를 설계하고 그에 부합하는 제품과 서비스를 개발하기가 수월해진 것이다.

사이즈가 정해져 있는 기성품과 달리 나의 발 모양과 크기에 꼭 맞는 구두를 맞추는 수제 구두에 이어 이제 안경도 눈의 간격, 코의 높이 등 나의 얼굴에 꼭 맞는 수제가 가능해졌다. 고객의 얼굴을 스캐닝해 굴곡과 사이즈를 파악한 뒤 가장 잘 어울리는 안경을 추천해주고, 3D프린터로 세상에 하나밖에 없는 안경을 제작해주는 수제 안경이 인기를 끌고 있다. 매일 얼굴에 착용하는 제품인 탓에 개개인의 특성을 섬세하게 반영한 특화를 넘어선 완벽한 개인화라 할 수 있다. 수차례의 피팅 과정에도 불구하고 너무 헐겁거나 조이는 등 기존 안경 착용에 불편함을 느꼈던 이들에게는 반가운 소식이 아닐 수 없다.

첨단 기술의 발전으로 고객의 니즈를 더 섬세하게 파악할 수 있으며 나아가 예측까지 가능한 시대가 되었다. 이제 특화는 개인화로 가는 패스트트랙이다. 수요를 읽는 기술들을 적극 활용함으로써 특화를 거쳐 완벽한 개인화로의 도약을 준비해야 한다(2020 전망편, '초개인화 기술' 키워드 참조).

시사점

선택된 그룹의 확실한 만족이 더 중요

표준화가 미덕이던 때가 있었다. 어디에서나 동질의 퀄리티가 보장되는 동일한 상품과 서비스를 제공할 수 있다는 것은 자본력과 시스템을 갖춘 그룹사나 대기업 혹은 체인화된 브랜드에서나 가능한 일이기 때문이다. 그러나 지금은 표준화 위에 다양하기 그지없는 '개인의 취향'이 있다. 보편적으로 괜찮은 것보다 선택된 그룹의 확실한 만족이 더 중요한 시대다.

변화에 유연하게 대처하는 **애자일** 방법론에 대한 관심이 최근 높아지고 있는 것도 이런 환경적 원인이 그 배경이라고 볼 수 있다. 힘센 자가 아니라 빠른 자가 살아남는다. 앞선 성공 모델을 추종하던 패스트 팔로워들에게 운동화 끈을 고쳐 묶어야 할 시간이 온 것이다. 남들이 다 하는 것을 쫓기보다는 언제 어떻게 바뀔지 모르는 경영 환경 속에서 기민하고 민첩하게 대응하는 것이 살길이다. 누군가를 쫓을 것이 아니라 특화시킬 분야를 찾아 쪼갤 수 있을 때까지 쪼개고 그 속에서 엣지를 만들어야 한다. 좁고 깊게 들여다보며 본질에 가까운 핵심 가치를 끄집어내야 한다. 이러한 기민한 활동을 하기 위해서는 '애자일 무버Agile Mover'가 되어야 한다. 부단한 실천력과 경험을 바탕으로 완벽주의 대신 만족주의를 추구하며 끊임없이 특화의 동력을 자가발전하는 애자일 무버 모드로 전환해야 할 때다.

애자일Agile
1990년대 소프트웨어 개발 방식의 새로운 패러다임으로 등장해 형식적인 절차를 따르느라 시간과 비용의 낭비를 초래하는 것을 방지하고 끊임없는 시행착오와 수정을 통해 MVPMinimum Viable Product를 만드는 경량 개발 방법론이다. 개발 대상이나 작업 계획을 작고 짧은 단위로 세우고 시제품을 만들어 실행해보는 사이클을 반복함으로써 오류와 위험을 최소화하고 고객의 요구에 유연하게 대처하여 제품이나 서비스를 혁신하는 경영 방식으로 쓰이고 있다.

"한 우물을 파라. 샘물이 나올 때까지."

슈바이처 박사의 유명한 이 좌우명은 특화에 몰입하는 것이 진정 가치 있는 일임을 시사하고 있다. 사람은 축적해놓은 것이 있으면 자신감이 붙는다. 한 우물을 집요하게 파는 일은 시간과 노력을 담보로 자신감을 키우는 일이다. 특화에 필요한 것은 다름 아닌 자신감일지도 모른다.

'고객만족'은 이제 너무 평범한 말이다. 우리 회사와 제품에 관심이 있을지 없을지 모르는 불특정 다수보다 확실하게 관심 있는 특정 고객에 올인하는 것이 중요하다. 이 때문에 그 특정 고객의 만족도를 측정할 평가의 툴을 갖추는 것 역시 중요하다. 고객만족도가 매출 상승으로 이어지는 과정, 환산 가능한 이익을 가져다주는 것을 입증할 수 있는 연구와 관심이 필요하다.

니치niche한 것이 리치rich한 것이 된다. 좁혀라. 줄여라. 날을 세워라. 특화하는 자만이 살아남는다. 2020년에는 초타깃팅과 마이크로 매니징으로 엣지를 살린 초정밀 특화 전략의 향연이 펼쳐질 것이다.

Iridescent OPAL: the New 5060 Generation

오팔세대

대한민국 소비 시장에 새로운 세대가 부각되고 있다. 한때는 노년으로 불리며 소비자로서 존재감이 약했던 베이비부머를 중심으로 한 5060 세대가 '신중년층'이라는 이름으로 새롭게 떠오르고 있는 것이다. 인생에 기승전결이 있다면 지금이 바로 전성기라는 이들을 '오팔세대'라고 부를 수 있다. 오팔세대의 'OPAL'은 '활기찬 인생을 살아가는 신노년층Old People with Active Lives'의 약자이며, 동시에 베이비부머를 대표하는 '58년생 개띠'의 '오팔'을 의미한다. 무엇보다 이들이 뽐내는 다채로운 행보가 모든 보석의 색을 담고 있다는 오팔의 색을 닮았다는 의미를 담아, 베이비붐 세대를 중심으로 한 5060 신중년 소비자들을 '오팔세대'라 명명한다.

이들은 오랜 기간 매여 있던 직장을 떠났지만 다시 새로운 일자리에 도전하고, 나이 들수록 매 순간이 소중하다며 활발한 여가 생활을 즐긴다. 또한 젊은이들의 취향과 브랜드를 좇으며 새로운 소비 트렌드를 형성하고, 자신들만의 콘텐츠를 구매하면서 관련 업계의 판도를 바꾸고 있다. 오팔세대는 사실 매우 다양하면서도 까다로운 소비자 집단이다. 단순히 커다란 글씨에 사용하기 쉬운 기능으로 접근하는 방식은 오팔세대의 호응을 얻을 수 없다. 은근하게 배려하는 세심함으로, 세분화된 라이프스타일로 접근해야 한다. 누가 이들을 완고한 시니어라고 부르는가? 고정관념을 버려라. 인터넷과 모바일을 젊은이들만큼이나 자유자재로 사용하면서 사회의 주축으로 등장하는 오팔세대가 정체된 시장의 활력소가 될 것이다.

- 2018년 F/W 헤라서울패션위크 KIMMY.J 쇼에서 국내 최초 시니어 모델로 데뷔
- 이후 런웨이, 잡지 표지 모델은 물론 각종 예능 및 교양 프로그램 출연
- 남성복·아웃도어·SPA 등 의류뿐 아니라 식품·유통 등 각종 브랜드 모델
- 2019년 10월 현재 인스타그램 팔로워 7만2천 명.
- 앞으로의 목표는 세계 4대 패션위크에 서는 것.

최근 대한민국에서 주목받고 있는 모델 김칠두 씨의 이력은 화려하다. 인생의 전성기를 누리고 있는 그의 나이는 만 65세, 공식적인 '노인'으로 분류되는 55년생으로 베이비붐 세대 중에서도 맏이다. 그를 보석에 비유한다면 수염 색깔의 실버보다, 무대의상처럼 다채로운 빛깔을 뽐내는 오팔에 가깝다. 그를 포함한 베이비붐 세대는 어느덧 50대 후반에서 60대 중반의 나이가 되었음에도 대한민국 성장의 주역답게 여전히 왕성한 사회 활동을 이어간다. 도전적인 취미 생활과 트렌드에 뒤지지 않는 소비를 보여주며 제2의 전성기를 만들어가고 있는 것이다. 이제 5060 세대에게 실버 혹은 그레이로 대표되는 중장년의 색은 어울리지 않는다. 다채롭게 자기만의 색깔을 드러내기 시작한 이들의 행보는 '오팔세대'라는 이름과 어울릴 만하다.

오팔세대의 오팔은 중의적 의미를 담고 있다. 먼저, OPAL은 'Old People with Active Lives'의 약자로 2002년 일본에서 처음 소개되었으며 고령화 사회의 주축으로 떠오른 액티브 시니어를 지칭한다.[1]

또한 오팔은 베이비부머를 대표하는 '58년생 개띠'의 '58'과 발음이 같다. 무엇보다 보석의 한 종류인 오팔은 사파이어의 파랑, 에메랄드의 초록, 황옥의 노랑, 루비의 빨강과 자수정의 보라색 등 모든 보석의 색을 품고 있어 가장 완전한 보석이라고 불리며, 보는 방향에 따라 다른 색을 보여주는 독특한 성질을 지니고 있어 예로부터 귀한 보석으로 대접받았다.[2] 『트렌드 코리아 2020』에서는 베이비붐 세대를 중심으로 한 5060 액티브 시니어 소비자들이 뽐내는 다채로운 행보가 모든 보석의 색을 담고 있는 '오팔' 보석의 색을 닮았다는 의미에서 이들을 '오팔세대'라 명명하고자 한다. 한마디로 오팔세대는 새천년을 지나 비로소 자신의 빛깔을 내뿜는 5060 세대의 새로운 이름이다.

5년 전『트렌드 코리아 2015』에서는 세련되고 도회적 라이프스타일로 트렌드에 앞서가는 할머니들을 '어반그래니'라는 이름으로 소개한 바 있다. 어반그래니가 시니어 중에서도 전통적 가치관에 유연한 사고를 발휘하면서 합리적 소비로 가정의 살림을 도맡아온 여성들이었다면 오팔세대는 '할머니·할아버지'라는 관계적 울타리에서 벗어나 사회적 존재감을 드러내고 있는 시니어들이다. 모바일 생태계와 만나 밀레니얼 시대를 살아가는 2020년 버전의 베이비부머다.

오팔세대는 주된 일자리에서 퇴직하고 자녀의 독립으로 부모 역할을 졸업하면서 인생 1막을 마친 이들로, 이제까지 자의 반 타의 반으로 맡았던 배역을 벗어던지고 능동적이며 진취적으로 제2의 인생을 열어가고 있다. 이제야 비로소 나만을 위한 삶을 꾸려가기 시작한 이들은 노동의 의무보다 열정의 재미를 찾고, 미래가 아닌 오늘의 행복을 중시하며, 건강·아름다움·삶의 질을 위해 아낌없이 투자하는 소비자들이다. 모바일 쇼핑을 즐기고 유튜브로 세상과 소통하는 점에서 젊은이들과 크게 다르지 않다. 완고한 시니어들이라고? 고정관념을 버려라. 지금 끊임없는 도전과 적응으로 2020년을 맞이하는 오팔세대의 새로운 모습을 만나러 가보자.

오팔세대라는 새로운 이름

대한민국 사회에서 베이비붐 세대의 존재감은 대단하다. 베이비부머는 한국전쟁 직후 출생률이 급격히 증가한 1955년에서 1963년에 태어난 사람들을 말한다. 한 해에 80만 명이 넘는 사람들이 태어난 이들의 총 인구 규모는 711만 명이 넘는다(2015년 인구주택총조사 기준). 베이비붐 세대 이후로도 높은 출생률이 지속되어, 범위를 조금 넓혀보면 이들을 포함한 5060 세대는 대한민국 인구의 약 28%를 차지하는 거대한 집단이다. 하지만 그들의 존재감은 단지 인구 규모에서 비롯된 것이 아니다. 경제성장률 10%대의 고도성장기에 청장년기를 보낸 이들은 전 연령대 중 가장 많은 자산을 보유하고 있으며 여전히 두 가구 중 한 가구는 성인 자녀를, 열 집 중 여섯 집 이상은 노부모를 부양하며[3] 대한민국의 대들보 역할을 해내고 있다.

그렇다면 베이비부머는 어떠한 소비자일까? 이들은 대체로 학력과 소득수준의 연관이 컸던 시대적 배경으로 인해 배움에 대한 열망이 크고, 대한민국 산업화의 주역답게 도전 정신이 강하며 성취지향적이다. 한국전쟁 이후 물자가 귀했던 때에 어린 시절을 보내 절약 정신이 몸에 배어 있으며, 가족 부양을 의무로 생각하는 전통적 가치관을 지녔다. 여기까지는 이미 여러 자료를 통해 잘 알려진 바다. 하지만 현재를 살아가는 세대의 모습은 상당히 입체적이어서 이러한 단면만 가지고 전체를 파악하기 어렵다. 베이비부머라는 이름은 태어나면서 부여받은 세대 특성이지만, 오팔세대라는 현재 모습은 5060 세대가 지나고 있는 독특한 생애주기와, 시장 환경을 질적으로 재편하고 있는 IT 기술 발전의 합작품이다. 이 때문에 이들을 규정하는 프레임 자체가 전통적인 모습과 달라 이들이 그리는 라이프사이클을 재정의할 필요성이 있다.

어른을 새로이 정의하다, '신중년층'

이제까지 성인기는 청년기·중년기·노년기로 나뉘었다. 중년기를 거치며 자녀 양육과 부모 부양을 끝내고 나면, 60대를 맞이해 주된 일자리에서 물러나 은퇴라는 시기로 접어드는 것이 우리 사회가 가졌던 생애주기에 대한 통념이었다. 저축해두었던 돈으로, 혹은 자녀의 부양을 받으면서 여생을 보내는 사람들 정도로 여겨졌다.

그런데 한국 사회가 지금 이 새로운 노년기를 다시 정의하고 있다. 세계에서 전례 없이 빨리 기대수명이 연장되면서 퇴직 이후에도 건강하게 사회 활동을 계속할 수 있는 기간이 늘었다. 더욱이 자녀 세대의 취직 및 결혼이 늦어지면서 자녀 부양 기간이 늘어나고 길어진 수명만큼 노부모 부양도 계속되고 있다. 제2의 경제활동이 필요해진 것이다. 중년이라 부르기에는 이미 오랜 중년을 겪었고, '할아버지·

신新중년층
2017년 정부가 발표한 용어로, 주된 일자리에서 50세를 전후로 퇴직해 재취업 일자리 등에 종사하는 과도기 세대를 일컫는다. 기존의 '고령자' 등을 대신해 '활력 있는 생활인'이라는 긍정적 의미를 담고 있다.[4]

할머니'보다는 여전히 '아저씨·아주머니'가 더 가깝기에, 애매하게 '중장년층'으로 불리던 5060 세대에게 새롭게 주어진 이름이 바로 **신중년층**이다. 이들은 과거와 달리 인생의 새로운 전환기를 맞으며 다시 청소년기와 유사한 생애 과정이 나타난다. 이전까지 자신을 정의하던 사회적·직업적 역할에서 벗어나 자아 탐색이 다시 시작되고 자신의 흥미와 취향에 대한 관심과 의지가 높아지는 것이다. 일을 선택하는 기준 또한 재미와 자아실현이 중요해진다.

100세 시대를 맞이해 새롭게 등장하는 신중년 개념과 그들의 활동영역은 다음 그림과 같이 표현할 수 있다. 그림에서 '가교노동'이란 주된 직장에서 물러난 후 완전히 경제활동에서 손을 뗄 때까지 경험하는 일련의 모든 노동을 의미한다. 고령화로 인해 이제 은퇴는 일

100세 시대의 신중년 개념과 활동

생에 한 번 일어나는 일회적 사건이 아니라, 계속적으로 발생하는 하나의 '과정'이 됐다.

모바일 세상을 손에 쥐다

'할아버지'가 '아저씨'가 된 것 못지않게 '전화해'가 '카톡해'로 변화한 것 역시 새로운 오팔세대를 탄생하게 한 주요 요인이다. 베이비붐 세대가 격동하는 한국 사회의 역사 속에서 빠르게 적응하며 살아왔다 해도 근 10년 동안 급속도로 발전한 IT 기술은 여러모로 세대 간 생활 방식의 차이를 빚어냈다. 하지만 모바일 생태계가 성숙하며 PC보다 훨씬 간단한 조작만으로 더 많은 것을 할 수 있게 되자 아날로그 세대로 불리던 베이비붐 세대도 카카오톡이나 유튜브와 같은 플랫폼을 통해 자연스럽게 모바일 세대로 편승할 수 있게 됐다.

한국인터넷진흥원의 '2017 인터넷이용실태조사'에 따르면 모바일 인터넷 이용률은 50대 97.6%, 60대 81.2%에 달했다. 실제 소비자들의 데이터 이용량으로도 변화가 확인된다. 2019년 1분기 50대 이상 소비자의 월평균 데이터 이용량은 3.1GB다. 이것은 3년 전인 2016년 1분기 데이터 이용량인 1.5GB에 비해 2배 이상 증가한 양이다. 10~40대의 이용량 증가 속도보다 더 빨랐다.[5] 이러한 배경에는 유튜브의 영향력 확대가 자리한다. 앱 분석 업체 와이즈앱은 2019년 4월 한 달 기준, 국내 전체 유튜브 사용 시간인 388억 분 가운데 26%를 50대 이상이 차지했다고 밝혔다.[6] 50대 이상 이용자의 유튜브 사용 시간이 전년 같은 기간 대비 2배로 늘었다는 것이다. 이제 오팔세대는 유튜브를 통해 세상과 더 쉽게 소통하고 있으며 자연스레 소비에 필요한 정보 탐색부터 구매에 이르기까지 소비의 전 과정에서도 양적·질적 변화를 겪고 있다.

오팔세대의 다채로운 빛깔

본 키워드인 오팔세대의 영문 표현은 'Iridescent OPAL'이다. 여기서 iridescent는 '보는 각도에 따라 색깔이 변하는' 혹은 '무지갯빛으로 영롱한'이라는 의미다. 이 형용사처럼 무지갯빛처럼 영롱하게 변하는 오팔세대의 다양한 빛깔을 찬찬히 들여다보자.

1. 숨은 '자리' 찾기: 다양한 직업에 다시 도전하다

오랜 세월 자리를 지켜온 직장을 떠나는 오팔세대에게 퇴직은 퇴장이 아니다. 사회 활동을 접고 은둔하며 한가로이 지낸다는 의미의 '은퇴隱退'는 오팔세대에게 다른 나라 얘기다. 일은 오팔세대를 이전의 장년층과 구분짓는 가장 중요한 키워드다. 오팔세대는 소극적이고 수동적으로 남은 인생을 수용하는 노인이 아니라, 일을 통해 또 하나의 무대를 진취적으로 개척해나가는 신중년층이기 때문이다.

2017년 통계청 자료에 따르면 50~69세의 신중년 10명 중 7명 이상(71.7%)이 생애 주된 일자리에서 퇴직 후에도 계속 일하기를 희망하는 것으로 나타났다. 새로운 생애 단계에서 일과 사회 활동을 지속한다는 것은 소비와도 밀접한 관련이 있다. 현대 소비 사회에서 소비는 자기 정체성과 라이프스타일을 유지하는 데 필수적이기 때문에,

일정 기간 소득 활동을 연장해야 할 중요한 동기가 된다. 이러한 경제적 필요뿐만 아니라 사회 활동을 지속하는 것 자체가 생활 시간표나 라이프스타일에 큰 변화를 준다. 따라서 오팔세대가 필요로 하는 상품과 서비스도 이전의 노년층과는 다르다. 특히 사무직의 경우 나이를 불문하고 업무상 IT 기기와 같은 신기술에 노출되어 있는 확률이 높다. 이들이 새로운 사회 환경 변화에서 단절되지 않고 트렌드에 대한 동조성이 높은 이유다.

따라서 제2의 인생을 시작하는 오팔세대에게 일은 더 이상 생계유지의 수단만이 아니다. 주어진 역할을 묵묵히 수행했던 이들이 자신의 접었던 꿈을 꺼내들기 시작했다. 서두에서 소개한 시니어 모델 김칠두 씨는 27년간 순대국집을 운영하다 60대에 모델을 시작했으며, 유튜브 채널 '심방골주부'의 조성자 씨도 요리를 즐기던 50대 후반의 평범한 주부였으나 집밥 레시피 동영상을 올리며 유명 유튜버로 거듭났다. 자신의 전문성을 살리는 신중년도 있다. 박일환 전 대법관은 법률 상식을 공유하는 '차산선생 법률상식' 유튜브 채널을 열어 구독자 4만 명을 모았다. 박막례 씨와 같은 시니어 셀럽이 다수 등장하면

출처: 해당 유튜브채널

▶▶▶ 은퇴 후에도 일반인을 위한 법률 상담으로 현직 못지않은 활동을 하는 차산선생과 50대 후반의 평범한 가정주부였으나 집밥 레시피로 유튜브 스타가 된 심방골주부.

서 서울시 50플러스재단이 개설한 '50+유튜버 스쿨'의 경우 수강 경쟁률이 21 : 1에 달할 정도로 많은 사람이 몰렸다.[7]

플랫폼 경제가 발달하면서 오팔세대가 자신의 재능을 적재적소에 배치할 수 있는 기회도 넓어지고 있다. 경험 공유 플랫폼인 '쉐어러스SHAREUS'는 시니어들이 가진 자기만의 노하우와 비책 등 축적된 경험을 활용해 다양한 주제의 오프라인 클래스를 만들고 중개해준다. '세이스피킹SAYspeaking'은 한국어를 배우고 싶어 하는 전 세계의 외국인들과 시니어 튜터를 연결하는 플랫폼이다. 이곳을 통해 4만 여 명의 외국인이 시니어 튜터의 다양한 경험이 묻어나는 수업을 듣고 있다.[8] 전문적인 비즈니스 영역으로의 진출도 활발하다. 탤런트뱅크는 산업 분야별 검증된 전문가를 기업의 요구사항에 맞게 매칭해주는 전문가 매칭 플랫폼으로 경영전략·신사업, 영업·구매, 인사·노

출처: 쉐어러스, 탤런트뱅크

▶▶▶ 시니어의 노하우와 전문성을 수요자와 이어주는 경험 공유 플랫폼 쉐어러스와 산업 분야별 시니어 전문가들을 중소기업과 매칭해주는 탤런트뱅크.

무, 마케팅, IT 등 10개 분야에서 중소기업 임원 또는 대기업 팀장 이상의 경험과 능력을 고루 갖춘 고스펙 전문가를 중소·중견 기업과 연결해준다. 정식 출범 이후 1년 만에 매칭된 프로젝트가 500여 건, 프로젝트 재의뢰율은 60%에 달하면서 오팔세대의 가치를 입증하고 있다.[9]

이처럼 신중년들의 사회참여 열기가 높다 보니 변화된 시장과 사회에 맞춰 자신을 '업글'하려는 의욕이 젊은이들 못지않다. 서울시50플러스재단는 이러한 신중년층을 지원하기 위해 다채로운 수업을 선보이고 있다. '드론 입문', '취농 체험', '따릉이투어 문화해설사' 등 늦깎이 취준생을 위한 직접적인 취업 지원 활동도 있지만 '쌀 소믈리에', '독일식 현대무용 탄츠테아터', '남자의 부엌' 등 다시 시작하는 제2의 인생으로의 연착륙을 돕기 위한 취미·교양 수업도 열린다.

일자리에 대한 생각에서 50대와 60대 간의 온도 차이가 존재하는 것도 흥미롭다. 재취업 및 창업을 했거나 준비 중인 50~60대를 대상으로 새로운 직업 활동 시 중요하게 생각하는 것을 조사한 결과, 유연성·성취감·재미 등 자아실현 부분을 중시한다는 응답 비율이 50대는 56.8%인데 반해, 60대는 74.5%로 높게 나타났다. 이러한 차이에는 생애주기의 효과가 강력하게 작용한다. 50대의 경우 대개 자녀가 아직 독립하지 않아 학자금이나 생활비 지원, 결혼자금 등 자녀 양육비가 가장 크게 지출되는 시기다. 취업문이 바늘구멍과 같고 경제적 부담으로 결혼 준비가 늦어짐에 따라 신중년층이 자녀 부양에서 졸업하는 시기도 50대 전반으로 늦어지고 있다. 다시 말해 50대의 일자리는 안정적인 수입 확보가 우선시 된다. 그럼에도 불구하고 가

서울대학교 소비트렌드분석센터·라이나전성기재단 퇴직자 대상 설문조사

단위:%

"새로운 직업 활동 시 중요하게 생각하는 것은 무엇입니까?"

응답: 재취업 및 창업 (희망)자 50대 241명, 60대 200명 / 조사 업체: SM C&C 틸리언

장 중요한 항목을 '급여 수준'이라 답한 응답자는 50대에서도 과반수를 넘지 않았다. 이제껏 수고했으니 두 번째 인생만큼은 적어도 재미있고 의미 있는 일, 진정 내가 하고 싶은 일을 해보겠다는 의지가 엿보인다.

2. 나이 들수록 '욜로': 젊을 때보다 더 소중해지는 시간

서울대학교 소비트렌드분석센터와 라이나전성기재단이 퇴직자들을 대상으로 퇴직을 실감하는 순간을 조사한 결과, 1위는 아침에 일어나 "오늘은 뭐하지" 하는 생각이 들 때(47.7%) 였다. 새로운 생활을 시작하며 시간이 많아진 오팔세대에게 가장 큰 관심사는 '시간 활용'이다. 이제껏 열정적이고 진취적으로 삶을 개척해온 오팔세대는 인생 2라운드의 시간도 허투루 쓰지 않는다. 여가를 직업처럼 전문적으로 즐기는 '프로여가러'들이 많은 것도 그 때문이다. 건강 관리를 위한 운동, 자기계발을 위한 문화센터 수업, 젊은 시절 포기했던 작가·화가의 꿈을 되찾는 취미 활동, 소홀했던 가족 및 주변 사람들과의 관계를 돌보는 시간으로 일주일이 금세 지나간다. 오팔세대에게 여가란 일이 없어 남아도는 한가로운 시간이 아니라 하루라도 젊을 때 못 해본 것, 안 해본 것을 경험하며 나를 위해 투자하는 시간이다.

매일의 바쁜 스케줄 속에서도 오팔세대가 아낌없이 시간을 지불하는 것은 여행이다. 기회가 닿는 한 전국 방방곡곡, 전 세계 명소로 떠나는 오팔세대야말로 진정한 욜로족이다. 한 조사에 따르면 50세 이상 시니어들이 행복한 인생을 위해 하고 싶은 것 1위 역시 여행(84.5%)이 꼽혔다.[10] 이렇듯 여행에 과감히 지갑을 여는 사람이 많아지면서 여행 상품도 이들의 눈높이에 맞춰 프리미엄화되고 있다. CJ오쇼핑에서 추석 기간 편성한 중남미 여행 상품은 999만 원이라는 고가에도 불구하고 방송 1시간 동안 약 730콜이 접수되며 목표 대비 177% 이상의 실적을 기록했다. 이러한 흐름을 타고 롯데홈쇼핑은 '서부 지중해 크루즈' 상품을, GS 홈쇼핑은 '아이슬란드 일주' 상품을 업계 최초로 선보이며 프리미엄 여행 상품 경쟁에 불을 지피고 있다.

여행지도 진화한다. 과거에는 유명한 여행 프로그램을 보고 "나도 가보자"라고 생각했다면 이제는 일생 동안 못 해본 새로운 경험을 줄 수 있는 곳, 장시간 비행을 버틸 수 있는 한 멀리 떠나는 여행지를 찾는다. 오랜만에 모임에 나가 서로 그간 다녀온 곳을 하나둘씩 꺼내놓으면 오대양 육대주의 세계지도를 완성할 정도다. 여행의 경험치가 쌓인 5060 소비자들이 늘어나면서 여행 방법도 진화하고 있다. 복잡한 보험 상품을 개개인의 니즈에 맞게 설계하는 보험설계사처럼 여행도 짧은 패키지 상품을 붙이거나 현지 투어를 끼워 넣는 등 기존의 관광 상품을 입맛에 맞게 활용하는 '경험설계사' 같은 면모를 보인다. 자유여행도 드물지 않다. 스마트폰 사용에 어려움이 없는 오팔세대는 구글맵과 번역기를 켜고 렌터카를 빌려 부부 동반으로 유럽 일주를 떠나는 모습이 낯설지 않다.

여행과 같은 비일상적 경험만이 아니라 일상적 경험도 알차게 꾸려가고자 하는 오팔세대는 문화 생활도 활발하다. 실제로 서울 시민을 대상으로 한 조사에서 1년에 한 번 이상 문화 활동을 한 사람의 비율을 뜻하는 문화관람률은 50~60대에서 남성 77%, 여성 89%로 모든 연령층 중에 가장 높게 나타났다. 연평균 관람 횟수도 20대와 비슷한 수준인 6.7회로 조사됐다.[11] 여기에 높아진 모바일 활용 능력도 오팔세대의 일상 풍경을 바꿔 놓고 있다. 전국 유명 맛집 검색과 전시회 및 각종 할인 정보 검색은 젊은이들 못지않다. 2030 세대가 빠져나간 평일 낮 시간 핫플레이스에서는 분위기를 즐기고자 찾아온 오팔세대 여성들의 모습을 자주 볼 수 있다.

오팔세대의 일상적 시간을 공략하면 산업의 지형도까지 바꿀 수 있다. 일례로 가성비 좋은 시간 활용법을 찾는 신중년층 남성들이 죽어가던 당구 시장을 일으켰다. 회식 문화가 변화하면서 저녁시간 활용을 고민하는 중장년 직장인과 퇴직 후 여가 활동 거리를 찾는 남성들이 젊은 시절 자주 찾았던 당구장에 모인 것이다. 자욱한 담배연기 속에서 시간을 때우는 곳이 아니라 동문 간 교류와 일상에 활기를 불어넣는 게임을 즐기는 곳으로 거듭나면서 당구장마다 고교별·대학별 동문친선대회가 열릴 정도다. 2016년부터는 매년 한 방송사 주도로 '고교 동창 3쿠션 최강전'도 개최되고 있다. 국민생활체육참여 실태 조사에 따르면 '최근 1년간 참여 활동이 있는 상위 10종목'에서 당구는 2016년 10위에서 2018년엔 7위로 세 계단 뛰어올랐다.[12] 신중년이 만들어낸 새로운 풍속도라고 할 수 있다.

3. 소비의 '대올림': 시장의 주축으로

나이가 들면 변화를 싫어하고 생활 패턴이 굳어져 소비에서도 새로운 시도를 하지 않는다는 오랜 통념이 깨지고 있다. 오팔세대는 2040세대에 비하여 변화의 속도가 느릴 뿐, 그럴 만한 가치가 있다면 시간과 공을 들여서라도 변화를 따라간다. 모바일 쇼핑의 편리함에 익숙해진 **실버서퍼**, **웹버족**이 늘어나면서 온라인 쇼핑 업계도 들썩이고 있다. 옥션이 2014년부터 2018년 상반기까지 전 품목 연령별 판매량을 분석한 결과, 50대는 130%, 60대는 171% 증가하여 전 연령대 중 가장 높은 증가율을 나타냈다. 고객 비중 역시 50~60대를 합쳐 2014년 17%에서 2018년 27%로 대폭 상승했다. 특히 품목별로 보면 여행·항공권 구매가 11배(1,040%) 이상, 고급 브랜드 의류 구매가 7배(683%) 이상, 고가 수입명품도 2배(184%) 이상 증가하는 등 생필품에서 고가 품목으로 확장되고 있다.[13]

실버서퍼silver-surfer
웹버족web+silver
'실버서퍼'는 시니어를 뜻하는 실버와 인터넷 서핑을 뜻하는 서퍼를 합친 신조어이며, '웹버족'은 인터넷을 뜻하는 웹과 실버를 합친 신조어다. 은퇴 후 탄탄한 경제력을 바탕으로 인터넷과 스마트폰 등 IT 기기를 능숙히 조작할 줄 아는 장년층을 지칭한다.

모바일로 모든 것을 해결하려는 실버서퍼가 늘어나면서 시니어 소비자의 니즈에 맞춘 산업계의 대응도 활발하다. 현대백화점은 '더현대닷컴' 모바일 앱의 글자 크기를 최대 30%가량 키우고 이미지 수를 2배 이상 늘리는 등 전면 개편을 단행했으며[14] 간편 결제 서비스 '카카오페이' 역시 앱의 명도 대비와 대체 텍스트를 고려해 시각적 접근성을 높이고 이해하기 쉬운 서비스 설계와 직관적인 이미지를 내걸었다. 그 결과, 사용자 중 60대 이상 비율이 전년 대비 2배 이상 증가하는 성과를 거두었다.[15]

오팔세대의 소비 행태 변화는 모바일로의 이주에 그치지 않는다. 이들은 밀레니얼 세대의 부모답게 자녀로부터 얻은 정보·추천·후기를 바탕으로 자신들의 소비를 최대한 젊게 가져간다. 이제 소비는 대물림되는 것이 아니라 '대올림'된다. 오팔세대의 소비 변화는 데이터상으로도 드러난다. 2030 세대를 주 타깃으로 하는 드럭스토어 올리브영을 찾는 'CJ ONE 회원' 가운데 40대 이상 중장년층 매출 비중이 갈수록 증가하고 있다. 2012년 전체 6.8% 수준이던 중장년층 매출 비중은 2014년 10.9%로 두 자릿수에 진입했으며 2018년 상반기에는 20.7%를 기록했다. 소비하는 품목도 비타민·미네랄 등 건강식품뿐만 아니라 밀레니얼 세대가 즐겨 찾는 네일 스티커나 립 틴트 등 색조 화장품 등으로 나타났다.[16]

마찬가지로 젊은 세대에게 인기가 높은 '편리미엄' 서비스를 눈여겨보는 오팔 소비자도 늘고 있다. 식료품 배송 서비스 '마켓컬리'의 50대 회원은 2018년 상반기, 전년 대비 10배 가까이 증가했다. 모바일 쇼핑에 대한 접근성이 높아진 50대 이상 연령층이 자신보다 젊은

세대로부터 검증받은 서비스 사용에 적극적으로 합류하기 시작한 것이다.[17]

베이비붐 세대 중 소비에 밝은 쪽은 주로 여성이었으나 최근 오팔세대로 거듭나는 남성들에게서도 변화가 관찰된다. 5060 세대의 이용자가 많지 않은 인스타그램에 실루엣만 봐서는 2030 청년으로 착각할 만큼 패션센스가 돋보이는 꽃중년이 심심치 않게 눈에 띈다. '부산의 닉 우스터'라는 별명을 얻은 여용기 씨나 『그레이트 그레이』라는 책을 내기도 한 지성언 차이나다 대표가 패션 인스타그래머로 이름을 날리고 있다. 한때는 장발에 청바지 패션으로 대학가를 거닐었던 이들이 이제야 갑갑한 양복을 벗고 자신만의 스타일을 살리고 있는 것이다. 몇십 년 만의 청바지에 어색함을 느끼는 것도 잠시, 되살아난 청춘의 감각으로 자신을 광내기 시작한다. 오랜 직장 생활로 쌓인 체중과 같은 뱃살을 빼기 위해 간헐적 단식을 하고 눈썹 반영구 화장으로 자신감을 더하는 것도 매우 흔한 일이 되었다.

'잘 차려 입는 것은 사회적 위신을 세우는 일'이라고 말하는 오팔 남성들을 겨냥해 남성복 브랜드들도 적극 변화에 나서고 있다. 남성복 브랜드 '캠브릿지멤버스'는 1988년 1대 모델로 활약했던 배우 노주현을 다시 기용해 브랜드의 역사적 가치를 강조하여 소비자들의 호응을 이끌어냈고, 브랜드 '웰메이드'는 시니어 모델을 기용하고 'WELLMADE MY HEYDAY'라는 테마로 중년 남성의 메이크오버 이벤트를 열었다. 신중년층 남성들이 자주 보는 재테크 관련 유튜브 채널 '단희 TV'에 의상도 협찬함으로써 보다 직접적으로 남성들에게 다가가려는 시도를 하고 있다. 오팔남성의 레옹족을 향한 변화에 자녀들도 한몫하고 있다. '더 뉴 그레이 프로젝트'는 자신의 변화에 소극적인 아버지의 프로필 사진을 바꿔주고 싶은 자녀들을 공략했다. 19만9천 원의 비용으로 상·하의, 신발, 재킷을 포함한 의상 코디는 물론, '비포 & 애프터' 패션 스냅 및 프로필 사진 촬영, 결과물로 만든 '뉴 그레이 화보집'을 선물할 수 있는 패키지 상품이다. 크라우드 펀딩 사이트 와디즈에서 1, 2차 펀딩 모두 개시 15분 만에 마감되는 큰 호응을 일으켰다.[18]

4. 트로트가 어때서: 콘텐츠 시장의 지각변동

콘텐츠 시장도 오팔세대의 호응에 따라 들썩인다. 영화 시장에서는 2018년 하반기 영화 〈보헤미안 랩소디〉가 중장년층의 향수를 자극하며 입소문을 타고 누적 관객 994만 명이라는 흥행을 기록했다. 음악 분야에서는 중장년층 사이에서 오랜 스테디셀러인 트로트가 화려하게 부활했다. 새로운 콘텐츠에 목말라 있던 이들의 취향을 저격한 방송 프로그램 〈내일은 미스트롯〉은 평균 18.1%의 높은 시청률로 종합편성채널 예능의 최고 시청률을 기록했으며 출연진이 총출동하는 전국 투어 콘서트 역시 해당 주의 인터파크 콘서트 분야 예매 순위 1·2·4·5위를 휩쓸었다.[19]

전술했듯이 유튜브로 전 세대의 플랫폼이 통합된 데 따른 파장도 대단하다. 유튜브를 음악 청취용으로 사용하는 중장년층이 많은 가운데, 트로트 콘텐츠는 쉽게 수백만 뷰를 넘기고 유튜브상에서 인기를 끈 트로트 가수는 "중년들의 대통령"이라는 뜻에서 '중통령'으로 불리기도 한다.[20] 5060 세대가 유튜브에 대거 유입된 후 인기 급상

출처: TV조선

▶▶▶ 오팔세대는 문화 소비의 보이지 않는 큰손이다. 〈보헤미안 랩소디〉의 흥행을 이끈 것도, 〈내일은 미스 트롯〉의 최고 시청률 경신도 그 배경에는 그들만의 문화를 향유하는 오팔세대가 있다.

승 동영상 목록에는 중장년층이 즐겨보는 시사·정치 콘텐츠가 랭크업되어 존재감을 남기고 있다. 오팔세대는 이제 유튜브에서 관심사를 검색해보는 것에 익숙하다.

오팔세대를 주요 고객으로 하는 보험 업계도 기존과 다른 콘텐츠 제작에 바쁘다. 라이나생명에서 설립한 라이나전성기재단은 인생 2라운드를 준비하는 신중년층에 맞춤화된 콘텐츠를 제공하는 '전성기닷컴'이라는 시니어 전문 포털을 론칭하고 '퇴직한 다음날'이라는 유튜브 채널을 개설했다. 한화생명 역시 유튜브를 통해 대중들에게 친숙한 홍혜걸 기자와 같은 의료전문인과 협업하여 의료전문 콘텐츠 채널 '건강톡'을 운영 중이다. IPTV 사업자들도 빠르게 움직이고 있다. 국내 최초 '맞춤 외화더빙 서비스'인 KT의 '룰루낭만'은 외화를 볼 때 작고 빠르게 지나가는 자막을 불편하게 여기는 시니어를 위해 한국성우협회와 계약을 맺어 직접 더빙 버전을 제작한 것이다.

시사점

'뉴실버 세대', '액티브 시니어' 등 고령 소비자를 부르는 명칭은 끊임없이 변해왔다. 영어 단어 senior는 '선배, 상급의, 손위의'라는 의미지만, 한국 사회에서 중장년층 소비자들은 시니어라는 말조차 거부한다. 다른 명칭이 필요할 정도로 스스로를 다르다고 여기지 않기 때문이다. 그들은 나이가 조금 더 들었을 뿐인 3040 세대라고 자신을 인식한다. 실제로 한국 사회의 오팔세대 라이프스타일은 젊은 세대와 크게 다르지 않다. 퇴직 후에도 자녀 세대와 교류하며 도심을 떠나지 않는 경우가 많아 밀레니얼 가족의 라이프스타일과 동떨어져 있지 않고 변화에 따른 전염성도 크다. 가족 관계나 절약 등 가치관에서는 여전히 차이를 보이기도 하지만, 소비자로서 50~60대가 이질적인 집단이라는 관점은 이제 버려야 한다.

소비자로서 오팔세대는 사실 매우 복잡하고 까다로운 집단이다. 물론 오팔세대가 모바일과 밀레니얼 라이프에 익숙하다고 해서 완전히 동일한 상품과 서비스를 원한다는 의미는 아니다. 새로움에 익숙해지는 것에 따르는 어려움과 불편함은 여전히 변화의 큰 장벽으로 작용한다. 카카오톡이나 유튜브 이용이 현재만큼 퍼질 수 있었던 것은 남녀노소를 불문하고 사용하기에 어려움이 크지 않았기 때문이

오팔세대는 경제성장률 10%대의 고도성장기에 청장년기를 보낸 사람들로
대한민국 인구의 28%를 차지하며, 보유 자산 또한 가장 많다.
새로운 기술의 탄생기와 같이 하면서 스마트 기기와 인터넷을 활용하는 데도 익숙하다.
밀레니얼 세대 자녀들과 유사한 소비 패턴을 보이는 이들은
스스로를 '조금 더 나이든 3040'이라고 생각한다.

다. 오팔세대는 완전히 다른 종류의 상품과 서비스로 접근하는 것이 아니라, 이전까지의 삶과 동일한 욕구의 연장선상에서 배려하는 방향으로 나아가야 한다. MIT 에이지랩AgeLab의 창립자 조지프 코글린 Joseph F. Coughlin 교수는 이와 같은 전략을 할리데이비슨의 예를 들어 설명한 바 있다. 미국의 오토바이 제조사 할리데이비슨은 자사 고객의 평균 연령이 50세에 이르자 체구가 작은 사람, 즉 여성뿐 아니라 노인도 즐겨 탈 수 있도록 안장 높이를 낮추고 손으로 간편하게 조작이 가능한 제어판을 달았다.[21] 대대적인 시니어 마케팅을 벌이는 것이 아니라 은근슬쩍 배려하는 전략을 취한 것이다. 같은 맥락에서 노인을 위한 산업이 따로 있다는 생각에서도 벗어날 필요가 있다. 오팔세대가 필요로 하는 것은 완전히 새로운 무언가가 아니라 일상의 행복과 편의를 높이는 상품과 서비스다.

오팔이라는 보석의 색이 상징하듯 오팔세대는 사실 하나의 집단으로 묶기 어려울 만큼 매우 다양한 특성을 지닌 소비자들이다. 앞서 50대와 60대의 구직 특성이 다르다는 점을 이야기했지만 더 가까이 들여다보면 50과 55, 그리고 60과 65라는 연령 또한 정년과 연금 수령 시기와 맞물려 각기 다른 특성을 보인다. 남성과 여성 간에도 큰 차이점이 존재한다. 코글린 교수는 연구를 통해 남성은 노후를 바라볼 때 '독립·휴가·충족' 등을 떠올리며 결과지향적인 반면, 여성은 '계획·저축·보험' 등을 떠올리며 과정지향적이라는 점을 발견했다.[22] 이를 한국적인 사례로 생각해본다면 오팔 남성들이 언젠가 한적한 시골에 내려가 노후를 보내고 싶다는 말을 자주 하는 반면, 여성들은 베란다에 상추를 키울지언정 그러한 표현을 하지 않는다는 차이가 있다. 따라서 오팔세대가 '바로 지금' 필요한 서비스나 개선점을 알고자 한다면 여성에게, 미래의 '로망'에 대한 정보를 얻고 싶다면 남성에게 물어야 한다는 것이다.

'아침에 일어날 이유'를 만드는 것의 중요성

사실 오팔세대의 입장에서 중년과 다름없이 일을 해야 하는 노후가 그리 유쾌하지만은 않을 수 있다. 현실적으로 많은 사람들이 은퇴를 하고 싶어도 노후 준비가 되어 있지 않아 비자발적으로 노동을 계속하며, 일자리 부족으로 만족스럽지 못한 근로 조건에서 일하고 있다. 하지만 '아침에 일어날 이유'를 만드는 것은 중요하다. 최근 전 세계가 급속도로 고령화되면서 건강하고 행복한 노후를 위한 조건으로 '이키가이いきがい'라는 개념이 주목받고 있다. 사전적으로는 '사는 보람'이라 해석되는 이 단어는 아침에 이부자리에서 나오는 이유이며 살아가는 원동력을 말한다. 세계적인 장수 마을로 유명한 오키나와를 연구한 댄 뷰트너Dan Buettner는 삶을 '노동과 은퇴'로 이분하는 서구적 시각과 달리 오키나와 사람들에게는 은퇴라는 개념 자체가 없다고 말한다.[23] 101세의 어부는 가족을 위해 물고기를 낚는 일이, 102세의 할머니는 고손녀를 안아주는 일이 그들의 이키가이다. 반드시 사회적 인정이나 소득을 얻을 수 있는 일이 아닐지라도 매일 아침을 맞이하는 기쁨을 한 가지 품는 것은 젊고 건강한 인생 후반전을 행복하게 사는 열쇠가 되는 것이다.

더불어 한 사람의 꿈은 그의 아침만 밝히는 것이 아니다. 나이보다 젊어 보이는 것을 유독 중요시하는 한국 사회에서 백발을 늘어뜨린 김칠두 씨와 같은 시니어 모델이 대중적인 성공을 거두리라고는 아무도 생각하지 못했다. 그뿐만이 아니다. 박막례 할머니, '사딸라 아저씨'가 된 배우 김영철, '야동순재'에서부터 '꽃할배'까지 꾸준한 인기를 구가하는 배우 이순재와 같은 시니어 셀럽은 '노인은 도무지 말이 통하지 않는 사람'이라는 부정적 인식이 만연하고 세대 간 단절이 극심한 사회에서 소통의 갈증을 채워준다. 이처럼 활기차게 새로운 아침을 맞이하는 오팔세대의 모습은 함께 백세 시대를 살아갈 후배 세대에게 귀감이 되고 대한민국 세대 간 소통에 물꼬를 트는 계기가 되어줄 것으로 기대된다.

Convenience as a Premium

편리미엄

편리한 것이 프리미엄한 것이다. 구매의 기준이 가성비에서 프리미엄으로 이행하고 있는 가운데, 프리미엄의 요소가 또 한 번 변화하고 있다. 이제 프리미엄의 기준은 하고 싶은 일은 많고 시간은 부족한 현대인에게 최소한의 노력과 시간으로 최대한의 성과를 누릴 수 있게 해주는 것이다.
일명 편리미엄 전략은 크게 세 가지로 나뉜다. ① 해야 할 일에 대한 절대적 시간을 줄여주거나, ② 귀찮은 일에 들어가는 노력을 덜어주거나, ③ 얻고자 하는 성과를 극대화시켜주는 것이다.

편리성이 프리미엄의 요소로 편입되는 배경은 시대적이다. 시간 빈곤에 시달리는 현대의 젊은 소비자들은 다른 한편으로 그 시간을 다양한 경험과 자기성장에 투자하고 싶어 한다. 더구나 옆집이나 친지에게 사소한 부탁도 할 수 없게 된 '약한 연대의 사회'에서는 작은 문제조차 스스로 해결하지 않으면 안 된다. 이런 여러 이유로 소비자들은 자신의 시간과 노력을 줄여줄 수 있다면 얼마든지 그 대가를 지불할 수 있다고 받아들인다. 일자리는 부족해지는 가운데 구직 청년은 물론이고 은퇴 후의 '가교노동'을 원하는 노동자들이 늘어난 것도 한 요인이다. 이들이 플랫폼화하는 노동시장으로 별 제약 없이 유입되고 있는 것이다.

앞으로 편리미엄 시장은 빠른 속도로 성장할 것으로 보인다. 그러나 소비자·노동자·플랫폼의 신뢰를 향상시키는 것이 먼저다. 소비자의 사소한 불편함에 집중해 그들의 삶을 프리미엄하게 만들라. 사상 최악의 불경기라고는 하지만 여전히 기회는 존재한다.

〈트렌드 코리아〉 시리즈가 2008년 이후 발표해온 키워드 중에서, 구매 기준과 관련해 가장 중요한 것은 역시 『트렌드 코리아 2016』에서 발표했던 '가성비'다. '가격 대비 성능 비율'을 뜻하는 가성비는 지금은 익숙하게 사용하는 개념이지만, 그 당시에는 한국 소비자의 가치관 변화를 보여주는 획기적인 개념이었다. 그전까지 한국 소비자는 다소 비싸더라도 브랜드를 중시하고, 위신을 높여줄 수 있는 소위 '명품'에 거리낌 없이 투자했다. 하지만 2016년 불어닥친 가성비 트렌드는 시장의 판도를 바꿨다. 저가항공 열풍이 불고, 편의점 PB상품이 자리 잡았으며, 대용량의 저렴한 커피가 등장했다.

가성비 트렌드에 다시 변화의 가능성을 보여준 키워드는 『트렌드 코리아 2017』에서 제안한 'B^{+} 프리미엄'이다. 가성비 전략이 유효함에는 변함이 없지만, 그 와중에도 소비자들은 자신이 중시하는 가치가 있다고 납득할 수 있으면 거리낌 없이 프리미엄 상품을 소비할 것이라는 전망이었다. 특히 이러한 현상이 고가품에만 한정되는 것이 아니라 볼펜·김밥·편의점 식품 등과 같이 평범한 대중제품에서도 발생한다는 점에 주목해 'B^{+}' 프리미엄이라고 명명했다. 이후 산업은 가성비 시장과 프리미엄 시장이 공존하는 양극형 시장으로 변화하고 있다. 예를 들면 LG전자의 초고가 프리미엄 브랜드 '시그니처'와 이마트가 직접 소싱한 초저가 TV가 함께 잘 팔리는 현상이 벌어지고 있는 것이다.

역설적이지만 프리미엄과 가성비는 같은 맥락에 놓여 있다. 가성비를 높이는 데에는 분모인 가격을 낮추거나 분자인 성능을 높이는 두 가지 방법이 있는데, 전자를 저가격화 전략이라고 본다면 후자는 프리미엄화 전략이라고 부를 수 있기 때문이다. 가성비를 따져 제품을 구매한다는 것은 단지 싼 가격의 제품을 구매하는 것만을 의미하지 않는다. 내가 지불한 돈에 대비해 가장 높은 가치를 제공하는 제품을 구매하겠다는 것이다. 그래서 '프리미엄화'에 성공한 상품에 대해서 소비자는 비싼 금액을 지불하고도 '가성비가 높다'고 인식한다.

그렇다면 소비자에게 그런 가치를 납득시키는 일, 즉 프리미엄화에는 어떤 방법이 있을까? 『트렌드 코리아 2017』에서는 ① 실용적 가치를 눈으로 확인하게 하는 전략, ② 감각적이고 합리적인 디자인으로 승부하는 전략, ③ 원재료의 신선함으로 가치를 내세우는 전략, ④ 차별화된 경험을 상품화하는 전략을 제안한 바 있다. 『트렌드 코리아 2020』에서는 2020년의 시장 상황에서 실행할 수 있는 또 하나의 프리미엄 전략을 추가하고자 한다.

최근 변화 양상을 보면 소비자들이 시간 부족에 허덕이면서 생활의 효율을 극도로 중시하게 되었고, 인간관계의 유대가 약화되면서 삶의 문제를 모두 개인이 직접 해결해야 하는 원자화된 사회로 진입하고 있다. 이에 더해 스마트폰 애플리케이션을 기반으로 한 앱 경제는 그 확산 속도가 무척 빠르다. 이러한 점을 종합적으로 고려할 때 2020년의 프리미엄은 소비자의 '편리'에 집중될 것이라고 예상할 수 있다. 다시 말해서 소비자가 원하는 '편리'를 잘 발굴해 이에 기반한 상품·서비스 전략을 기획한다면, 가격 상승에 대한 소비자의 지불의향을 이끌어내는 '프리미엄' 전략이 충분히 가능하다는 의미다. 이에 『트렌드 코리아 2020』에서는 편리가 프리미엄의 핵심 요소가 된다는 측면을 강조해 '편리미엄'으로 명명하는 트렌드를 제안한다.

현대의 소비자들은 스마트하다. 꼭 해야 할 일 외의 나머지에서 자신이 추가적으로 노력을 들이지 않아도 되는 일을 대신 해줄 사람을 찾는다. 자신만의 여유 시간을 확보하거나, 노력을 덜 들이거나, 획기적으로 효율을 높여줄 서비스를 당당하게 이용하는 것이다. 이들은 주로 가사 노동·줄 서기·청소·운동 등 일상의 사소한 영역에서 자신의 편의성을 높여주는 제품과 서비스들을 이용한다. 많은 노동력을 투입하기 어려운 1인 가구, 시간에 쫓기는 맞벌이 부부 등이 주된 소비층으로 부상하면서 자연스럽게 '편리미엄' 시장이 확대되고 있다. 시간을 아끼고 편의성을 확보할 수 있다면 기꺼이 비용을 지불하는 현대인들의 일상이 소비트렌드를 바꾸고 있는 셈이다. 똑똑하지만 게으른, 이른바 '똑게' 소비자들이 선택한 편리미엄 서비스들이 어떤 전략으로 소비 시장을 접수하고 있는지 그 면면을 들여다본다.

편리미엄을 높이는 전략

편리성이 프리미엄이 될 수 있는 이유는 바로 귀찮은 일에 들어가는 '시간과 노력'을 줄이는 일이 과거보다 매우 중요해졌기 때문이다. 비용을 지불해 절약한 시간으로 다양한 경험을 할 수 있는 것이 곧 경쟁력이 되었다. 소유보다 경험이 중요해진 사회에서는 명품 가방보다 해외여행을 떠날 수 있는 시간적 여유가 더 가치 있다. 시간을 사서 편의를 높인다는 것은 더 이상 귀차니즘의 결과가 아니라, 프리미엄한 라이프스타일을 위한 선택이다. 편리미엄을 위해서는 성과 그 자체를 높이거나 노력 혹은 시간을 줄여 편리성의 효율을 높일 수 있다. 공식화하면 다음과 같다.

$$편리미엄 = \frac{성과}{노력 \times 시간}$$

따라서 편리미엄을 높이기 위해서는 분모의 노력과 시간을 줄이거나, 분자의 성과를 높여야 한다. 이제 구체적인 방안을 하나씩 살펴보자.

1. 시간을 줄이는 패스트트랙 전략

편리미엄의 첫 번째 전략은 소비자가 투자해야 하는 시간을 줄여 편의성을 높이는 것이다. 대표적인 예가 동영상 재생 전에 나오는 프리롤pre-roll 광고 영상을 5초 후에 스킵할 수 있도록 만든 유튜브의 '건너뛰기' 광고 전략이다. 최근에는 연속으로 광고 2개를 시청해야 하거나 건너뛰기를 할 수 없는 15초 광고도 늘었다. 이러한 시간조차 아끼고 싶은 사람들은 '유튜브 프리미엄'을 찾는다. 월 7,900원을 지불하면 광고 없이 바로 영상을 볼 수 있는 유료 서비스다. 동영상 다운로드 등 다른 서비스도 이용이 가능하지만 이 서비스의 핵심은 광고 제거다. 건너뛰는 시간마저 아까운 이들에게는 불필요한 광고 시청보다 별도의 비용을 지불해 시간을 절약하는 것이 더 합리적인 선택이 된 것이다.

요즘 어린 자녀를 둔 부모라면 누구나 공감하는 명언이 있다. 바로 "육아는 장비빨이다"라는 말이다. 아이를 돌볼 때 실질적인 도움을 주는 다양한 아이템이 등장하며 고된 육아에 오아시스 같은 존재가 되고 있다. 이러한 육아 장비들 중 핵심이 되는 쟁점은 바로 '부모의 자유 시간'을 얼마나 확보해주느냐다. 모유를 유축하는 동안 다른 일을 할 수 있게 해주는 아이마니의 '핸즈프리 유축기', 분유를 만드는 시간을 줄여주는 쿠첸 '오토 분유포트기', 열탕 소독 시간을 줄여주는 '젖병소독기' 등이 대표적인 효자템들이다. 위생과 안전이 제품 선택의 최우선이었던 육아 시장에 '시간 단축'이라는 새로운 프리미엄 트랙이 펼쳐진 것이다.

이처럼 소비자들의 시간을 획기적으로 아낄 수 있도록 도와주는 제품과 서비스의 호응이 높아지고 있다. 스마트폰이나 기타 스마트 기기로 음식이나 음료를 주문하는 스마트오더smart order가 대표적이다. 커피 전문점 스타벅스의 '사이렌 오더'의 경우 소비자가 주문하기 위해 긴 줄을 서거나 카운터까지 갈 필요가 없다. 이렇게 줄어든 대기 시간은 고객의 만족도뿐만 아니라 매장의 회전율까지 높여준다. 편리함과 매장 효율 효과가 검증되면서 커피 프랜차이즈 업계에서 가장 먼저 자리 잡았다.

스타벅스를 필두로 투썸플레이스·이디야커피·탐앤탐스·할리스커피 등 대부분 업체가 스마트오더 시스템을 도입했다. 특히 스타벅스는 2018년 기준 스마트오더 주문 건수가 6,600만 건을 돌파했는데, 하루 전체 주문 가운데 약 18%가 스마트오더 주문이라고 한다. 이처럼 커피 업계에서 효과가 증명되자 최근에는 외식 업계로도 빠르게 확산되고 있다. 롯데리아와 KFC가 앱 또는 카카오톡 플랫폼을 활용한 스마트오더 시스템을 도입했다. 신용카드사도 자사의 모바일

▶▶▶ 왜 아까운 시간에 줄 서서 기다리세요? 소중한 시간을 줄여주는 스마트오더.

앱에 관련 기능을 더하는 추세를 보이고 있다. 신한카드는 '신한Pay FAN' 앱에 장보기 및 바로주문 픽업 서비스 기능을 적용했고, 롯데카드는 앱을 통해 야구장에서 음식을 원격 주문할 수 있는 서비스를 선보였다.[1]

ICT 기술을 접목하여 소비자의 서비스 대기 시간을 줄이기 위한 노력이 다양한 영역에서 빛을 발하고 있다. 한 국내 항공사는 이미 셀프체크인이나 셀프백드롭과 같은 스마트 체크인 서비스를 이용하는 승객이 80%에 이른다고 한다. 금융권에서는 이용자들의 은행 대기 시간을 줄이고자 애플리케이션으로 예약번호표를 발행하는 시스템을 도입했다. 실시간으로 몇 명이 대기하고 있으며 평균 대기 시간이 얼마나 되는지까지 확인이 가능하다.[2] 현대카드는 최근 '인공지

출처: 밀리의서재, 네이버오디오클립

▶▶▶ 읽는 것보다 듣는 것이 더 편하다. 배우 이병헌이 읽어주는 리딩북에 빠지고 출근길 차 안에서도 음악 대신 책을 듣는다.

능-자동응답 시스템AI-ARS'을 자사 고객센터에 도입했다. 이를 통해 대기 시간 없이 인공지능 상담원이 즉시 상담을 진행하게 된다. 음성을 기반으로 처리하는 시스템이어서 텍스트로 진행되는 챗봇 상담에 비해 편의성이 높고 진행 속도가 빠른 것이 특징이다.[3]

시간을 줄이기 위해서는 절대적인 양을 줄이는 방법도 있지만, 압축적으로 사용하는 것도 또 다른 방법이다. 바로 멀티태스킹을 하는 것이다. 대표적인 예로 '귀로 듣는 책', 오디오북이 있다. 굿이리더GoodEReader닷컴에 따르면 세계 오디오북 시장은 2013년 20억 달러에서 2016년 35억 달러로 연평균 20.5% 성장했다. 같은 기간 인쇄도서 시장이 1.9% 성장한 것과 비교하면 눈에 띄는 수치다. 이른바 '멀티태스킹 독서'는 조용히 혼자서 종이책을 읽는 것이 아니라 마치 라디오처럼 오디오북을 들으면서 다른 일을 할 수 있다. 실제로 미국 오디오출판협회가 2017년 6월 조사한 결과, 소비자들이 오디오북 이용의 이유로 멀티태스킹이 가능한 점을 꼽기도 했다.

국내에서도 후술하는 '업글인간' 트렌드와 맞물려 오디오북 시장이 서서히 달아오르고 있다. 국내 최대 월정액 독서 앱 밀리의서재는 배우 이병헌의 목소리로 녹음한 유발 하라리의 『사피엔스』 리딩북(오디오북)을 오픈한 지 일주일 만에 1만5천 명이 들었다고 밝힌 바 있다. 국내 최대 오디오북 제작·유통 업체 오디언소리에 따르면 2019년 2분기(4~6월) 오디오북 유료 이용 회원 수는 35만1,428명으로 전년 동기(7만4,552명) 대비 377% 늘었다.[4]

2. 노력을 줄이는 無힘승차 전략

편리미엄의 두 번째 전략은 노력을 줄이는 것이다. 내가 못하는 영역에 노력하느라 시간을 쓰느니, 잘하는 영역에 더욱 집중하려는 성향의 소비자들이 취하는 전략이다. 특히 가사 노동과 관련된 분야에서 노력을 들이지 않고 전문가의 손길을 빌리는 것이 자연스럽다. 그 종류도 다양한 수요자만큼이나 다채롭다.

가장 먼저 눈에 띄는 분야는 바로 심부름 서비스다. 김집사·띵동·부르심리테일 등 잔업을 시간제로 할당하여 처리해주는 서비스 플랫폼들이 많은 소비자들에게 환영받고 있다. '김집사'는 "모든 심부름을 20분 이내에, 2,000원부터"를 컨셉으로 하는 심부름 서비스 플랫폼으로 쓰레기 버리기부터 음식·식료품 배달, 세탁물 찾아다 주기, 우체국 대신 가기 등 소소하지만 직접 움직여야 하는 귀찮은 집안일을 대신 해준다. 간단한 청소나 장보기 서비스로 시작한 심부름 앱은 최근에는 유명 콘서트 예매 줄 서기, 발표용 파워포인트 제작

등으로 범위가 넓어지고 있다. 심지어 재소자 옥바라지도 대신 해준다고 한다.[5]

대리주부·미소·홈마스터 등 홈클리닝 업체들도 등장했다. '홈마스터'는 가사 전문 도우미의 사진과 경력을 공개하고 별도의 청소 교육까지 받아 믿을 만한 전문가를 이용자가 직접 선택할 수 있도록 했다. 이 분야의 1위 업체인 대리주부의 경우 2018년 기준 누적 거래액이 530억 원에 이른다고 한다. 집안일에 소요되는 노동력을 아껴 아이와 놀아주는 등 더 생산적인 일에 힘을 쏟으려는 이들이 주요 고객이다.[6]

맘시터·째깍악어·자란다 등과 같이 아이를 돌보기 어려운 엄마의 역할을 전문적으로 대행해주는 양육 서비스 업체들도 있다. 교사에 대한 철저한 인증 시스템과 관리 체계로 비교적 손쉽게 소개를 받을 수 있고, 필요한 시간에 원하는 만큼 서비스를 신청할 수 있어 저렴한 비용으로 부담을 덜 수 있다. 이 중 '맘시터'는 전국적으로 14만 명의 시터회원과 7만 명의 부모회원을 보유한 서비스다. 1시간에 8,500원 수준의 비용으로 원하는 시간에 이용이 가능할 뿐만 아니라, 시터회원의 프로필·후기·인증 정보를 부모회원이 직접 확인할 수 있어 보다 안심하고 이용할 수 있다. 이에 출시 2년 반 만에 누적 회원 20만 명을 돌파했으며, 맘시터 서비스를 통해 매칭자 간 발생하는 월 거래액은 2019년 4월 기준 20억 원 이상으로 추정된다.[7]

아파트 분양 시장에서도 고객의 노력을 덜어주는 신개념 서비스들이 프리미엄 셀링 포인트가 되고 있다. 대표적인 예가 아파트 조식 서비스다. 국내 최초로 커뮤니티 시설에 조식 제공 서비스를 도입한

▶▶▶ 집안일과 육아, 반려동물 케어는 물론이고 편의점 심부름까지 고객의 손발이 되어주는 각종 서비스가 인기를 누리고 있다.

곳은 서울 성수동 트리마제로 알려져 있다. 2017년 서비스 업체를 선정해 조식과 중식을 제공해왔다가 최근에는 저녁까지 제공하는 올데이All Day 다이닝 서비스로 확대했다. 조식 서비스 외에도 고급차 카셰어링이나 하우스 키핑 서비스, 비즈니스 라운지·북카페·사우나 등의 편의시설을 입주민에게 제공하는 서비스도 있다. 또한 서울 반포동 반포리체, 서울 대치동 래미안대치팰리스, 서울 서초동 반포래미안퍼스티지, 수원 광교 더샵 레이크파크, 성남 위례신도시 자연앤래미안e편한세상, 대구 수성구 SK리더스뷰 등도 식사 서비스를 잇따라 도입했다고 한다. 특히 서울 평창동 롯데캐슬로잔은 입주민에게 주 1회 세차 서비스와 월 1회 침대·소파·카펫의 살균 및 건식 청소 등 호텔식 룸 메이드 서비스를 제공하고 있다.[8]

일의 종류에 따라 특수 서비스를 제공하는 업체들도 각양각색이다. 개인이 직접 할 수 있는 일이지만, 수고를 덜기 위해 비용을 지불하고 대신 해줄 사람을 찾는 것들이다. 대표적으로 강아지를 돌봐주는 펫시터를 연결하는 플랫폼을 들 수 있다. 반려견 돌봄 플랫폼인 '도그메이트'나 '와요'를 이용하면 '도그워커(전문 반려견 산책인)'를 1시간에 2만 원 내외의 비용으로 고용할 수 있다.[9] 나물을 먹고 싶지만 은근히 손이 많이 가는 번거로움 때문에 꺼렸다면 이제 나물을 데쳐주는 나물 큐레이팅 서비스를 이용하면 된다. 세차와 같은 서비스는 말할 것도 없다. '인스타워시' 앱을 이용해 세차 서비스를 예약하면 원하는 시간에, 원하는 장소에서 세차를 받을 수 있다.

3. 성과를 극대화하는 최대 효과 전략

편리미엄의 세 번째 전략은 최소의 노력으로 '최대 효과'를 발휘하는 것이다. 특히 헬스와 뷰티 분야는 최소의 투자로 성과를 극대화하기 위한 편리미엄 시장의 격전지가 되고 있다. 최근에 가장 주목을 받고 있는 첨단 테라피 요법은 바로 냉각사우나 크라이오테라피다. 영하 110~130도 이하 극한의 냉각 환경에서 신체가 자가 회복 과정을 거치게 함으로써 드라마틱한 컨디션 회복과 칼로리 소모 효과를 이끌어내는 요법이다. 크라이오는 1년 사이에 신규 전문 센터만 50여 개가 생길 정도로 빠른 성장세를 보이고 있다.

5~20분의 운동만으로도 효과를 높여주는 EMS Electronic Muscle Stimulation 트레이닝도 주목받고 있다. EMS는 저주파 자극을 통해 근육에 직접 전자기 자극을 줌으로써 짧은 시간에 운동 효율성을 크게 높여준다고 한다. EMS 전문 수트를 착용하고 프로그램에 맞춰 15분 정도만 운동해도 같은 시간 러닝이나 웨이트 트레이닝을 할 때보다

3~4배 높은 칼로리 소모 효과가 있는 것으로 알려졌다. 국내에서는 최근 크라우드 펀딩 사이트 와디즈를 통해 펀딩을 진행한 'X-PAD EMS 트레이닝'이 유명한데, 펀딩 시작 1시간 만에 펀딩률 100%를 달성하며 운동 귀차니스트들의 이목을 집중시켰다.[10]

일분일초가 아까운 현대 여성들에게 화장에 소요되는 시간은 때로 고역이 되기도 한다. 기초화장과 메이크업의 각 단계마다 써야 할 것이 한두 가지가 아니다. 지우는 일에도 시간이 드는 것은 마찬가지. 짧은 시간에 성과를 극대화하는 효율성과 편리함은 이제 뷰티 업계에도 이슈가 되고 있다. 실제로 드럭스토어 올리브영의 최근 3년간 매출을 분석한 결과, 2018년 에센스 매출이 지난 2016년 대비 150%가량 급격하게 성장한 것으로 나왔다. 이는 기초화장품 카테고리에서 가장 높은 신장률로, 에센스 매출액이 처음으로 스킨 매출액을 뛰어넘은 것이다. 로션은 2017년에 비해 한 자릿수 성장에 머물렀지만, 에센스는 65%의 급격한 신장률을 기록하며 기초 화장품류의 전체 성장을 견인한 것으로 나타났다. 불필요한 단계를 건너뛰고 최소한의 관리로 최대한의 효과를 보려는 이른바 **스킵케어**가 반영된 것으로 분석된다. 단계가 복잡한 기존의 스킨케어 제품들 대신, 고농축·고기능성으로 출시돼 적은 양으로도 효과적인 피부 관리가 가능한 에센스가 소비자들의 니즈를 충족시켜준 것이다.[11] 이 밖에도 헤어무스처럼 흔든 뒤 뿌리고 발라주기만 하면 기름진 머리가 방금 감은 머리처럼

스킵케어 skip-care
피부에 필요한 최소한의 화장품 가짓수로 스킨케어를 하는 방법이다. 불필요한 단계는 건너뛰고 피부가 필요로 하는 간단하면서도 확실한 스킨케어로, 피부 관리에 효율적이며 훨씬 현명한 방법으로 자리매김하고 있다.

되는 드라이샴푸, 물에 적셔 얼굴에 문지르기만 하면 메이크업 클렌징이 완료되는 호주산 클렌징 퍼프 '페이스 헤일로FACE HALO'와 같은 상품들도 최소 노력으로 최대 효율을 바라는 사람들의 마음을 끌고 있다.[12]

올인원 화장품을 선호하는 사람들은 사실 여자보다 남자들이다. 남성용 피부케어 화장품 중 가장 많은 사랑을 받는 항목은 스킨과 로션의 기능이 하나로 합쳐진 '올인원 화장품'이다. 올리브영·랄라블라·롭스 등의 스토어에서도 남성용 화장품 중 올인원 화장품의 매출 규모가 단연 높은 것을 확인할 수 있다. 대구백화점에 따르면 올인원 남성 화장품 판매 비중이 전년 대비 15% 신장했다고 한다. 남성 라인에서 차지하는 비중도 점차 늘어나 현재 남성 화장품 매출의 30~40%를 차지하는 효자품목으로 올라왔다. 아모레퍼시픽이 출시한 남성 스킨케어 브랜드인 브로앤팁스BRO&T!PS의 제품 역시 한국인 피부에 특화한 올인원 스킨케어 제품으로 스킨과 에센스가 한 병에 들어 있어, 피부 관리를 귀찮게 여기는 남성들에게 환영받고 있다.[13]

▶▶▶ "그 아파트는 아침식사가 나오나요?" 호텔이 부럽지 않은 아파트 조식. 이제 아파트를 고르는 기준이 달라지고 있다.

편리미엄의 등장 배경

시간 빈곤에 시달리는 경험 중시자들

편리미엄 서비스를 주로 이용하는 소비자들은 30~40대의 젊은 부모, 특히 주부들과 1인 가구의 젊은 소비자들이다. 이들은 밀레니얼 세대로 그만의 특성에 기인해 편리미엄의 선호가 두드러진다. 먼저 밀레니얼 세대는 일하는 시간을 제외하고 가용할 수 있는 대부분의 시간이 부족하다고 느끼는 '시간 빈곤'에 시달리고 있다. 시간 빈곤 비율이 가장 높은 연령대는 30대인데, 미혼에 비해 기혼이며 배우자가 있는 경우의 시간 빈곤 비율이 2배 정도 더 높다고 한다. 자녀가 있는 경우, 그중에서도 특히 미취학·미성년 자녀가 있을 때 시간 빈곤 비율은 더 높을 수밖에 없다. 부족한 시간을 효율성으로 대체하고자 하는 욕구가 큰 탓에 이들에게 가사 노동 시간을 줄여주는 이른바 삼신가전(식기세척기·의류건조기·로봇청소기)은 선택이 아니라 필수로 자리 잡았다.

무엇보다 이들은 타인이 아니라 나 자신을 기준으로 스스로 선택하는 삶을 추구한다. 뒤에 나오는 '업글인간' 키워드에서 더 자세히 설명하겠지만, 이 소비자들은 '나의 만족'이 가장 중요한 기준이 되므로 자신을 가꾸고 성장하기 위한 자기계발에 드는 시간과 비용을 기꺼이 감수하는 성향이 있다. 또한 물건을 소유하기보다 경험하는 것을 선호하므로 시간 확보가 필수적이다. 이들이 시간을 소중한 재화로 여길 수밖에 없는 이유이자 편리미엄 트렌드가 부상한 배경이기도 하다.

원자화된 사회와 약한 유대관계의 심화

편리미엄 서비스를 즐겨 이용하는 젊은 소비자들은 어릴 때부터 인터넷과 모바일로 관계를 맺으며 자라온 세대다. 이들에게는 오프라인 교류보다 온라인 교류가 더 익숙하다. 예전에는 여행을 갈 때 강아지 밥 주는 정도의 일은 스스럼없이 옆집의 도움을 받는 경우가 많았다. 그러나 옆집에 누가 사는지 관심이 없고 교류가 부족한 현대인들은 자신의 힘으로 오롯이 모든 문제를 해결해야 하는 상황이다. 급할 때 이들은 이웃 대신 대행 서비스에 의존한다. 옆집으로 가서 인사를 하고 불필요한 관계를 맺기보다 온라인에서 쉽게 관계를 맺고 끊을 수 있는 사람과 교류하는 것을 더 선호하는 것이다.

약한 유대관계의 힘

The Strength of Weak Ties

미국 스탠퍼드 대학의 사회학 교수인 마크 그라노베터가 1973년에 발표한 논문 제목이다. 사람들은 가까운 친구들(강한 연결)보다는 별로 친하지 않은 지인들(약한 연결)로부터 도움을 받는 경우가 많다. 가령 직장을 소개받거나 새로운 정보를 습득할 때 가족이나 친한 친구보다는 아주 가끔씩 연락하는 지인들이 더 도움이 될 때가 많다. 가족이나 친지는 우리와 비슷한 환경에서 비슷한 정보를 얻고 비슷한 판단을 내리지만, 그다지 친하지 않은 지인들은 우리와 다른 환경에서 다른 정보를 접하고 다른 판단을 하기 때문이다.[14]

실제로 이들은 직업을 구할 때도 혈연관계보다, 대충 아는 지인들 혹은 일면식도 없는 플랫폼에서 구하는 것에 익숙하다. 사람들이 어떻게 일자리를 찾느냐와 관련하여 미국의 사회학자 마크 그라노베터Mark Granovetter는 흥미로운 연구 결과를 내놓았다. 일반적으로 우리는 친구나 가족, 가까운 직장동료 등 이른바 '강력한 유대관계strong tie'에 있는 사람들이 일자리 정보를 줄 것이라고 기대하지만, 실제로는 강력한 유대관계에 있는 사람들이 일자리를 얻는 주된 원천이 아니라는 사실을 발견했다. 오히려 친구의 친구나 그냥 알고 지내는 사이, 심지어 얼굴만 익힌 사람이 일자리를 소개해주는 경우가 대부분이었다. 이런 사람들은 **약한 유대관계**에 있다고 볼 수 있다. 이제는 기술 발달로 중개 플랫폼이 진화하면서 약한 유대관계를 오히려 더욱 강화하고 있는 셈이다.

은퇴는 없다! 과거와 다른 경력 곡선을 그리는 긱gig 노동자들

편리미엄 트렌드에는 수요와 공급의 두 영역이 존재한다. 서비스를 받으려는 사람이 있는 한편, 다른 쪽에서는 그 일을 하고 싶어 하는 사람도 있다. 편리미엄 서비스 제공자들은 경력이 단절된 여성, 자신만의 전문성을 내세워 일을 하는 사람, 은퇴했지만 **가교노동**이 필요한 사람, 직장을 다니지만 추가적인 수입을 얻고 싶은 사람 등 다양한 목적으로 참여하는 것으로 알려져 있다.

이 사람들에게는 공통점이 있다. 경력 곡선이 우리가 경험하던 전통적인 모습과 다르다는 점이다. 지금까지는 대개 20대에 회사에 들어가 30대에 중간관리자 자리에 오르기 위해 열심히 일한다. 성과가 좋으면 직급이 올라가고 50대가 되면 소득 창출력이 정점에 오른다. 그러나 60대 초가 되면 모든 것이 끝나고 은퇴한다. 이것이 전통적인 생애주기의 경력 곡선이다.

반면 런던 정경대의 태미 에릭슨Tammy Erickson 교수에 따르면 이러한 모습이 바뀌고 있다. 예를 들어 설명하면, 20대에

가교노동
고령화로 인해 이제 은퇴는 일생에 한 번 일어나는 사건이 아니다. 단일 사건에서 긴 시간에 걸쳐 진행되는 점진적인 변화 과정으로 일생에 영향을 미친다. 이에 생애 주된 일자리를 퇴직한 뒤, 노동시장에서 완전히 은퇴할 때까지 경험하는 모든 일자리를 가교노동 혹은 가교 일자리라고 한다.[15]

대기업에 입사해 서른 살까지 열심히 일하며 해당 분야에서 깊이 있는 전문 능력과 지식을 갈고닦는다. 서른 살에는 1년 동안 일을 쉬면서 여행을 다니거나 자원봉사 활동을 한다. 그리고 서른한 살에 다시 다양한 회사의 프로젝트에 참여해 경험을 쌓는 과정을 반복한다. 현대의 직장인들은 열심히 직장 생활을 하다가도, 적당한 시점에 새로운 분야에서 에너지를 충전하고 자기성찰의 시간을 마련하며 자원봉사에도 참여하는 1년 정도의 갭이어gap year를 통해 새로운 일을 모색하는 것을 두려워하지 않는다는 것이다.

이러한 형태의 근로 생활은 전통적인 경력 곡선보다 유연하다. 이렇게 유연한 인식을 가진 사람들이 늘어나면서, 근로 형태도 빠르게 전환되며 편리미엄 서비스를 위한 긱gig 노동의 공급원이 되고 있다.

신뢰, 편리미엄의 정착 조건

편리미엄 서비스의 대부분은 단기 자유계약을 근간으로 하는 플랫폼 노동자들에 의해 제공된다. 불특정 다수를 연결해준다는 중계 플랫폼 비즈니스의 장점이 때로는 치명적인 단점이 될 수도 있다. 바로 안전성과 관련한 문제 때문이다. 실제 서비스 이용자와 제공자가 일면식도 없는 타인이기 때문에 신뢰할 수 없는 중개인과 소비자 간의 문제들이 수면 위로 떠오르고 있다. 개인 정보 유출, 방문 서비스의 안정성, 노동자 처우 등의 문제도 있지만 가장 심각한 것은 강력 범죄에 악용될 우려가 있다는 점이다. 서비스를 받으려면 소비자의 가장 사적인 영역으로 타인을 초대해야 하는데 이로 인한 불미스러운 사건들이 발생하고 있다. 성폭행 전력이 있는 한 남성이 심부름 앱 이제 책도 귀로 듣는 시대.

오디오북 시장이 커지는 이면에는 책을 들으면서

다른 일을 병행하거나 쉬기 위한 것도 있다.

'독서'에서 '청서'로 시장이 움직인다.

기사로 가입해 서비스를 신청한 여성을 성폭행하려고 한 사건이 일례다. 반대로 노동자들도 불안하다. 소비자들의 입장에서는 다른 소비자들의 이용 후기를 보고 선택할 수 있다는 최소한의 안전장치가 있다. 하지만 노동자들에게는 그마저도 없다. 어떤 소비자가 자신을 상대할지 모른다는 점에서 위험에 노출되어 있고 무엇보다 피해를 당했을 때 현실적으로 보상을 받을 수 있는 장치도 없는 실정이다.

에어비앤비를 이용해 숙소를 고르는 사람들이 이용자의 후기와 평점에 의지하고 숙소 주인들도 게스트의 정보를 살피듯이, 플랫폼 노동을 이용하는 대부분의 사람들이 이제 후기와 평점을 중요하게 여긴다. 특히 아이를 맡겨야 하는 부모의 입장에서는 신뢰가 무엇보다 중요하다. 이 때문에 편리미엄 서비스의 이용과정을 투명하게 만들어 신뢰를 쌓는 전략이 필요해 보인다. 이용자들의 평가 시스템을 더욱 강화하고 노동자들에 대한 스크리닝도 강화해야 한다. 플랫폼을 기반으로 한 비즈니스의 경우 일면식도 없는 타인을 집으로 들여야 하는 소비자들의 마음을 고려한다면, 또 어떤 소비자일지 모르면서 일을 해야 하는 노동자들을 배려한다면, 상호 평가 시스템은 편리미엄 플랫폼 서비스에서 중요한 요소일 수밖에 없다.

시사점

편리미엄과 새로운 비즈니스 기회

프리미엄 전략은 사실 많은 기업들의 오랜 비즈니스 전략 모델이었다. 이를 위해 과거에는 브랜드가 중요했다. 소비자들은 비싼 돈을 내고서라도 기업의 브랜드를 소비했기 때문이다. 하지만 이제는 소비자 정보가 풍부해지면서 편리를 비롯한 '혜택'이 브랜드의 자리를 잠식해가고 있다. 소비자들은 자신의 시간과 노력을 아낄 수 있는, 자신의 삶을 프리미엄하게 영위할 수 있게 도와주는 제품 혹은 서비스에 지갑을 열고 있다. 한 워킹맘의 이야기를 들어보자.

> 맞벌이를 하며 두 아이를 키우는 정모 씨는 공기청정기·의류관리기·의류건조기를 전자 회사로부터 빌려 사용한다. 월 렌탈료는 제휴 신용카드로 할인받아 13만 원가량, 5년 의무 사용 기간을 감안하면 이들 가전제품을 구매하는 편이 훨씬 저렴하지만, 그는 빌려 쓰는 것에 만족한다. 정기적으로 직원이 방문해 급·배수통 소독, 기계실 내부 청소, 필터 장착부 먼지 제거 등을 해주기 때문이다. 정씨는 "이런 가전제품을 어떻게 관리해야 하는지 잘 모르는데, 나 대신 알아서 해주니 좋다"며 "돈이 좀 더 들더라도 살림에 쓸 시간을 아껴 육아에 투입하는 게 낫다고 본다"고 말했다.[16]

이러한 마인드가 편리미엄의 요체다. '돈이 더 들더라도' 자신의 삶을 더욱 편하게 해준다면 렌탈 서비스든, 럭셔리 브랜드든, 구독 서비스든 소비자들은 그것을 선택하게 된다. 과거 기업들은 대개 제품의 대중화를 위해 렌탈을 할 것인지, 구독 서비스로 개시할 것인지에 대해 고민해왔다. 하지만 이제는 서비스의 패러다임 자체를 바꿔야 한다. 소비자의 '편리함'을 기준으로 의사결정을 해야 하는 것이다. 이때 가장 필요한 것은 바로 소비자에 대한 면밀한 관심이다. 소비자들이 일상생활에서 어떤 불편함을 겪고 있고, 어떤 영역에서 시간을 쓰고 있는지 관찰한다면 새로운 비즈니스 기회가 보일 것이다. 소비자의 사소한 불편함에 집중해 그들의 삶을 프리미엄하게 만들라! 사상 최악의 불경기라고는 하지만 여전히 기회는 존재한다.

Elevate Yourself

업글인간

네 자신을 업그레이드하라! 성공보다 성장을 추구하는 새로운 자기계발형 인간, '업글인간'이 등장했다. 이들은 타인과의 경쟁이 아니라 어제보다 나아진 자신을 만드는 데 변화의 방점을 찍는다. 나아가 자신을 중요시하는 '미코노미me-conomy'의 소비자로서 먼 미래보다 지금 당장, 비일상보다 일상에서 소소하지만 확실한 행복을 원하는 소확행의 신봉자들이다. 이들에겐 비좁은 성공 관문을 뚫는 스펙 쌓기가 아니라 어제보다 나은 나를 만드는 매일매일의 성장이 중요하다.

일과 삶의 전방위적 성장을 꿈꾸는 업글인간이 개발 중인 영역은 세 가지다. 첫째는 힘들지만 함께해서 즐거운 운동과 철저한 자기 관리로 만드는 몸의 업그레이드다. 둘째는 새로운 경험과 즐거움의 경지를 개척하고 깊이를 더하는 취미의 업그레이드이며, 마지막은 다양하게 가공된 지식 섭취와 살롱을 통해 지적 세계를 확장해가는 지식의 업그레이드를 꼽을 수 있다. 이 세 가지 업글을 통해 핫한 몸, 딥한 취미, 힙한 지식을 갖추는 것이 업글인간의 자기계발 포인트다.

업글인간 트렌드는 주 52시간 근무제로 촉발된 '워라밸' 추구의 단기적 사회 변화에 일부 기인하기도 하지만, 근본적으로는 고령화 사회에서 인생과 경력 관리의 패러다임이 달라져 나타난 결과다. 삶의 질적 변화를 원하는 업글인간의 등장으로 '경험경제'가 '변화경제'로 전환되고 있다. 변화경제에서 소비자들은 자신의 진화를 돕는 경험을 위해 기꺼이 지갑을 연다. 기업들은 각각의 소비자들이 지닌 지향점을 파악하고 성장을 지원할 수 있는 접점을 고민해야 한다. 소비자들의 행복의 무게 추가 이제는 재미와 의미 사이의 균형을 향하고 있기 때문이다.

1만2천 명의 사람들이 하나의 목표에 도전했다. 바로 '하루 한 번 하늘 보기'. 도전에 참여하는 사람들은 2주 동안 카메라의 앵글이 하늘로 꽉 찬 사진을 찍어 올려야 한다. 창문에 가려지면 실격이다. 누가 시킨 것도 아닌데 자발적으로 도전에 참여하기 위해 돈을 내고 습관 형성 프로젝트에 참여한다. '돈으로 의지를 산다'는 컨셉의 습관 형성 애플리케이션 '챌린저스'에 올라오는 목표는 다양하다. 6시 기상 인증, 50일 안에 복근 만들기, 시 필사하기, 매주 영화 시청 후 감상평 쓰기 등 분야도 난이도도 모두 다르지만 이들이 원하는 것은 하나다. 바로 나 자신의 성장이다.

직장인이 일찍 퇴근하면 뭐가 하고 싶을까? 예전 같으면 일에 지친 몸과 마음을 달래기 위해 맥주 한 캔 손에 들고 TV를 보며 휴식하는 모습이 떠오를 것이다. 그런데 워라밸 열풍 이후 도심 상권에 명암이 갈릴 정도로 한국 사회의 저녁 풍경이 바뀌었다. 많은 직장인들이 늘어난 여가 시간에 여유를 만끽하는 대신 집이 아닌 어딘가로 바쁘게 향한다. 책을 들고 카페로 향하는 사람, 러닝을 위해 한강변을 향하는 사람, 자기 채널에 올릴 영상을 찍기 위해 1인 크리에이터 전용 대여형 스튜디오로 향하는 사람……. 일과 삶의 양적 균형을 찾은 사람들이 삶의 질적 변화를 꾀하고 있다. "하마터면 열심히 살 뻔했다"는 자조 섞인 분위기 속에서도 "열심히 사는 게 어때서?"라고 외치며 자신의 열정을 불태우는 신인류가 등장한 것이다.

업그레이드upgrade는 원래 "한 단계 높이다"는 의미를 가진 말인데, 컴퓨터 소프트웨어의 버전을 높여 오류를 해결하고 성능을 향상시킨다는 뜻으로도 쓰였다. 그런데 삶의 모든 부분을 개선하는 의미로 확산되면서 일상적인 용어가 됐다. 업그레이드의 한국식 준말인 '업글'은 네티즌 사이에서 무언가의 성능을 높이는 작업을 지칭할 때 흔하게 사용된다. 이에 『트렌드 코리아 2020』에서는 자기 자신을 업그레이드하기 위해 부단히 노력하는 사람들을 '업글인간'이라고 명명하고자 한다.

업글인간이 자신을 위해 투자하는 모습은 자기계발의 연장선상에 있다. 하지만 내면에서부터 자신을 업그레이드하려는 이들의 자기계발은 이전의 '스펙 쌓기'와는 차원이 다른 기세가 느껴진다. 승진보다 성장을 추구하며 매일매일 진화를 꿈꾸는 업글인간. 자기계발의 패러다임이 변화하며 이들이 만들어가는 시장의 모습도 실시간 '업글' 중이다.

업글: '성공'에서 '성장'의 패러다임으로

2008년 세계를 휩쓴 미국발 금융위기 이후 급속도로 얼어붙은 한국 사회는 생존을 위한 치열한 전쟁터나 다름없었다. 『트렌드 코리아 2009』에서는 직장인들의 자기계발 경쟁 현상을 'Better Me, 스펙을 높여라'라는 키워드로 소개한 바 있다. 10여 년이 흐른 2019년 현재, 스펙 쌓기는 여전히 많은 사람들에게 필수적인 과제로 여겨진다. 그러나 업글인간이 탑재한 자기계발 프로그램은 과거의 스펙 쌓기와는 지향하는 목표도, 내재된 가치도, 추구하는 방법도 전혀 다르다.

먼저 '스펙'은 'specification'의 준말로 진학·취직·이직을 위한 자격 요건을 뜻하는데, 취준생(취업준비생)과 이준생(이직준비생)들이 원하는 직장에 입사하기 위해 필요한 어학 점수나 각종 자격증 따기가 주를 이룬다. 이에 반해 '업글'은 자신의 직무와 관련된 역량을 넘어 건강, 취미, 지식, 관계 등 나와 관련된 총체적 성장을 모두 일컫는다. 따라서 취준생이나 젊은 직장인뿐만 아니라 '누구 엄마'가 아닌 나로서 주체적으로 살고자 도전하는 전업주부, 퇴직 후 새로운 인생을 미리 준비하는 부장님 등 자신의 삶을 업그레이드하고자 하는 누구나 업글인간이 될 수 있다.

2009년 '스펙을 높여라' 키워드에서 'Better me(더 나은 나)' 뒤에 생략된 말이 'than other(남보다)'였다면, 현재 업글인간이 지향하는 'Better me' 뒤에 숨겨진 말은 'than yesterday(어제보다)'라고 할 수 있다. 업글인간의 성장 동기는 타인과의 경쟁에서 오는 불안이 아니라, 어제보다 못한 내 미래의 모습에 대한 불안이다. 업글인간에게 중요한 것은 남들이 알아주는 명문대 진학이나 대기업 입사와 같은 '성공'이 아니다. 스펙 경쟁으로 뚫은 관문은 잠시 동안의 사회적 지위를 보장하지만 영원히 의미 있는 미래를 보장해주지는 않는다. 업글인간이 추구하는 것은 사라지지 않고 나의 자산으로 남아 확실한 내일을 보장하는 '성장'이다.

그래서 업글인간이 지향하는 성장은 '토익 990', '한국사 1급'이 아니다. 과거의 스펙 쌓기가 흡사 답이 정해져 있는 객관식 답안을 채우는 일과 같았다면, 업글인간은 주관식 서술형 답안을 채우는 모습이라 할 수 있다. 내가 진짜 원하는 것, 내가 좋아하는 것, 내가 잘하는 것을 찾아 내 인생의 히어로·히로인이 되어가는 여정은 다른 사

스펙 경쟁식 자기계발과 업글인간식 자기계발의 차이

	스펙 경쟁	업글인간
목표	성공	성장
영역	일	일+삶
비교 대상	타인	어제의 나
현재	희생	재미·의미

람과의 무한 경쟁 못지않게 고될 수도 있다. 하지만 스펙 쌓기가 미래의 성공을 얻기 위해 현재를 희생하는 싸움이라면, 업글인간은 성장 그 자체가 과정이자 목표다. 그래서 업글인간에게 현재는 성장이라는 재미와 의미로 채워가는 즐거운 게임과도 같다.

내일의 나를 업그레이드하는 세 가지 업글 패치

'성장'이 곧 라이프스타일로 자리 잡은 업글인간은 구체적으로 무엇을 어떻게 업그레이드하고자 할까? 행복한 인생의 3대 요소를 건강·여가·능력이라고 한다면, 이들에게 몸·취미·지식의 성장을 위한 업글 소비는 가장 직접적이고 아낄 수 없는 투자다.

먼저 확실한 성취를 원하는 업글인간에게 몸은 최고의 투자 대상이다. 다른 사람들과 함께하는 운동으로 힘들어도 즐겁게, 맞춤형 서비스로 식단부터 습관까지 24시간 철저하게 나를 관리한다. 다음으로 취미는 성장에 필수 요소인 새로움과 재미가 가득한 놀이터와 같다. 인생취미를 발견하길 기대하며 취미와 관련된 인터넷·유튜브 강의를 수강하고, 맛집 발굴과 문화 비평까지 넘나들며 자아를 실현한다. 마지막으로 지식은 그야말로 성장의 최전선이다. 지식사회의 힙스터가 되기를 바라는 이들은 다양한 지식 콘텐츠를 구독하고 지적 교류를 함으로써 세계관을 확장한다. 이제 성공보다 성장을 꿈꾸는 업글인간의 달라진 라이프스타일을 예측해보며 이들의 강력한 에너지원인 업그레이드 패치patch(무언가를 덧붙인다는 뜻으로, 컴퓨터 프로그램의 일부를 빠르게 수정하는 일을 가리키기도 한다) 세 가지를 함께 살펴본다.

업글 패치 ver.1 몸으로 업글: 성장은 '핫hot'하다

인스타그램에서 '런스타그램'이란 해시태그를 검색하면 26만 건이 넘는 게시물이 나온다. 운동하는여자, 운동하는남자라는 해시태그와 함께 흠뻑 땀에 젖은 상기된 얼굴, 달린 거리와 심박수가 표시된 애플리케이션 화면이 오늘도 열심히 달렸음을 보여준다. 30분 이상 높은 심박수를 유지하면 엔도르핀이 분비되면서 구름 위를 걷는 기분이 된다는 '러너스 하이runners high'에 취하기 위해 매일 저녁 달리는 핫한 업글인간의 모습이다. 러닝의 매력에 빠진 사람이 늘어나면서 최근에는 여러 사람이 모여 함께 달리는 '러닝 크루running crew' 문화가 젊은이들 사이에서 빠르게 확산 중이다. 오로지 달린다는 목표만을 공유하며 함께 뛰는 모습이 마치 한 방향으로 구령에 맞춰 노를 젓는 선원과도 같다고 해서 붙여진 이름이다. 뚜렷한 조직 체계나 강제적인 참여 조건이 없음에도 이들이 함께 달리는 것은 성장의 레이스를 지속할 수 있도록 서로의 페이스메이커가 되어주기 때문이다.

정신적인 열기만 핫한 것이 아니다. 운동하는여자, 운동하는남자라는 해시태그가 달린 게시물을 보면 외적인 건강미를 뽐내며 'I'm so hot'한 이들로 가득하다. 몸에 달라붙는 레깅스, 형광색의 화려한 러닝화와 암밴드, 운동으로 단련된 탄탄한 몸매는 사람들의 시선을 사로잡는다. 실제로 인스타그램에서 유명해진 러너는 '런예인(런+연예인)'이라고 불릴 만큼 선망의 대상이 되고 있으며 러닝 자체가 핫한 문화가 되면서 아저씨들의 전유물이었던 마라톤 대회는 젊은이들도 즐기는 온 국민의 페스티벌이 되었다. '달리자 나답게'라는 유명 마라톤 대회의 슬로건은 남들의 속도와 상관없이 나만의 페이스대로 성장하고 싶은 업글인간의 목소리를 대변한다.

최근 '버핏 서울', '슬릭 프로젝트', '주말 운동회' 등 2030 세대 사이에서 인기가 높은 그룹 운동 프로그램도 업글인간의 핫한 면모를 보여준다. 그룹의 남녀 비율을 맞춰 만남의 재미를 더하고 함께 프로그램을 완주해내며 성장의 열기를 더하는 것이다. 함께하면 해낼 수 있다는 이들 프로그램은 도저히 성장하지 않을 수 없도록 '빡세게' 구성된다. 주말에는 2시간의 고강도 운동으로 땀을 흘리고, 주중에는 홈트(집에서 하는 트레이닝) 과제와 식단 관리를 수행하는 식이다. 그럼에도 매주 비정기적인 이벤트 운동과 게임에 가까운 미션들이 재미를 더해, 운동은 힘들고 하기 싫은 일이 아니라 즐겁게 모여 노는 라이프스타일로 업그레이드된다. 이러한 프로그램은 보통 5주 정도의 단기 프로젝트로 진행된다. '50일 복근 만들기 챌린지', '4주 스쿼트

출처: 챌린저스, 클래스 101

▶▶▶ 업글인간의 올바른 습관 형성과 목표 관리를 도와주고 성취감을 느낄 수 있는 취미 활동을 지원하는 앱이 인기를 끌고 있다.

챌린지' 등 습관 만들기 애플리케이션에 등록된 운동 목표들도 명확한 목표 기간을 설정하는 것이 특징이다. 몇 년 후의 먼 미래를 기약하는 것이 아니라 한두 달 안에 실현 가능한 룰을 세우는 것이다. 업글인간은 짧지만 확실한 성장을 원하기에 너무 먼 미래는 꿈꾸지 않는다.

업글인간의 몸 가꾸기는 다이어트에 대한 인식에도 변화를 불러왔다. 무조건 식사량을 줄이거나 러닝머신을 2시간씩 달리는 방식이 아니라 자신의 상태를 고려해 수면 시간·운동법·식단 관리까지 총체적으로 관리하며 전반적인 라이프스타일을 맞춰가는 방식으로 바뀌고 있다. 최근 인기가 높아지고 있는 온라인 PT 서비스는 이러한 업글 소비의 변화를 반영한다. '습관 성형'을 철학으로 내세운 여성

전용 온라인 PT 서비스 '마이다노'는 '00kg 감량'이나 '예뻐지세요'를 추구하지 않는다. 대신 건강한 라이프스타일을 만들기 위한 매일의 변화를 강조한다. 이를 위해 고객들은 삼시 세끼 식단을 기록하고 코치에게 잘한 점과 개선할 점을 피드백받는다. 매일 운동하는 것도 중요하지만 지속적인 실천으로 생활 습관을 개선하는 것이 무엇보다 필요하기에 일대일로 마인드 케어도 받는다. 그렇다면 이들이 대회 출전을 앞둔 운동선수처럼 이토록 공들여 자신을 관리하는 이유는 무엇일까? 몸 만들기에 성공한 사람들은 하나같이 "몸은 거짓말을 하지 않는다. 노력한 만큼 돌려준다"고 말한다. 이것이 바로 업글인간이 자신의 몸에 투자하는 이유다. 불확실함으로 가득한 현대사회에서 몸은 투자한 만큼 반드시 성장을 돌려주는 가장 확실한 투자처다. 몸을 업그레이드하고자 하는 사람이 많아지면서 온라인 PT 서비스의 이용 규모도 증가했다. 2018년 11월과 비교했을 때 2019년 4월 온라인 PT 서비스 이용량은 무려 139%나 늘어났다.[1]

몸에 대한 업글인간의 투자는 식생활의 변화에서도 나타난다. 먼저 샐러드의 위상이 변화하고 있다. 전채 요리나 사이드 디시쯤으로 여겨지던 샐러드가 몇 년 전부터 고급화되기 시작했다. 다양한 재료를 사용해 눈을 사로잡는 플레이팅으로 완성한 샐러드는 고기보다 비싼 가격에 판매되며 어쩌다 한번 먹는, 먹으면 건강해질 것 같은 특별식으로 승격되었다. 이런 샐러드에 대한 인식이 바뀌면서 최근에는 편의점에서도 쉽게 사 먹을 수 있는 일상식으로 자리 잡았다. 샐러드로 식사를 하는 사람들이 늘어나 '편샐족(편의점 샐러드족)'이라는 신조어가 탄생했고, 지하철역에 샐러드 자판기도 등장했다. 데

덤벨 경제dumb-bell economy
덤벨은 근력 운동에 사용하는 아령을 말하는데, 덤벨 경제는 건강 및 체력 관리에 대한 관심이 증가하면서 관련 시장이 급격히 성장하는 경제 현상을 지칭한다. '건강이 곧 새로운 부富'라는 인식을 기반으로 헬스, 홈케어, 요가 등 관련 시장뿐 아니라 이를 보조하는 식품, 운동 용품, 레깅스 등의 부대 산업도 호황을 누리고 있다.[3]

이터상으로도 GS리테일의 샐러드 매출 증가율은 2016년 144%, 2017년 180%, 2018년 197%로 매년 큰 상승폭을 보였다.[2]

샐러드뿐만 아니라 몸 만들기에 필요한 단백질 보충 식품 시장도 성장하고 있다. 이전까지 단백질 시장에 관심을 보이지 않았던 대형 식품 업체들이 운동용 전문 식품이 아니라 평소에도 맛있고 간편하게 섭취할 수 있는 프로틴 바·프로틴 쉐이크·프로틴 강화 시리얼을 내놓았다. 오리온 '닥터유 단백질바'는 출시 6주 만에 100만 개, 농심 '프로틴 그래놀라'는 출시 한 달 만에 31만 개라는 판매량을 기록했다. 이처럼 식품 업계까지 들썩일 정도로 건강 및 체력 관리 시장 전반이 호황을 누리자 이를 지칭하는 **덤벨 경제**라는 용어도 탄생했다.[4]

업글 패치 ver.2 취미로 업글: 성장은 '딥deep'하다

업글인간이 자신의 업그레이드를 즐기는 또 하나의 영역은 취미다. 취미를 통해 취향을 다듬어가며 나를 발견하는 재미를 느끼고, 새로운 경험을 통해 성취감을 만끽한다. 최근 인기가 높아진 원데이 클래스는 더욱 '딥하게' 다양한 경험으로 나를 채우고자 하는 업글 소비의 전형을 보여준다. '우드카빙', '선캐처 만들기', '실크 플라워 만들기' 등 이름만 들어서는 잘 그려지지 않는 온갖 취미 생활에 관한 강좌를 찾을 수 있는 플랫폼이 등장했다. '클래스 101'은 독특한 재료나 도구로 잘 알려지지 않은 공예품을 만드는 예술인과 나만의 특별한 작품을 만들고 싶어 하는 소비자를 연결해준다. 또한 도구 사용법 등 작업에 필요한 기초 지식부터 소도구 재료까지 모두 구매할 수 있어 쉽게 취미 생활을 지속할 수 있다는 장점이 있다. 수백 가지의 클래스를 살피는 일은 반짝반짝 빛나는 취미의 광산을 캐는 듯한 설렘을 제공한다. 여기에서 더 깊이 들어가 취미로 끝을 보고 싶어 하는 업글인간들은 취미로 먹고살 수 있는 경지인 '덕업일치'로 향한다. '클래스 101 시그니처'와 '콜로소' 등 온라인 강좌 플랫폼에는 유명 웹툰작가, 셰프, 네일아티스트 등의 수업을 들으며 프로페셔널의 길을 모색할 수 있는 강좌도 마련되어 있다.

여행이나 호캉스를 즐길 때 "잘 쉬었다!" 정도로는 만족하지 못하는 사람도 많아졌다. 기존의 여행이나 호텔 휴가가 휴식과 향유에 초점이 맞춰져 있었다면 업글인간에게는 '배움'이라는 키워드가 더해진다. 유럽의 유명 플라워 레슨 브랜드에서 3일간 수업을 들을 수 있는 '플로리스트 투어', 중국 베이징과 상하이의 최신 비즈니스 트렌드를 공부하기 위한 '차이나 비즈니스 학습 여행', '사진작가와 떠나는 캐나다 출사 여행' 등 보다 '딥한' 나만의 경험을 축적할 수 있는 다양한 체험·학습형 여행이 각광받고 있다.[5] 호텔에서의 시간도 마찬가지다. 호텔을 방문한 고객을 대상으로 각 분야의 전문가를 초빙하여 진행하는 소수 인원 중심의 다도 클래스, 프렌치 쿠킹 클래스 등은 호텔 특유의 고급스러움과 프라이빗한 분위기를 자아내 업글인간에게 특별한 경험을 선사한다.

배움의 성취감을 넘어서 자아실현에 가까운 극대화된 성취감을 찾는 업글인간도 있다. 지난 몇 년간 SNS에서 자주 볼 수 있었던 '성수동 카페 투어'나 '이태원 펍 크롤링' 같은 도장깨기식 경험 수집은 마치 게임에서 퀘스트를 깨는 듯한 성취감을 선사했다. 하지만 주어진 퀘스트를 달성하는 것으로는 만족하지 못하는 사람들도 있다. 이들은 스스로 더 높은 경지를 개척하기 시작했다.

남들이 모르는 나만의 원석을 발견할 때까지 특정 품목이나 분야를 깊이 파고드는 이들의 소비는 '깊이 판다'는 의미에서 **디깅 소비**라 부를 수 있다. 예전이라면 "스시 먹으러 잠깐 일본 다녀왔어"라는 말은 개그 프로그램에서나 나오는 농담으로 여겼겠지만 경험의 '만렙(최고 레벨)'을 찍고 싶은 디깅족에게는 특별한 일이 아니다. 스시를 파고드는 디깅족은 동네 유명 맛집을 찾아다니는 것에서 멈추지 않는다. 전국 유명 스시집은 물론, 스시의 본고장인 일본에 가서 타베로그(일본의 맛집 찾기 애플리케이션)에서 1위를 차지한 스시집의 스시를 먹고 인증샷을 찍어 끝을 봐야 하는 것이다. 소바 버전도 있다. 진정한 디깅족은 일본 현지 소바를 즐기는 데서 그치지 않고 직접 집에서 면을 뽑아 소바를 만들어 먹기 위해 재료와 도구를 공수해온다.

디깅digging **소비**

디깅은 '채굴'이라는 뜻으로, 음악 분야에서 디제이나 리스너가 좋은 음원을 찾아 특정 장르나 아티스트, 테마 등 관련 음악을 들어보며 깊이 파는 행동을 말한다. 디깅 소비는 디깅을 소비에 비유하여 『트렌드 코리아 2020』에서 만든 용어다.

문화 영역의 디깅족도 준전문가의 지위를 넘본다. 과거의 영화 마니아가 온갖 영화를 섭렵하는 식이었다면, 요즘의 영화 좀 본다 하는 사람은 하나의 세부 장르만을 판다. 심지어 한 편의 영화를 수십 차례 관람하는 'N차 관람'으로 디깅을 시도하는 사람도 있다. 최근 몇 년 새 유행하기 시작한 N차 관람은 하나의 영화를 반복적으로 관람하면서 영화 속 서사 구조와 장면을 분석하고 남들이 찾아내지 못한 은유와 상징을 발견하는, 일종의 퍼즐 게임이 되었다. CGV리서치 센터에 따르면 영화 〈아가씨〉를 무려 111번이나 관람한 사람이 있었다고 한다.[6] 색다른 영화 관람 경험을 제공하기 위한 특수관이 많아지면서 극의 내용보다 음향·액션과 같은 효과가 중요한 영화의 경우, 같은 영화를 매번 다른 상영관에서 관람하고 '4DX 맛집'을 찾는 디깅족도 등장했다.

업글 패치 ver.3 지식으로 업글: 성장은 '힙hip'하다

피커 드러커는 정보화사회에 이어 도래할 사회는 지식이 핵심 자원이 되는 지식사회라고 지적했다. 지식사회에서는 지식이 곧 생산수단이며, 보유한 지식을 활용할 줄 아는 지식근로자가 새로운 자본가 계급이 된다. 우리는 이미 지식사회에 살고 있다. 한 끼 식사를 하면서도 풀어놓는 지식의 보따리가 끝이 없는 지성인들의 대화를 다루는 방송 프로그램들은 알아두면 쓸데없는 지식은 없다는 것을 넌지시 일깨워준다. 직장인들은 오글거리는 지적 대화를 나누며 지적 힐링을 만끽하기 위해 비싼 금액을 지불하고 독서 모임을 찾는다. 바야흐로 지식을 탐하는 사회가 된 것이다. 끊임없이 생성되고 업데이트되는 지식을 재빠르게 좇아 사회 변화를 놓치지 않는 트렌디한 지식인이 되고자 하는 지식형 업글인간은 지식사회의 힙스터다. 이들은 지식을 놓칠 새라 각종 지식 콘텐츠를 구독하고 영양가 있는 지식에 돈을 지불하는 것을 마다하지 않는다.

최근 시장이 확대되고 있는 전자책 구독 서비스는 지식에 만성 허기를 느끼는 업글인간의 구미를 당긴다. 종이책 한 권 가격보다도 저렴한 금액에 요즘 잘나간다는 책들을 두루 섭렵할 수 있고, 필요한 부분만 골라 보기에도 부담 없기 때문이다. 전자책 구독 서비스를 주도한 밀리의서재는 론칭 2년 만에 이용자가 70만 명으로 증가했으며 가입자들은 월평균 8권을 이용한 것으로 집계됐다.[7]

이러한 이용량은 전자책을 단순히 열어본 것만을 의미하지 않는다. 가장 큰 규모의 전자책 유통사인 리디북스의 2019년 1월 이용자당 평균 체류 시간은 1시간 12분 59초로, 1년 전(41분 9초)보다 77.4% 증가했다. 이는 인스타그램 이용 시간(24분 57초)을 넘어선 것은 물론, 최근 우리 국민들의 여가 시간을 장악한 유튜브 이용 시간(1시간 26분 2초)에 비견할 수 있는 수치다.[8] 구독 서비스와 함께 전자책 시장이 빠르게 성장하면서 예스24나 교보문고와 같은 종이책 중심의 대형 유통사도 구독 서비스를 시작했다. 독서의 내용에도 '성장'의 키워드가 보인다. 작년까지 서점가를 휩쓸었던 공감과 위로의 에세이 대신, 2019년 상반기에는 『철학은 어떻게 삶의 무기가 되는가』, 『12가지 인생의 법칙』 등 삶에 적용할 수 있는 철학과 지혜를 강조하는 인문서가 약진한 것으로 나타났다.[9]

하루 동안 전 세계에서 생산되는 데이터의 양이 『해리 포터』 책 한 권의 6,500억 배에 육박한다는 오늘날,[10] 지식에 있어 뒤처지고 싶지 않은 업글인간들은 방대한 지식을 보다 빠르고 쉽게 습득하고자

출처: 뉴닉, 퍼블리

▶▶▶ 업글인간을 위한 지식 제공 서비스도 봇물을 이루고 있다. 성공의 관건은 '쉽고 빠르게, 그리고 재미있게'. 이들은 유료 서비스에도 아낌없이 돈을 쓴다.

한다. 북리뷰 콘텐츠를 보는 것도 그런 활동 중의 하나다. 유튜브에서는 이미 예전부터 책의 핵심 내용을 비롯해 책을 토대로 생각해볼 만한 인사이트까지 친절하게 정리해주는 북튜버들의 활약이 두드러졌다. '책읽찌라' 같은 인기 북튜버 채널의 구독자는 수만 명에서 많게는 수십만 명에 이른다. 책뿐만 아니라 각종 정보를 정리해주는 지식 구독 서비스들도 쏟아지고 있다. 각 분야의 주요 뉴스를 정리해 밀레니얼 감성의 뉴스레터로 보내주는 '뉴닉'은 구독자가 6만 명을 넘었으며,[11] 사회 초년생을 위한 경제 분야 뉴스레터를 표방하는 '어피티', 해외의 디자인 관련 기사만 번역해서 정리해주는 '디독'도 있다. 업글인간은 고품질의 정보에 비용을 들이기를 주저하지 않는다. 산업별 트렌드와 현업 종사자들의 인사이트를 담아 '일하는 사람들의 콘텐츠 플랫폼'을 표방하며 월 2만 원 남짓한 금액에 콘텐츠를 제공하는 '퍼블리'는 누적 결제 고객 2만 명을 넘겨 지식 제공 서비스의 유료화 가능성을 제시했다.

지식 콘텐츠를 재밌고 쉽게 소화하고자 하는 업글인간을 위해 독서의 개념도 재편되고 있다. 대표적인 예가 오디오북이다. 텍스트를 듣기에 불편한 기계음으로 단순 변환하는 수준이 아니라 텍스트를 즐겨 읽지 않는 사람마저도 찾고 싶게 만드는 책의 변신이 다채롭다. 스타트업 밀리의서재는 이병헌, 변요한 등 유명 연예인이 인기 도서를 30분 분량으로 요약해 들려주는 '리딩북' 서비스, 카카오톡으로 대화하듯 책 내용을 채팅 형식으로 재구성한 '챗북' 서비스, 유튜브 크리에이터와 참여자들이 스트리밍 방송을 통해 실시간으로 함께 책을 읽는 '밀리 라이브' 서비스를 출시했다. 오디오 중심의 도서 콘텐츠는 출퇴근 시간이나 집안일을 할 때 등 자투리 시간을 알차게 사용하길 원하는 업글인간의 욕구를 채워준다. 독서와 라이프스타일을 결합한 서비스도 있다. 북큐레이션 서비스 '리딩리딩'은 매월 한 권의 책과 관련된 콘텐츠 지도 '리딩맵'을 보내준다. 책을 읽은 뒤 영화·음악·뉴스·여행지에 대한 정보까지 더해 지식을 세상으로 확장하는 것이다.

지식과 관련된 성장은 그것을 일방적으로 전달받는 데서 만족하지 않는다. 서로의 감상을 나눔으로써 지식의 이차적 확장을 도모하는 모임이 인기를 얻고 있다. 창업 4년 만에 독서 클럽 수 344개, 회원 수 5,600여 명에 달하는 대형 커뮤니티 서비스로 성장해 주목받고 있는 스타트업 '트레바리'는 업글인간이 자주 찾는 현대판 살롱 문화의 전형적 사례로 꼽힌다. 20명 정도의 구성원이 독서 클럽을 결성하고, 한 달에 한 번씩 총 네 번의 만남으로 이루어지는 한 시즌 동안 특정한 테마를 정해 함께 책을 읽고 토론을 한다. 예를 들어 기업가, 고전 철학, 추리소설, 무라카미 하루키의 작품 등 매우 구체적인 주제를 바탕으로 지정된 도서를 읽고 서평을 제출해야만 모임에 참석할 수 있다. 서평이라는 사전 과제와 적지 않은 참가 비용을 감당하면서까지 해당 주제에 대한 깊은 생각을 나누고자 하는 사람들이 모여 지적 교류를 통해 성장해가는 것이다.

업글인간의 탄생 배경

심리학자 매슬로Maslow는 성장은 인간의 보편적인 욕구라고 말했다.[12] 인간이 성장을 원하는 이유는 생물학적으로도 설명할 수 있다. 우리가 무언가를 성취하면 뇌에서 도파민이라는 호르몬이 분비되어 즐거움을 느끼게 한다. 사람들이 게임을 하는 이유도 '미션 수행(행동) → 보상/레벨업(도파민)'이라는 성장의 메커니즘을 즉각적으로 경험할 수 있기 때문이다. 하지만 인간이 항상 성장을 지향하지는 않는다. 매슬로는 성장지향적 동기와 그 반대 방향으로 줄을 잡아당기는 안전지향적 동기 모두 인간에게 상존하며 경합을 벌인다고 말한다. 성장의 방향으로 움직이는 업글인간이 등장한 것은 사람들 내부적으로, 혹은 사회적으로 변화가 일어났음을 의미한다.

1. 성공보다 성장이 중요하다

적극적으로 자신의 삶을 주도하는 업글인간의 등장은 성공을 바라보는 관점의 변화로부터 시작한다. 성공을 정의하는 방법으로는 여러 가지가 있겠지만, 이제까지 우리 사회에서 성공이란 다른 사람들이 알아주는 외형을 갖추고 다른 사람과의 경쟁을 통해서 부와 명예를 보장하는 타이틀을 거머쥐는 것을 의미했다. 그러나 업글인간은 타인과의 비교나 경쟁보다 자신만의 행복을 중시하는 나나랜드의 개척자들이다. 자기 자신을 중요시하는 트렌드는 이미 몇 년 전부터 시작되었다. 2018년의 '자존감' 트렌드는 불안한 사회 속에 자기 중심을 세우는 사람들의 모습을 조명했고, 2019년의 '나나랜드' 트렌드는 타인의 잣대로부터 자유로워진 사람들이 자신만의 삶의 잣대를 외치며 나만을 위한 경제, '미코노미'의 시작을 알렸다.

더불어 변화된 행복 프레임을 통해 목표는 성장으로 바뀌었다. 2018년 '소확행' 트렌드에서 살펴보았듯 행복은 미래보다 지금, 비일상보다 일상, 강도보다 빈도가 중요한 것이 되었다. 최근의 성장 트렌드는 이러한 행복 프레임에 잘 들어맞는다. 불확실한 미래의 영광이 아니라 오늘보다 발전한 내일의 나를 목표로 하고, 거창한 목표보다 손에 잡히는 성취를 향해 달린다. 대단한 일을 해내야만 하는 것이 아니라 목표한 작은 습관 하나만으로도 성취의 짜릿함을 느낄 수 있다.

성장은 현재지향적인 즐거움인 동시에 미래를 준비하는 현실적인 방법이기도 하다. 프로야근러와 탕진잼의 소진消盡 형 생활에 익숙했던 사람들은 지속가능한 행복을 고민하기 시작했다. 현재의 쾌락에만 충실하며 살아가기에는 인생이 너무나 길다. 100세 시대를 살아야 하는 현대인은 60세를 넘기는 정년을 보장받아도 '평생' 직장이 아닌 '반평생' 직장밖에 가질 수 없다. 오늘의 성장이 확실한 미래를 보장하지는 않지만 오늘 아무것도 하지 않으면 미래가 변하지 않는다는 것도 자명하다. 워라밸을 통해 일과 삶의 산술적 균형을 찾은 사람들은 이제 삶을 바라보는 시각의 구조적 재편이 필요해졌다. 그중에서도 평생을 가져가야 할 인생의 3대 요소인 건강·취미·능력에서의 성장을 꾀하게 되는 것은 당연한 일일 것이다.

2. 성장에는 다양한 길이 있다

업글인간이 나름의 방식으로 자신의 변화를 꿈꾸게 된 두 번째 이유는 정형화된 생애 단계가 해체된 것과 관련이 깊다. 이야기에 기-승-전-결이라는 보편적 구조가 존재하듯이 과거에는 사람의 생애에도 나이를 먹어감에 따라 걷게 되는 정형화된 단계가 존재했다. '결혼-출산-자녀 양육-자녀 독립'이라는 가족생애주기와 '입사-업무 반복-진급-업무 반복-은퇴'라는 근로생애주기가 대표적이다. 이러한 삶의 계단 위에서 사람들은 개인으로서의 성장을 크게 고민하지 않았다. 하지만 결혼과 출산이 개인의 선택으로 남고, 한 직장에 머무르지 않고 자신만의 포트폴리오를 관리하는 사람들이 많아지면서 자신만의 스토리 플롯이 필요해졌다.

'크루'나 '살롱'과 같은 일시적 공동체가 뜨는 것도 이러한 맥락에서 연유한다. 이제 사람들의 정체성은 가족·학교·직장·지역사회에만 기인하지 않는다. 집단성이 해체되고 철저히 개인 중심으로 재편된 사회에서 각자 정체성은 개인이 지닌 무수히 많은 상황과 지향점으로 파편화된다(2020 전망편, '멀티 페르소나' 키워드 참조). 이제 사람들은 자신의 이야기 흐름 위에서 러닝 크루, 취향 공동체, 북살롱 등 동일한 목적지를 향하는 사람들과 잠시 합승하기를 꺼리지 않는다. 이들은 사람이 아니라 함께 공유할 수 있는 가치와 지향점에 소속감을 느낀다.

업글인간이 보다 적극적으로 성장을 위한 행동에 나서게 된 것은 '모두가 주인공'이 되는 유튜브 시대의 효과이기도 하다. 몇 해 전부터 〈세상을 바꾸는 시간, 15분〉처럼 유명 연사뿐만 아니라 일반인들도 강단에 올라 자신의 성장 이야기를 풀어내는 대중 강연이 활발해졌다. 1인 미디어가 활성화되면서 성공한 1인 크리에이터들이 자신의 채널을 통해 어떻게 성공했고 무엇을 노력했는지를 '책을 300권 읽으면 벌어지는 일', '스쿼트 1천 개의 기적' 등과 같은 제목으로 엮은 생생한 성장담을 들려주기도 한다. 닿을 수 없는 슈퍼스타가 아니라 나와 가까운 듯한 롤모델의 존재는 성장의 강력한 동기가 된다. 성장의 가이드를 찾아 유명 인플루언서를 따르는 사람들이 많아지면서 인플루언서들이 추천한 도서가 베스트셀러 순위를 역전시키는 현상도 나타나고 있다.[13]

시사점

경험경제에서 변화경제로

매일매일의 진화를 추구하는 업글인간의 등장은 앞으로 시장에 어떠한 변화를 불러올 것인가? 일차적으로 예상되는 것은 자기계발 관련 산업의 성장이다. 외국어나 직무 관련 교육 외에 다양한 분야에서의 교육과 이를 지원 및 관리하는 서비스들의 성장이 주목된다. 특히 이러한 서비스들은 개개인의 목표와 라이프스타일에 맞춰 제공되어야 한다. 앞서 살펴본 온라인 PT 서비스와 같이 철저히 개개인에 맞춤화되어 생활 전반을 관리하거나 상호작용이 활발히 일어날 수 있는 소그룹 형태가 선호된다. 대형 강의식 교육은 지고 온라인 재능 교류 플랫폼을 통한 일대일 튜터링 시스템이 뜨고 있는 이유다.

더불어 성장을 현재의 희생이 아니라 즐거운 라이프스타일로 실천하는 업글인간들을 위해, 성장 노력을 즐겁게 만들 수 있는 경험 설계에도 주력해야 한다. 이미 많은 서비스들이 도입한 게임 미션과 레벨 시스템 같은 게이미피케이션gamification이 대표적인 예다. 확실한 성장을 약속하는 시스템 설계도 매력적이다. 서두에서 소개한 습관 형성 애플리케이션 '챌린저스'는 참여자들에게 도전 참여비를 내게 하고 습관 지키기에 성공할 경우 상금으로 돌려받도록 했고, 온라인 교육 플랫폼 '스터디파이'는 강의를 완주할 경우 일정 금액을 환급해주는 방식으로 중도 포기를 막는다.

자기계발산업만이 아니다. 소비자들의 성장을 지원하는 다양한 방식의 서비스가 속속 출시되고 있다. 가구 브랜드 일룸이 만든 '엄마의 서재'는 성장을 주요 테마로 주 고객인 엄마들을 위한 공간을 마련했다. '나만의 시간, 나만의 성장을 위한 공간'을 표방하며 오롯이 혼자만의 시간을 보낼 수 있는 노키즈존으로 운영한다. 성장을 다방면으로 지원하기 위해 특별히 큐레이션한 도서를 구비하고, 엄마들이 모여서 공부할 수 있는 소모임 공간과 다양한 분야의 세미나도 제공한다. 오픈 이후 약 4개월 만에 4,500명이 넘는 엄마들이 이곳을 방문했고, 이 중 절반 이상이 재방문할 만큼[14] 성장에 목마른 엄마들의 커뮤니티로 자라나고 있다.

나아가 소비자들의 성장에 대한 욕구가 불러올 변화는 우리 사회 전체의 거시적인 변화를 예고한다. 전술한 바와 같이 업글인간이 지향하는 것은 전방위적인 삶의 질적 향상이다. 사람들은 이제 그들이 일하고, 즐기고, 생활하는 방식에 긍정적 파장을 미칠 수 있는 상품과 서비스에 지갑을 열 것이다. 바로 '변화경제' 혹은 '트랜스포메이션 경제transformation economy'의 등장이다. 파인Pine과 길모어Gilmore가 1999년 제시한 개념인 '경험경제experience economy'는 상품경제와 서비스경제의 뒤를 이어서 상품 및 서비스로부터 얻는 매력적인 경험이 지불 가치가 되는 경제를 가리킨다. 나아가 파인과 길모어는 경험경제 이후에 이어지는 단계로 변화경제를 언급했다. 경험의 즐거움이 소비 당시에 한정되지 않고 소비자의 삶의 변화까지 유도하는 가치를 창출하는 경제다. 다시 말해 경험경제의 기업들이 특별한 경험을 제공해 소비자들로 하여금 브랜드에 반하게 만들었다면, 변화경제에서는 소비자들이 브랜드에 동화되어 그들의 삶 속에서 브랜드가 살아 숨 쉬게 해야 한다.

나는 업글한다. 고로 존재한다.

업글인간의 목표는 '성공'이 아니라 '성장'이다.

이들이 꿈꾸는 것은 '남들보다 나은 나'가 아니라

'어제보다 나은 나'다.

사실 변화경제로의 전환은 이미 시작되었다. 선구적으로 변화경제를 실천하는 브랜드는 룰루레몬과 나이키다. 룰루레몬은 소비자에게 구매를 직접적으로 권유하는 대신 소비자들이 브랜드가 지향하는 '스웨트 라이프sweat life(땀나는 일상)'를 스스로 실천하게 만든다. 설립 당시부터 지역 커뮤니티 베이스로 출발하여 현재도 매장에서 다양한 무료 요가 및 웰니스 클래스를 제공하는 룰루레몬은 지난 8월 국내 최초로 개최된 전 세계적인 웰니스 페스티벌인 '원더러스트 페스티벌Wanderlust Festival'을 후원하여 소비자들이 축제로서 스웨트 라이프를 경험하도록 했다. 나이키는 우리나라의 러닝 문화를 선도했다고 해도 과언이 아니다. 나이키가 만든 '나이키런클럽NRC'은 이제 러너들에게 필수 앱이 되었다. 나이키는 주기적인 러닝 이벤트를 개최하고 러닝 크루와 컬래버레이션한 한정판 슈즈를 증정하는 등 러닝 라이프 지원을 아끼지 않고 있다.

변화경제에서 기업이 소비자들의 진화를 지원해야 한다면, 우선 소비자들이 원하는 진화를 이해해야 한다. 브랜드 전략 전문가 재스민 비나Jasmine Bina는 항상 변화를 꿈꾸는 소비자들을 이해하기 위해 'being'뿐만 아니라 'becoming'도 파악해야 한다고 말했다.[15] 소비자들은 더 이상 남성·30대·회사원과 같은 정적인 상태에 머물러 있지 않다. 그들은 '체지방률을 15%로 낮출 것', '자신만의 공방을 꾸릴 것', '5년 내에 창업할 것'처럼 매일 변화를 거듭하는 'becoming'의 상태에 있다. 지금 한 명의 고객 데이터를 갖고 있다면, 그것은 변화 과정 중의 스냅샷에 해당한다. 기업이 제공하는 상품과 서비스가 변화의 가치를 제공하기 위해서는 소비자들이 어떤 변화를 원하는지,

즉 그들의 지향점을 알아야 한다. 그리고 그 여정 속에 브랜드가 녹아들 수 있는 방안을 고민해야 한다.

개인들이 적극적으로 자신의 성장을 추구하는 업글인간 트렌드는 조직적·사회적으로도 시사하는 바가 크다. 앞서 성장은 그 자체로 성취감과 즐거움을 준다고 언급한 바 있다. 성장의 매력은 궁극적으로 행복에도 기여한다. 행복 연구의 권위자 돌란Dolan 교수는 행복은 즐거움이라는 감정으로만 구성되는 것이 아니라고 말한다. 행복에는 즐거움과 목적의식이라는 두 개의 축이 공존한다. 목적의식이란 활동을 통해 얻는 성취감·의미·보람과 같은 느낌이다. 시간이 지나도 휘발되지 않는 최대한의 행복을 얻기 위해서는 우리의 삶을 채우는 활동들이 즐거움과 목적의식 사이에서 적절한 균형을 이루어야 한다. 업글인간이 원하는 나 자신의 성장은 바로 즐거움과 목적의식 모두에 기여하는 활동이다. 이제까지 우리의 행복 담론이 즉각적인 즐거움에만 초점을 맞추었다면, 2020년 업글인간의 등장은 대한민국 행복의 무게 추가 목적의식 쪽으로 천천히 움직이고 있음을 나타낸다. 재미와 의미 사이의 균형이 중요해지고 있다.

주

〈트렌드 코리아〉 선정 2019년 대한민국 10대 트렌드 상품

1 ““인스타 각?” 이국적 맛·이색 비주얼에 열광하다”, 〈헤럴드경제〉, 2019.08.23.
2 ““인스타 각?” 이국적 맛·이색 비주얼에 열광하다”, 〈헤럴드경제〉, 2019.08.23.
3 “‘호기심 자극+취향저격’ 이색조합 음료 뜬다”, 〈이코노믹리뷰〉, 2019.03.21.
4 “넉넉한 공간, 안락한 승차감 대형 SUV가 가족 나들이 동행”, 〈중앙일보〉, 2019.09.03.
5 “현대차 팰리세이드 반년 기다려야?… 흥행 비결 꼽아보니”, 〈소비자가 만드는 신문〉, 2019.02.14.
6 “치열해진 배송 속도전… ‘시간을 판다’”, 〈전자신문〉, 2019.09.25.
7 “치열해진 배송 속도전… ‘시간을 판다’”, 〈전자신문〉, 2019.09.25.
8 “4년 새 80배, 수요 폭발 대기업 진출에 성장가도”, 〈이코노믹리뷰〉, 2019.08.10.
9 “새벽배송, 총성 없는 전쟁터”, 〈월간마이더스〉, 2019년 5월호.
10 “한국 유통혁명의 현주소와 한계–로봇식당·무인점포·새벽배송 눈길 확~ ‘아직은 반쪽’… 혁신 서비스 부족 지적도”, 〈매경이코노미〉, 2019.08.09.
11 “4년 새 80배, 수요 폭발 대기업 진출에 성장가도”, 〈이코노믹리뷰〉, 2019.08.10.
12 ““마음껏 게으르게 사세요~””, 〈동아일보〉, 2019.06.08.
13 “TV보다 의류건조기… 새로운 가전3대장”, 〈중앙일보〉, 2019.05.19.
14 ““마음껏 게으르게 사세요~””, 〈동아일보〉, 2019.06.08.
15 “로봇청소기·식기세척기·건조기… ‘삼신기’ 없으면 못 살아”, 〈파이낸셜뉴스〉, 2019.09.10.
16 “자취방 설거지도 식기세척기한테 맡겨두세요”, 〈조선일보〉, 2019.05.20.
17 ““국내 SNS 이용자 10명 중 7명 인플루언서 계정 구독””, 〈테크M〉, 2019.07.22.
18 “인플루언서 마케팅에 30만 원 썼더니 카페 매출 2.5배로”, 〈중앙일보〉, 2019.08.11.
19 “‘국민 채널’ 유튜브, 정부는 ‘고민’”, 〈미디어오늘〉, 2019.09.14.
20 “뉴트로는 계속된다”, 〈한국경제〉, 2019.09.26.
21 “유통·식품·패션 ‘뉴트로’ 강타… ‘추억팔이’ 상술?”, 〈스포츠서울〉, 2019.06.17.
22 “‘뉴트로’ 순풍 타고 휠라코리아 순항 중… 다음 승부처는 ‘미국’”, 〈녹색경제신문〉, 2019.10.07.
23 “영화 ‘알라딘’ 1000만 관객 돌파… 디즈니 실사 영화 중 처음”, 〈동아일보〉, 2019.07.14.

24 "2030에게 독립서점은 놀이터, 아날로그 감성이 팔린다", 〈중앙일보〉, 2019.04.29.
25 "지역화폐는 '착한 화폐'일까", 〈경향신문〉, 2019.09.07.
26 "지역화폐는 '착한 화폐'일까", 〈경향신문〉, 2019.09.07.
27 "햄버거 매장서도 플라스틱 사라진다", 〈매일뉴스〉, 2019.10.05.
28 "늘어나는 배송쓰레기… 필(必)환경 포장 시대 왔다", 〈톱데일리〉, 2019.09.30.
29 "'한 달 살기' 열풍은 쭉~", 〈일간스포츠〉, 2019.03.06.
30 "엄마표, 해외 한 달 살기 열풍", 〈여성조선〉, 2019.04.02.
31 "엄마표, 해외 한 달 살기 열풍", 〈여성조선〉, 2019.04.02.
32 "'한 달 살기' 열풍은 쭉~", 〈일간스포츠〉, 2019.03.06.
33 "한국인 여행 트렌드 '쉬고 싶다' 20대 호캉스, 40대 가족여행 즐겨", 〈일요서울〉, 2019.08.08.
34 "호캉스 문화 덕에… 호텔 멤버십 여성 고객 18%↑", 〈헤럴드경제〉, 2019.08.26.
35 "여기어때 '플레이케이션'형 호텔 예약 거래량 전년비 30% 이상↑", 〈데일리한국〉, 2019.05.23.
36 "52시간제 시행 후 일요일 숙박 증가… 놀이동산은 영향 無", 〈조선비즈〉, 2019.08.07.
37 "한국인 여행 트렌드 '쉬고 싶다' 20대 호캉스, 40대 가족여행 즐겨", 〈일요서울〉, 2019.08.08.

1 • 2019년 소비트렌드 회고

Play the Concept 컨셉을 연출하라

1 "낼 모레 서른이지만, 놀이동산엔 교복이지~", 〈조선일보〉, 2019.08.09.
2 "레트로·뉴트로가 트렌드라더니 이젠 개화기까지? 밀레니얼 세대가 개화기 패션에 빠진 이유", 〈중앙일보〉, 2019.04.25.
3 "해외까지 와서 관광지만 돌 거니? '로컬리안'처럼 라이브 공연 즐겨봐", 〈중앙일보〉, 2019.06.25.
4 "'인스타 감성' 전시회… 주인공은 작품 아닌 '나'", 〈매일경제〉, 2019.05.31.
5 ""식당-뷰티숍, 찍혀야 뜬다" 매장 옆에 포토존", 〈동아일보〉, 2018.12.19.
6 "CU, 평일 저녁 나들이객 겨냥 도시락 신제품 출시", 〈아이뉴스24〉, 2019.06.18.
7 "호캉스? 키캉스? 가족 여름휴가의 新 핫플레이스 '파라다이스시티'", 〈헤럴드경제〉, 2019.07.02.
8 "영화관은 어두워야 한다? CGV, 거실처럼 밝은 '씨네&리빙관' 개관", 〈조선비즈〉, 2019.04.30.
9 "SNS에 의해, SNS를 위해 탄생한 식품들", 〈매일경제〉, 2019.07.05.
10 "EBS 캐릭터는 고리타분? 편견 격파 중인 '펭수'", 〈한국일보〉, 2019.08.15.
11 "하나투어 "탈 패키지 여행상품에 집중"", 〈현대경제신문〉, 2019.06.17.
12 "주제별 배치, 1대1 맞춤조언… 오프라인 패션매장 새 성공공식", 〈동아일보〉, 2019.06.03.

Invite to the 'Cell Market' 세포마켓

1 "한 달에 수익이 30억… 유튜브 新갑부시대… 누구나 할 순 있지만 아무나 돈을 벌 순 없다", 〈조선경제〉, 2019.07.25.
2 "5060, "우리도 제2의 박막례 돼보렵니다"", 〈조선일보〉, 2018.12.12.
3 "이젠 수업도 유튜브로 한다?… 쌤튜버 전성시대 빛과 그림자", 〈일요신문〉, 2019.06.21.
4 "몰래 카메라에 ASMR까지… 유통업체 유튜브 '전성시대'", 〈연합뉴스〉, 2019.08.18.
5 "틱톡은 어떻게 유튜브 대항마 됐나", 〈더스쿠프〉, 2019.08.16.

6 "틱톡, 7월 인앱 구매 수익 전년 동기 대비 290% 증가", 〈IT조선〉, 2019.08.20.
7 "팔이와 시녀·까계정, 그들이 빚어낸 인스타장터 요지경", 〈중앙일보〉, 2019.04.23.
8 "SNS 기반 1인 '세포마켓'… 연간 20조 시장으로 부상", 〈전자신문〉, 2019.05.07.
9 "포털 카페·인스타그램은 짝퉁 천지", 〈조선일보〉, 2019.06.05.
10 "팔이와 시녀·까계정, 그들이 빚어낸 인스타장터 요지경", 〈중앙일보〉, 2019.04.23.
11 "SNS마켓 탈세 적발, 세금부과·징수 가능하도록 추진!", 〈쿠키뉴스〉, 2019.07.08.

Going New-tro **요즘옛날, 뉴트로**

1 "'기묘한 이야기' 홀릭, 팝업 존 찾은 '덕후'들 하루에 천 명!", 〈조선펍〉, 2019.07.04.
2 "넷플릭스 〈기묘한 이야기〉와 브랜드의 기묘한 협업", 〈엘르〉, 2019.07.28.
3 ""응답하라, 자연농원"… 에버랜드도 '뉴트로 열풍' 동참", 〈매일경제〉, 2019.09.05.
4 "○○당 ××옥… 상표도 '뉴트로' 바람", 〈중앙일보〉, 2019.05.20.
5 "밀레니얼 세대, 촌스러움에 열광하다… 백화점에 분 복고열풍", 〈조선비즈〉, 2019.09.08.
6 "술에 감성 더하니 통했다… '뉴트로'에 취한 2030", 〈문화일보〉, 2019.08.30.
7 "크린랩 등 주방용품 장수브랜드도 '뉴트로 마케팅' 꽂혀", 〈매일경제〉, 2019.08.30.
8 "식탁 위로 꽃무늬가 돌아왔다", 〈중앙일보〉, 2019.08.20.
9 "엄마 옷장 뒤지고 롤러장 가는 10대… "촌스럽다고? 특별하잖아"", 〈서울신문〉, 2019.09.09.
10 "'뉴트로' 타고 젊어진 뒷골목… '힙지로'가 찾은 해법", 〈SBS〉, 2019.07.22.
11 "독립서점 손님 4배 늘었다… 2030 홀린 '아날로그 감성'", 〈중앙일보〉, 2019.04.28.
12 "유튜브 새 옷 입고 돌아온 추억의 시트콤", 〈조선일보〉, 2019.05.18.
13 "'응답하라 밀레니엄' SBS → 핑클, 색다른 추억 여행", 〈한국일보〉, 2019.08.30.
14 "SBS '케이팝 클래식' 핑클 → god 추억 소환 '동접 2만 돌파'", 〈이데일리〉, 2019.08.30.

Green Survival **필환경시대**

1 "폭증하는 신선식품 배송 시장… 인건비 74억 < 포장비는 177억", 〈조선일보〉, 2019.08.16.
2 "마켓컬리 "스티로폼 없앤다"… 친환경 승부수", 〈매일경제〉, 2019.09.25.
3 "친환경 포장! 어떻게 바뀌고 있을까?", 블로그 '환경을 미소 짓게 하는 미소 이야기'(blog.naver.com/keiti_sns/221580225121), 2019.07.08.
4 "삼성 "플라스틱 비닐 없앤다" TV 갤럭시에 친환경 포장재", 〈매일경제〉, 2019.01.27.
5 "전투복 같다고? 미세먼지와 싸우는 중입니다", 〈조선일보〉, 2019.03.12.
6 "H&M, 지속가능 패션 미래 앞당기는 '컨셔스 컬렉션'", 〈한국섬유신문〉, 2019.09.11.
7 "패스트패션이 달라졌어요", 〈한겨레〉, 2019.09.04.
8 "버추어스… "자연과 공존하는 인테리어 함께 고민해요"", 〈동아일보〉, 2018.10.25.
9 "비닐봉지 없는 마켓·텀블러 대여 카페… 반가워요 '윤리적 소비'", 〈매일경제〉, 2019.07.24.
10 "나일론만큼 질긴 생분해 비닐, 실외기 없는 에어컨… 이젠 '必환경'이다", 〈한국일보〉, 2019.07.19.
11 "'기후변화에 대해 배우고 싶어요'… 한국 청소년이 나섰다", 〈BBC〉, 2019.05.24.
12 "요즘 빵순이들은 '비건' 빵집에 간다", 〈중앙일보〉, 2019.08.13.
13 "동물성분 NO… 비건 화장품이 뜬다", 〈중앙일보〉, 2019.07.16.
14 "동물 복지까지 생각… '지속 가능한 멋' 입는다", 〈매일경제〉, 2019.02.21.
15 "실내 매트는 페트병으로, 의자는 청바지·티셔츠로… '착한 녀석들'이 달려온다", 〈조선일보〉,

2019.07.01.
16 "동물학대냐 전통이냐 소싸움 놓고 힘겨루기", 〈조선일보〉, 2019.04.02.
17 "닭 뼈로 뒤덮힌다… 파괴의 시대 '인류세' 진입하는 지구", 〈중앙일보〉, 2018.12.21.
18 "브랜드, 에코 인플루언서가 되다", 블로그 '제일기획 블로그'(blog.cheil.com/magazine/36574), 2019.02.15.
19 "장수 브랜드의 성공 비결 #2_그들이 롱런할 수 있었던 네 가지 이유", 〈플래텀〉, 2017.10.10.

You Are My Proxy Emotion. 감정대리인, 내 마음을 부탁해

1 "'네' 하나에도 여러 의미가 있다는 직장인 말투 '급여체' 특징", 〈위키트리〉, 2019.01.23.
2 "브이로그(VLOG) 열풍 '후끈'… "너와 나의 연결고리"", 〈시사캐스트〉, 2019.03.28.
3 ""평범해서 특별하다" 브이로그 열풍의 비밀… 본질은 사람", 〈일요신문〉, 2019.06.14.
4 "짜증 나고 열 받을 땐 나에게 맡겨!", 〈조선일보〉, 2018.12.13.
5 "지하철 안 '사탄'을 향한 소심한 복수 – 사탄가게", 〈민중의소리〉, 2017.11.09.
6 ""오래 사귄 애인과 헤어지고 싶은데…" 10만 원 들고 간 곳", 〈jobsN〉, 2019.08.22.
7 "'이별'도 '퇴사'도 대신 해드립니다… 대행 서비스 전성시대", 〈이투데이〉, 2019.08.30.
8 ""혼났다고 울면 안 돼요!" 혼나는 법을 배우는 日 신입사원들", 〈조선일보〉, 2016.07.26.
9 "그룹모임으로 이모티콘으로… 답답한 속마음 풀어줘요", 〈동아일보〉, 2019.03.25.
10 "DHP, 명상 앱 '마보'에 투자", 〈전자신문〉, 2019.07.11.
11 ""사랑해" "할머니 최고"… 독거노인 마음 돌보는 AI로봇", 〈한국일보〉, 2019.08.31.
12 "누구도 행복하지 않은 한국사회… 병들어가는 현대인의 정신건강", 〈세계일보〉, 2019.08.31.

Data Intelligence 데이터 인텔리전스

1 "IBM, "IA 없인 AI 없다"… 데이터가 AI 시대 성공 열쇠", 〈서울경제〉, 2019.09.07.
2 "빅데이터 격돌 SKT "12일 4시 출발하세요" vs 카카오 "6시 이후가 최적"", 〈헤럴드경제〉, 2019.09.12.
3 "감각적인 디자인으로 여심 자극한 프리미엄 디자인 가전", 〈조선일보〉, 2019.07.27.
4 "베이징은 '블랙' 쓰촨은 '핑크'… 中 매출 2조, 이 기업의 비결", 〈중앙일보〉, 2019.06.07.
5 "VIP(Very Important Pet) 모시는 유통업계", 〈매일경제〉, 2019.09.09.
6 "롯데멤버스, 상품 분석 인사이트 플랫폼 LAIP 론칭", 〈파이낸셜뉴스〉, 2019.09.06.
7 "택배기사도 AI 비서 쓴다… CJ대한통운, 배송 정확도 높여", 〈조선비즈〉, 2019.04.26.
8 "아마존, 시카고에 '4-스타 숍'", 〈시카고 중앙일보〉, 2019.09.13.
9 "메디히어, 8억4000만원 투자 확보… "의료 서비스 정보 불균형 개선"", 〈매일경제〉, 2019.09.10.
10 "유비케어, 헬스 데이터 유통 플랫폼 '유비스트 데이터 뱅크' 출시", 〈스포츠서울〉, 2019.08.19.
11 "'축구계의 머니볼 꿈꾼다' 구글 클라우드와 손잡은 英 FA", 〈CIO Korea〉, 2019.06.04.
12 "우리는 당신이 어디서 뭘 하는지 다 안다… 얼굴 인식 정확도 99%, 中 쾅스커지", 〈WEEKLY BIZ〉, 2019.08.09.
13 "'질병 예측' 보험도 AI 시대", 〈아시아경제〉, 2019.09.03.
14 "'인슈어테크' 바람 부는 자동차보험", 〈머니S〉, 2019.09.12.
15 "중국선 빅데이터 사고판다… 정부가 인슈어테크 지원", 〈조선일보〉, 2019.04.30.
16 "4차산업혁명의 쌀 '데이터'… 파이 키우려면 거래소 필수", 〈매일경제〉, 2019.09.08.
17 "금융사-기업이 금융정보 사고파는 '데이터 거래소' 만든다", 〈중앙일보〉, 2019.06.03.

Rebirth of Space 공간의 재탄생, 카멜레존

1 "쉬었다 가세요, 미술관이 된 여관에서 …", 〈조선일보〉, 2018.11.08.
2 "쉬었다 가세요, 미술관이 된 여관에서 …", 〈조선일보〉, 2018.11.08.
3 "세운상가 사람들 뭉친 '세운공장' 떴다… "동네 빛내고 싶어요"", 〈이데일리〉, 2019.09.19.
4 "한옥에서 고무신 신고 커피 마시는 사진 글로벌 공유", 〈중앙SUNDAY〉, 2019.08.10.
5 "키즈존·무빙워크… 대형마트 뺨치는 전통시장", 〈조선일보〉, 2018.11.05.
6 "80년대 향수 담긴 뉴트로 공간 '현대극장'을 만들다", 〈파이낸셜뉴스〉, 2019.10.02.
7 "이 옷가게, 가끔 갤러리도 정원도 파티룸도 된다", 〈조선일보〉, 2019.02.19.
8 "이 옷가게, 가끔 갤러리도 정원도 파티룸도 된다", 〈조선일보〉, 2019.02.19.
9 "가상현실·스포츠… 체험시설 갖춘 쇼핑몰 뜬다", 〈매일경제〉, 2018.11.16.
10 "서핑·피크닉가든… 놀이터서 즐기는 쇼핑", 〈매일경제〉, 2018.12.05.
11 "체험형 매장 인기 끄는 아모레", 〈중앙SUNDAY〉, 2018.12.29.
12 "모니터 밖으로 나온 온라인 쇼핑몰", 〈조선일보〉, 2019.03.13.
13 "공연장? 오프라인 매장입니다", 〈조선일보〉, 2018.12.12.
14 "공유경제의 중심 주유소… '홈픽' '큐부' 서비스 "잘나가네"", 〈동아일보〉, 2018.12.19.
15 "공유경제의 중심 주유소… '홈픽' '큐부' 서비스 "잘나가네"", 〈동아일보〉, 2018.12.19.
16 "어머, 여기 은행 맞아요? 들어갔다 나갈 뻔", 〈조선일보〉, 2019.07.16.
17 "빌딩도 쇼핑몰도 맛집 모셔야 뜬다… "조물주 위에 건물주, 건물주 위에 콘텐추", 〈조선일보〉, 2018.12.08.

Emerging 'Millennial Family' 밀레니얼 가족

1 "시어머니한테는 쉿! 진수성찬 밥상, 비밀을 공개합니다", 〈조선경제〉, 2019.08.13.
2 ""명절노동 NO" 간편식으로 15분만에… 국내 최대 전 공장 가보니", 〈중앙일보〉, 2019.09.11.
3 "주방을 닫습니다… '키친 클로징'", 〈조선일보〉, 2019.03.09.
4 "편의점 1인 가구 필수템, HMR서 소포장 신선식품으로 확대", 〈데일리안〉, 2019.04.28.
5 "늘어나는 '나 혼자 산다'… 주방세제 판도 바꿨다", 〈서울신문〉, 2019.03.18.
6 "기름 없이 닭강정 튀기고, 전자레인지로 라면 끓이고", 〈중앙일보〉, 2018.11.06.
7 "주방을 닫습니다… '키친 클로징'", 〈조선일보〉, 2019.03.09.
8 "세대별 '성공적인 인생' 기준 달라… 전후세대 '좋은 직업과 인정받는 삶', 밀레니얼 세대는?", 〈디지틀조선일보〉, 2019.08.08.
9 "음식은 배달, 설거지는 세척기… 1인 1행복 추구", 〈중앙일보〉, 2019.05.28.
10 "'밀레니얼 가족'이 사는 법 ③ TV보다 의류건조기… 새로운 가전3대장", 〈중앙일보〉, 2019.05.19.
11 "카드사 밀레니얼을 잡아라… 상품·서비스 '봇물'", 〈한국스포츠경제〉, 2019.09.04.
12 "미슐랭 요리, 로봇이 만드는 날 눈앞에", 〈조선일보〉, 2019.08.13.

As Being Myself 그곳만이 내 세상, 나나랜드

1 ""구찌 립스틱 광고 보셨어요?"", 〈머니투데이〉, 2019.07.03.
2 "美의 기준 바꿨다, 미국 3대 미인대회 1등이 흑인", 〈조선일보〉, 2019.05.07.
3 "통통한 마네킹·트랜스젠더 모델… 패션, '편견'을 벗다", 〈이데일리〉, 2019.10.02.
4 "런웨이 꿈 키우는 6070들 "내 나이가 어때서"", 〈중앙일보〉, 2019.06.11.

5 "환갑 맞은 바비… 휠체어 · 의족 바비도 나왔다", 〈중앙일보〉, 2019.02.18.
6 ""털 관리하러 갑니다" 2030 제모 · 왁싱하는 남자 늘어", 〈아시아경제〉, 2019.07.21.
7 "살굿빛 은발로 칸에 온 '여왕'", 〈조선일보〉, 2019.05.21.
8 ""낮브밤노 이중생활 이젠 지겹다" 여성들의 노브라 반란", 〈중앙일보〉, 2019.07.25.
9 "내 몸이 어때서? '나나랜드' 소비 뜬다", 〈중앙일보〉, 2019.03.14.
10 "내 몸이 어때서? '나나랜드' 소비 뜬다", 〈중앙일보〉, 2019.03.14.
11 "안다르, '모두의 레깅스' 브랜드 캠페인 영상 화제… "당당한 여성 이미지 부각"", 〈이투데이〉, 2019.10.07.
12 "탈코르셋, 선을 넘어야 알 수 있는 것들", 〈한겨레〉, 2019.08.23.
13 "성역할 '뒤집어놓은' AOA 무대 위 보깅 댄서들…이들은 누구?", 〈경향신문〉, 2019.09.23.

Manners Maketh the Consumer. 매너소비자

1 "손님 갑질과 워커밸", 〈동아일보〉, 2019.04.08.
2 ""잘생긴 배달원 보내 주세요" 황당한 요청… 거절하면 '리뷰 테러'로 보복", 〈조선일보〉, 2019.06.22.
3 ""고객 갑질 No"… 신세계百, 지난해 이어 '사원 보호 캠페인' 진행", 〈이데일리〉, 2019.03.31.
4 "커피베이, 감정노동자 보호 위한 '앤드유 캠페인' 진행", 〈머니투데이〉, 2019.01.25.
5 "갑질을 반대한다… '워커밸' 문화 확산", 〈스포츠서울〉, 2019.06.20.
6 "롯데홈쇼핑, 감정노동자 배려 위한 거리 캠페인 개최", 〈연합뉴스〉, 2019.06.02.
7 "GS리테일, '상호존중 캠페인' 진행… 현장 감정노동자 보호", 〈뉴스핌〉, 2018.10.04.
8 "알바생 19% "휴게시간도 없이 일한다"", 〈매일일보〉, 2019.06.20.
9 "카페 알바생 "이런 손님이 진상손님 Top 5"", 〈청년일보〉, 2018.10.26.
10 ""눈물 난다ㅠ" 감정노동해본 사람이라면 공감하는 영상", 〈위키트리〉, 2019.03.26.
11 ""눈물 난다ㅠ" 감정노동해본 사람이라면 공감하는 영상", 〈위키트리〉, 2019.03.26.
12 ""노쇼를 막아라" 블랙리스트 만들고 예방 프로그램 깔고", 〈세계일보〉, 2019.07.28.
13 "일본 요식업계도 '노쇼'로 골치 아프다… 연간 피해액 '2조 원'", 〈뉴스1〉, 2019.08.21.
14 "광고 중단에 부담금도… 세계적 관광지 '오버투어리즘' 대응 부심", 〈연합뉴스〉, 2019.07.07.
15 ""관광이 도시를 죽인다(Tourism Kills the city)"", 〈데일리굿뉴스〉, 2019.07.16.
16 경기연구원, 〈오버투어리즘과 사회적 딜레마〉, 2019.09.01.
17 "오버투어리즘 사회적 문제… 관광객 분산해야", 〈데일리스포츠한국〉, 2019.09.03.
18 '감정노동자 보호법', 〈시사상식사전〉, 네이버 지식백과 검색.
19 "로봇이 된 감정 노동자들 "우리는 가면을 쓴 채 일해요"", 〈국민일보〉, 2019.07.20.

2 • 2020년 소비트렌드 전망

2020년의 전반적 전망

1 LG경제원구원, 〈2020년 국내외 경제 전망〉, 2019.09.26.
2 "5 Trends Appear on the Gartner Hype Cycle for Emerging Technologies, 2019", 가트너 웹사이트(www.gartner.com/smarterwithgartner/5-trends-appear-on-the-gartner-hype-cycle-for-emerging-technologies-2019).

3 "입으면 '아이언맨'처럼 힘이 불끈?… 초경량 '입는 로봇' 개발", 〈뉴스1〉, 2019.08.16.

4 "'구글 양자컴퓨터'가 슈퍼컴을 능가했다고?", 〈동아일보〉, 2019.09.30.

5 "지상파 3사 작년 영업실적 일제히 악화", 〈동아일보〉, 2019.07.01.

6 "비대면·무인화 서비스 확산… 약·커피·아이스크림 등 품목 다양화", 〈디지틀조선일보〉, 2019.09.30.

Me and Myselves 멀티 페르소나

1 정보통신정책연구원, "디지털 콘텐츠 표현양식과 다중정체성의 양상: 사례분석과 미래문화 전망", 〈디지털 컨버전스 기반 미래연구(1)〉, 2009.12.31.

2 정보통신정책연구원, "디지털 콘텐츠 표현양식과 다중정체성의 양상: 사례분석과 미래문화 전망", 〈디지털 컨버전스 기반 미래연구(1)〉, 2009.12.31.

3 "믿고 거르는 가계정? 디지털 사회의 다중정체성", 〈ifsPOST〉, 2018.11.02.

4 정보통신정책연구원, "디지털 콘텐츠 표현양식과 다중정체성의 양상: 사례분석과 미래문화 전망", 〈디지털 컨버전스 기반 미래연구(1) 〉, 2009.12.31.

5 정보통신정책연구원, "디지털 콘텐츠 표현양식과 다중정체성의 양상: 사례분석과 미래문화 전망", 〈디지털 컨버전스 기반 미래연구(1) 〉, 2009.12.31.

6 김소영(2016), "다중정체성을 통한 트랜스 아이덴티티의 확장: 영화 〈홀리 모터스〉를 중심으로", 〈외국문학연구〉, 64, 2016, 73~92쪽.

7 ""또 다른 자아… ?" 반려견 SNS 계정 만들어 활동 중인 스타 9명", 〈위키트리〉, 2019.01.10.

8 ""누구나 부계 하나쯤은 있잖아요" SNS 부계정 트렌드", 〈인디포스트〉, 2018.08.25.

9 "우리는 Z 세대이다", 〈오토모티브리포트〉, 2018.05.31.

10 "'쿨' 하지 않으면 떠나는 Z세대", 〈데일리팝〉, 2019.01.14.

11 ""누구나 부계 하나쯤은 있잖아요" SNS 부계정 트렌드", 〈인디포스트〉, 2018.08.25.

12 "나를 위한 비밀 계정 필수"… SNS 계정 늘리는 2030", 〈이데일리〉, 2019.06.23.

13 "'열린 광장'에서 '안락한 거실'로", 〈중앙시사매거진〉, 2019.04.08.

14 엘자 고다르, 『나는 셀피한다 고로 존재한다』, 선영아 옮김, 지식의 날개(방송대출판문화원), 2018.

15 "SNS 속 나는 거리에서 또 다른 나를 '창발'한다", 〈경향신문〉, 2019.09.10.

16 이졸데 카림, 『나와 타자들』, 이승희 옮김, 민음사, 2019.

17 "정체성 증발한 다원화시대… 나는 누구일까", 〈문화일보〉, 2019.03.22.

18 "노브랜드버거 10만개 팔렸다는데… 햄버거에 꽂힌 정용진, 왜", 〈중앙일보〉, 2019.10.09.

19 "이유빈 "'워라밸' 시대에는 취미가 직업"", 〈채널예스〉, 2019.08.13.

20 "왜 SNS에는 같은 편만 보일까… 'net의 역설'", 〈한국경제〉, 2017.04.27.

21 유승찬, 『메시지가 미디어다』, 나무바다, 2018.

22 "'GRWM'이 뭐지?… 요즘 새롭게 뜨는 유튜브 트렌드 5", 〈한경비즈니스〉, 2019.06.25.

23 "'GRWM'이 뭐지?… 요즘 새롭게 뜨는 유튜브 트렌드 5", 〈한경비즈니스〉, 2019.06.25.

24 "소셜미디어와 익명성-자유에 대한 은근한 열망", 서기슬 브런치 (brunch.co.kr/@itandesire/4), 2019.07.06.

25 유은아·최지은, "오프라인의 실제적 자아와 SNS에서의 자아 간의 자아불일치에 영향을 미치는 선행요인과 결과요인", 〈소비문화연구〉, 18(3), 2015, 25~44쪽.

Immediate Satisfaction: the 'Last Fit Economy' 라스트핏 이코노미

1 "새벽 → 야간 → 친환경… 유통업계 '끝장' 배송전쟁", 〈조선비즈〉, 2019.07.24.

2 "신선식품 새벽배송 책임지는 '마켓컬리', 물류 플랫폼으로 진화 중", 〈KDI 나라경제〉, 2018년 2월호.

3 "당일 회 배송… '수산물=매장방문' 고정관념 깼다", 〈파이낸셜뉴스〉, 2019.08.18.

4 "TV홈쇼핑, 새벽배송 전쟁 '치열'", 〈서울파이낸스〉, 2019.08.07.

5 "한샘-현대리바트, 배송전쟁 '후끈'", 〈건설경제신문〉, 2019.08.07.

6 "쓰레기 버리고 빨래해주고… 요즘 엄마들 '앱집사' 찾는다", 〈중앙일보〉, 2019.08.06.

7 "화장품도 배달 시대… 정기배송 서비스 속속 등장", 〈뉴스웨이〉, 2019.09.14.

8 "생리대부터 드라이플라워까지… 정기배송으로 '구독'한다", 〈서울경제〉, 2019.09.21.

9 "구독경제 서비스 시대가 온다", 〈스타트업투데이〉, 2019.08.20.

10 "여기 외국이니? 아니야, 우리 아파트 상가야", 〈조선일보〉, 2019.09.02.

11 "여기 외국이니? 아니야, 우리 아파트 상가야", 〈조선일보〉, 2019.09.02.

12 "세탁소도 우체국도 오늘 쉰다는데요… 편의점은 무너졌나", 〈조선일보〉, 2019.10.14.

13 "전기차 충전·신용카드 수령… '특급 도우미' 편의점이 뜬다", 〈매일경제〉, 2019.10.11.

14 ""동네 사람만 와라" 이랬더니 대박 터진 AI 벼룩시장", 〈중앙일보〉, 2019.09.22.

15 ""마지막 1마일을 잡아라"… 완성차업계 '전동킥보드' 大戰", 〈매일경제〉, 2019.10.03.

16 "이제는 '킥세권'시대… 씽씽이가 바꾼 일상", 〈서울경제〉, 2019.10.11.

17 "현대차-LGU+ 제주서 라스트마일 플랫폼 '제트(ZET)' 선보인다", 〈IT조선〉, 2019.08.12.

18 "자동차 업체가 '씽씽이' 만드는 까닭", 〈중앙일보〉, 2019.08.28.

19 '하울', 〈시사상식사전〉, 네이버 지식백과 검색.

20 "현대카드, 프라미엄 카드 라인에 '책 콘셉트' 패키지 도입", 〈조선비즈〉, 2019.07.16.

21 ""언제 또 오겠냐" 빡빡했던 일정→"또 오면 되지" 덜어내는 여행으로", 〈조선일보〉, 2019.04.20.

22 "사업 다각화·특화 상품으로 돌파구 찾는 여행업계", 〈뉴스토마토〉, 2019.08.23.

23 "다운받아 봐 여행이 더 알찰걸", 〈시사IN〉, 2019.07.19.

24 "아웃소싱의 무한진화 '대행서비스 시대' 퇴직·이별·사랑… 무엇이든 맡겨주세요", 〈매경이코노미〉, 2019.09.20.

25 ""물류시장, 저비용 경쟁은 끝… 이젠 고객 만족 잡아야 생존"", 〈매일경제〉, 2019.10.08.

26 "유통업계, '친환경' 배송이 대세로 떠올라", 〈시사저널이코노미〉, 2019.09.22.

Goodness and Fairness 페어 플레이어

1 ""청년층, 생존에 내몰려 공정성에 민감… '세대 연대' 절실", 〈한겨레〉, 2018.02.12.

2 "줄 서기의 심리학: 내가 더 기다리는 한이 있어도 새치기는 못 봐줘", 〈ㅍㅍㅅㅅ〉, 2018.10.12.

3 ""조직 혁신 없인 디지털 인재도 없다"… LG-SK, 평가-보상체계 대수술 나서", 〈동아일보〉, 2019.08.29.

4 "부장님 대신 '매니저'라 부르는 현대차… 호칭파괴가 트렌드?", 〈인터비즈〉, 2019.09.15.

5 "94년생이 94학번에게 "회의 몇 시야?"… 스타트업 반말의 경영학", 〈조선일보〉, 2019.10.05.

6 "퍼시스, 사무실이 카페처럼… 소통 이끄는 '플레이웍스' 소파", 〈서울경제〉, 2019.09.25.

7 "치열한 스펙경쟁 세대… 꼼수로 내 기회 박탈 때 가장 분노", 〈매일경제〉, 2019.01.04.

8 "배민, 연예인에 '1만원 쿠폰' VIP고객엔 1,000원권 2장", 〈중앙일보〉, 2019.06.19.

9 "소방관 응원한 '착한 닭갈비'에… 주문전화가 쏟아졌다", 〈조선일보〉, 2019.04.20.

10 "러쉬가 '#기후파업'에 동참하며 전 매장의 문을 닫았다", 〈허프포스트코리아〉, 2019.09.21.
11 "인천공항 의전실 이용 규정 변경… '패스트 트랙 도입' 재논의 할 듯", 〈경인일보〉, 2019.05.26.
12 Chung, I., & Park, H., "Educational expansion and trends in intergenerational social mobility among Korean men", Social Science Research, 83, 2019.
13 야마구치 슈, 『철학은 어떻게 삶의 무기가 되는가』, 김윤경 옮김, 다산초당, 2019.
14 "밀레니얼과 공정(公正)", 〈코리아중앙데일리〉, 2019.09.07.
15 "치열한 스펙경쟁 세대… 꼼수로 내 기회 박탈 때 가장 분노", 〈매일경제〉, 2019.01.04.
16 "위계질서 뚜렷한데 '00님' 불러봤자… 기업 65% "직급·호칭파괴 실효성 낮다"", 〈뉴시스〉, 2018.05.16.

Here and Now: the 'Streaming Life' 스트리밍 라이프

1 'OTT', 〈용어로 보는 IT〉, 네이버 지식백과 검색.
2 "힙스터의 뉴욕 아파트 월세는 얼마", 신세계 빌리브 웹진(villiv.co.kr/space/2488).
3 "코오롱 첫 공유주택 '역삼트리하우스'… "6가지 라이프스타일 반영"", 〈디지털타임스〉, 2018.12.17.
4 "집은 필요 없다는 일본의 젊은이들 주소 바꿔가며 사는 '아도레스호퍼族'", 〈매일경제〉, 2019.04.08.
5 "구독경제 Subscription Economy", 〈매일경제〉, 2019.03.27.
6 "국산맥주 주당들한테 외면받는 까닭", 〈일요신문〉, 2019.06.20.
7 "'인생 술' 찾아드려요… 전통주가 매월 집으로", 〈월간마이더스〉, 2019년 7월호.
8 "이런 것도 구독이 된다고? 전자책에서 자동차, 미술작품까지", 〈매일신문〉, 2019.02.21.
9 "구독경제 Subscription Economy", 〈매일경제〉, 2019.03.27.
10 "'이제는 화장품도 배달!'… 뷰티업계들 정기배송 서비스 선보여", 〈디지틀조선일보〉, 2019.08.23.
11 "판 커지는 자동차 구독 시장-트렌드는 맞는데… 비싼 월정액 부담되네", 〈매경이코노미〉, 2019.07.15.
12 "판 커지는 자동차 구독 시장-트렌드는 맞는데… 비싼 월정액 부담되네", 〈매경이코노미〉, 2019.07.15.
13 "판 커지는 자동차 구독 시장-트렌드는 맞는데… 비싼 월정액 부담되네", 〈매경이코노미〉, 2019.07.15.
14 "우버콥터料 23만원… '하늘택시' 시대 성큼", 〈문화일보〉, 2019.07.10.
15 "앱으로 예약하면 우버 잠수함이 '내 앞에'… 가격은 얼마?", 〈머니투데이〉, 2019.05.28.
16 "모든 것 빌릴 수 있는 렌탈숍 접속하세요", 〈매일경제〉, 2019.08.13.
17 "'구독경제', 소유와 공유를 뛰어넘다", 〈메가경제〉, 2019.04.28.
18 "판 커지는 자동차 구독 시장-트렌드는 맞는데… 비싼 월정액 부담되네", 〈매경이코노미〉, 2019.07.15.
19 김태희·이상봉·김재인 외 7명, 『모빌리티 사유의 전개』, 엘피, 2019.
20 김태희·이상봉·김재인 외 7명, 『모빌리티 사유의 전개』, 엘피, 2019.
21 "책보다는 유튜브… 영상 중심 'Z세대'의 등장", 〈모비인사이드〉, 2016.05.17.
22 "구독형 서비스 '가격보다 관계 유지'… 판매 이후가 중요 포인트", 〈데일리팝〉, 2019.08.08.
23 "인테리어도 이젠 빌려쓰는 시대", 〈건설경제신문〉, 2019.02.14.
24 "신문부터 요트까지… 커지는 '구독경제' 시장", 〈노컷뉴스〉, 2019.04.14.
25 앤 잰저, 『플랫폼의 미래 서브스크립션』, 이미숙 옮김, 예문, 2018.
26 "영화·음악·침대·자동차까지… 이젠 갖지 않고 '구독'", 〈중앙SUNDAY〉, 2019.04.20.

Technology of Hyper-personalization 초개인화 기술

1 "5 Brands Taking Personalized Marketing To The Next Level", 〈Forbes〉, 2018.12.28.
2 다나카 미치아키, 『미중 플랫폼 전쟁 GAFA vs BATH』, 정승욱 옮김, 세종서적, 2019.

3 "웅진코웨이, 빅데이터로 내 집에 맞는 필터 추천해준다", 〈아주경제〉, 2019.05.08.
4 프랭클린 포어, 『생각을 빼앗긴 세계』, 박상현 · 이승연 옮김, 반비, 2019.
5 W. 데이비드 스티븐슨, 『초연결』, 김정아 옮김, 다산북스, 2019.
6 다나카 미치아키, 『미중 플랫폼 전쟁 GAFA vs BATH』, 정승욱 옮김, 세종서적, 2019.
7 "You Now Have a Shorter Attention Span Than a Goldfish", 〈TIME〉, 2015.05.14.
8 애덤 알터, 『멈추지 못하는 사람들』, 홍지수 옮김, 부키, 2019.
9 다나카 미치아키, 『미중 플랫폼 전쟁 GAFA vs BATH』, 정승욱 옮김, 세종서적, 2019.
10 "2만5,000개 소비패턴 분석해서 혜택 제안, 필요할 때 귀신 같이 알려주는 '똑똑 카드'", 〈동아비즈니스리뷰〉, 272호.
11 "신한카드, 빅데이터 기반 맞춤 혜택 '초개인화 서비스' 오픈", 〈조선비즈〉, 2019.05.30.
12 "건강한친구들 '11분 운동법'…홈트시장 돌풍", 〈한국경제〉, 2019.09.04.
13 "Profiting from Personalization", 〈Boston Consulting Group〉, 2017.05.08.
14 'DTC', 〈한경 경제용어사전〉, 네이버 지식백과 검색.
15 마셜 밴 앨스타인 · 상지트 폴 초더리 · 제프리 파커, 『플랫폼 레볼루션』, 이현경 옮김, 부키, 2017.
16 "AI 원천기술 '대화엔진' 톱기업에 도전하는 이 사람", 〈IT조선〉, 2019.08.24.
17 "내가 좋아할 노래 나보다 더 잘 아는 스포티파이의 비결", 〈WEEKLY BIZ〉, 2018.05.05.
18 "삼성도 AI 스피커 시장 참전… '갤럭시 홈 미니' 출시 임박", 〈아시아경제〉, 2019.09.11.
19 코리 바커 · 마이크 비아트로스키, 『넷플릭스의 시대』, 임종수 옮김, 팬덤북스, 2019.
20 "초개인화―클릭을 넘어, 발자국을 짚어내는 마케팅의 진화(2)", 〈동아일보〉, 2019.07.09.
21 니콜라스 카, 『생각하지 않는 사람들』, 최지향 옮김, 청림출판, 2015.
22 "아마존에 맞서라… 생존법을 찾아라", 〈매일경제〉, 2019.05.24.
23 프랭클린 포어, 『생각을 빼앗긴 세계』, 박상현 · 이승연 옮김, 반비, 2019.
24 "개망신법", 〈중앙일보〉, 2019.10.04.
25 다나카 미치아키, 『미중 플랫폼 전쟁 GAFA vs BATH』, 정승욱 옮김, 세종서적, 2019.

You're with Us, 'Fansumer' 팬슈머

1 "천만 시리즈 만든 '마블', 대륙의 실수 만든 '미펀'", 〈머니S〉, 2019.08.22.
2 "규제 푼 크라우드 펀딩, 투자자 늘고 펀딩규모도 커져", 〈뉴스토마토〉, 2019.07.08.
3 '크라우드 펀딩', 위키피디아 검색.
4 "선주문 후제작… 크라우드 펀딩에 줄 선다", 〈중앙일보〉, 2019.09.17.
5 "'카톡'으로 배우 조종… 영화 결말도 직접 고른다", 〈이데일리〉, 2019.08.13.
6 "소비자가 제안해 만든 '릴렉싱 마스크' 2주 만에 동났다", 〈서울경제〉, 2019.09.23.
7 "소비자가 만드니 '때타월'도 완판… 뷰티+IT 미래 그린다", 〈매일경제〉, 2019.09.24.
8 ""해외 팬클럽과 왜 차별하나요"… 성난 팬덤, 일부는 '탈덕'까지", 〈동아일보〉, 2019.07.27.
9 ""해외 팬클럽과 왜 차별하나요"… 성난 팬덤, 일부는 '탈덕'까지", 〈동아일보〉, 2019.07.27.
10 "섭외에서 육성으로… '인플루언서' 길러내는 기업들", 〈헤럴드경제〉, 2019.08.16.

Make or Break, Specialize or Die 특화생존

1 "스포츠용품 시장 뒤집은 여자들", 〈조선일보〉, 2019.09.25.
2 통계청, 〈2017년 인구주택총조사〉, 2018.08.27.

3 "베지밀 5060 시니어 두유 중장년층 니즈 겨냥", 〈여성소비자신문〉, 2019.03.20.
4 "개털 제거·왼손잡이… 콕 찍어 공략한다", 〈조선일보〉, 2019.04.15.
5 "빕스 앤 비어바이트, 세계·수제맥주 '짤찌만 대면 콸콸'", 〈아주경제〉, 2019.03.29.
6 "'1인분' 피자 파는 피자헛… 외식업계 소비자 맞춤형 매장 확대", 〈조선비즈〉, 2019.04.24.
7 "동대문 30곳 남대문 3곳… 등산장비 라이벌전 게임 끝?", 〈중앙SUNDAY〉, 2019.07.13.
8 "패스트캠퍼스 서비스기획스쿨(2) [UX방법론] UX전략의 시작, 페르소나(Persona)", 초냠 블로그(blog.naver.com/chsnyn13/221513506746), 2019.04.14.

Iridescent OPAL: the New 5060 Generation 오팔세대

1 '오팔족', 〈한경 경제용어사전〉, 네이버 지식백과 검색.
2 문희수, 『보석, 보석광물의 세계』, 자유아카데미, 2010.
3 미래에셋은퇴연구소, "5가지 키워드로 본 5060세대의 가족과 삶", 〈2018 미래에셋 은퇴라이프트렌드 조사보고서〉, 2018.05.04.
4 ""회사가 전쟁터라고? 밖은 지옥이다"… 위기의 '신중년'", 〈세계일보〉, 2019.04.21.
5 "유튜브 보고… 모바일 쇼핑하고… 5070 우리가 알던 '폰맹'이 아닙니다", 〈한국경제〉, 2019.05.16.
6 "TV리모컨 놓고 유튜브 트는 5060", 〈동아일보〉, 2019.05.15.
7 "TV리모컨 놓고 유튜브 트는 5060", 〈동아일보〉, 2019.05.15.
8 "'까르띠에 여성 창업 어워드' 한국인 최초 우승 조연정 세이글로벌 대표, IB 그만두고 '시니어 일자리 창출' 올인", 〈매경이코노미〉, 2019.06.10.
9 "'1,500명 전문가 매칭' 탤런트뱅크, 中企문제 해결사로 각광", 〈매일경제〉, 2019.08.11.
10 "여행을 꿈꾸는 대한민국 시니어들", 익스피디아 브런치(brunch.co.kr/@expediakr/111), 2016.11.01.
11 "문화활동, 5060 '베이비부머' 세대에서 가장 활발", 〈KBS〉, 2019.06.23.
12 "5070 "친구야, 당구장서 만나자"… 2030 "칵테일 마시며 한 큐"", 〈조선일보〉, 2019.05.04.
13 "애비야~'인싸'라 불러다오", 〈이데일리〉, 2019.05.03.
14 "디지털 큰손 '액티브 시니어' 뜬다", 〈동아일보〉, 2019.06.19.
15 "모두를 위한 '간편' 결제를 찾아서", 〈블로터〉, 2019.09.09.
16 ""내 나이가 어때서"… '에이지리스 쇼핑' 즐기는 4060 '꽃중년'", 〈이데일리〉, 2018.08.13.
17 "'액티브 5060'… 간편결제·모바일 주문 '빠른 손'", 〈헤럴드경제〉, 2018.07.23.
18 "옷 좀 바꿔 입혔을 뿐인데, 아빠들의 인생이 달라졌다", 〈topclass〉, 2019.04.26.
19 "록·EDM·칼군무까지… '트로트의 진화'에 열광했다", 〈조선일보〉, 2019.05.04.
20 ""트로트 여신이여라~" 세대 차 허문 가수들", 〈중앙일보〉, 2019.07.16.
21 조지프 F. 코글린, 『노인을 위한 시장은 없다』, 김진원 옮김, 부키, 2019.
22 조지프 F. 코글린, 『노인을 위한 시장은 없다』, 김진원 옮김, 부키, 2019.
23 "How to live to be 100+", TED 웹사이트(www.ted.com/talks/dan_buettner_how_to_live_to_be_100/transcript).

Convenience as a Premium 편리미엄

1 "스마트오더", 〈전자신문〉, 2019.07.25.
2 "은행에서 우두커니? NO! '모바일 대기표' 발급받으세요", 〈파이낸셜뉴스〉, 2019.05.20.
3 "카드사 'AI 상담원'은 진화 중… "대기시간 사라졌네"", 〈아시아타임즈〉, 2019.05.20.

4 "어릴 적 엄마가 들려주던 동화처럼 '귀로 읽는 책'… 디지털시대 新독서법", 〈영남일보〉, 2019.06.27.
5 "쓰레기 버리고 빨래해주고… 요즘 엄마들 '앱집사' 찾는다", 〈중앙일보〉, 2019.08.06.
6 "게으른 경제가 뜬다! 귀찮은 일 대신 해주는 제품 및 서비스 인기", 〈디지틀조선일보〉, 2019.08.07.
7 "'아이돌보미 플랫폼' 맘시터, 신규투자 30억 원 유지", 〈서울경제〉, 2019.05.17.
8 "분수대 → 워터파크 → 인피니티 풀… 아파트 커뮤니티시설 경쟁", 〈조선비즈〉, 2019.07.08.
9 "시급 2만 원 반려견 산책… 스타트업이 만든 '틈새 일자리'", 〈중앙일보〉, 2019.08.19.
10 "효율성 최강의 다이어트 '크라이오 +EMS'", 〈헤럴드경제〉, 2019.06.04.
11 "20대가 바꾼 스킨케어 패러다임… "에센스로 '스킵케어' 한다"", 〈스마트경제〉, 2019.04.03.
12 ""마음껏 게으르게 사세요~"", 〈동아일보〉, 2019.06.08.
13 "TV만 틀면 광고가 나오던데… 남성화장품 브랜드 '우르오스'의 놀라운 정체", 〈위키트리〉, 2019.07.22.
14 Granovetter, S. M., "The Strength of Weak Ties", American Journal of Sociology, 78(6), 1973.
15 현우영, '가교 일자리가 삶의 만족도에 미치는 영향', 서울대학교 사회복지학 석사학위논문, 2016.
16 ""마음껏 게으르게 사세요~"", 〈동아일보〉, 2019.06.08.

Elevate Yourself 업글인간

1 "헬스장 대신 집에서 PT… 이용액 5개월새 139%↑", 〈서울경제〉, 2019.06.13.
2 ""밥 대신 샐러드 먹어요"… '편샐족' 덕에 샐러드 시장 '쑥쑥'", 〈뉴스1〉, 2019.08.17.
3 '덤벨경제', 〈한경 경제용어사전〉, 네이버 지식백과 검색.
4 "'단백질, 나도 한번 먹어볼까'… 덤벨경제가 뜬다", 〈머니투데이〉, 2019.06.10.
5 "脫(탈)패키지·한 달 살기·체험&학습 눈요기 관광은 그만… 맞춤형 여행 대세", 〈매경이코노미〉, 2019.07.22.
6 "영화보기 본질 바꾼 'N차 관람' 현상", 〈중앙SUNDAY〉, 2018.12.22.
7 "100억… 300억… 투자 몰리는 독서 스타트업", 〈조선일보〉, 2019.04.09.
8 "'月정액 전자책' 돌풍", 〈한국경제〉, 2019.03.24.
9 ""작은 칭찬에 큰 위로" 회복탄력성 떨어진 2030이 위로받는 방법", 〈국민일보〉, 2019.06.14.
10 "전 세계서 하루 생산되는 데이터, 해리포터 책 6,500억 권 분량… '최고데이터책임자(CDO)' 속속 신설하는 기업들", 〈WEEKLY BIZ〉, 2018.10.05.
11 ""시간 없죠? 영화·책·뉴스 요약해 드립니다"… 커지는 서머리 산업", 〈한국경제〉, 2019.09.19.
12 아브라함 H. 매슬로, 『존재의 심리학』, 정태연·노현정 옮김, 문예출판사, 2005.
13 ""제가 오늘 소개할 책은…" 유튜버셀러, 입김 세네", 〈조선일보〉, 2019.08.01.
14 ""엄마의 마음을 잡아라"… '엄마'에 주목하는 기업들", 〈뉴스토마토〉, 2019.10.01.
15 "In the Transformational Economy, 'Being' and 'Becoming' Have Started To Merge", MEDIUM 웹사이트(medium.com/@TripleJas/in-the-transformational-economy-being-becoming-have-started-to-merge-d821501bf28), 2018.03.13.

『트렌드 코리아 2020』 집필진

트렌더스 날 2020

강상훈 교촌에프앤비(주), 구지원 서울대학교, 권선향 아워홈, 권아영 에듀플렉스, 김규영 아모레퍼시픽, 김기홍 KTH, 김기환 컴투스, 김동우 한국재정정보원, 김두언 KB증권, 김민석 롯데자산개발, 김민수 강원대학교, 김민주 CTC, 김민지 교보핫트랙스, 김민희 비롯, 김보겸 서울대학교, 김봉겸 사람인에이치알, 김선영 스위트스팟, 김선홍 삼성전자 Foundry, 김수연 LG전자, 김수연 롯데쇼핑 e커머스, 김승호 SK D&D, 김아람 서울충무초등학교, 김여진 CTC, 김예진 이랜드월드, 김오군 대홍기획, 김용범 삼성SDS, 김용수 고려대학교, 김유빈 한국브라운포맨, 김은영 조선비즈, 김이현 LG전자, 김인진 (주)웰코스, 김정원 삼성SDS, 김준수 현대백화점, 김지연 한국철도시설공단, 김지연 에이치에스비 코퍼레이션, 김지영 엄마의 방학, 김충환 풀무원기술원, 김태근 하나투어, 김태인 아모레퍼시픽, 김하연 코오롱글로벌, 김현웅 11번가, 김형석 프리랜서, 김혜영 AK몰, 김혜영 요넥스코리아, 김효겸 흥도초등학교, 김훈재 롯데자산개발, 김희은 롯데월드, 남용환 굿네이버스, 노병욱 인사이터스, 노승아 KB증권, 류지희 PCD, 문소정 롯데쇼핑 e커머스, 문유진 코웨이, 박건희 건강찬, 박도경 롯데홈쇼핑, 박민아 CTC, 박성석 하이트진로, 박은철 부산대학교, 박정현 세일즈웍스 코리아, 박채린 CTC, 박현아 CTC, 배영국 SK이노베이션, 배지현 인사이트플래닛, 변성업 아모레퍼시픽, 서민주 (주)초이락미디어, 서유미 한국교통안전공단, 서정우 신세계TV, 성지은 CTC, 송나리 하나투어, 송정한 CJ제일제당, 송지은 kt ds, 송현아 한국전력공사, 송혜리 굿네이버스, 신민영 한양대학교, 신영미 (주)에스제이피플, 신윤주 베스트웨스턴 코리아, 신정은 한솔홈데코, 심보금 롯데뮤지엄, 안치영 이화여자대학교, 양동수 (주)미디어윌, 양동영 반다이 남코 코리아, 양주원 안심한의원, 엄소연 삼성카드, 엄인영 서울상상나라, 오서현 Oh!kooB, 오신애 아성다이소, 오현정 대전목양초등학교, 원순규 PMI, 유시은 신한은행, 유정연 풀무원, 유지영 하나투어, 유총명 차움, 윤선희 국민건강보험공단, 윤수린 롯데컬처웍스, 윤지운 kt CS, 이경준 한국로봇산업협회, 이광희 한국투자증권, 이기우 Always Food, 이다예 CTC, 이대건 현대백화점, 이도경 SCI평가정보, 이도희 (재)경북창조경제혁신센터, 이명은 경북대학교, 이미래 유원전자, 이민수 대우조선해양, 이빛나 롯데푸드, 이상언 서울대학교, 이성주 (주)트레이드마스터, 이세진 이마트, 이수미 신세계TV, 이승호 한국인터넷진흥원, 이영규 신세계TV, 이유리 한화그룹, 이유정 한국외국어대학교, 이유진 (주)새로피엔엘, 이윤경 MBC PlayBe, 이윤표 CTC, 이재상 레드테이블, 이재현 웅진씽크빅, 이정석 신세계TV, 이종본 명지대학교, 이주왕 분당서울대학교병원, 이지민 더에스엠씨, 이진 롯데백화점, 이찬웅 KT, 이창엽 드럭인포, 이충림 데상트코리아, 이태수 한살림연합, 이한샘 (주)오뚜기, 이현엽 CTC, 이현준 현대백화점, 이혜림 국민연금공단, 임수현 삼성물산, 임애령 DR corporation, 임정민 국민건강보험공단, 임채선 코오롱베니트, 장수범 특수전사령부, 장지은 신동(산펠레그리노), 전현수 KT 융합기술원, 정강우 한살림서울, 정다은 대우조선해양, 정미경 삼성SDS, 정배경 아난티, 정수정 삼성증권, 정윤아 신세계TV, 정재원 대한항공, 정주만 KB국민은행, 정주현 현대카드/캐피탈, 정지영 CTC, 정찬영 서울조원초등학교, 정혜윤 이화여자대학교, 조동주 써브웨이, 조민주 연세대학교, 조성훈 에이플러스에셋, 조언주 키출판사, 조영석 곤지암리조트, 조옥희 VIA24, 조희원 고려대학교, 주소현 바이스, 지순곤 서비스 탑, 진지혜 인하대학교, 차제승 혼다 코리아, 천기훈 삼성자산운용, 천지영 동양생명보험(주), 최병엽 코스웨이(주), 최정규 이랜드리테일, 최정운 코오롱글로벌, 최희경 LG전자 하이프라자, 추연우 BGF리테일, 하서연 NEW, 하영철 삼성물산, 하정수 삼성전자, 하지영 숙명여자대학교, 한동헌 (주)메이크잇, 한승협 아쿠쉬네트 코리아(FJ), 한윤빈 아모레퍼시픽, 한지영 비욘드앤, 한지희 한국산업기술진흥원, 허석훈 CTC, 허수진 코오롱글로벌, 허재영 CJ LiveCity, 허재훈 현대L&C, 허주연 (주)스톤아이, 홍선기 기술보증기금, 홍초롱 경상북도문화관광공사, 황소담 (주)웰코스, 황지희 해브앤비(닥터자르트)

진행(서울대학교 생활과학연구소 소비트렌드분석센터)

총괄 전미영 **윤문** 조미선 **행정·교정** 김영미 **프레젠테이션 제작** 황선기, 한다혜
10대 트렌드 상품 조사 김경준 **중국 자료 조사** 주린, 심흔서 **일본 자료 조사** 김정수
영문 키워드 감수 미셸 램블린Michel Lamblin **자료 조사** 고정, 이혜원, 장지연, 마윤남

공저자 소개

전미영 서울대학교 소비트렌드분석센터 연구위원으로 재직하고 있다. 서울대학교 소비자학과에서 학사·석사·박사 학위를 받았으며, 삼성경제연구소 리서치애널리스트, 서울대학교 소비자학과 연구교수 등을 역임했다. 『트렌드 코리아』(2010~2019)와 『트렌드 차이나』(2013) 공저, 중앙이코노미스트 칼럼니스트, KBS라디오 〈김난도의 트렌드플러스〉, 〈경제를 배웁시다〉 고정 출연 등으로 활동했으며, 다수의 기업과 한국·중국·일본의 소비트렌드 기반 신제품 개발 업무를 수행하고 있다.

최지혜 서울대학교 소비트렌드분석센터 연구위원으로 재직하고 있다. 서울대학교 소비자학과에서 석사 학위를 받았으며 동 대학원에서 〈소비자의 사용하지 않는 제품의 보유 행동 연구〉라는 논문으로 박사 학위를 받았다. 『트렌드 코리아』(2014~2019) 공저, 기업 강연 및 다수의 소비자 조사, 트렌드 분석, 신제품 개발 프로젝트를 수행하였으며 소비자의 신제품 수용에 관한 행태, 제품과 사용자 간의 관계, 소비자 처분 행동에 관한 주제를 연구하고 있다.

이향은 성신여자대학교 서비스디자인공학과 교수로 재직하고 있다. 주요 연구 분야는 UX트렌드와 사용자 심리다. 2007년 런던 Central Saint Martins에서 디자인경영으로 석사 학위를 받으며 본격적으로 트렌드 연구를 시작했다. 이후 서울대학교 미술대학원에서 〈디자인트렌드예측을 위한 경험 중심의 프로세스 모델 연구: 직관적 통찰력으로 환원되는 디자이너의 경험을 중심으로〉라는 논문으로 디자인학 박사 학위를 취득했다. 디자인경영 및 서비스디자인 관련 주제로 다수의 기업과 컨설팅 프로젝트를 수행하고 있다.

이준영 상명대학교 경제금융학부 교수로 재직하고 있다. 서울대학교 소비자학과에서 학사·석사·박사 학위를 받았다. 2017년 한국소비자학회 최우수논문상과 한국소비자정책교육학회 우수논문상을 수상했으며 2014년 경상북도 도지사 표창을 받았다. LG전자 LSR연구소에서 근무했으며 현재 상명대학교에서 소비자분석연구소 소장을 맡고 있다. 저서로는 『1코노미』, 『케미컬 라이프』, 『소비트렌드의 이해와 분석』이 있다.

김서영 ㈜스칸디에듀 대표로 재직하고 있으며, 서울대학교 생활과학대학 소비자학과에서 박사 과정을 수료했다. 동 대학원에서 〈20~30대 기혼 여성과 미혼 여성의 소비 가치 연구〉라는 논문으로 석사 학위를 받았으며, 『트렌드 차이나』(2013)를 공저했다. 소비자의 구매 시 뇌 활성화 상태, 소비자의 심리적 일탈 및 라이선싱 효과, 소비자의 양가성ambivalence에 관한 심리 구조, 한국과 중국 소비트렌드의 확산 과정과 예측 등의 주제에 관심이 많다.

이수진 서울대학교 생활과학대학 소비자학과 석·박사 통합 과정을 수료했다. 동 대학에서 학사 학위를 받고, 오픈마켓 11번가에서 근무했으며, 매일경제TV에서 증권 방송 리포터로 활동했다. 현재 서울대학교 생활과학연구소 소비트렌드분석센터 책임연구원으로 다수의 소비트렌드 분석, 신제품 개발 프로젝트를 수행하고 있다. 소비자 심리와 소비트렌드의 확산과 예측 등의 주제에 관심이 많다.

서유현 서울대학교 생활과학대학 소비자학과 박사 과정을 수료했다. 런던 Central Saint Martins에서 텍스타일 디자인 전공으로 학부를 졸업하고 한국과학기술원KAIST 문화기술대학원에서 공학 석사 학위를 받았다. 현재 서울대학교 생활과학연구소 소비트렌드분석센터 책임연구원으로 재직 중이며, 테크놀로지가 바꿔나가는 소비자행동에 관한 주제를 연구하고 있다.

권정윤 서울대학교 생활과학대학 소비자학과 박사 과정을 수료했다. 동 대학에서 학사를 마치고 〈물질소비와 경험소비에서 SNS상의 사회적 비교가 소비자행복에 미치는 영향〉이라는 논문으로 석사 학위를 받았다. 현재 서울대학교 생활과학연구소 소비트렌드분석센터 책임연구원으로 재직하고 있으며, 현대사회와 변화하는 소비문화, 그리고 이를 포착하기 위한 다양한 연구방법론에 관심이 많다.

〈Trenders 날 2021〉 모집

서울대학교 생활과학연구소 소비트렌드분석센터CTC는 2021년 소비트렌드 예측을 위한 트렌드헌터 그룹 '트렌더스 날 2021'을 모집합니다. 소비트렌드에 관심 있는 분이라면 누구나 '트렌더스 날'이 될 수 있습니다. '트렌더스 날'의 멤버로 활동하면서 소비트렌드 예측의 생생한 경험과 개인적인 경력뿐만 아니라 트렌드헌터 간의 즐겁고 따뜻한 인간관계까지 덤으로 얻을 수 있습니다. 아래의 요령에 따라 응모하시면, 소정의 심사와 절차를 거쳐 활동 가능 여부를 개별적으로 알려드립니다.

1. 모집개요

가. 모집대상 우리 사회의 최신 트렌드에 관심 있는 분(자격 제한 없음)

나. 모집분야 정치, 경제, 대중문화, 라이프스타일, 과학 기술, 패션, 뉴스, 소비문화, 유통, 건강, 통계, 해외 DB 조사 등 사회 전반

다. 모집기간 2020년 1월 31일까지

라. 지원방법 이름과 소속이 포함된 간단한 자기소개서를 pdf 또는 doc 파일로 첨부하여 trendersnal@gmail.com으로 보내주십시오.

마. 전형 및 발표 2020년 2월 29일까지 선정 여부를 개별 통지해드립니다.

2. 활동내용

가. 활동기간 2020년 3월 ~ 2020년 9월

나. 활동내용 트렌드 및 트렌다이어리 작성법 관련 교육 이수, 트렌다이어리 제출, 2021년 트렌드 키워드 도출 워크숍, 기타 트렌드 예측 관련 세미나 및 단합대회 참석(본인 희망 시)

다. 활동조건 센터 소정의 훈련 과정 이수 후, 센터가 요구하는 분량의 트렌다이어리 제출, 트렌드 키워드 도출 워크숍 참여

라. 혜　　택 각종 정보 제공
CTC 주최 트렌드 관련 세미나·워크숍 무료 참여
『트렌드 코리아 2021』에 트렌드헌터로 이름 등재
『트렌드 코리아 2021』 트렌드 발표회에 우선 초청
활동증명서 발급 등
(위의 활동내용은 소비트렌드분석센터 사정에 따라 추후 조정될 수 있습니다.)

『트렌드 코리아 2021』 사례 모집

2021년 한국의 소비트렌드를 전망하게 될 책, 『트렌드 코리아 2021』에 게재될 사례에 대한 제보를 받습니다. 본서 『트렌드 코리아 2020』의 10대 키워드인 'MIGHTY MICE'에서 아이디어를 얻었거나 해당 키워드에 부합하는 상품 · 정책 · 서비스 등을 알고 계신 분은 간략한 내용을 보내주시면 감사하겠습니다. 특히 본인이 속해 있는 기업이나 조직에서 선보인 새로운 상품, 마케팅, 홍보, PR, 캠페인, 정책, 서비스, 프로그램 등이 『트렌드 코리아 2021』에 소개됐으면 좋겠다고 생각하시면 해당 자료를 첨부하여 보내주셔도 좋습니다.

1. 제보내용

- 『트렌드 코리아 2020』의 'MIGHTY MICE' 키워드와 관련 있는 새로운 사례
- 2021년의 트렌드를 선도하게 될 것이라고 여겨지는 새로운 사례
- 위의 사례는 상품뿐만 아니라 마케팅, 홍보, PR, 캠페인, 정책, 서비스, 대중매체의 프로그램, 영화, 도서, 음반 등 모든 산출물을 포함합니다.

2. 제보방법 example.ctc@gmail.com으로 이메일을 보내주십시오.

3. 제보기간 2020년 8월 31일까지

4. 혜　　택 채택되신 제보자 중에서 추첨을 통해 『트렌드 코리아 2020』 도서를 보내드립니다.

5. 제보해주신 내용은 소비트렌드분석센터의 세미나와 집필진의 회의를 거쳐 채택 여부를 결정하며, 제보해주신 내용이 책에 게재되지 않거나 수정될 수 있습니다.

트렌드 코리아 2020

초판 1쇄 발행 2019년 10월 24일
초판 6쇄 발행 2019년 11월 5일

지은이 김난도 · 전미영 · 최지혜 · 이향은 · 이준영 · 김서영 · 이수진 · 서유현 · 권정윤
펴낸이 성의현
펴낸곳 미래의창

편집 김성옥 · 박정철 · 김윤하
디자인 공미향

등록 제10-1962호(2000년 5월 3일)
주소 서울시 마포구 잔다리로 62-1 미래의창빌딩(서교동 376-15, 5층)
전화 02-338-6061(편집), 02-338-5175(영업) **팩스** 02-338-5140
ISBN 978-89-5989-612-7 13320

※ 책값은 뒤표지에 있습니다. 잘못된 책은 바꿔 드립니다.

이 도서의 국립중앙도서관 출판예정도서목록(CIP)은 서지정보유통지원시스템 홈페이지(http://seoji.nl.go.kr)와 국가자료공동목록시스템(http://www.nl.go.kr/kolisnet)에서 이용하실 수 있습니다.(CIP제어번호: CIP2019041027)